高等院校精品课程系列教材

河北经贸大学首批"新财经教育系列教材"项目

金融科技概论

Introduction to FinTech

曹衷阳　王重润　编著

图书在版编目（CIP）数据

金融科技概论 / 曹衷阳，王重润编著 . -- 北京：机械工业出版社，2022.6（2025.5 重印）
高等院校精品课程系列教材
ISBN 978-7-111-70927-5

I . ①金… II . ①曹… ②王… III . ①金融 - 科学技术 - 高等学校 - 教材 IV . ① F830

中国版本图书馆 CIP 数据核字（2022）第 096578 号

本书是为了适应金融科技专业建设需要而编写的，兼具金融学科的理论性、实践性，立足经济学原理及金融市场运行机理，从宏观经济调控与微观应用两个层面对金融科技进行阐释。本书内容包括金融科技理论、大数据、云计算、区块链、物联网、数字金融机构与产品、数字货币、智能投顾、量化投资、大数据资产市场、区块链供应链金融、金融科技风险防控与监管、金融科技伦理等，涉及金融科技的发展历程、技术原理、架构体系、在金融领域中的场景化创造及应用等。本书从宏观视角讲解了金融科技带来的金融市场、货币管理、风险管理等方面的变化，并辅以丰富的案例。

本书可作为金融科技、金融学、互联网金融、金融工程、数字经济等专业的本科生或研究生教学用书，也可作为企业培训的参考教材。

出版发行：机械工业出版社（北京市西城区百万庄大街 22 号 邮政编码：100037）
责任编辑：王洪波　　　　　　　　　　　　　　　责任校对：殷　虹
印　　刷：固安县铭成印刷有限公司　　　　　　　版　　次：2025 年 5 月第 1 版第 7 次印刷
开　　本：185mm×260mm　1/16　　　　　　　　印　　张：17.5
书　　号：ISBN 978-7-111-70927-5　　　　　　　定　　价：59.00 元

客服电话：(010) 88361066　68326294

版权所有 • 侵权必究
封底无防伪标均为盗版

前言
PREFACE

围绕科技创新,二十大报告提出了"四个加快",即加快建设科技强国,加快实施创新驱动发展战略,加快实现高水平科技自立自强,加快实施一批具有战略性、全局性、前瞻性的国家重大科技项目,增强自主创新能力。

习近平总书记强调,贯彻新发展理念是新时代我国发展壮大的必由之路。必须坚持创新是第一动力,坚持创新在我国现代化建设全局中的核心地位。到2035年要实现"高水平科技自立自强,进入创新型国家前列",建成科技强国的总体目标。为了突出创新在我国现代化建设全局中的核心地位,二十大报告首次将教育、科技、人才三大战略进行统筹部署。并指出,教育、科技、人才是全面建设社会主义现代化国家的基础性、战略性支撑。

金融与科技是经济社会发展的驱动力,金融是现代经济的核心,通过有效配置资源助力经济发展。科技是第一生产力,以创新改进生产效率,促进社会进步。金融科技诞生于金融与科技的融合,并逐步形成了金融科技范畴,它的发展极大地推动了经济与金融体系的构建与优化。金融科技作为金融与科技的统一体,对全球经济金融领域产生着重大影响,实体经济也呈现出更多的新态势、新局面。

金融科技正以技术化、数据化、场景化的发展趋势影响未来的金融秩序,"金融赋能、科技赋能"的理念已深入经济社会的方方面面。大数据、云计算、人工智能、区块链等技术与金融领域深入融合,辅之以互联网、5G技术的飞速发展,金融科技也逐步形成了包括场景金融、数字金融、智慧金融、平台金融、普惠金融和科技监管在内的多种业态。以数字货币、智能投顾、数据资产、移动支付、区块链供应链金融等为主要形态的金融科技场景应用不断升级迭代,改进了金融机制运行与服务效率,提升了人们的个性化金融体验。各行业纷纷着手启动数字化转型与数据智能化战略以适应未来金融科技的趋势。2022年1月，中国人民银行在《金融科技发展规划（2022—2025年）》中指出：要坚持"数字驱动、智慧为民、绿色低碳、公平普惠"的发展原则，以加强金融数据要素应用为基础，以深化金融供给侧结构性改革为目标，以加快金融机构数字化转型、强化金融科技审慎监管为主线，将数字元素注入金融服务全流程，将数字思维贯穿业务运营全链条，注重金融创新的科技驱动和数据赋能，推动我国金融科技从"立柱架梁"全面迈入"积厚成势"新阶段，力争到2025年实现整体水平与核心竞争力跨越式提升。

随着科技对金融业重塑力的增强，金融科技发展迅速，金融复合型专业人才需求激增，金融科技人才的培养越发重要。学科交叉发展是未来金融学科的方向，金融复合型专业人才不仅需要具备金融基础理论知识，更需要全方位了解金融科技赋能下的新型金融市场、金融服务与产品、金融机构形式、金融风险与控制、金融监管与伦理等。

作为高等院校的专业基础课程，金融科技是经济学类各专业的必修课，越来越多的本科学校已经开设或正在计划开设这门课程。目前，市场上金融科技相关书籍的内容，有的以金融科技某项技术为主，有的以金融科技具体应用为主，能够作为教材系统地普及金融科技知识的书籍凤毛麟角。本书按照课程建设的要求编写。该课程在金融本科专业人才培养方案规定的课程体系中，居于专业基础核心课的位置，对金融科技相关课程具有一定的统领性。本书从广义金融科技角度阐释了金融科技的相关理论与基本知识体系框架，突出学科交叉的特点，有别于计算机科学、信息技术、数理科学等理学或工学的学科理论。

作为金融科技理论与实践相结合的教材，本书以金融科技基本理论与各项主要技术为主线，详细阐述了金融科技市场中的主要金融科技产品与服务形态、对宏观经济及金融市场的影响、监管与伦理等内容。本书包括三篇共十五章，知识由浅至深，循序渐进。第一篇为金融科技基础，包含第一章"金融科技的兴起"、第二章"金融科技理论基础"、第三章"大数据、云计算与物联网"、第四章"人工智能"、第五章"区块链"，本篇有部分学科交叉内容，主要介绍金融科技的理论、大数据、云计算、物联网、人工智能和区块链的技术原理、架构体系、发展历程、风险管理、在生活中的应用等多方面内容，使学习者对金融科技有更为客观、全面的认识。第二篇为金融科技市场，包含第六章"数字金融机构与产品"、第七章"数字货币"、第八章"智能投顾"、第九章"量化投资"、第十章"大数据资产市场"、第十一章"第三方支付市场"、第十二章"网络存贷市场"、第十三章"区块链供应链金融"，主要介绍基于金融科技发展起来的金融领域中的典型场景化应用及原理、对金融市场的宏观影响等，提升学习者对金融科技实践的认知。第三篇为金融科技风险与伦理，包含第十四章"金融科技风险防控与监管"、第十五章"金融科技伦理"，本篇从宏观管理者的视角，立足金融监管部门的实践基础，介绍当前形势下金融科技的风险及控制、法律法规、监管与伦理等，使学习者能够更好地把握和预见金融科技的宏观调控及监管动向，引发其对金融科技未来更深层次的思考。此外，本书在章末配备了复习思考题、实训与案例分析，供学习者拓展学习。

本书由河北经贸大学金融学院教师团队编写。编写团队主要成员有王重润教授、曹衷阳副教授。在编写本书的同时，与之相关的讲义内容在本科教学实践中进行了试用，编写团队针对使用中的问题对本书进行了多次研讨与修改。

本书的编写参考了国内外相关研究成果，谨在此向相关作者表示诚挚的感谢。机械工业出版社有关编辑为本书的出版付出了大量的时间和精力，编者的多位同事也对本书的编写提出了指导与建议，在此一并致谢。同时感谢孙玮副教授及刘芮、关田田、张欣慧、王迪、孙嘉琪等研究生在资料整理与校对工作方面的付出。参加本书编写的人员均做出了很大的努力，但受学识水平所限，教材中的不足之处和问题在所难免，还需要在使用过程中不断改进，恳请读者批评和指正。

编　者

2024 年 1 月于石家庄

教学目的

本书教学的目的在于让学生掌握金融科技的基本知识和原理,主要包括金融科技基础、金融科技市场、金融科技风险与伦理三篇,要求学生从多个方面掌握金融科技的理论知识和业务知识。本书不仅介绍了当今金融科技的相关理论,而且介绍了金融科技原理、架构体系、场景创造、与金融市场的关系等,使学生能够理论联系实际,很快融入与金融科技相关的实际工作中,为今后更好地从事金融工作打下坚实的基础。

前期需要掌握的知识

金融学、经济学等课程相关知识。

课时分布建议

教学内容	学习要点	课时安排	
		本科	研究生
第一章 金融科技的兴起	(1)掌握金融科技的概念、特点、影响因素 (2)了解金融科技对金融行业的影响 (3)掌握金融科技的市场环境 (4)了解金融科技的发展历程和未来趋势	4	4

（续）

教学内容	学习要点	课时安排 本科	课时安排 研究生
第二章 金融科技理论基础	（1）了解金融科技理论的基础演进 （2）了解技术长波理论与创新理论、交易成本理论、金融中介理论、长尾市场、平台经济与金融科技发展 （3）明确金融科技与经济增长的关系	2	2
第三章 大数据、云计算与物联网	（1）掌握大数据、云计算、物联网的基本概念、特点、类型 （2）理解大数据、云计算、物联网相关技术原理及架构 （3）了解各项技术在金融领域的场景化应用 （4）了解各项技术的发展历程、发展现状及发展趋势	8	4
第四章 人工智能	（1）理解人工智能主要技术模式及工作原理 （2）掌握智能金融的基本概念、发展历程及其与传统金融的区别 （3）了解人工智能在金融领域的应用、存在的潜在风险	4	4
第五章 区块链	（1）明确区块链的理论基础 （2）掌握区块链的基本概念、特性以及分类 （3）了解区块链的工作原理与基础技术 （4）了解区块链在金融领域中的应用	4	4
第六章 数字金融机构与产品	（1）掌握数字金融的概念、业务模式 （2）了解金融行业进行数字化转型的必要性 （3）了解银行、证券、保险行业数字化转型的路径、演进阶段、挑战 （4）了解开放银行生态模式的基本内容	4	2
第七章 数字货币	（1）掌握数字货币的定义、原理、分类及特征 （2）理解数字货币对货币政策的影响 （3）熟悉数字货币的风险挑战与监管 （4）了解数字货币的前景	4	4
第八章 智能投顾	（1）掌握智能投顾的基本概念、特点及核心要素 （2）了解智能投顾的发展历程、中美智能投顾的差异 （3）熟悉智能投顾的业务流程和盈利模式 （4）了解资产配置与财富管理步骤、业务体系	4	2
第九章 量化投资	（1）掌握量化投资的基本概念、特点 （2）了解有效市场假说、市场异象、认知偏差 （3）熟悉量化投资的策略及量化投资策略的分析步骤 （4）了解量化投资风险及管理	4	4
第十章 大数据资产市场	（1）掌握数据资产的定义和资产形态 （2）掌握数据资产的价值构成及影响因素 （3）了解数据资产的交易与流转 （4）了解大数据资产估价方法	4	4
第十一章 第三方支付市场	（1）掌握第三方支付的基本概念、特点及发展 （2）了解我国第三方支付、商业银行与货币流通性 （3）掌握第三方支付的风险及我国的监管措施	4	2
第十二章 网络存贷市场	（1）掌握网络存款的具体内涵、特点 （2）掌握网络存款的影响因素及风险 （3）了解网络借贷的内涵、运行模式及特点 （4）了解我国网络借贷市场的风险、监管及发展方向	2	2
第十三章 区块链供应链金融	（1）理解供应链金融的相关概念与理论基础 （2）了解区块链与供应链金融融合发展的必要性与融合原理 （3）了解区块链技术在供应链金融发展平台上的技术、主要模式、优势、障碍及风险 （4）了解区块链技术在供应链金融方面的应用	4	4

（续）

教学内容	学习要点	课时安排	
		本科	研究生
第十四章 金融科技风险防控与监管	（1）熟悉金融科技风险的类型、特征以及金融科技风险管理的基本方法 （2）理解金融科技监管的基本概念、监管体系以及我国金融科技监管的发展历程 （3）了解金融科技监管的国际经验及新思路 （4）掌握监管沙盒运作模式	4	4
第十五章 金融科技伦理	（1）了解金融伦理和金融科技伦理的内涵及作用 （2）了解金融科技发展的伦理性挑战及根源 （3）理解重建金融科技伦理的具体思路	4	4
课时总计		60	50

说明：

（1）在课时安排上，对于金融专业基础课建议一周开设4课时，共60或64个学时，对于计算机、经济学专业的学科共同课可以一周安排3课时，共51或54个学时；管理专业本科生和非管理专业本科生可以安排36个学时。

（2）社会实践、上机等活动可以在课程中穿插进行。

前　言
教学建议

第一篇　金融科技基础

第一章　金融科技的兴起 ……… 2
第一节　金融与科技的融合 ……… 3
第二节　金融科技市场环境 ……… 8
第三节　金融科技的未来 ……… 10

第二章　金融科技理论基础 ……… 17
第一节　金融科技相关理论与应用 ……… 18
第二节　金融科技与经济发展 ……… 21

第三章　大数据、云计算与物联网 ……… 24
第一节　大数据 ……… 25
第二节　云计算 ……… 36
第三节　物联网 ……… 46

第四章　人工智能 ……… 58
第一节　人工智能技术 ……… 59

第二节　智能金融 ……… 66

第五章　区块链 ……… 74
第一节　区块链的基础逻辑 ……… 75
第二节　通证经济理论 ……… 85
第三节　区块链的场景创造 ……… 87

第二篇　金融科技市场

第六章　数字金融机构与产品 ……… 98
第一节　数字金融概述 ……… 99
第二节　金融机构数字化转型 ……… 104
第三节　银行业数字化转型 ……… 105
第四节　证券业数字化转型 ……… 108
第五节　保险业数字化转型 ……… 111

第七章　数字货币 ……… 118
第一节　数字货币的原理 ……… 119
第二节　私人数字货币与法定数字货币 ……… 120

第三节　法定数字货币对货币政策的
　　　　　影响机理……………………126
　　第四节　数字货币的风险与全球监管……128

第八章　智能投顾………………………134
　　第一节　智能投顾市场………………135
　　第二节　智能投顾的流程及盈利模式…142
　　第三节　资产配置与财富管理………145

第九章　量化投资………………………152
　　第一节　量化投资交易………………153
　　第二节　有效市场、市场异象与认知
　　　　　偏差……………………………155
　　第三节　量化投资策略………………159
　　第四节　量化投资风险管理…………161

第十章　大数据资产市场………………167
　　第一节　数据资产的形态与价值……168
　　第二节　数据资产价值………………175
　　第三节　交易与流转…………………179
　　第四节　大数据资产估价……………181

第十一章　第三方支付市场……………189
　　第一节　科技赋能下的第三方支付…190
　　第二节　第三方支付、商业银行与货币
　　　　　流动性…………………………193
　　第三节　第三方支付风险与管理……197

第十二章　网络存贷市场………………203
　　第一节　网络存款市场………………204
　　第二节　网络贷款市场………………206

第十三章　区块链供应链金融…………213
　　第一节　供应链金融概述……………214
　　第二节　区块链与供应链金融………218

第三篇　金融科技风险与伦理

第十四章　金融科技风险防控与监管……230
　　第一节　金融科技的风险与防控……231
　　第二节　金融科技监管体系…………239
　　第三节　国际金融科技监管…………242
　　第四节　监管沙盒……………………245

第十五章　金融科技伦理………………256
　　第一节　金融科技伦理概述…………257
　　第二节　金融科技伦理现实问题……259
　　第三节　金融科技伦理监管政策法规…262

参考文献……………………………………266

金融科技基础

第一章　金融科技的兴起
第二章　金融科技理论基础
第三章　大数据、云计算与物联网
第四章　人工智能
第五章　区块链

　　本篇介绍了金融科技的定义、金融科技市场主体，探讨了金融科技的基础理论及演进，分析了金融科技与经济发展的关系，阐释了金融科技大数据、云计算、物联网、人工智能、区块链的技术原理及架构。

第一章 CHAPTER 1

金融科技的兴起

■ 本章提要

本章首先探讨了金融科技的定义、特点、影响因素等,然后介绍了金融科技市场环境,最后探讨了金融科技的未来。

■ 学习目标

熟悉掌握金融科技的定义、特点及影响因素;了解金融科技的发展历程;掌握金融科技市场环境。

■ 引导案例

金融科技催生"新金融"

强化科技赋能,加快数字化转型,金融科技正在重塑金融市场的格局。随着各项新兴技术的应用,金融与科技的融合正在提速。科技如何全方位驱动金融市场的发展,金融行业如何重塑产业生态,成为金融界关注的热点。

万物智联的数字世界将至,金融机构将面临新的机遇与挑战。当今的金融更需要与外部生态高度连接,强调数据化能力、AI能力与互联网场景的结合。金融机构正在加快推进"数智化"转型,积极构建金融新生态,包括平台生态、科技生态、融资生态和机构生态等。通过场景融合、数据价值共享、技术能力互补等合作相互赋能,打造以用户需求为导向的全新产品和服务体验。移动互联、大数据、云计算、人工智能、区块链等数字技术的交叉应用,也逐渐成为提高金融机构运营效率、增强盈利能力的有力抓手。

资料来源:数智金融升级有道——科技创新赋能资本市场发展论坛观察,http://www.taihainet.com/news/fujian/gcdt/2021-06-24/2523898.html。

■ 本章知识框架图

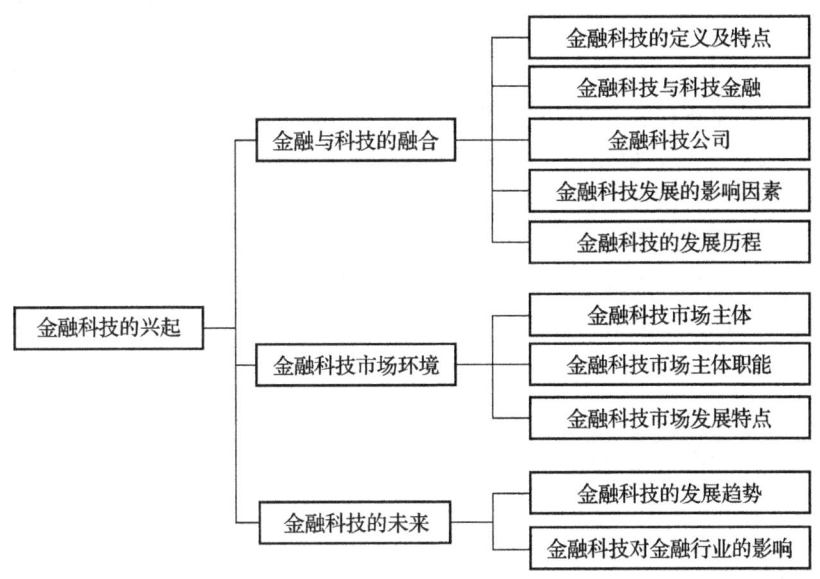

第一节 金融与科技的融合

一、金融科技的定义及特点

金融科技（FinTech），新兴科学技术与传统金融行业结合发展形成的新型板块，它隶属金融领域，却涵盖大量的科学技术知识。2016年3月，金融稳定理事会（Financial Stability Board，FSB）对"金融科技"的定义为：金融科技是指技术驱动的金融创新，它能创造新的业务模式、应用、流程或产品，从而对金融市场、金融机构或金融服务的提供方式造成重大影响。中国人民银行在《金融科技（FinTech）发展规划（2019—2021年）》中定义金融科技是技术驱动的金融创新，旨在运用现代科技成果改造或创新金融产品、经营模式、业务流程等，推动金融发展提质增效。

金融稳定理事会将金融科技活动界定为五类：支付、清算和结算，存款、贷款和融资，保险，投资管理以及市场服务支持。金融科技活动既包括零售（家庭和中小企业）服务活动，也包括批发（公司、非银行金融机构和银行间）服务活动。巴塞尔银行监管委员会（BCBS）把金融科技活动分为支付结算、存贷款与资本筹集、投资管理、市场设施等不同类型。金融科技由技术驱动，但又不完全等同于技术，它正在从各个方面改变金融产业的未来形态。

金融科技有广义和狭义之分。广义的金融科技是指以解决金融行业应用需求为中心，利用一切科学技术（包括但不限于信息通信科技）为金融行业发展提供科技支撑，提高金融机构的金融服务能力，降低金融服务成本。狭义的金融科技，主要是通过使用科技设计新的金融服务和产品，[⊖]由大数据、区块链、云计算、人工智能等新型信息通信技术驱动，对金融市场、

⊖ 2015年新加坡金融管理局（Monetary Authority of Singapore，MAS）、英国金融行为监管局（Financial Conduct Authority，FCA）对金融科技的介绍。

金融服务及产品产生重大影响,包括支付、投资管理、资本筹集、存款和贷款、保险、监管合规以及金融服务领域里的其他金融活动等。㊀其中,云计算、大数据、人工智能和区块链等是当前金融科技应用的关键技术领域。

金融科技产生以来,具备四个方面的特点:一是金融科技强调创新性。金融科技通过技术创新,带动金融业务和服务方式的创新升级,产生新的业务、服务模式,提高金融行业的效率。二是金融科技凸显智能化。随着"互联网+大数据+人工智能"的全方位应用,智能金融时代到来,无人银行、智能投顾、智能客服成为现实。三是金融科技实现普惠化。金融科技降低了金融服务门槛和成本,让更广泛的人群能够享受种类更多、更优质的普惠金融服务。四是金融科技聚焦客户体验。金融科技应用让金融服务更加关注客户体验,持续根据客户需求的变化进行产品的快速迭代优化,实现传统金融服务所不具备的个性化和差异化服务。

二、金融科技与科技金融

金融科技并非科技金融,两者存在本质区别。金融科技旨在通过科技手段推动金融创新,依据金融创新程度判断科技推动效果,强调科技的驱动性。金融科技创新有助于推动金融与科技的深度融合,以及赋能金融行业的结构性改革。科技金融则是指一系列金融政策、制度和金融工具连接互通而形成的结合体,它能够促进科技成果的开发和转化以及高新技术产业的发展。㊁科技金融通过金融产品创新直接服务于科技产业发展,属于产业金融的范畴。创新的主体既可以是投贷联动等传统金融机构,也可以是科技股权众筹等新金融平台。金融科技通过科技创新提升金融行业为实体经济服务的效率;科技金融则为满足科技型企业和创新创业主体的需求,致力于研发金融产品。金融科技与科技金融的主要区别如表1-1所示。

表1-1 金融科技与科技金融的主要区别

概　念	要　义	实现方式	典型产品
金融科技	通过科技创新为金融行业服务,本质是"科技"	将人工智能等前沿技术应用于金融行业,提升金融业的整体效率	智能投顾、大数据征信、移动支付、区块链ABS
科技金融	通过金融产品创新为科技产业服务,本质是"金融"	研发适合科技型企业的金融创新产品,满足科技型企业创新创业的需求	投贷联动、科技保险、知识产权融资、科技众筹

三、金融科技公司

金融稳定理事会(FSB)定义的金融科技公司是指商业模式专注于金融科技创新的公司,而大型科技公司(BigTech)指的是直接提供金融服务或类似金融产品的大型技术公司。

(一)不同产业主体的金融科技公司基本类型

根据我国金融科技产业主体侧重点的不同,金融科技公司可划分为技术类公司和服务类公司。其中,技术类公司主要是指针对云计算、大数据、人工智能、区块链等新兴技术深入

㊀ 2017年美国国家经济委员会(National Economic Council,NEC)发布《金融科技(FinTech)框架白皮书》。
㊁ 赵昌文,陈春发,唐英凯. 科技金融[M]. 北京:科学出版社,2009.

开发和拓展的科技公司，服务类公司主要是指利用技术在金融客服、风控、营销、投顾、支付等不同环节提供服务的公司。

1. 技术类公司

金融科技技术类公司，按照其为金融行业提供支撑服务的技术可分为四大类：云计算、大数据、人工智能和区块链。其中，云计算已经成为金融科技公司发展转型的主流方向，金融云构建方便灵活，便于管理，公司发展较为成熟。大数据应用广泛，是金融业创新发展的来源，提供大数据支撑服务的金融公司众多，以互联网公司为主。人工智能是金融服务转型升级迈向智能化的基础，人工智能正逐渐成为金融科技的热点。区块链是实现金融价值传递的重要支撑技术，金融区块链起步晚，目前正处于初级阶段，公司数量相对较少，但发展迅猛。

2. 服务类公司

金融科技服务类公司为金融行业提供支撑服务的具体领域可分为五大类：客服、风控、营销、投顾和支付。客服领域服务类公司依托大数据和人工智能技术，实现客服智能化，提高客服效率和客服质量，降低客服成本。风控领域服务类公司主要是运用大数据、机器学习和人工智能等技术，运用相关模型，提前预测风险发生的可能性，实现智能风控，减少坏账损失率，提高贷款发放的效率。营销领域服务类公司主要是利用大数据和人工智能进行智能营销，建立个性化的顾客沟通服务体系，实现精准营销。投顾领域服务类公司主要依托大数据、人工智能、机器学习，运用模型和算法，实现智能投顾，在获得较高投资收益的同时降低投资风险。支付领域服务类公司依托于人工智能技术，采用人脸识别、指纹识别、虹膜识别等智能识别技术，实现智能支付。

（二）不同商业模式的金融科技公司基本类型

以原生背景和商业模式作为分类标准，金融科技公司可以分为金融IT公司、金融科技子公司、科技生态公司和互联网金融服务公司。

金融IT公司的主要业务是服务外包或者技术输出，为金融机构提供信息化的产品或服务。金融IT公司虽然属于金融科技，但并非主体，目前我国金融科技企业分布最广、规模最大的是金融机构的附属金融科技子公司，它们大多是科技服务部门的一部分，并将重心转向对外服务。

面向单一消费者的业务端有两类金融科技公司。一类是科技生态公司，这类公司在互联网领域处于寡头地位，具有明显的互联网平台优势，借助用户规模或流量优势，通过强大的技术实力切入金融服务领域，满足用户的金融需求。㊀另一类是互联网金融服务公司，它们依托新兴技术手段或者差异化的客户定位切入某一特定的金融服务领域，以互联网金融为依托，集中资金于某一特定的细分金融领域，或是大数据征信，或是智能投顾，或是简单的在线交易。这类金融科技企业数量众多，且业务多元，是我国金融科技领域发展轨迹最具有代表性的企业类别。㊁

四、金融科技发展的影响因素

金融科技发展的影响因素包括：经济基础、科技进步、政府监管、人口因素以及传统金融业的发展。

㊀ 典型的科技生态公司代表有蚂蚁金服、腾讯等。
㊁ 典型的互联网金融服务公司有东方财富、同花顺等。

(一) 经济基础

金融科技的兴起和快速发展离不开宏观经济的支撑。雄厚的经济实力是金融科技发展的必要条件，金融业从 IT 技术的全面使用，到互联网金融阶段，再到如今与高新技术高度融合的金融科技阶段，无不伴随着经济的快速增长。从金融科技发展历程来看，英国、美国等拥有雄厚资金支持，金融科技发展起步较早，发展较为成熟。一方面，经济基础越雄厚，直接支撑金融科技的资金量就越多，可以提高科研资金的投入；另一方面，经济发达也容易吸引更多高端技术型人才。

雄厚的经济基础同样从需求层面促进金融科技的发展。一方面，国民收入的持续增加促使人们不断寻找更加便捷、舒适的生活方式，更加专业的理财平台。面对多元化的金融产品、金融服务，人们更愿意选择便于操作、更加快捷、可以提供个性化定制的网络平台。另一方面，当小微企业和个人无法达到银行贷款条件时，他们更多会转向条件相对较低，贷款速度及效率相对较高的互联网借贷平台。

(二) 科技进步

在知识驱动型的经济社会中，产业知识和技术等要素的投入会增加产出。金融科技产业是以金融为基础，依托高新技术的技术导向型产业。高新技术在金融领域的运用，将促使金融业务得以拓展，金融服务更加优化，金融产品更加多样，市场的运营效率得到提升。科学技术的升级以及对高新技术产业的投入必然会促进金融科技的发展。

(三) 政府监管

政府是市场各项规则的制定者和监督管理者，金融科技发展速度快，金融风险事件发生频率高，更需要政府加快立法和政策监督。政府监管可以为金融科技的发展创造良好的环境，有利于行业规范化。监管细则或指导意见能够加速行业的调整，明确从业机构的性质和业务范围。一旦出现问题，监管部门可以及时有效地处理，保障各个参与主体的合法权益。中国人民银行成立了专门的金融科技委员会，委员会提出加强对金融科技工作的统筹协调、政策指引和战略规划，深入研究金融科技对经济政策、金融稳定性、金融市场等方面的影响，建立具有中国特色的金融科技系统和机制。

(四) 人口因素

金融科技的交易平台、交易方式、参与者数量和参与程度对金融科技的发展至关重要。一方面，加入金融科技平台的企业越来越多，金融科技平台的普及率越来越高，使用金融科技平台的客户越来越多，金融科技市场也会由于交易量、交易规模的增加而扩大；另一方面，高素质人才的投入也将推动金融科技的发展。金融科技的核心就是高新技术，高素质的科研人员能更高效地创造出便捷的平台及人性化的应用。高端人才的参与可以不断创造新的价值，驱动整个金融科技行业的发展。

(五) 传统金融业的发展

金融科技与传统金融业之间是一种良性竞争关系。金融科技是传统金融业发展到一定阶段的产物。传统金融业运用大数据、云计算、区块链、人工智能来提升金融服务，创新金融应用，打造智能金融体系。在传统金融机构中，新型技术的应用及推广对金融科技的发展具有促进作用。

五、金融科技的发展历程

根据主要支撑技术和应用场景，金融科技的发展历程大致可划分为萌芽阶段、起步探索阶段、创新应用阶段和融合升级阶段四个阶段，见表1-2。

表1-2　金融科技的发展阶段

发展历程	典型特征	主要支撑技术	代表性业态或应用	主要成效
萌芽阶段（1830～1979年）	围绕跨大西洋电缆而构建的全球电传系统开展	电报、电话等模拟信息科技	电报传送、电话电缆	通信技术发生了关键性变革
起步探索阶段（1980～1989年）	金融电子化、IT金融	台式计算机、互联网	网上办公自动化、证券交易PC客户端等	间接提高了金融业的服务效率
创新应用阶段（1990～2015年）	互联网金融、移动金融	"互联网+"、移动互联网、智能终端	网上银行、移动支付、众筹、互联网银行等	满足实体经济重点领域和薄弱环节的普惠金融需求
融合升级阶段（2016年至今）	场景化金融、智慧金融	人工智能、区块链、云计算、大数据、5G	智能投顾、智慧网点、开放银行、区块链保险、量化自动交易等	推动金融结构性改革，全方位赋能实体经济快速发展

（一）萌芽阶段（1830～1979年）

金融科技的出现可追溯到19世纪上半叶，这一时期通信技术发生了关键性变革。莫尔斯于1838年发明了电报机，之后数十年里电学获得日新月异的发展，电报传送技术也日益成熟，1866年第一条跨大西洋电缆铺设成功。1876年贝尔发明了电话，1956年第一条跨大西洋电话电缆开通。这些技术创新为金融全球化奠定了基础。

这一阶段的技术手段是电报、电话等模拟信息科技。涉及的机构和客户基本是规模比较大的金融机构，跨区域经营特点明显。金融服务的供需双方借助先进技术满足即时性、跨区域性要求。这一阶段的数据资源是由客户与金融机构发起和提供的，数据不存在被垄断或被占有的情况。此时数据还未完成从工具化到资源化的逻辑转变，只是经营手段，而不是经营资源。

（二）起步探索阶段（1980～1989年）

传统金融业应用计算机技术推进内部办公的自动化和金融业务的电子化，是金融科技起步探索阶段的典型特征。互联网的出现，推进商业银行的基础业务升级换代。传统金融机构为提高工作效率构建IT系统和门户网站，成为金融科技发展的开端。同时，证券公司推出基于台式PC的在线查询和交易功能的客户端，提高了股票投资的便捷性。

（三）创新应用阶段（1990～2015年）

金融科技创新应用阶段主要以互联网（特别是移动互联网）在金融业的创新应用为特征。基于庞大的金融需求和移动互联网、智能手机的快速普及，互联网金融充分发挥了"后发优势"，互联网科技公司发展迅猛。一方面，金融服务与互联网信息技术相结合，产生了移动支付、网络贷款、股权众筹等新应用和新业态；另一方面，传统金融机构积极利用互联网信息技术，推出了互联网银行、互联网保险、互联网基金等新业务。我国移动支付、条码支付、互联网基金处于世界领先地位。但是，由于互联网金融监管滞后和金融行业风险的积聚，互联网金融将进入技术驱动新阶段。

(四)融合升级阶段(2016年至今)

随着大数据、云计算、区块链、人工智能、5G等前沿技术与金融业的深度融合,金融科技进入融合升级阶段。新一代信息技术,特别是去中心化的分布式技术,深刻影响着金融行业格局和运行规则。金融机构和互联网企业将各类金融业务进行场景化、智能化和定制化的革新和升级,提升了服务效率和质量,扩大了金融服务的覆盖面,在赋能实体经济方面发挥着日益重要的作用。"金融+科技"的深层次融合形成三条路径:一是传统金融机构与金融科技企业优势互补、强强联合,如中国建设银行与蚂蚁金服共同推进金融科技前沿技术研发与应用;二是互联网企业与传统金融机构,共同出资设立金融机构,如互联网智能银行等;三是传统金融机构设立金融科技子公司或金融科技平台,如无界开放银行(API bank)。

第二节 金融科技市场环境

一、金融科技市场主体

我国金融科技市场主体主要由监管机构、金融机构、金融科技公司、中介机构、研究机构、行业协会构成(见图1-1)。其中,监管机构主要包括金融稳定发展委员会、中国人民银行、银保监会、证监会等机构,依据国家的法律法规,对金融科技行业进行合规性监督管理。金融机构主要包括银行、保险公司、证券公司、基金公司等,通过运用金融科技技术为市场提供金融服务。金融科技公司主要是提供技术支撑的科技创新企业。中介机构主要是提供评估评级、会计、法律等咨询业务的机构。研究机构和行业协会包括银行业协会、证券业协会、保险业协会、金融科技研究中心和金融科技实验室,围绕金融科技进行产业研究,制定标准,促进交流。

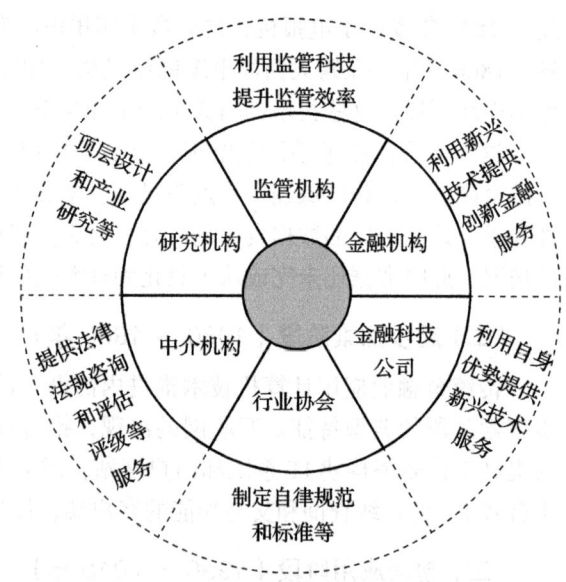

图1-1 我国金融科技新生态系统

二、金融科技市场主体职能

(一)监管机构:利用监管科技提升监管效率

监管机构是根据法律规定对国家的金融体系进行监督管理的机构。其职能包括按照规定监督管理金融市场,发布有关金融监督管理和业务的命令和规章,监督管理金融机构的合法合规运作等。监管机构的核心目标是维护金融系统稳定,保障消费者权益。

金融监管包括金融监督和金融管理。金融监督是一种检查和督查的行为,依照制定的规则,管理协调金融机构,确保其合法稳定经营。金融管理是指金融主管部门按照制定的法律,对金融机构的经营活动指导方向并进行监控，促进金融机构的发展的各种活动。如今世界各国，大部分实行市场经济体制，都必然存在着政府机构对金融机构及其活动的监管。当前，监管机构正在深入剖析大数据、云计算、人工智能、区块链四大新兴技术在全球金融领域的应用情况，并积极探索监管科技在用户身份识别、交易行为监测、合规数据报送、法律法规跟踪、风险数据分析、金融压力测试等方面的国际应用。

（二）金融机构：利用新兴技术提供创新金融服务

传统金融机构正在利用新兴技术拓展业务范围，提升服务质量，优化业务流程，开辟业务领域。传统金融机构主要通过三种方式布局金融科技：一是与金融科技公司战略合作；二是投资并购金融科技公司；三是金融机构内部研发创新。其中，与金融科技公司战略合作是主要方式。

（三）金融科技公司：利用自身优势提供新兴技术服务

金融科技公司的核心属性是科技，主要提供新兴技术服务。此外，为了应对金融科技公司之间的失衡，打破"赢者通吃"的局面，金融科技公司正在打造科技赋能企业、企业服务客户的 T2B2C 新型商业模式[○]。因此，越来越多的金融科技公司开始淘汰部分纯金融业务，在技术门槛较高的业务领域形成独特的竞争优势，以赋能者和合作者的身份，涉足金融科技服务领域。

（四）中介机构：提供法律法规咨询、评估评级等服务

金融科技中介机构包括担保机构、信用评级机构、咨询公司、律师事务所、会计师事务所等，这些机构在减少金融市场的信息不对称方面起到了积极的作用。金融科技创新成果的应用转化在很大程度上依赖于中介机构的知识普及、风险评估、技术扩散和业务咨询等。金融科技中介机构通常会对相关技术和法律法规进行深入研究，及时将主体市场风向和行业动态提供给相关市场。

（五）研究机构：顶层设计和产业研究等

金融科技的持续健康发展离不开研究机构的支持，研究机构将在政策、法律、技术、理念等多个方面为金融科技的发展提供新的方向，并与政府、相关企业开展合作，确保理论与实践充分结合。

（六）行业协会：制定自律规范和标准等

金融科技行业协会是进行产业研究、促进金融科技应用成果经验分享和互动交流的载体。行业协会的核心在于制定具体的自律规范和行业标准等，以推动整个行业的自律管理。行业协会是政府监管的必要补充，是实现行业自律、规范行业行为、保护消费者权益的关键环节。中国金融科技促进会作为我国科技金融领域的国家级社会团体，自成立以来一直积极推动我国建设有利于科技成果转化的金融环境。在明确相应权利范围、提高行业协会覆盖率、丰富信息披露内容、完善惩罚激励规则、推动行业协会自律规范和标准制定等方面，中国金融科技促进会起到了积极的作用。

○ "T2B2C"模式即金融科技公司将自身的技术、产品、服务与 B 端进行整合，服务于 C 端，这不仅提升了 B 端的效率与效益，也提升了对用户的服务，增强了用户体验，实现了三方"共赢"。

三、金融科技市场发展特点

（一）互联网企业成为金融科技领域的支柱力量

在金融科技发展过程中，互联网企业逐渐发展成为金融科技领域的主体，依托技术和数据支撑上的巨大优势，互联网企业迅速成长。

（二）传统金融机构成立科技子公司，提供对外技术服务

传统金融机构成立的科技子公司拥有云、大数据和人工智能等新技术平台搭建能力和行业应用服务能力，对行业理解深入，并拥有切实的新兴科技应用实践，较易获得传统金融机构的信任。目前的发展趋势主要有两个方向：一是大型银行机构成立独立运作的科技子公司；二是部分金融机构联合成立独立运营的科技合资公司。

（三）零售企业率先转型进入金融科技市场

面向个人用户服务的零售企业往往拥有大规模的用户信息和消费行为数据，对客户需求理解较深刻，客户服务经验丰富。依托大数据技术分析，大量传统零售企业与金融相结合，通过捆绑式服务，以消费金融、供应链金融为突破口，率先转型进入金融科技市场。

第三节　金融科技的未来

一、金融科技的发展趋势

（一）5G 商用将为金融科技产业带来重大机遇

5G 是一场新的技术变革，具有超高速率、超低延时、超高密度等显著特征，将社会带入万物互联的新时代。在金融科技产业领域，5G 作为重要的基础设施，将优化现有技术并辅助各项新兴技术落地。银行的客户数量庞大，业务类型多样，网点分布范围广，有利于 5G 的集群化、大规模应用。随着 5G 技术的发展成熟，结合生物识别、远程视频、大数据、人工智能等先进技术，银行营业网点有望完成智能化的深度转型，可实现通过虚拟现实（VR）进行面对面咨询，各类可穿戴设备将成为金融服务的新载体。金融机构将可以构建跨行业的融合创新生态。

专栏

元宇宙

元宇宙（Metaverse）是整合多种新技术而产生的新型虚实相融的互联网应用和社会形态，它基于扩展现实技术提供沉浸式体验，基于数字孪生技术生成现实世界的镜像，基于区块链技术搭建经济体系，将虚拟世界与现实世界在经济系统、社交系统、身份系统上密切融合，并且允许每个用户进行内容生产和编辑。

元宇宙不是一个新的概念，它更像是一个经典概念的重生，是在扩展现实（XR）、区块链、云计算、数字孪生等新技术下的概念具化。元宇宙一词诞生于 1992 年的科幻小说《雪崩》，小说描绘了一个庞大的虚拟现实世界，在这里，人们用数字化身来控制，并相互竞争以提高自己的地位，现在看来，元宇宙描述的内容还是超前的未来世界。关于"元宇宙"，

比较受认可的思想源头是美国数学家和计算机专家弗诺·文奇教授，在其1981年出版的小说《真名实姓》中，他创造性地构思了一个通过脑机接口进入并获得感官体验的虚拟世界。

从时空性来看，元宇宙是一个空间维度上虚拟而时间维度上真实的数字世界；从真实性来看，元宇宙中既有现实世界的数字化复制物，也有虚拟世界的创造物；从独立性来看，元宇宙是一个与外部真实世界既紧密相连，又高度独立的平行空间；从连接性来看，元宇宙是一个把网络、硬件终端和用户囊括进来的永续的、广覆盖的虚拟现实系统。

资料来源：https://baike.so.com/doc/30093459-31714439.html。

（二）"监管沙盒"扩大应用范围

金融科技的应用范围和场景不断扩大，带来了信息安全风险、新技术应用风险、交叉传递风险、金融控股公司风险等新的风险。监管沙盒应用范围进一步扩大，涉及物联网、大数据、人工智能、区块链等多项前沿技术。监管沙盒旨在打造符合各国国情、与国际接轨的金融科技创新监管工具，规范和引导金融科技健康有序发展。

（三）金融科技的技术赋能属性增强

金融科技公司不仅服务于金融行业，还服务于制造业等实体经济领域，促进金融科技与智能制造融合发展。例如，应用于制造业的人工智能，作为新型生产要素与其他生产要素相融合，推动制造业朝智能化、数字化和自动化方向转型升级。又如，区块链与供应链的深度融合，不仅有助于解决供应链上中小企业的融资难题，还将显著提升整条供应链的透明度和运行效率。

二、金融科技对金融行业的影响

（一）金融科技对金融调控的影响

（1）部分宏观经济指标需要适应性调整。金融科技会对基础货币、货币流通速度等宏观经济指标产生影响。相比于现金支付，移动支付交易便捷、成本更低，这会减少流通中的现金（M0），改变基础货币的数量、结构和流通速度。移动支付提高了支付清算需求，为满足支付需求，银行需要保有更多超额准备金，第三方支付机构备付金要全额上缴中央银行，这会影响货币乘数，进而改变广义货币供应量（M2）。金融科技通过改变中央银行资产负债表，影响货币政策的传导机制。

根据中国人民银行监管要求，第三方支付机构的备付金上缴中国人民银行后失去了流动性，与商业银行上缴的存款准备金相似，这相当于减少了货币流通量。

（2）信息快速传播和放大，预期引导更加困难。互联网具有信息传播快、影响范围广的特点。金融科技企业利用互联网提供金融服务，风险特征与传统金融机构有明显的不同。传统金融机构大多是国有企业，有国家信用背书。很多金融科技企业股东背景复杂，业务多元化，运作模式、资金流向、信用状况等信息公开不充分，一旦出现负面信息，容易快速传播和放大，这会对公众行为产生影响，加剧"羊群效应"等非理性行为。信息快速传播加剧了市场预期波动，增加了宏观调控难度。在完全有效市场假设下，任何信息都会快速反映为价格的变化。预期往往具有自我强化的特征，金融科技进一步加强了预期的自我实现。例如，人工智能在投资中的广泛应用，会增强金融交易的自动化和一致行动程度，一旦出现某一方面的信息就自动触发交易。信息快速传播导致的预期频繁调整，会体现为交易价格的高频变化。

（3）市场波动幅度加大，风险传播更迅速。金融科技将加剧金融市场的高频波动和风险传播，造成风险的低估和资产定价的偏离。随着金融科技的应用，风险在各金融领域之间扩散速度加快，风险传导机制更加复杂隐蔽，相互交叉传染和反馈效应更突出，风险外溢更明显。智能投顾是金融科技在投资领域的重要应用，如果采用相似的偏好判断标准、风险度量指标和市场交易策略，很可能导致市场出现统买统卖、超涨超跌的情况，加剧同频共振现象。

（二）金融科技对金融产业的影响

（1）金融产业分工更加细化，经营综合化趋势增强。金融科技的应用推动了金融业分工细化，金融产业链各环节的专业化程度提高，纵向一体化程度减弱。金融机构综合经营的趋势在增强，行业边界趋于模糊，市场边界更难界定。一是金融行业细分领域的综合化，同时持有银行、证券、保险等多项金融牌照的金融控股集团越来越多。二是金融和科技之间的综合化，金融企业试图向科技企业转型，科技企业也在金融领域发力。

（2）金融机构进入退出更频繁，产业活跃程度提升。金融科技使金融机构的进入退出更加频繁，市场优胜劣汰的作用机制增强。一方面，监管部门对新型金融机构发展总体持包容审慎态度，新设立的金融机构数量增加；另一方面，问题机构退出机制不断健全。金融机构退出将带来风险处置、机构接管、消费者权益保护等一系列后续问题。

金融科技提高了金融产业活跃程度。金融科技催生的一些金融业务容易被模仿，竞争较为激烈，主要原因是进入门槛低，业务模式简单，容易复制，这加剧了金融机构之间的竞争。

（3）金融机构分化趋势增强，龙头企业优势突出。金融科技使得龙头科技企业和大型金融机构优势扩大，赢者通吃效应更强。中小金融机构的经营难度加大，金融机构分化的趋势增强。

金融科技通过降低成本强化了规模效应。金融科技虽然前期固定成本很高，但一旦形成市场优势，边际成本会大幅下降。传统商业银行依靠分支机构提供金融服务，获取新客户需要新增网点和人员，边际成本很高。金融科技大幅降低了支付网络的建设成本。

（三）金融科技对金融业务的影响

（1）超出传统范畴的金融业务新形态层出不穷。第三方支付、众筹、网络借贷（P2P）都是近些年出现的新型金融业务，金融科技是根本驱动因素。一些金融业务新形态超出了传统分类边界，在定位和监管上存在模糊地带，属性界定难，带来一定风险。例如，我国网络借贷风险，主要原因是平台脱离了信息中介本质、承诺刚性兑付、形成资金池等，拿着商业牌照从事金融业务，业务定位出现严重偏差。

（2）金融服务渠道更加扁平化，服务重心下沉。随着民营银行试点的放开，互联网企业纷纷出资设立银行。与传统商业银行层层和跨区设立分支机构不同，互联网银行通过网络渠道提供金融服务，除总部之外基本不设立网点，渠道扁平、人员精简，短期内快速发展。它们的人员结构主要是研发人员，基本没有信贷人员。金融服务可以下沉至传统金融机构难以覆盖的长尾客户。

（3）金融服务竞争强度加剧，范围扩大。金融科技加剧了金融机构间竞争的强度。在互联网环境下,客户具有多归属性,即同时在多个金融机构注册开户,并且在不同金融机构间的转换成本很低。金融科技推动金融业务竞争从本地走向全国,扩大了竞争范围。区域性中小金融机构的本地信息优势在弱化,互联网平台通过大数据工具可以精准刻画用户画像。

(四)金融科技对金融监管的影响

(1)金融监管的范围扩大、难度增加。在金融科技快速发展的新形势下,金融监管范围不仅包括传统持牌金融机构,也包括大量新兴金融机构和业态。金融科技催生的新型金融业务高度活跃,有些已纳入监管范围,有些还处于自然发展状态。据不完全统计,我国需要审批和备案的金融业务资质有多种,除了银行、证券、保险、基金等传统金融牌照外,与金融科技密切相关的业务资质包括民营银行、互联网保险、第三方支付、消费金融、互联网基金及销售、互联网信托、互联网小额贷款、股权众筹、互联网证券、个人征信等。

金融科技加大了金融监管的难度。金融科技创新具有跨业务、跨机构通用的特点,成熟的监管框架尚未形成,监管的有效性和及时性不足,监管套利现象较多。在去中心化和金融脱媒趋势下,很多未被监管、风险管理能力不足的科技企业进入金融业,加剧了金融风险。互联网业务的跨地域特征,对现行的以属地化为主的监管提出了挑战,金融监管涉及的跨层级、跨部门事务增加。我国金融监管主要采取垂直管理体制,但监管重心主要在中央和省级,市县级力量薄弱,对金融风险的应对能力较为有限。

(2)从机构监管转向功能和行为监管。金融科技对金融监管思路提出了新的挑战。传统金融监管主要采取机构监管的思路。但是,随着金融科技的广泛应用,金融市场主体不断增加,除了传统金融机构,还包括大量互联网企业以及为金融机构提供技术和服务的金融科技公司。这些互联网企业和金融科技公司在数据、渠道、账户和基础设施等方面与传统金融机构密切相关,金融属性和科技属性的边界难以清晰界定。在此情况下,金融监管转向功能和行为监管,按照实质重于形式的原则,根据金融业务的功能实质进行监管。无论是否为金融机构,是否持有金融牌照,只要业务本质符合金融活动特征,该企业就应纳入监管范围。对于从事相同金融业务的机构,监管的政策取向、业务规则和标准应该一致,避免因机构差异而适用不同的监管标准,出现监管套利的情况。

(3)监管科技提升监管能力。金融科技的发展缩短了金融创新的周期,这对监管的及时性和有效性提出了更高要求。现行金融监管人员力量和技术能力有限,难以适应金融科技快速发展的新形势。监管科技有助于增加监管手段,提升监管效率,降低监管压力,是维护金融体系安全稳定、防范系统性金融风险、保护金融消费者权益的重要途径。加强大数据、云计算、人工智能等新技术在监管中的应用,加快建设监管技术平台,完善互联网金融风险监测预警机制,研究制定金融机构和监管部门之间的数据共享管理办法,推进金融监测基础设施建设,建立集中统一的产品登记和信息披露平台。借助科技手段扩大金融监管的覆盖面,提升监管效率和监管智能化水平,切实加强监管能力。

■ 扩展阅读

金融科技驱动平安银行零售转型

零售转型是平安银行关键性的战略方向,2016年在对宏观经济环境和行业竞争环境进行充分研判的基础上,平安银行明确了零售转型目标:以"SAT(社交媒体+客户端应用程序+远程服务团队）+智能主账户"为核心，打造智能化、移动化、专业化的零售智能银行的发展新模式，即通过平安口袋银行App连接优质的产品和服务，围绕"衣、食、住、行、玩"五大生活消费需求为客户提供综合化、场景化的零售金融服务，在充分利用金融科技的基础上，打造零售新模式，致力于成为中国最卓越、全球领先的智能化零售银行。

零售银行的运营是由生产体系、传递体系、支撑体系三大部分协同完成的，平安银行金融科技驱动下的生产体系转型策略主要包括：产品设计更加注重客户需求和体验；通过创建科技子公司等方式将技术应用机制从被动应用转向主动探索；在金融科技的助力下全面升级风险管理武器。传递体系的转型策略主要包括：升级线上移动App与线下网点渠道；构建线上线下无缝对接的金融生态圈。支撑体系的转型策略主要是通过对战略规划、机构、企业文化、人才队伍等方面进行变革，为金融科技创新、零售业务发展创造有利环境。平安银行以支撑体系的转型为基础，为生产体系中的产品和服务提供战略支持，最后再通过全新的传递体系将改进后的产品与服务输送给零售客户。

从近两年公布的财务报告来看，平安银行零售业务收入不断提升，零售业务利润贡献率甚至一度超过公司业务。此外，通过"金融+科技"的双轮战略，平安银行还斩获了众多奖项。在金融科技的助力下，平安银行零售业务转型展现出强劲的发展潜力，成为股份制银行中的"零售黑马"。

资料来源：孙榕. 打造智能零售"平安特色"——平安银行金融科技驱动零售战略转型［J］. 中国金融家，2017（11）.

■ 本章小结

1. 广义的金融科技是指以解决金融行业应用需求为中心，利用一切科学技术（包括但不限于信息通信科技）为金融行业发展提供科技支撑，提高金融机构的金融服务能力，降低金融服务成本。
2. 狭义的金融科技主要是通过使用科技设计新的金融服务和产品，由大数据、区块链、云计算、人工智能等新型信息通信技术驱动，对金融市场、金融服务及产品产生重大影响，包括支付、投资管理、资本筹集、存款和贷款、保险、监管合规以及金融服务领域里的其他金融活动等。
3. 金融科技的特点：一是金融科技强调创新性，二是金融科技凸显智能化，三是金融科技实现普惠化，四是金融科技聚焦客户体验。
4. 金融科技发展影响因素包括：经济基础、科技进步、政府监管、人口因素以及传统金融业的发展。
5. 金融科技的发展历程，根据金融科技领域主要支撑技术和应用场景，大致划分为萌芽阶段（1830～1979年）、起步探索阶段（1980～1989年）、创新应用阶段（1990～2015年）和融合升级阶段（2016年至今）四个阶段。
6. 我国金融科技市场主体主要由监管机构、金融机构、金融科技公司、中介机构、研究机构、行业协会组成。
7. 金融科技市场发展特点：一是互联网企业成为金融科技领域的支柱力量；二是传统金融机构成立科技子公司，提供对外技术服务；三是零售企业率先转型进入金融科技市场。

■ 关键概念

金融科技　　　金融科技创新　　　移动支付
科技金融　　　监管沙盒　　　　金融科技市场主体

■ 复习思考题

1. 简述金融科技经历了哪几个发展阶段，典型特征和主要支撑技术有哪些？
2. 金融科技在哪些领域有创新？金融科技发展的影响因素有哪些？
3. 简述金融科技对金融业的影响。
4. 金融科技的市场主体都有哪些？说说你的理解。
5. 对于金融科技未来的发展趋势，谈谈你自己的看法。

■ 本章实训

金融科技对我国上市商业银行盈利能力的影响（EViews 软件）

一、实训目的

1. 训练学生收集、整理金融数据的能力。
2. 掌握运用固定效应模型、系统 GMM 模型，就金融科技对我国上市商业银行盈利能力的影响进行分析。
3. 培养和训练运用专业数据分析工具的能力。

二、实训要求

选取我国 13 家上市商业银行的年度数据。例如，中国银行、农业银行、工商银行、建设银行、交通银行 5 大国有银行；8 家股份制商业银行，分别为招商银行、平安银行、浦发银行、兴业银行、光大银行、民生银行、中信银行、华夏银行。数据来源于银行的年报。主要运用固定效应模型、系统 GMM 模型，就金融科技对我国上市商业银行盈利能力的影响进行实证检验。

三、实训组织

1. 将班级学生划分为若干小组，并指定组长，组长负责对实训项目进行详细的任务分解和责任落实。
2. 指导教师布置实训项目，要求学生认真查询相关资料，熟悉掌握 EViews 软件的操作使用，并按要求选取各家银行的年度数据。
3. 教师讲解固定效应模型、系统 GMM 模型的设定及变量的选择。

■ 案例分析

阿里巴巴金融科技与创新创业生态圈

一、阿里巴巴金融科技与创新创业生态圈简介

阿里巴巴提出以"共生、创生、互生"为理念的创新创业中心（简称双创中心），同时注重阿里云创业孵化平台的打造，并以金融服务贯穿整个创新创业系统，使整个创新

系统的每一个部分犹如自然生态的共生互存关系，互相依赖，而金融服务在整个系统中自由流动，为需要的科创企业或项目提供金融支撑，投资机构、第三方运营机构、科研机构、服务机构一起面向共同的客户提供相应的服务，构造出一个良好的金融科技与创新创业生态圈。

在阿里巴巴的金融科技与创新创业生态圈中，不仅有互相依存的各部分，还有能够促进和维护整体生态系统长远健康发展的信用制度以及解决关于利益纷争、知识产权保护等问题的方案和措施。阿里巴巴作为整个生态系统的运营者和服务者，把握着整体的战略方向。阿里巴巴金融科技与创新创业生态圈主要由阿里巴巴双创中心、阿里云、阿里巴巴金融服务和中小企业构成。生态圈的突出特点是：数字化、多元化、动态化。

二、阿里巴巴金融科技与创新创业生态圈运作机理

（一）创新创业中心全方位赋能科技型中小微企业

阿里巴巴双创中心基于7个重要平台，包括电子商务、跨境平台、云板块、蚂蚁集团、菜鸟、大文娱、健康服务。整个运营通过"1+4+N"的运营理念，基于双创平台科技赋能、人才赋能、渠道赋能、生态赋能以及不同运用场景和主题模式打造双创中心，以"大平台、富生态、多模式"为主题，全方位赋能科技型中小微企业。

（二）阿里云创业孵化平台用云计算助力创新创业

阿里云创业孵化平台在双创中心的基础上运用云计算、大数据等前沿高新技术，整合阿里巴巴平台资源，探索聚合最短路径，支撑各种各样的创业、创新、创造。平台推出九大服务全方位助力中国创业者：以优质创业扶持资源、创业孵化器入驻、投融资对接等方式为创业者提供基础服务；以金融信用加速器、智能硬件加速器、新零售加速器为创业者提供孵化赛道；平台还开展了创业培训、创业峰会、创客大赛三大创服活动。

（三）阿里金融服务为中小企业提供充足的资金支持

阿里巴巴主要从三个方面开展金融服务：一是为消费者个人提供金融服务；二是为中小微企业、个人创业者提供小额信贷业务；三是专门为科技创新主体服务（创业培训、创业峰会、创客大赛）。

资料来源：黄国妍，袁亚芳，王明弦.阿里巴巴金融科技与创新创业生态圈案例分析报告[J].2019（5）.

问题1：阿里巴巴金融科技与创新创业生态圈是如何运作的？

问题2：如何理解阿里巴巴金融科技与创新创业生态圈的特点？

金融科技理论基础

■ **本章提要**

本章主要探讨了金融科技理论基础的演进过程,包括技术长波理论与创新理论、金融中介理论与交易成本理论、金融长尾市场、金融科技与平台经济,介绍了金融科技与经济增长的关系。

■ **学习目标**

了解金融科技理论基础的演进过程,并对各个理论基础有深刻的认识与理解。理解金融科技与经济增长的关系。

■ **引导案例**

金融科技助推经济增长

金融发展是经济增长的动力。金融发展能够促进经济增长:一方面,金融市场能提供低风险、高流动性的金融产品,减少人们的当期消费,增加储蓄。在金融中介机构的作用下,人们可以将资本转化为长期投资,有效配置金融资源,直接促进经济增长;另一方面,金融发展会降低市场交易成本,促进市场交易,这是我国经济增长的重要因素。

金融科技运用先进的技术(如大数据、云计算、人工智能、区块链、生物技术等)来加速金融发展进程,不断推进金融产品创新、金融服务完善和金融模式优化,解决了传统金融市场效率低、金融资源配置不合理的问题。金融科技不仅能促进金融行业的转型发展,而且对经济发展也有重要的意义和价值。2019年5月发布的《经济蓝皮书春季号:2019年中国经济前景分析》指出,加大推进金融科技发展力度有助于优化我国金融和经济发展的要素基础和结构,促进我国经济的健康发展。

资料来源:孙志红,张娟.金融科技、金融发展与经济增长[J].财会月刊,2021(4).

■ 本章知识框架图

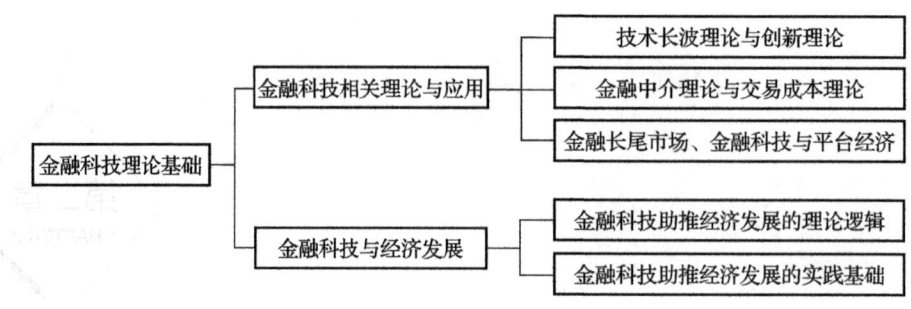

第一节 金融科技相关理论与应用

一、技术长波理论与创新理论

　　金融与科技融合发展的理论基础可以追溯到经济周期的技术长波理论[1]与创新理论[2]。尼古拉·D.康德拉季耶夫（Nikolai Dimitrievich Kondratieff）于1925年提出技术长波理论，他认为，技术长期波动的起源主要与固定产品的更新换代有关。熊彼特（Joseph Schumpeter）在1912年《经济发展理论》中强调，经济发展是一个动态、非均衡的过程，世界经济长周期是由"创新"，而且是由"历史上的主要创新"引起的。按照熊彼特的观点，创新的前提在于将科学知识和技术发明转化为商业活动，从而成为生产要素的组合。通过银行信用为生产要素组合提供购买力，进而推动经济的发展。经济长波的贡献在于两者的"双轮驱动"效应，也就是，银行信用制度起关键性作用。一方面技术的重大创新有赖于金融资本投入；另一方面新技术又创造了新型的融资渠道（包括制度和产品）。而金融科技以特色化的金融产品作为服务的载体，以新兴科技作为金融服务的支撑，在产品使用中不断挖掘用户需求的缺口，并利用海量金融数据挖掘所产生的信息为客户创造价值。

　　1997年，克里斯坦森在《创新者的窘境》中对熊彼特的创新理论进行了补充和改进，并首次提出了"颠覆性技术"的概念，即当某种类型的技术发生变化时，部分执行能力和创新能力很强的公司在行业中将无法继续保持遥遥领先的地位，可能会陷入困境，即破坏性创新理论。破坏性创新首先针对的是成熟企业容易忽视的市场，比如利润率较低的非用户和低端用户组成的市场。之后，卡萝塔·佩蕾丝（Carlota Perez）2003年在《技术革命与金融资本》

---

[1] 技术长波理论是国外经济学界在分析经济周期波动时常用的一种理论。该理论认为，经济发展存在一种规律性的波动循环，每过若干年，经济发展就会出现一次峰谷交替。这种长波理论不同于经济学研究中所指的经济增长、下降、谷底、复苏，然后又是高涨的周期循环理论，而是从更长的历史时期去考察整个人类经济发展的总的变化规律。

[2] 创新作为一种理论，可追溯到1912年美国哈佛大学教授熊彼特的《经济发展理论》。熊彼特在其著作中提出："创新是把一种新的生产要素和生产条件的'新结合'引入生产体系。"熊彼特独具特色的创新理论奠定了其在经济思想发展史研究领域的独特地位，也成为他经济思想发展史研究的主要成就。熊彼特认为，资本主义经济打破旧的均衡而又实现新的均衡主要来自内部力量，其中最重要的就是创新，正是创新引起经济增长和发展。

中对创新理论进行了追踪研究,形成"技术-经济范式"的变迁。金融与科技之间的演化,可能深化经济开放系统中的错误匹配,并最终导致崩溃。也可能为经济开放系统各要素的成功匹配提供资本贡献,使整个社会系统达到某种演化中的均衡之后,又开始寻求下一阶段的技术变革[⊖],同时,按照"技术革命-金融泡沫-崩溃-黄金时代-政治动荡"为序演进,大约每半个世纪重演一次。这个机制有三个特征:一是技术革新形成了整个生产结构现代化的连续,呈现出演化的"突现特征";二是金融资本从实体经济分离出来追逐更高的利润目标;三是经济的竞争压力、社会体制框架的变化与技术领域相比,具有更大的惰性和阻力。科学技术演化与金融创新的业务模式、产品、服务和流程之间的交互作用与反复行为,促使社会经济系统发生变化。在新的经济系统中呈现出趋于结群的特征,创新扩散是一个围绕以原始创新为"核心"展开的一系列二次创新,并伴随着技术革命产生一系列的新事物、新现象,促使经济系统发生剧变。

此外,佩蕾丝在长波理论的研究基础上,将技术革命的扩散分为"导入期"与"展开期"两个时期。而导入期对应着技术革命引发的"爆发阶段""狂热阶段",展开期对应着新技术的适应性调整和广泛普及应用的"协同阶段",以及技术和制度框架进入一个彼此协调、相对稳定而繁荣的"成熟阶段"。在此期间,社会制度与经济发展的因果关系更多地表现为动态的、循环累积的因果特征,每次技术革命蕴含在一系列重要的市场事件当中,在经历一段滞后期之后,引发行业以及经济系统的基础设施剧变,从而产生了一种新的"技术-经济范式",指导企业家、管理者、创新者,形成某种"惯例思维"。通过他们的决策行为及其相互作用为整个经济系统传播技术,直到下一轮技术革命的到来。新一代的"技术-经济范式",通过"核心-边缘"的传递性规则向外迅速扩散,当与之相应的社会、政治、文化等制度环境条件完备,形成与技术革命的协同共振时,技术革命就会在技术扩散过程中以新的姿态出现。金融与技术、社会制度等多重交互形成一个立体网络,共同对经济系统产生巨大的影响。

二、金融中介理论与交易成本理论

金融中介理论的最早渊源是马克思主义与古典经济学中的货币金融理论,早期的货币金融理论最主要论述的是信用、货币和金融机构与经济之间的关系,理论中的银行是最重要也是最早的金融机构。一直到 20 世纪五六十年代,形成了比较完善的传统金融中介理论,主要代表学者有 Gurley 和 Shaw,该理论的假设前提是金融机构存在,该理论认为金融机构的发展会对经济发展有着明显的推动作用。在此基础上,很多学者提出了关于金融中介存在的理论和模型,其中,交易成本理论和信息不对称理论是两个最为主流的理论。交易成本理论最早由英国经济学家科斯提出,核心内容是现实生活的交易无法避免交易摩擦,在对市场进行分析时必须考虑到交易成本的问题,比如交易的手续费、佣金等相关成本。同时,金融中介机构是一个规模庞大的群体,通过规模经济和范围经济的优势可以有效地降低交易成本。威廉姆森于 1975 年将交易成本进一步细化,分为搜寻、信息、议价、决策、监督交易及违约成本六大类。交易成本的存在不可避免,但过高的交易成本会减少企业的盈利,所以降低交易成本至关重要。交易费用的多少在一定程度上可以反映金融交易效率的

⊖ 技术革命的全部成果需要经过一段时间的滞后才能广泛收获,这种滞后效应整体表现为工业、国家和区域的显著的差异化增长,直至社会系统的动态均衡。

高低，所以金融机构不断通过降低交易成本提高自身效率。而信息不对称理论在交易成本理论的基础上不仅加入了获取交易信息的成本，更强调了信息的重要性，该理论认为在市场经济活动中，不同类型的人对交易信息的了解存在差异，掌握信息越充分的越处于有利地位。

20 世纪 70 年代后，随着交易成本理论和信息不对称理论的不断发展，学者们对金融中介的研究产生了新的分析框架，以降低金融市场上的交易成本、信息不对称为主线，加入了风险、不确定性、参与成本等新因素，对金融中介机构提供的各类金融服务进行深度剖析，最终形成了新金融中介理论。该理论更全面深刻地描述了金融中介的功能演变、作用机理以及发展趋势，为金融中介以及金融脱媒等相关研究提供了理论支持，主要用于解释金融中介发展、金融市场之间的竞争与促进关系以及金融机构的脱媒现象等问题。

金融中介理论对金融科技的存在与发展具有指导作用，金融科技丰富了金融中介的存在形式，打破了以物理形式存在的中介状态，金融科技能够利用计算机技术以及大数据的优势在更大程度上降低交易成本，减少信息不对称。虽然并未改变金融中介的本质，但是带来了大量的互联网"金融中介"，需求者自然会选择成本更低、效率更高的最优金融中介，导致银行作为主要金融中介的重要地位降低，银行脱媒问题较为普遍。

金融科技减少交易成本和经营成本，有利于金融机构合理地配置资源，提升经营效率。科技赋能金融，大数据、云计算等技术提高了数据的分析挖掘能力，大大降低了金融机构的信息搜寻成本；人工智能的应用包括人脸识别、语音识别、语义识别等，简化了相关业务流程，提高了办理效率与服务水平；网络安全技术为金融机构的各个部门、平台提供了安全保障，降低了监督成本。

三、金融长尾市场、金融科技与平台经济

长尾概念于 2004 年由美国《连线》杂志主编克里斯·安德森（Chris Anderson）提出，长尾理论与 19 世纪末意大利经济学家帕累托提出的"二八定律"恰恰相反，其核心内容是：假设产品的储存和流通渠道能够充分满足市场需求，随着经济发展和市场竞争的加剧，销量占比较低或者需求量小的产品组成的市场份额可以和主流产品的市场份额匹敌，并且各类商品的消费也将从主流消费群体向数量较多的狭隘尾部消费群体转移，同时克里斯指出，互联网时代正是需要大力关注长尾、发挥长尾效应的时代。长尾理论主要用于解释互联网时代呈现出的经济驱动模式从主流市场转向非主流市场的现象。

金融科技为客户提供了更多线上选择金融产品的渠道，"尾部"金融客户群体会逐渐转向互联网金融市场，优质"头部"客户也会逐渐减少对传统金融产品的投资，更倾向于种类多、交易成本低的金融产品，形成"尾部"变成"头部"的新局面。

平台经济理论以长尾理论为基础，与传统金融平台相比，金融科技能够无限减少边际成本，而边际收益却高出很多。平台经济的发展依托于数据驱动、平台支撑和网络协同，三者共同构成新的经济系统。平台本身不是产品，它是一种可以促成供求双方或多方交易的媒介，并从中收取适当的费用。平台经济必须要有一个双边或多边的市场，同时面对供给者和需求者。它依托于电子信息技术的发展，具有网络外部性，卖家、买家数量越多，平台就越有价值。

大数据、云计算、人工智能、区块链等新兴技术的飞速发展，推动传统金融机构相关产

品和业务向线上引流，金融科技催生了第三方支付平台等多种平台，这些平台门槛低、手续简便，抢占了大量的"长尾"客户，对传统金融机构的现有平台提出了挑战。

第二节　金融科技与经济发展

金融科技是经济发展到一定程度的产物，是全球范围内经济增长的动力，也是助推我国经济可持续发展的重要力量。一方面，金融科技发挥资源配置效应和创新效应，为推动经济可持续发展提供了重要理论基础；另一方面，金融科技通过提升传统金融业务服务实体经济的能力和助推金融业务脱虚向实，为推动经济可持续发展创造了客观现实条件。

一、金融科技助推经济发展的理论逻辑

（一）金融科技的资源配置效应

金融科技的资源配置效应主要表现在减少了信息不对称，降低了交易成本，增强了风险管理能力，提升了金融功能和金融效率。第一，减少信息不对称。金融科技可以从双向维度减少市场中的信息不对称。一方面，金融科技增强了信息公开透明度，公众可以及时、准确、有效地掌握金融相关信息；另一方面，金融科技促使金融机构运用区块链、大数据、云计算、人工智能等技术更高效、更精确地获取客户信息。第二，降低交易成本。金融科技不仅降低了投资者进入市场门槛的要求，而且拓展了他们进入金融市场的投资渠道。同时，金融机构运用科技创新降低沉没成本，提升金融运行效率。第三，增强风险管理能力。金融海量数据具有实时性、复杂性特征，金融交易具有频繁性、隐蔽性特征，二者会增加系统性风险发生的概率，造成传统监管乏力。金融科技能够快速获取、准确识别、分析风险信息，并及时应对，提高风险管理效率。

（二）金融科技的创新效应

（1）革新生产技术，变革生产方式。创新理论认为，革新生产技术和变革生产方式是经济发展的最根本动力。创新能够产生新产品、新生产方式、新市场、新供应、新组织形态，它们构成了经济增长的内在动力。金融科技不仅改变了传统的支付方式，而且改变了金融产品的供给方式和业务服务流程，重塑了传统金融服务、用户、机构之间的关系。金融业技术的进步，有助于进一步优化金融规模、结构和效率，推动金融资本不断积累，形成金融科技的创新效应。更为重要的是，金融科技能够使资金更好地流向风险低、利润高的企业，从而实现资源的最优配置，提高企业的生产效率，推动产业结构升级。

（2）新兴技术推动普惠消费市场变革。金融科技具有普惠性，服务对象是更为广阔的受众群体，它以新兴科技为支撑，提供智能化、特色化、定制化的金融产品与服务。一方面，金融科技在产品和服务流程中不断发掘消费群体的消费需求缺口，实现需求缺口全覆盖，提升普惠消费市场能力；另一方面，金融大数据可为消费群体创造价值，改善消费结构，促进消费升级，进而推动技术进步。

（3）科技创新与金融科技协同发展。一方面，金融资本配置方式的突破与科技创新的颠覆会产生创新的经济范式；另一方面，科技创新与金融科技协同发展正在改变现行金融格局。

在科技创新和金融科技的协同发展中，科技创新主体能够吸引更多的金融科技投入，金融科技资本的扩张，可为科技创新提供资金支持。金融科技和科技创新互利共生、协同发展，从而推动经济的可持续发展。

二、金融科技助推经济发展的实践基础

（一）金融科技提升了金融服务实体经济的能力

（1）拓宽服务实体经济的范围。一方面，金融科技通过大数据征信技术，能够有力地推进小额高频的普惠金融服务与供给，满足和支持大众的金融需求。如我国的数字金融引领全球普惠实践，普惠性特征不仅增加了生活、商业的便利性，而且为个人、企业提供了广阔的发展和选择空间。另一方面，金融科技拓宽了投融资渠道。数字金融的发展能够实现包容性增长，提高农村地区创业水平，改善农村内部的收入分配结构。

（2）降低支持实体经济发展的成本。在实体经济发展过程中，经济创新面临周期长、不确定性大、失败率高等问题。一方面，科技手段可提升金融机构服务中小企业的专业能力，逐步降低支持实体经济发展的成本；另一方面，金融科技可以为实体经济发展提供低成本、低费用的融资支持。

（3）增强经济创新主体的活力。经济新常态下，轻资产、小规模的创新型企业与民营企业将成为经济创新的主力。然而，它们缺乏财务数据，没有抵押资产，也不享受政府担保，难以获得有效的融资服务，导致经济创新主体活力下降。金融科技，特别是大数据风控，可以降低创新型企业和民营企业融资门槛，提高创新型企业和民营企业生产、研发、经营的积极性，激发经济创新主体活力。

（二）金融科技助推金融业务脱虚向实

金融科技助推金融业务脱虚向实主要表现在三个方面：一是提升了金融业务服务实体经济的主动性；二是提升了金融业务服务实体经济的精准性，金融科技通过新兴技术识别、分析海量数据，寻求金融资源匹配的供给者与需求者，有效实现投资者与理财项目的匹配；三是提升了金融业务服务实体经济的有效性。高智能金融创新和高技术金融融合能够促进金融机构、企业、个人之间进行自主、高效的沟通，增加合作机会。

■ 本章小结

1. 金融科技理论涉及技术长波理论与创新理论，金融中介理论与交易成本理论，金融长尾市场、金融科技与平台经济等多种理论。
2. 金融中介理论的假设前提是金融机构存在，该理论认为金融机构的发展会对经济发展有着明显的推动作用。
3. 交易成本理论最早由英国经济学家科斯提出，核心内容是现实生活的交易无法避免交易摩擦，在对市场进行分析时必须考虑到交易成本的问题，比如交易的手续费、佣金等相关成本。
4. 长尾理论的核心内容是：假设产品的储存和流通渠道能够充分满足市场需求，随着经济发展和市场竞争的加剧，销量占比较低或者需求量小的产品组成的市场份额可以和主流产品的市场份额匹敌，并且各类商品的消费也将从主流消费群体向数量较多的狭隘尾部

消费群体转移。
5. 平台经济理论以长尾理论为基础，平台本身不是产品，它是一种可以促成供求双方或多方交易的媒介，并从中收取适当的费用。
6. 金融科技助推经济发展的理论逻辑：一是金融科技的资源配置效应；二是金融科技的创新效应。
7. 金融科技助推经济发展的实践基础：一是金融科技提升了金融服务实体经济的能力；二是金融科技助推金融业务脱虚向实。

■ 关键概念

技术长波理论	创新理论	金融中介理论	交易成本理论
长尾理论	平台经济理论	资源配置效应	创新效应

■ 复习思考题

1. 简述金融科技理论主要涉及哪些理论，你对这些理论的理解是什么？
2. 简述金融科技助推我国经济快速发展的理论逻辑与实践基础。

■ 本章实训

金融科技推动经济发展的机制分析

一、实训目的

掌握金融科技的基础理论，训练学生阅读和梳理文献的能力，训练学生理论联系实际解决问题的能力。

二、实训要求

通过登录知网或者在校图书馆查阅文献，了解金融科技理论的基础。通过查阅文献了解金融科技对我国经济发展的作用。

三、实训组织

1. 指导教师布置实训项目，要求学生认真查阅并收集金融科技理论相关文献，并就实训问题以 PPT 的形式进行课堂汇报。
2. 将班级学生划分为若干小组，并指定组长，组长负责对实训项目进行详细的任务分解和责任落实。

大数据、云计算与物联网

■ 本章提要

本章探讨了大数据、云计算、物联网的基本概念、特点、类型等,介绍了大数据、云计算、物联网相关技术原理及架构,以及在社会各领域特别是在金融领域的场景化应用等。

■ 学习目标

掌握大数据、云计算、物联网的基本概念、特点、类型;了解大数据、云计算、物联网的发展历程、发展现状及发展趋势;理解大数据、云计算、物联网的相关技术原理、架构及服务模式;了解各项技术在社会各领域,特别是金融领域的应用概况及应用场景等。

■ 引导案例

生活中的"大数据"、云计算与物联网

大数据、云计算与物联网虽然看似"高大上",但是已经日渐贴近人们的生活。现在很多人都喜欢的智能手环,可以监测日常的运动、睡眠情况等,监测数据在后端会被汇总成为大数据的数据集群,利用云计算,经过分析处理,可以及时给出改善自身的运动计划、运动模式的建议。

生活中,智能驾驶汽车可以自动分析来自传感器和摄像头的实时数据,保障用户在道路上的驾驶安全。很多家庭使用的智能电视机顶盒,能够追踪用户正在收看的内容、观看时长、同一节目的观看人数等信息,这些数据可以用于分析电视影片的流行度,以便更好地为用户服务,帮助企业进行更精准的营销推广。在教育领域,很多大学采用了新媒体的视频课程,

学校可以利用数据分析教师的教学情况和学生的学习情况，制订更加科学的教学内容与教学计划。

资料来源：https://www.sohu.com/a/415185960_100065429。

■ **本章知识框架图**

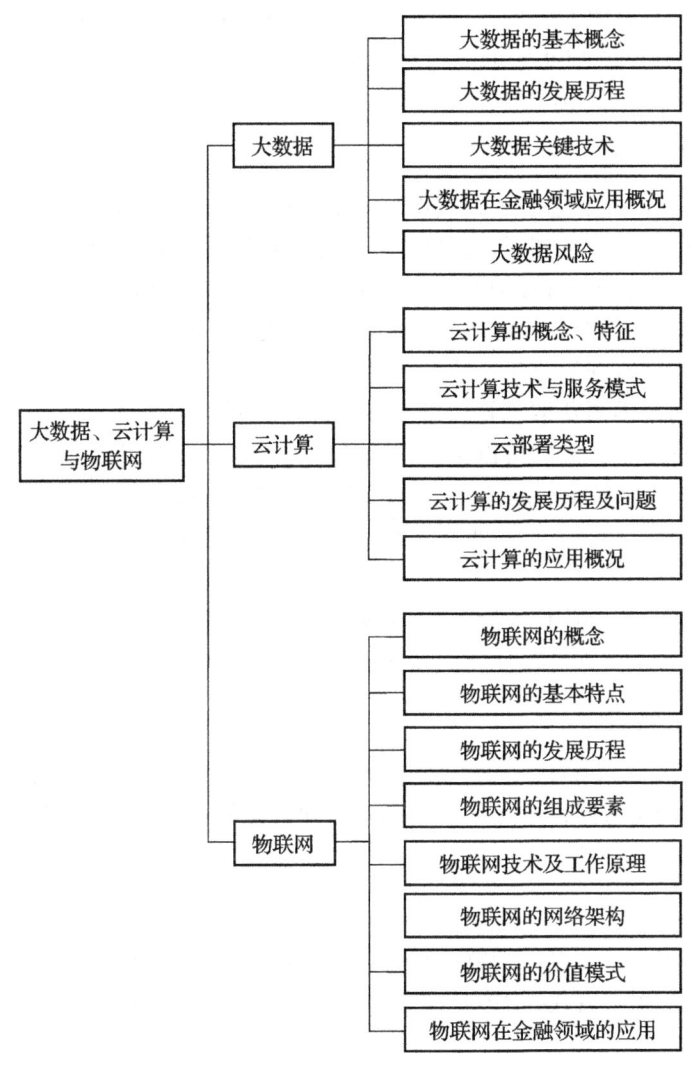

第一节　大数据

在科学信息技术大发展的时代背景下，计算机技术与社交、购物、娱乐等进一步融合，互联网的边界及应用得到了进一步的拓展，信息的更新速度迅速提升。网络在一天内产生的全部信息相当于1.68亿张DVD光盘的存储量，每天发出的邮件相当于之前美国两年发出的纸质信件的数量。

一、大数据的基本概念

(一) 数据

数据是指应用于数理统计、数学计算以及科学信息技术研究等领域的数值。人们通常对数据的理解是建立在以表格或者图的形式呈现的数据样态上。根据朗文《当代英语大辞典》的注释,数据(data)有两个释义,一是信息或事实(information or facts),二是可以存储和使用的信息(information in a form that can be stored and used)。数据作为"可传输和可存储的计算机信息"之意,首次出现在1946年,数据处理(data processing)一词则出现于1954年。

(二) 大数据的定义

大数据是依托先进的信息技术以获得其内在价值的多样化的信息资产。《中国金融科技创新发展指数报告(2018)》从知识经济角度来定义大数据:大数据是数据积累到一定阶段并成为知识经济体系中核心资源过程中的一系列技术层面、资源层面以及思想层面的变革的总称,在技术层面体现为数据存储、分析以及管理的创新和变革。

大数据是一系列数据的合集,数据规模巨大以至于目前常用的软件工具不足以支撑企业在可接受的时间范围内获取、管理以及整合成企业所需的信息合集。大数据像黄金和货币一样是一种经济资产,我们可以用它来描述结构复杂并呈指数型增长的数据集,这种数据集通常无法用关系数据库来进行分析和处理,它代表了各种数据(其中大多数是非结构化的)永不停止的积累。因此,大数据的本质并不在于数据量的巨大,而在于数据背后隐藏的价值。

大数据的处理流程是利用合适的工具对海量数据源进行抽取和集成,之后按照某一标准统一存储,再对存储的数据进行分析,从中提取有益的信息并将结果展现给终端客户。

(三) 大数据的特点

大数据的特点不仅仅在于它的数据规模大,还在于更新速度快。大数据具有"5V"的基本特性,"5V"指的是数据容量巨大(volume)、种类复杂(variety)、处理速度快(velocity)、价值密度低(value)、真实性(veracity)。

1. 容量巨大

现在用于商业之中的最基础的数据容量单位已经达到TB级别,大型网络公司用到的数据容量单位已经达到ZB○。现代技术极大地提高了数据的存储,而且全球范围内的数据存储数量仍然在高速增长。

2. 种类复杂

数据通常是一个整体概念,根据不同的分类方式,可以划分为多种不同的类型。首先,按照数据之间的关系划分,可分为结构化数据、半结构化数据以及非结构化数据○。结构化数

○ 1ZB ≈ 1万亿GB。
○ 结构化数据:结构化数据是指能够用统一的结构加以表示的数据,如数字、符号、传统的关系数据模型、行数据等。
半结构化数据:半结构化数据是指介于结构化数据和非结构化数据之间的数据,如XML、HTML文档等。
非结构化数据:非结构化数据是指字段长度可变,并且每个字段的记录又可以由可重复或不可重复的子字段构成的数据库。如图像、声音、影视、超媒体等信息。

据主要应用于小数据时代，但随着数据存储方式的优化，半结构化数据和非结构化数据应运而生。其次，根据来源不同，数据可以划分为社交数据、传感器数据以及系统数据。最后，根据数据的不同格式，数据可以划分为文本数据、图片数据以及视频数据等。数据种类纷繁多样，无疑会给数据分析和处理带来挑战，最终引起科学技术的变革。

3. 处理速度快

数据价值本身具有时效性，数据的数量以及种类的持续增长会提高对数据处理速度的要求。当前各大科技企业之间的竞争不仅在于数据的获取与存储，更在于对数据处理的速度。智能手机和电脑的更新换代主要原因在于设备的处理速度无法满足数据增长的要求。大数据的基本要求就是数据处理效率。

4. 价值密度低

价值密度即有价值的数据在所有数据当中的占比。大数据的价值密度低，一方面由于其具有庞大的数据量以及复杂多样的种类，数据总量过大带来的不仅是更多的选择，还有无价值的信息；另一方面，由于数据的处理技术无法跟上数据的价值贬值，进一步降低了数据的价值密度。但是，大数据的价值密度低并不能湮灭其背后巨大的经济价值，大数据预测将成为未来的发展方向。

5. 真实性

大数据的真实性与可信赖度会随数据量的大小而变化。数据量巨大，大数据本身的趋势或特征能够给出较准确的结果。但是如果数据量少，只是大规模数据的有限抽样，数据分析结果的可靠性会降低。该特征实际描述了大数据的数据质量特征。

专栏

大数据的发展现状

美国政府非常重视大数据技术，认为大数据技术是国家在竞争中取得关键性胜利的因素之一，并将大数据技术研究归入到国家战略性层面。欧盟的大数据技术推行主要包含以下四个方面：一是研究影响数据价值链的重要因素；二是实现"大数据"与开放数据的融合与创新；三是推行数据的全面开放；四是优化公共资源的分配，以助推大数据技术的利用。例如，英国在2017年对公众开放了涵盖交通、天气以及身体健康等方面的核心数据库，公众可以随时在该数据库查询想要得到的数据信息，英国计划在五年内建立世界上第一个"开放数据研究所"。英国政府也致力于将得到公共资助的研究成果免费提供给公众阅读，英国皇家学会正在思考如何实现对科学研究数据的共享。法国政府为了推行大数据技术开展了一系列的投资活动，旨在促进企业的现代化转型，培育具备现代技术的工程师、设计师。

2014年我国国务院政府工作报告首次明确提出要在大数据方面实现赶超，引领未来产业发展。全国首家国家级大数据综合试验区——贵州大数据综合试验区成立，这标志着我国大数据产业的发端。我国大数据产业主要在经济发达地区发展，例如北京、上海等一线城市。此外，西南地区以贵州、重庆等地为中心，依托国家的政策方针，形成了新一批的大数据产业圈。

> 我国对大数据的应用行业包括媒体娱乐行业、金融行业、基础电信行业、交通行业、医疗卫生行业等。例如，电商行业依靠大数据了解客户信息；医疗卫生行业借助大数据技术进行诊断，提高疾病治愈比例；旅游行业依赖大数据技术提供更好的服务；交通行业借助大数据技术了解路线状况，实现城市线路的合理规划。

二、大数据的发展历程

（一）萌芽时期（1990～1999年）

20世纪90年代，复杂性科学逐渐兴起，不仅带来了兼顾复杂性和整体性的思维方式以及有效的科学研究方法，更展示出一种自然观念。1997年，NASA阿姆斯研究中心首次运用了"大数据"的概念，认为科技的发展势必会导致数据的冗杂，同时要求数据处理技术进一步升级。1998年，《科学》（Science）杂志发表的《大数据科学的可视化》一文正式将大数据作为专有名词提出。

作为大数据发展的萌芽时期，这一阶段的大数据仅是一种构想，大数据的具体内涵也只是所储存的数据容量巨大，而对数据其他方面的问题并没有进一步地探索。

（二）发展时期（2000～2010年）

2000～2010年，互联网行业得到了前所未有的大发展，而大数据技术也率先得到关注。2001年，有学者认为，影响数据增长的因素主要来自三方面，即容量（volume，数据大小）、速度（velocity，数据输入输出的速度）与类型（variety，多样性），合称"3V"。2005年，数据分析中运用的主要技术Hadoop技术产生，由此大数据技术取得了突破性进展。2007年，数据密集型科学的诞生为科学研究提供了全新的模式，更为大数据技术的发展稳固了基础。2008年《科学》杂志上一系列文章对大数据问题的研究讨论，将大数据带入了人们的视野。2010年大数据技术得到了政府部门的高度重视，并初步计划引入政府的工作中。㊀这一时期是大数据技术高速发展的阶段，在该阶段大数据作为专有名词，逐步进入到大众的生活。

（三）兴盛时期（2011年至今）

2011年，以每秒4TB数据量的速度扫描并分析数据的超级计算机打破了世界纪录，由此大数据技术进入了崭新的阶段。随后，各类前沿报告揭示了多领域当中大数据技术的应用状况以及基本技术框架。2012年，《大数据，大影响》报告的推出预示着大数据时代的正式到来。㊁

2011年之后大数据的发展进入了全面兴盛的时期，越来越多的机构对大数据的研究从基本概念、特性转到数据资产、思维变革等多个角度的剖析。大数据也逐渐与各行各业深度融合，不断变革原有行业的技术，创造出新技术，大数据的发展呈现蓬勃之势。

㊀ 2010年美国总统信息技术咨询委员会（PITAC）发表的《规划数字化未来》一文中详尽阐述了大数据技术如何高效地被运用于政府工作当中，表明此阶段大数据技术已经得到了美国政府部门的高度重视。

㊁ 2012年，瑞士召开的达沃斯世界经济论坛发布了《大数据，大影响》的报告。

> **专栏**
>
> **大数据的发展趋势**
>
> 随着大数据技术的发展，数据中蕴藏的巨大价值会被不断发掘并为人类所用，大数据的技术发展，已呈现出以下发展趋势。
>
> **一、数据可视化分析技术**
>
> 数据可视化分析技术以图表等方式将大数据分析处理的结果直观地、可视地展示给用户。数据可视化技术能够轻松地发掘出有价值的信息，并且能够进一步将价值信息的背景以及更深层次的信息展现出来，最终人们认识到数据背后所隐藏的价值。可视化数据操作简单，只需简单上传数据即可得到对应的相关报表。数据可视化分析技术，能够通过跟踪客户操作行为，站在客户的视角对相关产品做出价值评价，为企业提供多元化数据参考。
>
> **二、挖掘非结构化数据**
>
> 非结构化数据包括文本、图像、音频、视频以及社交网络中的交互数据，具有容量大、产生速度快、来源多样化等特点。超过80%的商业信息都以非结构化格式存在，对非结构化数据的收集、整理以及分析能够在一定程度上增加企业的竞争优势。
>
> **三、大数据迁移上云**
>
> 越来越多的企业正在将数据信息转向云端操作。除此之外，企业现阶段正在逐渐尝试将数据分析处理工具也迁移至云端运行。云计算技术具备强大的存储和计算优势，能够高效、迅速地完成大批量数据的处理。将数据分析迁移上云，不但能降低数据维护和操作的成本，也能加快新数据的采集。

三、大数据关键技术

大数据技术具备挖掘数据价值信息和知识的能力，为社会经济生活提供便利，提升经济整体运行效率，达到提高社会集约化程度的目的。

（一）大数据技术栈

大数据技术栈分为6个层次。采集层与传输层包括信息资源的采集与传输，属于技术栈的基础设施。存储层主要对数据信息进行保管与整理，具体包含数据库、文件系统等管理技术。计算层主要在 Hadoop、MapReduce 和 Spark 等技术支撑下对数据进行批量处理以及图计算等操作，同时包含衍生出的编程、计算模型，例如 BSP、GAS 等。工具层和服务层包括简单的查询分析、可视化、流分析以及如机器学习、图计算等更复杂的分析，具体如图3-1所示。

（二）大数据分析的基本方法

大数据分析的方法可以归纳为5种基本方法。

1. 预测性分析

预测性分析是从大数据中挖掘出适用的信息，建立数理模型，将新的数据引入模型，进行预测。这也是大数据分析最重要的应用领域。

服务层
工具层
计算层
存储层
传输层
采集层

图3-1 大数据技术栈

2. 可视化分析

可视化分析是一种分析仪，借助功能强大的可视化数据分析平台，辅助人工操作将各类数据进行关联分析，并做出完整的分析图表。图表包含所有事件的相关信息，完整展示数据分析的过程和数据走向，供相关人员调阅。可视化活动还可以通过数据访问参数的设置进行多方关联主体交互，更直观地向用户展示数据分析结果。

3. 大数据挖掘算法

大数据挖掘算法是通过对大规模数据进行自动或半自动分析，以提取未知有价值的潜在信息，如数据分组、数据异常记录和数据之间的关系等。算法通常涉及数据库技术，如空间索引。大数据挖掘算法的实质是利用计算机与数理统计方法更快速地对不同类型和格式的数据进行处理与分析，发掘数据本身的特点和价值。

4. 语义引擎

数据的含义是语义。语义技术根据词汇表达的语义层次识别和处理用户的检索请求。语义引擎对网络中的资源对象进行语义注释，并对用户的查询表达式进行语义处理。它使自然语言具有语义逻辑关系，能够在网络环境中进行广泛有效的语义推理，从而更准确、更全面地实现用户检索。

5. 数据质量与数据管理

数据质量与数据管理可建立模型操作程序，对原始信息进行验证，对错误信息进行反馈和纠正等。包括在数据收集、存储、处理和应用各环节，建立模式化的操作规程，进行原始信息的校验、错误信息的反馈、矫正等过程，以保证分析结果的真实和价值。

（三）大数据分析涉及的技术

（1）数据采集。大数据的采集是指利用多个数据库来接收来自客户端（Web、App 或者传感器形式等）的数据，用户可以通过这些数据库进行简单的查询和处理。现有的数据采集产品，可为用户提供实时数据的发布和订阅功能，写入的数据可直接进行流式数据处理，也可参与后续的离线作业计算，并且能够与主流插件、客户端保持高度兼容。

大数据采集过程中，主要特点和挑战是高并发性，因为可能有成千上万的用户同时访问和操作，所以需要在采集端安装大量数据库支持，并对数据库之间进行平衡和负载的划分。有专门的工具负责从分布式和异构数据源（如关系数据、平面数据文件等）中提取数据到临时层进行清理、转换、集成，最终加载到数据仓库或数据集市中，这些数据成为在线分析和数据挖掘的基础。

（2）数据管理。对大数据进行有效的管理是大数据分析的基础，要求使大数据"存得下，查得出"，实现数据有效管理的关键是数据组织。随着大数据应用场景的多样化和数据规模的不断增加，一系列新型数据库管理系统出现了，例如适用于处理大量数据的高访问负载以及日志系统的键值数据库、适用于分布式大数据管理的列存储数据、适用于 Web 应用的文档型数据库、适用于社交网络和知识管理的图形数据库，这些数据库统称为 NoSQL。拓展了的传统关系数据库称为 NewSQL，它不仅具有 NoSQL 对海量数据的存储管理能力，还保持了传统数据库支持 ACID 和 SQL 的特性。

（3）基础架构。从更底层来看，对大数据进行分析还需要高性能的计算架构和存储系统。例如，用于分布式计算的 MapReduce 计算框架、Spark 计算框架，用于大规模数据协同工作的分布式文件存储 HDFS 等。

（4）数据理解与提取。在结构上，大数据分析处理的数据不是传统的结构化数据，而更多的是半结构化和非结构化数据；在语义方面，大数据的语义也有着多样性，同一含义有着多样的表达，同样的表达在不同的语境下有不同的含义。要对具有多样性的大数据进行有效分析，就要对数据进行深入的理解，并从结构多样、语义多样的数据中提取出可以直接进行分析的数据。这方面的技术包括自然语言处理、数据抽取等。自然语言处理是研究人与计算机交互语言问题的一门学科。处理自然语言的关键是要使计算机"理解"自然语言，所以自然语言处理又叫作自然语言理解（natural language understanding，NLU），也称为计算语言学，它是人工智能（artificial intelligence，AI）的核心技术。数据抽取是对包含的信息进行结构化处理，将其变成统一的组织形式。

（5）统计分析。统计分析是在分析前期工作的基础上，对研究对象实现更深层次的理解。统计分析需要系统完善的数据，统计分析技术包括假设检验、显著性检验、差异分析、相关分析、t 检验、方差分析、卡方分析、偏相关分析、距离分析、回归分析、聚类分析、判别分析、对应分析等。

（6）数据挖掘。数据挖掘指的是从大量数据中通过算法搜索隐藏于其中有价值的信息的过程，包括分类（classification）、估计（estimation）、预测（prediction）、回归（regression）相关性分组或关联规则（affinity grouping or association rule）、聚类（clustering）、描述和可视化（description and visualization）、复杂数据类型挖掘（文本、Web、图形图像、视频、音频等）。与统计和分析过程不同的是，数据挖掘一般没有预先设定好的主题，主要是在现有数据上基于各种算法进行计算，起到预测的效果，实现一些高级别数据分析的需求。

（7）数据可视化。数据可视化是关于数据视觉表现形式的科学技术研究，将数据进行可视化，表示成让人能够直接读取的形式。目前，数据可视化已有多种方法，根据原理可以分为基于几何的技术、面向像素的技术、基于图标的技术、基于层次的技术、基于图像的技术和分布式技术等，根据数据类型可分为文本可视化、网络（图）可视化、时空数据可视化、多维数据可视化等。

四、大数据在金融领域应用概况

大数据技术在金融行业的应用相当广泛，涵盖征信、反洗钱、商业银行、证券投资、保险等多个领域。

（一）征信领域

金融机构通过银行和网络上的海量客户数据，可从安全、财富、信用、消费、社交等多个维度客观评判客户的还款意愿和能力，为客户建立信用报告，建立以大数据为基础的海量数据库。大数据征信有以下四个特征：

1. 聚合多类数据

大数据征信数据库更多是依靠技术手段，整合企业或个人的有效信用数据，纳入企业或个人的信用档案。大数据征信聚合的数据类别包括客户身份信息、银行欠款及还贷信息、财富信息、社交网络信息、网上购物信息、生活缴费信息等，金融机构可通过特定的技术来抓取和整合这些信息。

2. 信用动态评估

大数据技术能对各个渠道收集来的数据进行实时分析。新闻媒体、消费者协会、质量监督部门等相关机构一旦发布企业的负面报道，大数据征信技术可实时捕捉、采集到此类信息。大数据征信系统内的信用评分计量模型，将对该企业的信用状况重新评估，使社会公众能够及时地了解企业最新的信用信息。

3. 运用数学模型

大数据征信对企业或个人的海量信用数据，设置了不同的数学计量模型，对不同类型的企业或个人的数据进行测算，可快速计算出信用评估对象的信用分值，并确定相应的信用等级。

4. 在线出具报告

大数据征信技术广泛采集企业和个人的信用信息，利用数学计量模型快速计算被评估对象的信用分值和对应的信用等级，实时生成企业或个人信用报告，可以直接在线下载和打印信用报告。

（二）反洗钱领域

反洗钱[①]工作是保障国家金融体系安全，维系金融市场稳定的重要举措，反洗钱涉及面广，需要监管部门和银行、证券公司、基金公司等金融机构的参与。

金融机构除了使用客户关系、会计系统等结构化数据，还可以使用社交媒体、电子邮件、文本、音频、视频、网络日志等非结构化数据，在此基础上建立反洗钱大数据平台，通过对相关数据的科学分析，甄别客户身份和可疑交易，有效防范洗钱犯罪活动。

（三）商业银行领域

以大数据为核心的数据管理能力和数据应用能力正日益成为商业银行的核心竞争力，被越来越多地应用到商业银行经营管理中。

在客户营销方面，商业银行可通过大数据分析处理系统，采集处理客户通过网购平台、社交网络、智能设备等终端形成的非结构化数据，掌握客户的消费水平、消费习惯、消费偏好、兴趣爱好等信息，再将这些非结构化数据与银行自身积累的结构化数据进行整合分析，如客户房贷、车贷、消费贷、存款、理财等信息，生成客户画像，实现精准营销。

在产品创新方面，商业银行可通过大数据技术挖掘用户潜在需求，创新服务模式，开发新产品，提升客户忠诚度。银行的数据平台全程记录了企业的各种交易信息以及资金信息。其中，交易信息包括交易金额、交易数量、交易时间、交易地点等关键参数。资金信息包括资金金额、资金去向、资金来源、资金流动频次等关键参数。商业银行可通过大数据技术对以上信息进行筛选、统计和分析，形成大数据金融云系统，及时捕捉客户的隐藏信息，主动挖掘中小企业的融资和投资需求，提供契合客户需求的金融产品和服务。

在风险管理方面，银行利用大数据技术构建客户信用档案，可实时掌握客户的经营管理情况、资本实力和资产状况，提升商业银行的信贷风险管控能力。商业银行利用大数据试行

---

① 《中华人民共和国反洗钱法》规定："本法所称反洗钱，是指为了预防通过各种方式掩饰、隐瞒毒品犯罪、黑社会性质的组织犯罪、恐怖活动犯罪、走私犯罪、贪污贿赂犯罪、破坏金融管理秩序犯罪、金融诈骗犯罪等犯罪所得及其收益的来源和性质的洗钱活动，依照本法规定采取相关措施的行为。"

新型小贷管理模式，将传统的抵质押贷款模式简化为无须客户提供抵质押品的信用贷款模式，通过多方采集的数据来分析客户违约的可能性，如客户网购记录、社保缴纳记录、水电缴费记录、信用卡违约记录等，预测客户违约风险，为不同风险等级的客户提供不同的贷款额度，有效管理客户信用风险。

在流程优化方面，传统的银行信贷流程包括贷前调查、贷中审查、贷后检查，需要耗费大量的人力和时间。银行运用大数据分析，可凭借严格设计的评分模型和决策引擎，自动审批客户的贷款申请。资信状况良好的客户可以在线即时提取贷款资金，彻底打通贷款的申请、尽职调查、审批、放款各个环节，实现"全线上、全流程、全自动"操作。

（四）证券投资领域

大数据技术在证券投资领域的应用主要体现在智能投顾、程序化交易和大数据基金等方面。

1. 智能投顾

智能投顾是指金融机构根据投资者的财务状况、风险偏好、投资经验以及风险承受能力等信息，获得投资者的个性化特征，并结合算法模型进行量化分析，为投资者客户有针对性地提供资产配置建议和财富管理服务，以实现长期稳定收益。

大数据是智能投顾的基础，主要包括客户行为大数据和金融交易大数据两种。一方面，资产配置决策建立在客户行为数据基础之上，金融机构根据客户情况定制产品、服务，达到个性化精准匹配客户风险偏好的目的；另一方面，对于构建投资组合以及再平衡的过程同样需要依靠对客户的金融交易大数据进行分析处理。

2. 程序化交易

程序化交易又称高频交易，是一种通过高速计算，尽可能利用先进信息技术等识别、捕捉市场中瞬时数据，从而在极短的时间内完成获利的交易方式。高频交易起源于美国，目前，在我国已普及，并呈现出手段多样化、行为跨境化、策略复杂化等特点。

3. 大数据基金

国内一些基金公司通过量化策略和大数据投资方法的有机结合，成立了大数据基金。大数据基金通过算法筛选策略因子，设计出符合投资思路的量化模型，并借助量化模型筛选出优质投资标的。大数据基金的持股类型通常高达上百种，以通过充分的分散化投资来规避市场风险。基金公司通过及时跟踪，分析市场动态，优化数据模型，实现灵活调仓、规避风险、减少损失。

（五）保险领域

大数据在保险业的应用主要涉及挖掘客户需求、个性化定价以及识别欺诈行为等方面。

1. 挖掘客户需求

保险公司可通过客户在社交网络、电商网站等留下的浏览和交易痕迹，挖掘客户需求，寻找潜在客户。美国保险公司通过精细化分析客户财务状况、资产价值、风险偏好等数据，向客户提供量身定制的保险产品。我国的保险公司基于客户在电商网站的购买行为，推出网购退货运费险、网上支付安全险等创新险种。

2. 个性化定价

保险产品的精算定价是保险公司的核心竞争力,大数据的广泛应用可以帮助保险公司提升精算水平。在美国,保险公司可以通过安装在车上的通信工具收集数据,判断驾驶员的驾驶行为模式,结合驾驶员的年龄、驾龄、健康状况等特征,对车辆保险费率实现个性化定价。

3. 识别欺诈行为

保险公司借助大数据,可以识别客户欺诈行为,防范骗保风险。在医疗保险领域,常见的欺诈手段包括非法骗取保险金,在医保额度内重复就医,虚报理赔金额。保险公司基于过去的欺诈事件,可以通过大数据分析得出保险欺诈特征,并据此建立预测模型,再通过自动化计分系统快速将理赔案件按照欺诈风险级别分类处理。在车险领域,保险公司也能够利用过去的欺诈事件,通过大数据分析模型,将理赔申请分级处理,避免骗保行为的发生。

五、大数据风险

大数据时代,数据安全、隐私保护、数据垄断等问题更加突出。

(一)数据安全问题

现实中,数据往往具有高度保密性和隐私性,金融机构对数据的安全性尤其重视。现有主流的大数据技术一方面使数据收集更加便利、高效,另一方面也带来了数据泄露风险。另外,大数据存储方式的虚拟化,使金融交易平台和金融数据库遭受网络黑客攻击的可能性增大。

专栏

Mt. Gox 的数据安全问题

位于日本东京的 Mt.Gox 曾经是世界上最大的比特币交易商,承担着超过 80% 的比特币交易。令人意想不到的是 Mt.Gox 于 2014 年 2 月 28 日申请了破产保护,原因是公司比特币交易平台遭到大规模的黑客攻击,导致大部分比特币丢失。该公司承认,Mt.Gox 丢失了 85 万枚比特币,市价约为 5 亿美元。其中属于 Mt.Gox 的约 75 万枚,价值 3.65 亿美元。可见,大数据的安全性已经不仅仅是单纯的数据安全问题,而是关系到人类财产安全和所有权保护的重要民生问题。

(二)隐私保护问题

大数据时代,数据价值主要体现在二级用途上,数据收集阶段的"告知与许可"无法保证隐私信息在二级用途上不被滥用和泄露。比如,当人们在智能手机上使用地图 App 时,App 开发商会要求获取位置信息授权许可,但 App 开发商绝不仅仅是为了给客户提供定位和导航服务,它们很可能将客户的实时位置信息转让给第三方或多方,并不时推送周边广告以及将这些数据用于其他不为人知的用途。在数据被二次利用甚至被多次利用的过程中,很可能涉及隐私数据的泄露和扩散。更为复杂的是，数据的隐私边界日渐模糊，对公民的隐私保护常常必须在个人权利和社会公平之间权衡取舍，这些都使得传统的客户隐私保护措施力不从心。

（三）数据垄断问题

"万物皆数"并不代表"人人有数"。在商业领域真正掌握数据所有权的是互联网行业巨头们。这些互联网行业巨头提供的大数据技术架构设置了较高的进入门槛，无论在大数据技术方面，还是在大数据占有量方面，都具有绝对优势，现已形成了垄断之势。

除了互联网行业商业巨头之外，政府掌控了海量的基础数据。政府基础数据的开放使全球第三方数据中心服务市场成为数据存储的主流。虽然世界数据中心（WDC）的服务器遍及全球，但大多数根服务器却部署在美国，另外，被视作大数据传播高速路的因特网也部署在美国，其他国家必须接入美国服务器才能真正实现全球互联。因此，目前美国实际上垄断了全球第三方数据中心服务市场。

数据安全、隐私保护、数据垄断等问题关系到人们的切身利益，国家应当加强对数据安全的监管，构建公平公正、保护隐私的数据生态环境。加强安全体系规划，需要强调大数据的架构安全、法律安全和可用性安全。

> **专栏**
>
> **芝麻信用的大数据征信**
>
> 芝麻信用于2015年推出了国内第一款信用评分产品——芝麻信用分，通过对阿里巴巴各平台积累的海量互联网行为数据进行分析处理，从身份、历史、行为、履约、人脉五个维度综合评估得出信用评分。借助芝麻信用分，用户可以在阿里巴巴平台内享受小额借贷、赊账消费等金融服务。如蚂蚁金服之前旗下的"借呗"和"花呗"等金融信贷产品，"借呗"能够根据用户的芝麻信用分来确定申请贷款的额度，"花呗"是阿里巴巴提供的类似于信用卡的赊账消费服务，芝麻信用分帮助确定用户的赊账额度，减少由于信息不对称造成的金融风险。除了面向阿里巴巴体系内的产品，芝麻信用积极拓展更广泛的信用评估应用场景。通过不断地创新，芝麻信用在实际生活中为用户创造了更多的信用体验。例如，婚恋网站百合网利用芝麻信用分的评估模型对会员进行评分，付费用户可以通过查看感兴趣的对象的信用分来衡量其信用度和契合度，再确定是否进一步深入发展，增加了相亲对象的信任感；芝麻信用还与租车公司以及酒店合作，用户达到一定水平的分数，可以享受免预授权租车和零押金住酒店的服务；芝麻信用还不断在个人征信场景上创新和突破，试水租房和医疗服务领域，为公众提供更多的便捷，例如，芝麻信用与广州妇女儿童医疗中心合作，芝麻信用分只要达标，用户就可以享受"先诊疗后付费"的服务，改善了医疗服务体验；芝麻信用还在毕业季租房时期推出了信用租房，缓解了毕业季需求增加导致的租金上涨，并计划逐步推广信用租房免押金服务。此外，芝麻信用还与其他金融机构达成商业合作，将芝麻信用分作为信贷评估的依据，以提供不同额度、利率的贷款等差异化服务。
>
> 资料来源：全球金融科技。

第二节 云计算

一、云计算的概念、特征

云计算（cloud computing）的出现并非偶然，早在 20 世纪，人们就提出了把计算能力作为水和电一样的公用事业，提供给用户的理念，这成为云计算思想的起源。云计算是继个人计算机变革、互联网变革之后的第三次浪潮，它将带来生活、生产方式和商业模式的根本性改变。云计算的产生是技术进步的必然产物，是分布式计算（distributed computing）、并行计算（parallel computing）、效用计算（utility computing）、网络存储（network storage）、虚拟化（virtualization）、负载均衡（load balance）等传统计算机和网络技术发展融合后产生的"新一代的信息服务模式"。

（一）云计算的概念

早在 1959 年 6 月，克里斯托弗·斯特雷奇（Christopher Strachey）发表的论文中的"虚拟化"成为云计算的技术基石。1961 年，约翰·麦卡锡在麻省理工学院提出了像公用事业提供水电的方式一样来向用户提供计算能力的思想，成为云计算的思想基石。

2006 年，云计算的概念首次被提出，它是一个虚拟化的计算机资源池。[一] 云计算一方面描述了提供服务的系统平台，即用来构造应用程序的基础设施；另一方面描述了可以通过互联网进行访问的可扩展的应用程序，用户只需要一个标准的浏览器和合适的互联网接入设备就可以访问云计算应用程序。云计算采用的是按需即取的新计算方式，用户通过互联网按需索取云计算资源，这些资源具有动态、易扩展、虚拟化的特点，集中在大型的服务器集群中。

本书采用业界普遍认可的定义：云计算是一种通过网络按需提供的、可动态调整的计算服务。[二] 它通过互联网访问一个可定制的资源共享池，快速部署资源，按使用量付费。这些资源包括网络、服务器、存储、应用、服务等，云计算服务不需要太多的管理或与服务提供商的交互。

（二）云计算的特征

1. 超大规模

"云"具有相当的规模，大型云计算服务商的服务器多达几十万甚至几百万台，企业私有云一般也拥有成百上千台服务器。"云"能赋予用户前所未有的计算能力，云平台服务提供商运营的商业计算数据中心，通过云计算技术对大规模的计算机集群资源进行集中部署和调度，以避免用户重复建设低效率的"烟囱式"信息系统，使用户可以获得低廉的、几乎无限的计算能力。

2. 虚拟化

云计算资源的逻辑抽象和统一应答通过虚拟化来实现，各种计算资源组合成一个整体的资源池。云计算的虚拟化可以节约成本开支，降低部署成本，延长旧有操作系统和硬件的使用寿命，在混合软件环境中简化物理基础设施，有效地保证大量重要信息的安全。用户可以

[一] 2006 年 8 月 9 日，在搜索引擎大会上，谷歌前 CEO 埃里克·施密特提出了"云计算"的概念。
[二] 美国国家标准与技术研究院（NIST）的定义。出自 MELL, GRANCE. NIST special publication［G］. Gaitherburg: National Institute of Standards and Technology, 2011.

随时使用云计算提供的应用服务而不必关心应用在何处运行。所请求的资源来自"云",而不是固定的有形实体。用户只需要一台笔记本或智能手机,就可以通过网络服务实现,甚至包括超级计算之类的任务。

3. 通用性强,可靠专业

云计算不是专为特定的应用而设计的,在"云"的支撑下,可以构造出多种应用,同一个"云"可以同时支撑不同的应用程序。IT 部门可以更多关注业务和流程设计而非底层架构的细节。另外,云计算使用了数据多副本容错、计算节点同构可互换等措施保障服务的高可靠性,避免数据丢失与业务中断。云服务提供商具有专业技术团队,确保用户获得更加专业和先进的技术服务。

4. 高可扩展性

扩展性(或伸缩性)用来衡量计算设备的计算处理能力。高可扩展性代表的是一种弹性机制,可以使计算机的软硬件保持强大的生命力。云计算的规模可以根据应用的需要调整和动态伸缩,作为一种资源,它的可扩展性是处理可变规模业务的能力。云计算提供了弹性可扩展的动态资源管理,包括部署、调度、回收等,即使用户的访问量非常巨大,企业也可以动态地扩展计算资源和存储资源来满足业务的发展和运行峰值的资源需求。云计算的出现,只需进行很少的更改,甚至只需添加硬件设备,就可以实现整个系统处理能力的增长,实现高吞吐量、低延迟和高性能。

5. 按需服务

云计算通过把所有计算资源连在一起,形成庞大的资源池,允许用户定制所需要的服务,按需购买,服务可以像水、电、煤气那样计费,具有动态性。系统可以在用户对云计算服务的需求发生变化时,自动提供扩展满足变化的需求。而且云计算的管理系统能够快速部署业务,快速整合新业务需求和已有的业务数据与组件,用户可以随时"无限"地获得所需的资源量。

6. 价格低廉

由于"云"具有特殊容错措施的特性,企业可以利用极其廉价的节点来构成云。"云"的自动化集中式管理使"云"并不要求众多企业承担日益高昂的数据中心管理成本,"云"的通用性使资源的利用率较传统系统大幅提升。用户只要花费几百美元、几天时间就能完成以前需要花数万美元、数月时间才能完成的任务。云计算可将商业计算成本降低到原来的四十分之一,存储成本降低到原来的三十分之一。

7. 潜在的危险性

云计算除了提供计算服务,还提供存储服务。但是云计算服务当前垄断在私人机构(企业)手中,政府机构、商业机构(特别像银行这样持有敏感数据的商业机构)选择云计算服务需保持足够的警惕。一旦商业用户大规模使用私人机构提供的云计算服务,无论技术优势有多强,私人机构都有机会以"数据(信息)"的重要性挟制整个社会。商业机构和政府机构选择云计算服务,特别是选择国外机构提供的云计算服务时,需要充分考虑这些潜在危险的存在。

二、云计算技术与服务模式

(一) 云计算关键技术

云计算是一种以数据为中心的超级计算方式，体系结构复杂，关键技术包括编程模型、数据存储技术、虚拟化技术和资源管理技术等。

1. 编程模型

云计算的编程模型简单、透明，以保证后台复杂的并行执行和任务调度。云计算采用类似 MapReduce 思想开发的编程模式，MapReduce 是一种简化的分布式编程和高效的任务调度模型，主要用于大规模数据集的并行运算。它将要执行的问题分解成映射（map）和化简（reduce）的方式，通过映射将数据分割成若干区块，分配给大量计算机处理，计算机进行分布式运算，再通过化简过程将结果汇整输出。云服务提供商可以在数秒内处理大规模信息，达到和"超级电脑"同样的高性能的网络计算效率。

2. 数据存储技术

云计算采用分布式存储技术，利用冗余存储技术保证数据的高可用性、高可靠性和经济性。云计算的数据存储技术具有高吞吐率和高传输率的特点，分布式数据存储包括对结构化数据和非结构化数据的存储。结构化数据存储主要采用的是分布式数据库技术，而非结构化数据主要采用文件存储技术和对象存储技术。

3. 虚拟化技术

云计算核心和关键的技术原动力即虚拟化技术。虚拟化技术可以快速虚拟出一个随需配置、独立的虚拟计算机资源供用户使用。计算机资源的虚拟化可以是系统虚拟、硬件虚拟、软件虚拟、存储虚拟等。使用属性不同决定了虚拟方式不同，目的是根据应用的具体负荷情况对资源进行调度，充分整合计算与存储资源，使计算机资源的利用率达到最大化。

虚拟化技术的实质是使用虚拟监控器管理底层硬件资源，将计算机资源逻辑抽象化，把单一的储存、计算、应用与服务变成可跨域使用、动态分配、伸缩与扩展自由的资源，让故障独立隔离。虚拟化技术在逻辑上以独立整体服务模式提供给用户使用，以满足灵活多变的用户需求。

4. 资源管理技术

通常情况下计算机领域中的资源包括两种：一种是硬件资源，包括 CPU、硬盘以及内存等；另一种是部署在系统中的软件资源。云计算的三种服务模式对资源管理均有各自的要求。由于各种云产品在平台的成熟度、架构复杂性和功能等方面存在较大差异，故而云平台提供的资源管理级别也不同。云平台资源管理包括对系统的直接用户访问、自助服务功能与界面、工作流程引擎、自动化供应、计算与计费功能等。资源管理的更多高级功能包括性能与容量管理、外部云连接管理、后端服务目录、与外部企业管理系统的集成、应用生命周期支持等。

(二) 云计算的服务模式

按照云计算服务提供资源所在的不同层次，云计算可以分为三类：基础设施即服务 (Infrastructure-as-a-Service, IaaS)、平台即服务 (Platform-as-a-Service, PaaS)、软件即服务 (Software-as-a-Service, SaaS)。具体如图 3-2 所示。

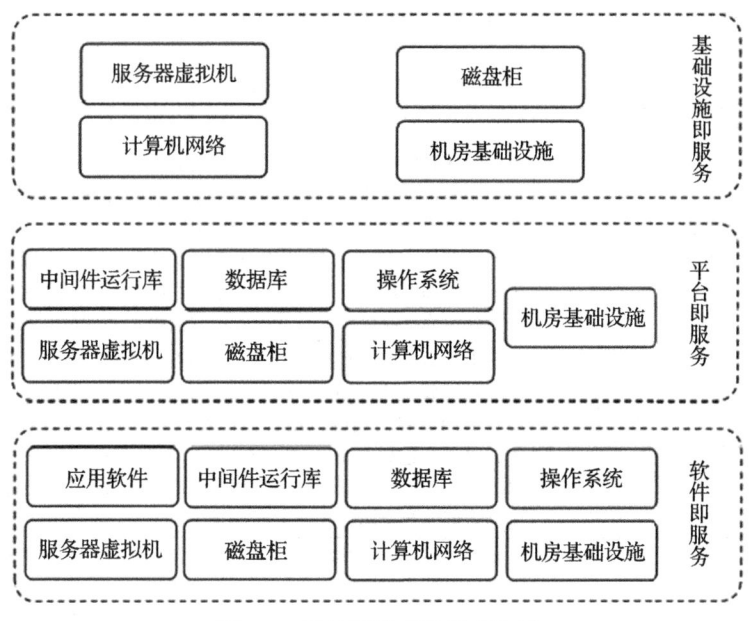

图 3-2 云计算技术体系架构图

1. 基础设施即服务（IaaS）

IaaS 是将硬件设备等基础资源封装后向消费者提供的处理、存储、网络及基础计算资源的一种服务能力。[一] IaaS 的基础设施主要指 IT 设施，包括计算机、存储、网络，以及其他相关的设施。IaaS 应用的核心目的是降低设施成本、用户使用成本。用户可以通过连接的 CPU 时长、每秒指令数、存储占用空间量来支付费用，而不必管理和控制使用的基础设施。IaaS 最大的优势在于它允许用户动态申请和释放节点，因为 IaaS 服务器的规模巨大，可以认为提供给用户的服务资源几乎是无限的。IaaS 提供者通过网络向企业用户和个人用户提供计算能力、存储能力等基础资源服务，这些服务是由云计算合理分配执行的物理资源，具有更高的资源使用效率。

2. 平台即服务（PaaS）

PaaS 面向广大互联网应用开发者，把端到端的分布式软件开发、测试、部署、运行环境以及复杂的应用程序托管当作服务，通过互联网提供给用户，简化了应用程序的开发。PaaS 通过开放的架构，为互联网应用开发者提供了一个共享云计算、超大规模计算能力的平台。PaaS 为用户提供简易安全的使用接口，便于自身资源的动态扩展和容错管理，让软件外包程序开发人员能够快速定制、开发满足特定需求的互联网应用，大大提升了工作效率和执行力。

3. 软件即服务（SaaS）

SaaS 以互联网为载体，以浏览器为交互方式，把在云基础设施上的服务器端的程序软件提供给用户。[二]SaaS 提供商为用户搭建物理和软件设施，并负责后期维护。用户只需根据需要选择提供商，租赁应用服务，无须购买软硬件产品。SaaS 的核心目的是通过多用户租赁实现企业用户或个人用户全在线、全互联、多维度数据管理及分析，提升对有效资源的管理和利用。SaaS 彻底改变了传统交付应用程序高成本、低效率的状况，用可控、可分解、可管理、

[一] 1999 年，马克·安德森（Marc Andreessen）创建 LoudCloud，这是第一个商业化的 IaaS 平台。

[二] 1999 年 3 月 Salesforce 成立，成为最早出现的云服务，即 SaaS 服务。

可共享的服务交付模式,最快地实现用户的需求。具体如表 3-1 所示。

表 3-1　云计算的服务类型

服务类型	举例	解释
基础设施即服务(IaaS)	AWS EC2 公有云服务、IBM 和 HP	在基础设施即服务的模式中,计算资源和存储空间可按需提供。基础设施即服务提供给租户可控制的服务器、操作系统、存储磁盘以及数据库等自主选择与配置能力。基础设施即服务的主要好处是可以让租户弹性快速地部署适合自己的 IT 生产环境。亚马逊是现在全球最大的基础设施即服务提供商。IBM、HP 等厂商也提供基础设施即服务的云方案。在中国,华为公司为政府机构、企业以及运营商提供基础设施即服务的方案
平台即服务(PaaS)	Google App Engine、Salesforce.com、Microsoft Azure Platform	云服务商为应用程序的开发、部署与运行提供平台即服务的模式。这种模式可以快速并且在有效节省成本的前提下为云租户提供服务。平台即服务适用于移动端的应用程序开发与部署。一些国际上出名的平台即服务云服务商包括 Google App Engine、Salesforce.com 以及 Microsoft Azure Platform 等。平台即服务的模式通常应用于数据库管理、信息安全、工作流程管理以及应用程序开发等场景
软件即服务(SaaS)	谷歌邮件、谷歌 Apps、Salesforce.com 的客户关系管理系统	软件即服务是一种软件发布并交付给租户使用的服务模式。应用程序本身部署在云服务商的云环境里,云服务商通过网络,按照软件的应用许可向租户提供服务,并收取费用。在软件即服务的模式中,租户不需要任何 IT 专业人员来安装维护软件的运行,软件即服务是现在最广泛使用的云服务模式。最广为人知的软件即服务包括微软 Office365、谷歌 Apps 以及 Salesforce.com 的客户关系管理系统

三、云部署类型

(一)公有云

公有云⊖(又称公共云)是由第三方提供商提供的云服务,用户使用资源时付费即可。云服务商提供价格合理的计算资源(如服务器和存储空间)和快速访问等云服务供用户使用。公有云最大的优点是所应用的程序、服务及相关数据由公有云的提供者保存和管理,不需要用户自己做相应的投资和建设。缺点是,由于数据不存储在用户自己的数据中心,数据存在安全隐患,并且公有云的可用性不受使用者控制。公有云成本低廉、配置灵活,在实际部署中多为中小企业采用。

(二)私有云

私有云是只对一个企业、组织或个人使用的云计算资源,由单个公司拥有、运营、控制、使用各种虚拟化资源和自助服务。私有云将硬件资源进行虚拟化,并提供给企业内部人员使用。私有云平台服务的提供者和消费者是同一个公司或组织,对数据资源的安全性和服务稳定性相对于公有云的控制要有效得多。创建私有云的企业拥有私有云构成的全部基础设施,而且可以自由地控制项目以及应用。私有云的创建,既可由企业 IT 部门自行构建,也可由云计算服务提供商提供,然后交付和部署在用户内部环境中。私有云的优点是可以提高资源的利用率,提高企业信息数据安全性和企业核心业务的竞争力,使企业对资源的控制能力大大提高。缺点是投入成本较高,私有云对企业建立云计算环境的能力提出了相应的要求。私有云更强调

⊖ 目前,典型的公有云有微软的 Windows Azure Platform、亚马逊的 AWS、Salesforce.com,以及国内的阿里巴巴、用友伟库等。

针对性和信息安全性，在实际部署中多为政府、银行、电信、电力等大型企业所采用。

（三）混合云

混合云以私有云为基础，同时结合公有云的服务策略。混合云中，公有云与私有云相互独立运营，通过加密连接通信，可以实现数据共享。交互操作是混合云的特点，混合云有多个接触点，由共享核心软件服务组成，方便资源、平台和各项应用在不同环境之间迁移。企业拥有私有云，与公有云兼容，在公有云上处理外包信息，以保证自有关键信息的安全。混合云的部署方式对提供者的要求、投入的硬件与软件资源的成本较高。混合云的优点是数据和应用程序可以在公有云与私有云之间交互传递，具有更大的灵活性和更多的部署选项。企业可以在公有云与私有云之间合理安排工作负载，降低企业信息技术成本，提高设备使用率，加强数据安全性保护。缺点是投入的硬件和软件资源成本较高。混合云兼顾公有云与私有云两者的优点，是未来云服务发展的趋势。

四、云计算的发展历程及问题

（一）发展历程

1. 第一阶段：起步探索阶段（1956～2005年）

1956年，克里斯托弗·斯特雷奇正式提出虚拟化。1997年，南加州大学教授Ramnath K. Chellappa提出"云计算"的第一个学术定义，认为计算的边界可以不是技术局限，而是经济合理性。1999年，马克·安德森创建LoudCloud，是第一个商业化的IaaS平台。1999年3月Salesforce成立，成为最早出现的云服务提供商，提供SaaS服务。2005年，亚马逊宣布组建Amazon Web Services"云计算"平台。

2. 第二阶段：发展准备阶段（2006～2008年）

2007年，Salesforce推出PaaS服务。2007年11月，IBM首次发布云计算商业解决方案，推出"蓝云"（Blue Cloud）计划。2008年，Google App Engine发布云计算平台。2008年，高德纳（Gartner）发布报告，认为云计算代表了计算的方向。同年11月，微软发布公有云计算平台——Windows Azure Platform，由此拉开了微软的云计算大幕。同年12月，高德纳披露十大数据中心突破性技术，虚拟化和云计算上榜。云服务的三种服务模式全部出现，IT企业、电信运营商、互联网企业等开始推出云服务。

3. 第三阶段：稳步成长阶段（2009～2014年）

2009年中国云计算进入实质性发展阶段。4月，VMware推出业界首款云操作系统VMwarev-Sphere4。7月，中国首个企业云计算平台诞生，即中化企业云计算平台。

2009年9月，VMware启动vCloud计划，构建全新云服务。同年11月，中国移动云计算平台"大云"计划启动。2010年1月，IBM与松下进行大额云计算交易，微软正式发布Microsoft Azure云平台服务。2013年，甲骨文公司全面展示了最新云计算产品。

4. 第四阶段：高速发展阶段（2015年至今）

IaaS的发展体现在服务的特异性和多样性上，云计算平台不断推出细分领域和特定场景下适用的虚拟机实例。如基于物理隔离的专属实例、可运行SAP HANA等大型负载的超高配实例、采用 CPU 积分制的性能突增实例、适用于机器学习与 AI 的 GPU 实例等。在存储服务方面，云计算的步伐也在加快，除立足于核心对象存储服务的增强外，开始以一体化方式进入部分垂直市场。PaaS 在这个大发展时代不再寻求大一统的应用程序框架，而是更多地提供标准的可复用中间件，并与其他 IaaS/PaaS 设施进行组合与联动，这一思路迅速得到开发者和架构师们的欢迎。

这一阶段特点为：通过深度竞争，逐渐形成了主流平台产品和标准；产品功能比较健全，市场格局相对稳定；云服务进入成熟阶段，增速放缓。

> **专栏**
>
> ### 云计算的发展现状
>
> 早在 2003 年，美国就已经开始对云计算技术开展研发工作，美国具有全世界领先的互联网企业，如微软、IBM、谷歌、亚马逊、甲骨文等。云服务既可以降低互联网企业创业初期的成本，还可以帮助企业形成可持续的创新商业模式，在很大程度上有利于企业控制运营风险。作为全球第二大云服务市场的欧盟，在推动云计算发展时致力于建设规范的云计算标准，移除欧盟成员国彼此之间在数据保护、信息安全上的政策障碍，打造真正的共同体，驱动云计算的创新和增长。日本 IT 发展程度仅次于美国，国民经济对互联网产业依赖程度很高，所以日本主要采用政策引导、政府投资和个人资本相互结合的方式推动云计算的发展。目前，日本的政府、医疗、教育等传统行业都在应用云计算。
>
> 我国发布了一系列政策鼓励规范云计算的发展。2012 年 9 月，科技部发布了《中国云科技发展"十二五"专项规划》，大大促进了用户和企业对云计算的认可度。云计算市场继续保持高速增长，我国云计算已然进入实质性发展新阶段。但是我国信息安全法律法规有待进一步完善；云计算发展环境相对落后，网速慢，IP 地址匮乏，制约了整个云计算技术的发展速度。
>
> 我国云计算比较有代表性的企业和项目有阿里巴巴的阿里云，百度推出的云 OS，浪潮的云海 OS V3.0，中国电信的天翼云以及华为的 FusionCloud 云战略等。当前，我国政府、交通、电信、教育等领域都已经紧跟世界脚步，在信息化建设过程中实践云计算，通过云服务试点示范，带动我国云计算产业发展。

（二）云计算面临的问题

1. 数据安全与监管合规

由于云计算相关的金融监管政策尚不明朗，金融机构在合规方面有可能出现问题。金融客户担心云上数据被云服务提供商"偷窥"或利用，云服务提供商也公开发起"数据保护倡议"，支持云计算平台上的数据所有权属于客户。云计算平台不得将数据移作他用，平台方有责任和义务保障客户数据的私密性、完整性和可用性。

2. 数据收集、整合、应用的问题

（1）数据采集不统一。云计算面临数据采集不统一的问题，如无法实现数据一次采集多方共享，无法实现开发标准、接口统一，无法实现流程化数据清洗处理等。

（2）数据资源孤立。云计算存在如获取外部信息不全面，内部信息获取碎片化，内外信

息实效滞后分散等问题。

（3）信息资源不共享。一是信息共享率低，由于信息化建设落后，数字化水平不完善，多项技术有待加强等。二是信息资源共享难度大，由于各个地区和行业对于信息资源共享的实际需求不同，及时有效的信息共享具有一定难度。

> **专栏**
>
> **云计算的未来**
>
> 云计算作为一种应用模式，必将对产业链的上下游产生重要影响，它在不断适应着企业的需求，具体有以下几个方向。
>
> **一、混合云**
>
> 虽然现在很多企业都已经采用了云服务，但是大部分企业基本上采用的都是多个云服务提供商，包括公有云与私有云，以满足不同的需求。混合云的优势是能够适应不同的平台需求，它既能提供私有云的安全性，也可以提供公有云的开放性，所以在未来混合云的发展将是云服务的主流模式。
>
> **二、大数据分析**
>
> 在大数据分析的帮助下，云计算和大数据能够很好地结合。云计算可以扩展、覆盖到大数据领域，这些云服务能够为云计算提供平台，开源的云平台为大数据提供更好的开发与分析。
>
> **三、SMB[①]应用程序**
>
> 现在，受资金限制，大多数的中小企业还无法独立完成整个应用程序的测试、内部安全检查和数据保护等。期待新的云计算技术能够帮助企业利用 Web 应用程序来进行源代码的扫描，协助企业及时发现潜在的网络攻击，从而按需提供帮助，降低企业的费用。
>
> **四、强调性能**
>
> 不管在什么行业，最重要的是云安全、管理和控制权等问题。目前的云计算强调的是性能。在关键时期，云计算能够保证业务稳定地进行。

五、云计算的应用概况

（一）金融云

1. 金融云概念

金融云（cloud financial）是指基于云计算商业模式应用的金融产品、信息、服务、用户、各类机构等平台的总称。金融云是服务于银行、证券公司、保险公司、基金公司等金融机构的行业云，通过提供独立的机房集群满足监管要求的云产品，并为金融客户提供更加专业周到的服务。

金融机构已普遍开展云计算研究，全国性金融机构推广的云计算应用，包括开发测试（如桌面云）、办公（如外网邮件）、互联网相关业务（如移动营销、网上交易、Web 前端等）、中后

[①] SMB（Server Message Block）是协议名，它能用于 Wap 连接以及客户端与服务器之间的信息沟通。该服务是一种以响应方式为主的技术支持服务。

台业务（如收单、资格审查等）和特色业务（托管）。但出于稳定性、安全性和技术实现难度等多方面考虑，部分金融机构的核心数据库、核心交易系统（甚至核心业务）暂不使用金融云。

2. 金融云的特点

（1）方便灵活，节约成本。金融机构能够根据业务需求迅速按需分配资源，金融云主要应用于基于第三方平台的资金结算体系，实现实时、快捷的支付结算业务，降低人力资源及各种设备支出等成本。

（2）人性化设计，提升客户体验。24小时不间断地提供金融服务，不仅具备普通的网上银行的功能，还可以让专家连接到分支机构，回答关于产品和服务的问题，帮助银行了解客户的偏好以留住现有客户和吸引新的客户。

（3）增强数据存储和处理能力。银行的业务数据量较大，增长飞快，核心业务信息管理难度越来越高。金融云可以为银行提供强大的存储能力，而且增加了多层安全机制，确保银行数据万无一失。金融云能运用客户数据分析工具，在共享、整合和存储大量数据方面发挥独特的优势。运用云平台的分析和技术，可以节省银行大量的能源、空间和成本。

（4）促进金融业与其他行业之间的融合。云计算可以促进金融业与其他行业间的合作模式创新，帮助金融机构拓展业务渠道，强化与软件业、网络运营商之间的高度融合，并结合多种行业市场环境，创造出更多的销售模式及网络服务模式。

> **专栏**
>
> ### 金融云的应用情况
>
> 在我国金融领域中，云计算的应用呈现稳步增长态势，目前多数金融机构已经或将要利用"云"来承载应用和处理高并发业务，如图3-3所示。
>
> **2018年金融云服务提供商排行榜**
>
> | 排名 | 提供商名称 |
> |---|---|
> | 1 | 平安云 |
> | 2 | 天翼云 |
> | 3 | 中企通信 |
> | 4 | 阿里云 |
> | 5 | 腾讯云 |
> | 6 | 联通云数据 |
> | 7 | 恒生电子 |
> | 8 | 宇信金融云 |
> | 9 | 华为云 |
> | 10 | 有孚网络 |
> | 11 | 兴业数金 |
> | 12 | 百度云 |
> | 13 | 神州数码融信云 |
> | 14 | 金山云 |
> | 15 | UCloud |
> | 16 | 深信服科技 |
> | 17 | 优铭云 |
> | 18 | 七牛云 |
> | 19 | 青云QingCloud |
> | 20 | 网易云 |
> | 21 | 融联易云 |
> | 22 | 通联金融科技 |
> | 23 | 九州云 |
> | 24 | 象云 |
> | 25 | 安畅网络 |
>
> 图3-3 2018年金融云服务提供商排行榜

（二）银银平台

银银平台是通过多家银行合作，联合网络、人才、产品和服务等，进行优势互补、资源共享，共同为客户提供全方位服务的金融平台。银银平台云服务包括支付结算服务、财富管理服务和信息科技服务。

支付结算服务提供柜面互通、代理信用卡还款、代理接入支付系统、跨行支付等服务。财富管理服务提供理财产品销售、贵金属交易、第三方存管、基金销售等服务，形成面向个人客户的综合财富管理平台，为合作银行的财富管理产品提供网上销售渠道，为合作银行的个人客户提供一站式的财富管理门户网站。信息科技服务为中小银行客户提供了一个全方位的 IT 系统解决方案，包含了信息系统建设、信息系统托管运维、灾难备份服务等。

（三）开放银行

开放银行（open banking）是一种平台合作模式，以 API（Application Program Interface）技术实现平台间的数据连通，并以双向融合、开放互动的模式推动银行向金融服务平台转型。一方面，银行利用 API 或 SDK（Software Development Kit）等技术，将金融服务无缝地嵌入到第三方应用程序，以"走出去"的方式对接外部平台和生态圈；另一方面，银行开放 API 架构，将互联网公司的流量场景及数据"引进来"，基于自有平台和技术，延伸金融服务。对消费者而言，开放银行可以使客户在一个简单界面上管理自己的所有金融账户，并根据个人需求便捷地选择金融产品，高效地管理资产。对银行而言，开放银行有助于金融服务嵌入合作伙伴的平台和业务流程，使银行服务不再局限于网点、网银和 App。开放银行是一种全新的银行业态，促使银行回归以客户为中心，通过与合作伙伴的合作将金融服务延伸至以前银行未服务到的客户群体，扩大了金融服务半径。开放银行要求商业银行在更高层次与合作伙伴共享数据、共生共赢，有利于重构核心竞争力。

> **专栏**
>
> ### 开放银行发展历程
>
> 英国最早在监管层面提出开放银行概念。英国市场竞争委员会（CMA）致力于引导银行进行金融数据共享，2016 年英国财政部牵头成立开放银行工作组，发布了《开放银行标准框架》，提出开放银行数据标准、API 标准、安全标准和底层治理模型。欧盟陆续通过《支付服务法令》（Payment Services Directive，PSD）、《新支付服务法令》（Payment Services Directive 2，PSD2）、《通用数据保护条例》（General Data Protection Regulation，GDPR），为第三方提供数据支持。
>
> 金融科技公司 Yodlee 公司从银行获取客户数据，以开放 API 方式进行金融创新，为客户提供无缝连接的金融服务体验，其 API 产品主要包括三类：数据聚合、账户验证、资金流动。新型银行 Solaries Bank 致力于将银行打造成基础设施提供者，弥补银行与第三方公司之间的空白，将银行服务以无形方式触达最终用户。
>
> 银行方面，2016 年 11 月，花旗银行在全球推出 CITI 开发者中心，开放八大类 API，授权的开发者能够访问不同类型的 API，构建多样的金融服务。西班牙 BBVA 银行 2013 年开始开放数据和接口，2017 年正式开放包含个人客户信息及企业信息的八大类 API。
>
> 中国银行 2012 年提出开放银行概念，2013 年正式发布中银开放平台。2018 年作为开

> 放银行元年，建设银行、招商银行、工商银行等纷纷布局开放银行。但我国开放银行形式更多的是业务输出而非数据共享。
>
> 开放银行发展趋势主要有以下三点：第一，第三方公司的金融化，如微信、支付宝建立了余额理财、保险等金融生态圈。第二，从B2C模式向B2B模式转变。在互联网流量红利逐渐减少的情况下，工业互联网呈现出更大的发展机遇。第三，金融"脱媒"更加严重，银行逐渐退居幕后。开放银行只有更深层次地将基础设施和核心能力精准融合到各经济主体，才能够占据优势。

第三节　物联网

一、物联网的概念

物联网是指通过射频识别（radio frequency identification，RFID）、红外感应、卫星定位（GPS）、激光扫描、无线传感器等信息传感技术，按约定的协议，根据社会需要实现物与物的联网，进行信息交换和通信，以实现对物品的智能化识别、定位、跟踪、监控和管理的一种网络。在这个网络中，物品彼此进行"交流"，实现自动识别和信息的互联与共享。物联网是在互联网基础上发展延伸而来的，将互联网中已经实现的网络互连延伸到现实的物理世界中，实现物理世界的网络化、信息化、数字化变革。

物联网离不开传输的通信网络，在传输技术方面，基于5G通信的物联网传输技术具有传输距离远、成本低等特点，能够同时满足更长传输距离和更低功率的物联网应用需求。物联网不是一个单独的个体，而是由无数设备组成的系统，其具有三方面特点：首先，经济性，由于可以利用现有的网络体系，物联网在不增加新设备的情况下仅运用原设备就能实现产物融合的效用，可以大大节省成本；其次，交互性，即物联网中各类交互设备之间的信息交流和访问可以与互联网使用同样的 IP 实现，没有额外损耗；最后，高效性，物联网具有及时接受反馈信息的特点，可以应用到工业、零售、安防、物流等领域中，节省大量时间成本。

二、物联网的基本特点

（一）全面感知

全面感知也就是利用 RFID、传感器、二维码以及未来可能的其他类型传感器，随时采集物体动态。接入的对象更为广泛，获取的信息更加丰富。物联网接入对象包含更丰富的物理世界，传感器、仪器仪表、摄像头和其他扫描仪将会得到更为普遍的应用，获取和处理的信息不仅包括人类社会的信息，也包括更为丰富的物理世界信息，如长度、压力、温度、湿度、体积、重量、密度等。

（二）安全传递

感知的信息需要时时传送，现在无线网络无处不在，感知信息的传送变得非常现实。当前的信息化建设中，虽然网络基础设施已日益完善，但其距离物联网的信息接入要求还有距离。即使是已接入网络的信息系统,很多并未达到互通,信息孤岛现象依然存在。未来的物联网,不仅需要完善的基础设施,还需要随时随地的网络覆盖和接入,信息共享、互动以及远程操作均要达到较高的水平,同时信息的安全机制和权限管理需要更高层次的监管和技术保障。

(三)智能处理

物联网的智能处理是利用云计算等技术及时对海量信息进行处理,真正达到人与人的沟通、物与物的沟通。信息处理能力更强大,人类与周围世界的相处更为智慧。当前的信息化由于数据、计算能力、存储、模型等的限制,大部分信息处理工具和系统还停留在提高效率的数字化阶段,一部分能起到改善人类生产、生活流程的作用,但是能够为人类决策提供有效支持的系统较少。物联网不仅能提高工作效率,改善工作流程,还可以通过云计算,借助科学模型,广泛采用数据挖掘等技术深入分析海量数据,以更加新颖、系统且全面的方法解决特定问题,使人类更加智慧地与周围世界相处。

三、物联网的发展历程

(一)起步探索阶段(1990～2005年)

物联网的概念起源最早出现在20世纪90年代。1990年,网络可乐贩卖机出现了,机器运行状况可以及时反馈到网络平台,平台可以实时监测机器内的可乐存货及制冷状况等。1991年,英国剑桥大学利用计算机图像捕捉技术,实时捕捉咖啡壶的烹煮情况,以实现对物品的合理使用。1999年,物联网概念正式被提出,英国利用射频识别技术来代替商品的条形码,创造出新型的、高效的货物管理模式,实现了物联网在企业生产过程中的第一次正式应用。

2005年,信息社会世界峰会(WSIS)正式发布了《ITU互联网报告2005:物联网》,标志着物联网时代的正式来临。通过物联网通信技术,所有物品可以实现信息数据的实时交换,促进了各类物品更好地管理与发展。这一阶段的物联网,构造的是一个全球物品信息数据实时共享的实物物联网,是依托于各类物联网终端设备,在已有的互联网平台之上,通过利用射频识别、无线数据通信等技术构造起来的平台。

随着计算机技术的不断迭代和更新,物联网发展所依赖的网络平台储存、信息处理功能更为强大,物与物之间的信息交换也可以更好地进行。这个阶段物联网对于从事货物交易的企业影响尤为明显,依靠物联网技术进行的企业创新管理,提升了企业对生产环境中各环节的精准控制,提高了企业的管理效率。

(二)发展推进阶段(2006～2015年)

2008年11月,美国IBM公司提出了"智慧地球"的战略,建议增加网络基础设施的资源投入,增强国际竞争优势。这一阶段的物联网,首先,将信息感应技术嵌入到物体之中,为物品的信息数据猎取提供技术支持;其次,实现各类物品信息数据的导入;最后,利用大数据、人工智能等先进的计算机技术对数据信息进行分析处理,得出客观的分析报告。

这一阶段的物联网最明显的特征是数据化,被称为大数据物联网时代。工程师对于硬件和语言的掌握更为精准,并且开始引入运行过程中的实际情况进行考量。同时,物联网在其他行业的影响日益明显,推动了整个社会资源的融通,极大地方便了人们的生活,随着优质的产品和模式不断迭代和更新，物联网正在逐步提升整体服务质量。

（三）融合提升阶段（2018 年至今）

2018 年，物联网迎来真正的发展元年，物联网开始从概念走向成熟，广泛应用于生产、生活的各个领域。物联网数据主要通过设备中的传感器捕捉猎取，经过大数据处理、分析，形成客观的报告。如今在日常生活中，很容易找到物联网设备，如智能家居，在家庭住宅平台上构建了高效的住宅设施和家庭日程管理系统。在下班之前设定好室内温度，远程操控电饭煲开始蒸煮等，提升了生活的舒适性和便利性。在出行领域衍生出的车联网系统，不仅可以方便车主定位车辆，及时观测车辆信息，还实现了远程启动、车内温度设定、自动泊车等功能。

随着 5G 网络以及智慧城市进程的推进，将会有更多的终端设备接入物联网。未来的全球物联网市场将继续稳定增长，在工业生产、交通出行、公共服务部门等领域满足人们的需求。

四、物联网的组成要素

（一）物流

物联网中的物流与传统意义上的物流，除了在智能物流领域有一定的融合之外，物联网的物流更多的是实体硬件上功能模块在不同层次之间的集成，如设备制造商可以对 RFID、传感器、中间件进行初步的物体集成，硬件制造商将功能模块集中后，通过一定的方式融入移动终端，并加入与网络和系统服务相关的硬件模块，如手机终端的集成电路、网络模块、显示模块等。每一个物流的集成都是一种功能的传递和汇总，蕴含了价值的输送，体现在利益的传输和未来的分配当中。

（二）资金流

资金流主要是支付或者投资的资金通过实体和虚拟货币的形式在各个主体之间流动的过程，这种流动也会伴随着反向的实体或者虚拟产品的交换，而这种交换也是资金流重要的衡量标准。

（三）信息流

信息流是物联网中最主要的可见传输内容，行业特性明显，在不同类型个体当中所体现出的形式和作用有很大差别。一般看来，感知端的原始信息主要是需要获取的物体状态信息、时空信息等，通过个体间的传输，信息通过转换被不同的个体接收和显示，并体现出对于行业和市场有用的附加价值。在高级应用状态当中，信息的接收和汇总往往伴随着反馈信息的产生和反向传递。另外由于用户端个体的存在，用户的行为和消费等特征所体现出来的基础信息，通过各个维度的汇总，对物联网内部其他个体的决策也会起到重要的参考作用。

（四）互联网与无线通信网络

互联网的成熟是物联网赖以发展的关键环节和基础。有观点认为，在 Web3.0 时代将会彻底地实现现实与虚拟网络之间的接合；也有观点认为，Web3.0 将以感知网络来拓展关系，与智能终端设备连接可以实现人与人、人与物、物与物之间的交流。还有观点认为 Web3.0 将会拓展更多的应用，并具有共同的特征，即移动性。

五、物联网技术及工作原理

（一）物联网技术

物联网技术是一系列技术的总称，具有跨学科交叉、多技术融合等特点，涉及多个不同领域，各领域之间又互相影响，不断地激发对方取得技术突破。目前，物联网技术主要包括：IPv6 技术、无线通信技术、局域无线网技术、嵌入式技术、传感技术、射频识别技术、纳米技术和智能技术等。

IPv6 技术　即互联网协议（第 6 版），是互联网领域的一项基础技术。物联网通信协议以 IP 地址为基础，IPv6 技术作为一种新的网络协议，地址容量是 IPv4 的数倍，支持动态路由机制，为物联网在各个行业的广泛应用和高速发展奠定了技术基础。

无线通信技术　物联网的发展，催生出了长距离的无线通信技术，主要包括：GPRS/CDMA 无线通信技术、数据电台通信、扩频微波通信、无线网桥和卫星通信等。GPRS/CDMA 无线通信技术具有实时在线"按量计费"高速传输优势；数传电台通信即数字无线数据传输电台，采用数字信号处理、数字调制解调，具有前向纠错等功能；扩频微波通信具有强抗干扰能力，适合野外联网应用；无线网桥可用于固定数字设备之间的远距离、无线组网；卫星通信即利用人造卫星作为中继站转发无线电信号，实现多个地面站交互通信。

局域无线网技术　局域无线网技术在一定范围内可以起到对有线网络的补充作用，同时，无线网具有使用范围广、可移动性强等特点。局域无线网技术通过互联网接入移动终端、无线扫描器、射频识别扫描仪等，为生活带来更大的便捷。

嵌入式技术　物联网在众多领域的应用，均与嵌入式技术相互融合。将功能代码嵌入到芯片中，通过芯片实现基本的控制功能。嵌入式技术是物联网实际应用的重要保障。

传感技术　传感技术起到感知的作用，感应信息中的各种信号，有利于信息的传递，寻找信息源头。物联网中传感技术的发展开始向 Web 的方向研究和靠拢，传感技术辅助物联网感知全方位的技术信息，物联网对感知技术的要求极高。

射频识别技术　射频识别可以有效地对物联网信息进行自动化识别，运用射频技术可以查找到目标的信息。射频技术在运行的过程中，依靠自动化，不需要人为的因素参与，有效提高了物联网在不同环境当中的运用。比如，射频技术可以同时识别不相同的信息，降低物联网信息技术在产业中的使用难度，并且射频识别具有全球定位优势，可以通过对电子标签标注对象，存储目标的所有信息。

纳米技术　物联网中的纳米技术，涉及许多学科特性，例如电子工程、生物工程、信息技术等。纳米技术已经有详细的规划，将会拓展到更加稳定的区域。纳米技术在物联网中的优势明显，尤其是在物联网尺寸技术的运用中，可实现准确的交互，不会遗漏信息。纳米技术在物联网技术中占有较高的比重，对物联网信息技术的影响较大。

智能技术　物联网中的智能技术，具有一定的知识特点，可以根据物联网的实际目标进行规划，帮助物联网更加智能化，在运营和管理上更加方便快捷，排除使用者沟通上的问题。智能技术首先能够高效地识别物联网信息，实现智能掌控，进行人机沟通。智能技术推动人工智能技术模式的形成，确保物联网拥有强大的信息处理能力。

（二）物联网工作原理

物联网最鲜明的特点是物与物之间实现数据信息的交互，每个物体即为一个对象，物联网的关键技术必须能够准确反映每个对象各自的特点。

首先，射频识别技术利用无线射频信号识别目标，并采集目标对象的相关信息，这些信息反映的是目标的静态特征；其次，对于物联网中的每个对象而言，还要探测物理状态的改变能力，记录环境中的动态特征，在这方面，传感技术扮演了重要角色。接着，智能嵌入技术通过把物联网中每个独立节点植入嵌入式芯片，相较于普通节点而言，具备了更强大的智能处理和数据传输能力，单个节点通过智能嵌入技术对外部刺激进行反馈。同时，带有智能嵌入技术的节点可以将整个网络的处理能力分配到网络的边缘，增加网络的弹性；最后，随着纳米技术和微型化的发展，越来越小的物体将实现相互作用、连接以及有效封装。

六、物联网的网络架构

物联网的网络组成架构包括：末梢节点层、接入层、承载网络层、应用控制层和用户层，其中承载网络层一般是由现有的互联网络和通信网络组成，具体如表 3-2 所示。

表 3-2 物联网的网络架构

架构	组成
用户层	UI 接口
应用控制层	数据服务器、通信服务器、终端服务器
承载网络层	核心承载网络
接入层	末梢节点网络、应用网关、采集数据接入
末梢节点层	二维码识别、RFID 读写、感应器

（1）末梢节点层由各种类型的采集和控制模块组成，如温度感应器、声音感应器、振动感应器、压力感应器、射频识别读写器、二维码识读器等，末梢节点层的主要功能是物联网应用的数据采集和设备控制。

（2）接入层由基站节点和接入网关组成，完成末梢节点层相关信息的组网控制和信息汇集，或者向末梢节点层发送上端传来的信息。

（3）承载网络层是指现行的通信网络，可以是互联网络、移动通信网络、广电网、企业内部专网，短程的传感网络等，主要完成物联网接入层与应用控制层之间的信息通信功能。

（4）应用控制层由各种应用服务器组成，主要功能包括对采集数据的汇集、转换、分析，向用户层呈现消费特征的适配以及事件的触发等。由于从末梢节点获取大量的原始数据本身不能为用户所识别和使用，只有经过转换、筛选、分析处理后才会有价值，这些信息将通过相关的应用服务器进行适配，并根据用户的相关设置提供相应的信息，同时在需要完成对末梢节点物体的远程控制时，该层通过下放相应的控制指令完成任务。

（5）用户层为用户提供物联网应用 UI 接口，包括用户设备（如 PC、智能手机、平板电脑）、客户端应用软件等。

如果把物联网比作一个神经系统，那么末梢节点层、接入层就构成了系统末梢神经系统，承载网络层（相当于脊髓）、应用控制层（相当于大脑）和用户层构成了中枢神经系统，实现物联网信息采集和设备控制功能。

七、物联网的价值模式

物联网的价值链类型具备全面性和综合性的特点,从元器件到设备,从软件产品到信息服务,物联网每个功能层都包含了硬件产品、硬件设备、软件产品、系统方案,以及行业系统的运行和维护。物联网的一般价值链形式如图 3-4 所示。

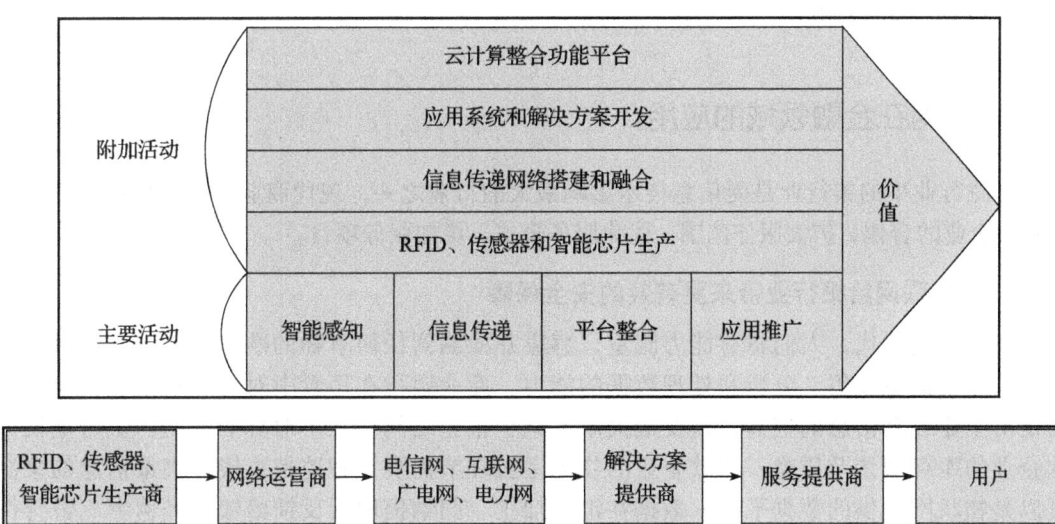

图 3-4　物联网的价值链

在价值网体系中,用户是价值输送的最终目标;物联网综合应用平台是价值交换、传递、共享和增值的主要场所;网络运营商是价值运行的渠道和平台;传感器硬件提供商通过技术水平的提升,对物体的性状进行感知,生产设备为价值创造提供基础和实现方式;软件提供商、系统集成商、解决方案提供商了解用户需求,通过软件、系统集成和解决方案模式获取价值元素,并交由服务提供商实施,完成价值的增值过程。物联网价值网体系将成为物联网发展的主流模式,同时也会随着市场和需求的变化不断更新。

在物联网的价值创造过程中,核心的价值链在于感知—传递—整合—推广的业务产生和应用过程,其中设备制造是物联网产业链的上游,以制造工业为基础,还是产业链条的技术基础,决定了整个产业发展的水平。物联网所需的设备类型更多,不但包括计算机类、通信类及网络类移动终端设备,还包括射频芯片、处理器芯片、传感器等器件,其中传感器和射频芯片是核心部件。随着纳米、光电子等技术的出现和发展,传感器、敏感器件的感知范围会更广、更灵敏,成本和功耗也更低。

物联网的产业化应用是产业链的下游,对物联网的发展至关重要,也是发展和合作空间最广的领域。目前,手机支付、物流监控、数字医疗和智能农业等应用在各地涌现,服务业、金融业、旅游业等蕴藏着大量的应用空间。

物联网价值模式的另外一个重要特征是价值累加基础上的增值,这种增值过程来自资源和价值活动在补充和交换过程中所获取的价值,会按照一定的方式在各个主体之间进行分配。

此外,物联网中价值的主要表现形式已经超出一般产业对于金钱和其他财务指标的依赖性,在价值的创造、传播、分配和再生的过程中,资金不再是支持和维护的主要因素,而对于系统各个节点基本需求的满足,才会真正促进价值网络体系的形成。用户的自身需求不断得到满足，用户规模不断扩大，这将吸引更多的企业加入，带来更激烈的市场竞争，同时刺激上游的技术研发和相应的产业转化。这种价值流的增值和再分配，在物流上促进了更为强大的硬件设备的生产、组装和应用；从资金流上看，由此带来的直接资金增长只是收益的一小部分，各类第三方资金的涌入才是物联网建设前期和中期的主要来源；从信息流上看，各种信息数量的增多、维度的增加以及功能的扩展将使整个商业模式系统的功能外延不断扩大，实现更高层次的信息化。

八、物联网在金融领域的应用

金融行业中的银行业是受信息技术影响最大的行业之一，现代商业银行利用物联网技术与物流企业的合作，扩大服务范围，优化服务模式，增加服务项目。

（一）物联网给银行业带来更有效的安全保障

在物联网时代，人们将有能力测量、感应并检测到任何事物的准确状况，商业银行具备更广泛的信息收集、分析和处理数据的能力。商业银行在经营中对风险的把握，最关键的是对企业经营信息的把握，需要最大限度减少银企之间信息不对称的问题。银行重视借款企业的库存数量及质量，借款企业的物流运行环节需要全程监控；银行决策信息的来源可以是物联网提供的数据平台，数据在汇总加工、归纳提取后反馈给银行经营者。银行作为企业融资提供方能第一时间知晓公司的销售状况，保障银行的债权安全。在银行开展的供应链融资业务中，需要动态了解企业流通中商品货物的状况及权属变化，比如对集装箱的运输和目的地跟踪；只有这样，银行才能把握贸易背景的真实性，才能对仓储中的抵押品实现有效的监控。

另外，随着银行各种资产数量的增加，资产管理的重要性越来越强，银行利用 RFID 可以对经营过程中的重要凭证、权属凭证等进行全程监控、动态检测和获取信息。通过把 RFID 阅读器和天线安放在库房、机房及营业办公场所，银行可以随时检测到重要物品的最新状况，切实提升管理效率并降低管理成本。

（二）物联网为银行客户带来全新用户体验

通过 RFID 技术应用，银行的服务将来会更倾向于可视化、便利化、人性化，更具有服务竞争力。当客户携带内嵌具有 RFID 芯片的银行卡进入银行大厅时，有源读取设备和天线可以第一时间内检测到该客户的身份以及是否为 VIP 客户，有助于银行为高端客户提供差异化的优质服务。同时客户的个人信息，包括历史交易、最近交易和通常办理业务的种类等信息，第一时间会从银行专门的数据库系统中调出。另外，银行将预先知道客户的行踪，客户未进入银行门口之前，理财经理就能知道客户到来。客户去网点前，可以登录手机客户端查询到银行各个网点的客户排队情况等。

对于银行信用卡、个人贷款等业务的申请，银行可以通过应用 RFID 技术实现对办理流程的信息化管理。银行通过在每套业务申请资料上粘贴电子标签，每经过内部的一个办理流程环节时，完整地记录下交接和停留的时长以及处理的意见和结果情况，让客户及时了解银行内部流程的办理进度，有利于银行系统提升监督效率，加强服务时效性。

（三）物联网给供应链金融带来影响

1. 物联网降低供应链金融业务的操作风险

物流企业通过物联网信息传感设备，按约定协议，即可实现对货物的智能化管理。这对供应链金融发展产生三个影响：第一，基于物联网构建的新物流供应链，可为供应链核心企业和银行带来巨大商机；第二，物联网的核心技术手段，可扩大核心企业下游客户存货融资范围；第三，物联网的"可视跟踪"技术，可有效监管下游客户销售信息的及时性、有效性，大大降低金融机构对质押货物监管的工作强度。

物联网技术运用在供应链业务的货押融资上，可以实现对动产和仓单的全流程监管，使动产的信息具备了可控性，改变了供应链金融的模式。现在商业银行正在考虑借助物联网溯源技术增加质押品的种类，做到既能控制风险，又能扩大供应链金融业务。

2. 物联网扩大了金融机构的服务范围

利用物联网的技术支持，金融机构可以为客户提供若干中间业务，包括财务管理咨询、资金归集管理、应收账款管理、网银结算等服务。银行可以根据供应链各个节点上的企业经营状况、偿债能力设计金融服务方案，在减少企业财务成本的基础上为客户提供融资。物联网技术既有利于银行为供应链中的核心企业提供金融服务，又有利于银行为供应链中的小型企业提供金融配套服务，加大链属企业的资金封闭运转效率，增强银企之间的合作紧密度。

■ 扩展阅读

金融机构利用卫星、物联网、大数据监测复工率

2020年是不平凡的一年，一场突如其来的新冠肺炎疫情肆虐全国，企业停工停产、复工延长、经营管理遭遇巨大挑战。招银理财、国泰君安和平安银行借助卫星与物联网技术监测复工复产率。金融机构运用夜光技术将智能监控、北斗系统、探测系统、磁感系统等物联网设备应用在重型卡车、工程机器上，进行车辆或机械的监控，通过卫星捕捉工厂的灯光和车辆的路灯衡量一个地区的复工情况。

卫星对标的物进行监控，夜光作为可量化数据，对金融冶炼、物流、化工多个行业的开工活跃度有非常明确的描述。招银理财在全国抽取了143个工业园区，将这143个工业园区卫星夜光数据汇总，构建了从2014年到现在的月度全国工业开工指数。为了密切跟踪整个工业的复工情况，招银理财采用更高频的日度工业开工指数，通过对比过年前后指数的变化，实时跟踪工业年后的复工情况。

除了借助卫星数据外，金融机构还借助物联网、大数据等科技监测复工情况。例如，平安银行携手平安租赁推出平安小微制造复工指数。数据来源为对安装了设备手环的平安客户的大数据统计，而设备手环主要基于电流数据判断设备开工状况。

资料来源：戴安琪. 夜光复工地图来了！巧借卫星、物联网、大数据等黑科技，金融机构花式监测复工率［EB/OL］.（2020-02-29）［2021-08-09］. https://www.CEBnet.com.cn/20200229/102642610.html.

■ 本章小结

1. 大数据是数据积累到一定阶段并成为知识经济体系中核心资源过程中的一系列技术层面、

资源层面以及思想层面的变革的总称,在技术层面体现为数据存储、分析以及管理的创新和变革。
2. 大数据具有"5V"的基本特点,"5V"指的是数据容量巨大(volume)、种类复杂(variety)、处理速度快(velocity)、价值密度低(value)、真实性(veracity)。
3. 大数据的发展阶段:萌芽时期(1990~1999年)、发展时期(2000~2010年)、兴盛时期(2011年至今)。
4. 大数据分析的基本方法:预测性分析、可视化分析、大数据挖掘算法、语义引擎、数据质量与数据管理。
5. 大数据分析涉及的技术:数据采集、数据管理、基础架构、数据理解与提取、统计分析、数据挖掘、数据可视化。
6. 大数据可广泛应用于征信、反洗钱、商业银行、证券投资、保险等多个领域。
7. 大数据风险包括:数据安全问题、隐私保护问题、数据垄断问题等。
8. 云计算是一种通过网络按需提供的、可动态调整的计算服务。它通过互联网访问一个可定制的资源共享池,快速部署资源,按使用量付费。这些资源包括网络、服务器、存储、应用、服务等,云计算服务不需要太多的管理或与服务提供商的交互。
9. 云计算的特征:超大规模,虚拟化,通用性强、可靠专业,高可扩展性,按需服务,价格低廉,潜在的危险性。
10. 云计算关键技术:编程模型、数据存储技术、虚拟化技术、资源管理技术。
11. 云计算的服务模式:基础设施即服务(IaaS)、平台即服务(PaaS)、软件即服务(SaaS)。
12. 云部署类型:公有云、私有云、混合云。
13. 公有云(又称公共云)是由第三方提供商提供的云服务,用户使用资源时付费即可。
14. 私有云是只对一个企业、组织或个人使用的云计算资源,由单个公司拥有、运营、控制、使用各种虚拟化资源和自助服务。
15. 混合云以私有云为基础,同时结合公有云的服务策略。
16. 金融云是指基于云计算商业模式应用的金融产品、信息、服务、用户、各类机构等平台的总称。
17. 银银平台是通过多家银行合作,联合网络、人才、产品和服务等,进行优势互补、资源共享,共同为客户提供全方位服务的金融平台。银银平台云服务包括支付结算服务、财富管理服务和信息科技服务。
18. 开放银行是一种平台合作模式,以 API 技术实现平台间的数据连通,并以双向融合、开放互动的模式推动银行向金融服务平台转型。
19. 云计算的发展历程:第一阶段,起步探索阶段(1956~2005年);第二阶段,发展准备阶段(2006~2008年);第三阶段,稳步成长阶段(2009~2014年);第四阶段,高速发展阶段(2015年至今)。
20. 物联网是指通过射频识别、红外感应、卫星定位(GPS)、激光扫描、无线传感器等信息传感技术,按约定的协议,根据社会需要实现物与物的联网,进行信息交换和通信,以实现对物品的智能化识别、定位、跟踪、监控和管理的一种网络。
21. 物联网的基本特点:全面感知、安全传递、智能处理。
22. 物联网的发展历程:起步探索阶段(1990~2005年)、发展推进阶段(2006~2015年)、融合提升阶段(2016年至今)。
23. 物联网的组成要素:物流、资金流、信息流、互联网与无线通信网络。

24. 物联网技术主要包括：IPv6 技术、无线通信技术、局域无线网技术、嵌入式技术、传感技术、射频识别技术、纳米技术和智能技术等。
25. 物联网的网络组成架构包括：末梢节点层、接入层、承载网络层、应用控制层和用户层，其中承载网络层一般是由现有的互联网络和通信网络组成。
26. 物联网在金融领域的应用：物联网给银行业带来更有效的安全保障，物联网为银行客户带来全新用户体验，物联网给供应链金融带来影响。

■ 关键概念

大数据	结构化数据	半结构化数据	非结构化数据
数据存储	大数据挖掘算法	可视化分析	语义引擎
云计算	基础设施即服务（IaaS）	平台即服务（PaaS）	软件即服务（SaaS）
虚拟化技术	公有云	私有云	混合云
金融云	银银平台	开放银行	物联网
IPv6 技术	无线通信技术	局域无线网技术	嵌入式技术
传感技术	射频识别技术	纳米技术	智能技术

■ 复习思考题

1. 简述大数据的基本特征。
2. 大数据的现象是怎样产生的？
3. 举例说明大数据的基本应用。
4. 大数据的关键技术有哪些？
5. 你对大数据安全体系建设是怎样理解的？
6. 云计算的特征有哪些？云计算按照服务分为哪几类？简要分析。
7. 如何理解金融云？其优势是什么？
8. 云计算的应用有哪些？举例说明。
9. 简述物联网的基本特征。
10. 物联网中的价值是如何传递的？物联网对商业银行的影响有哪些？

■ 本章实训

大数据查询、数据处理、数据分析实训

一、实训目的

利用公共数据库中的数据及大数据分类软件，采用相关分类算法，对数据库中的数据进行分析，并对数据库中的对象进行分类。

二、实训要求

1. 选择数据库，确定数据库中的分析对象及数据信息类型。
2. 选择大数据分析软件，并熟悉软件各项功能、参数设置等。
3. 对数据库中的数据进行预处理，选择合适的大数据分析模型进行分析，并对分析对象进行归类。

4. 将数据分析的结果以可视化的方式输出。

三、实训组织

1. 将班级学生划分为若干小组，并指定组长，组长负责对实训项目进行详细的任务分解和责任落实。
2. 指导教师布置实训项目，要求学生认真查询相关资料，熟悉掌握大数据分析的具体步骤。

■ 案例分析

金融行业怡安集团借云降低运营风险

喜爱足球尤其是曼联的人们对AON这个名字一定不陌生。曼联2010~2011年度队服的胸前就印着这三个字母。怡安集团（AON Corporation）为美国上市公司，全球500强企业。保险经纪业务、人力资源咨询及外包业务为其两大支柱产业，其中下属保险经纪公司是全球最大的保险经纪公司和再保险经纪公司，提供风险管理服务；下属怡安翰威特是一家全球领先的人力资源咨询及人力资源外包服务的公司。

怡安集团的两大支柱产业都涉及海量的客户资料、业务数据和统计分析。在过去的20年中，怡安集团总共完成了450多个收购兼并项目，每个被兼并公司都使用自有的客户关系管理系统。随着该集团的快速增长和多个兼并项目的完成，怡安集团迫切需要寻求横跨整个集团公司的、标准化的客户关系管理解决方案，对客户信息和业务数据进行管理。亟待解决的问题包括：实现与该集团现有系统的整合，能够方便地部署，去除现有的相对独立的客户关系管理系统数据库，满足更大范围的协同性需求，允许IT部门更加关注业务活动。

为协同全球120多个国家和地区的分公司与近6万名员工，整合横跨保险经纪代理、风险资产管理、人力资源咨询和外包等行业领域的业务，怡安集团选用了Salesforce.com的云计算服务，此项服务提供快速的IT系统资源部署能力和云计算方式，从而满足怡安集团系统标准化要求。目前怡安集团已经替换、淘汰了30多个旧的不同版本的收入系统，形成了全球统一的标准化的平台。该平台与资产定价系统和账单系统连接，能够实时提供业务发展数据、重点监控指标的报告，随时了解、掌握整个集团公司的业务发展状况。

怡安集团使用云计算进行客户关系管理，是经过对传统计算和云计算的风险深入分析和对比后才做出的选择。传统计算方式造成的信息竖井、孤立架构所导致的管理困难、信息不一致、低信息时效性等给企业带来了巨大的操作风险。传统方式下信息与数据分布式存储和保存，复杂度高、可用性低，对于信息和数据安全性缺乏统一的可执行的电子数据安全等级管理体系，电子数据与信息存在外泄风险，内部的安全管理漏洞更加难以防范，导致客户信息与数据更易泄露或不当使用。而怡安集团现在选用云计算方式，通过保密协议与服务等级协议规范云计算服务提供商，达到特定的数据信息安全等级要求，实现数据云端存储以及尽量减少人为参与和干预环节。同时信息的云端集中式存储还有利于隐私保护，满足反洗钱等法律法规的要求，提高信息、数据的合规性。随着安全认证、授权、加密、数据漂白、审计等安全技术的发展和网络传输、云数据处理、云存储的应用，客户信息和业务数据的安全性与合规性提升了。云计算要比传统计算在总体上更安全、更可靠，风险更低，更有利于降低企业的运营风险。这也是一家以控制风险为主业的集团选择云服务模式而不是传统客户关系管理软件包的模式来管理全集团客户关系的原因。

资料来源：中金数据系统.云计算服务应用案例介绍和分析［J］.物联网技术，2012，2（2）：20.

问题1.怡安集团是如何降低运营风险的？你是如何理解的？

问题2.你认为降低运营风险的其他方式有哪些？

第四章 人工智能

■ 本章提要

本章首先探讨了人工智能主要技术模式及工作原理,然后探讨了智能金融的基本概念、发展历程及其与传统金融的区别等,最后介绍了人工智能在金融领域的应用,及其今后发展存在的潜在风险。

■ 学习目标

了解智能金融的概念及发展历程;理解人工智能技术的工作原理和机制;掌握智能金融与传统金融的区别、各种应用场景的基本内容,以及存在的风险。

■ 引导案例

智能银行大厅服务机器人

2019年,一台智能银行大厅服务机器人的小视频迅速走红网络,短短几个小时就获得几十万粉丝的点赞、关注。"您好,帅气的先生,欢迎您光临!请问您需要办理什么业务呢?"正当客户刚刚走进银行的时候,智能银行大厅服务机器人便走上前来与客户智能互动。"办理银行卡可以在我的屏幕上自助办理哟,请根据我的提示""挂失、修改手机号码请到自助办理区,走吧,跟着我来吧!""小额存款请您随我到自助存款区办理。"这就是我们生活当中所见到的智能银行大厅服务机器人。

智能银行大厅服务机器人可根据不同的实际场景提供相对应的智能银行服务,核心关键技术就在于"AI人工智能+智慧银行系统",它灵活、广泛地应用于银行服务大厅,结合具体的银行场景帮助银行大堂经理完成智能迎宾、业务引导、协助查询、业务咨询、排队叫号、宣传讲解、自主打印和人际互动等工作。除了上述功能之外,智能银行大厅服务机器人,还具有自主避障、远程监控、异常情况报警等一系列立体化的 24 小时巡逻安保功能。

资料来源：https://baijiahao.baidu.com/s?id=1670992995876847169。

■ 本章知识框架图

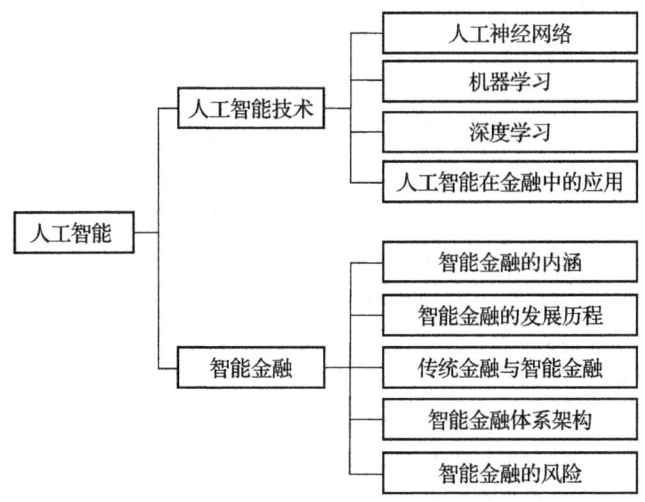

随着人工智能技术的不断发展，金融业逐步走向智能化。人工智能技术可以在降本增效方面为金融行业带来巨大效益，极大地促进了金融行业的蓬勃发展。以人工智能为基础的智能金融，将是金融发展的主要趋势。

第一节 人工智能技术

人工智能（artificial intelligence，AI）于 1956 年首次被确立为研究学科，并成为新一轮科技革命及产业革命的着力点。人工智能通常被定义为利用计算机硬件和软件模拟人类的思维与智能活动，它可以完成人用思维和智力才能够胜任的工作。人工智能技术在学科上集合了计算机、生物学、心理学、逻辑学与哲学等众多学科，应用范围主要包括机器视觉、智能控制、图形和图像识别、机器人学、语言和图像理解、遗传编程等。

一、人工神经网络

人工神经网络（artificial neural network），也称为连接网络、并行分布式处理系统或神经计算机，是模仿生物神经系统进行简化和抽象的一种算法，是实现机器学习的一种重要方式。它对人脑或任何自然生物神经网络的基本特征进行抽象化模拟，使用大量相互连接的神经元算法模型模拟大脑生物神经网络的某些机制与原理。

（一）工作原理及特点

人工神经网络是类似人类神经系统的数据处理模型，它的基础是神经元节点和权值。神经元节点是神经元之间的连接点，权值表示节点之间的连接强度。人工神经网络从数据处理的角度抽象化人类神经系统，建立单独的神经元模型，并按照不同的连接方式与权值组成各种类型的网络。

人工神经网络的训练方式与人类的认知过程相似。人类的神经系统刚开始处于空白状态，在各种外部信号的刺激下逐渐发生改变，最终形成完善的神经系统，并具有了对外部信号做出正确反应的能力。人工神经网络根据外部输入的信息改变自身结构和权值，依据输入数据建模，从而具有了信息处理的能力。可塑性是人工神经网络最大的优势，适当调整节点和权值，人工神经网络就可以对各种外部输入信号做出正确反应。

人工神经网络具有强大的模式识别能力和函数拟合能力，并具有以下特点。

第一，具有自学习和自适应能力。人工神经网络可以根据新的输入训练样本自行调节结构和权值，生成新的映射关系，从而达到网络的自学习和自适应。

第二，具有高阶非线性函数的拟合能力。人工神经网络可以以任意精度模拟高阶非线性函数。因此，人工神经网络提供了一种高精度、高效率的建模方法。

第三，容错性能高。人工神经网络信息存储在结构和权值中，局部网络失效不会对最终输出结果产生致命影响。

第四，采用信息并行处理方式，计算效率高。人工神经网络的结构特征决定了其计算采用并行处理方式。同一层神经元同步处理输入信息，并将输出信号同时传递到下一层神经元。这种信息并行处理方式极大地提高了模型的计算效率。

人工神经网络已经广泛应用于系统控制、回归与拟合及优化设计。人工神经网络与优化算法的结合在进行多目标优化时可以有效提高算法的精度与效率。

（二）工作机制

人工神经网络由三个基本要素构成：连接权、求和单元、激活函数。具体如图 4-1 所示。

连接权代表的是输入信号的权重，每组信号对神经元的影响不同，当一组信号的权重为负数时，就会抑制神经元的信号传输，反之，就会激活神经元的信号传输；求和单元指的是线性函数，线性函数对加权的输入信号进行线性加总；非线性激活函数主要是用于实现神经元信号的输出，当输入信号的加权和超过阈值 b_k 时，非线性函数被激活，并将神经元的输出控制在一定范围内。激活函

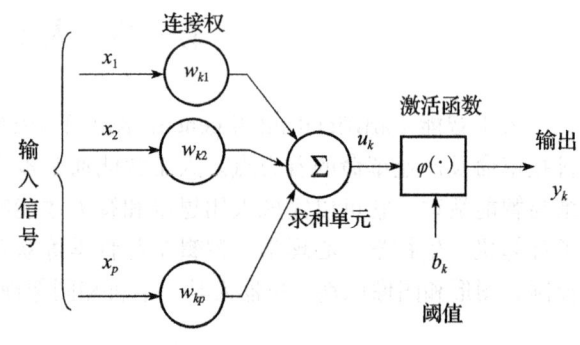

图 4-1　人工神经网络结构

数的动态范围介于 –1 至 1 之间，或 0 至 1 之间。许多激活函数在复杂性和输出方面有所不同。

人工神经网络的一个重要特点就是能够从外界获取信息，并且按照预定好的范围不断地调节自身的参数（如权重、阈值），使神经网络不断地改善自身性能，这种过程称为训练。神经网络这种自主学习进行调优的特性，是其成为人工智能领域中重要算法的重要原因。

二、机器学习

机器学习（machine learning）是从有限的观测数据中发现一般性的规律，并将规律推广应

用到未观测的样本上。人工智能的研究目的是希望机器能够像人一样具有智能化特征，能够进行学习，进行高强度数据的分析推理，最终代替人类高效地完成业务操作。机器学习理论是人工智能的核心内容，主要是设计和分析让计算机自动"学习"的算法，也是人工智能发展到一定阶段的产物。

（一）工作原理

机器学习的本质同人类学习一样，通过不断地学习积累，获取经验，找寻规律，进行预测。机器学习使计算机具有智能化的特征，其应用遍及人工智能的各个领域。机器学习最基本的做法，是从训练数据和历史中学习，通过经验进行改进和完善，交互增强并生成用于预测问题输出结果的模型。它的工作机制包括：① 针对所需要解决的问题，进行数据搜集。② 数据清洗，避免数据出现格式不统一、缺失、异常以及错误等问题。③ 样本数据拆分，通常分为三组，分别用于训练算法、验证算法以及测试算法。④ 使用目标函数构建模型，训练数据。在训练阶段，利用训练集获得最优权重以及所需设置的所有参数（超参数）。⑤ 验证集又被称为开发集，主要用于优化机器学习模型的参数，包括确定隐藏层单元的最佳个数，或确定反向传播算法的停止点。⑥ 如果模型在验证数据阶段表现良好，将会对未知数据测试，并对测试结果进行模型的优化，使结果更加精确，执行效率更高。

（二）学习方式

在机器学习中有多种不同的模型，机器学习类型有三种：监督学习、无监督学习和强化学习。

1. 监督学习

监督学习是最简单且最常见的自动学习任务，又称为有教师学习。它从给定的训练数据集中提取出函数或模型参数，当新的数据到来时，可以根据这个函数预测结果。监督学习的训练集要求包括输入输出，也称为特征和目标，训练集中的目标是由人标注的。监督学习通过已有的训练样本得到最优模型，再利用最优模型将所有的输入映射为相应的输出，对输出进行简单的判断以达到对未知数据分类的目的。常见的监督学习算法有回归分析和统计分类。

图 4-2 给出了监督学习的典型工作流程。技术人员执行特征操作，包括预处理、特征提取和选择，以获取具有特征和标签的合适数据测试并开发模型。

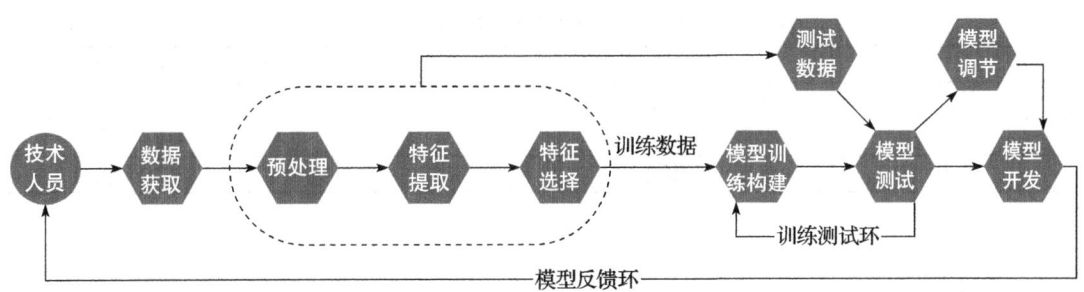

图 4-2 监督学习流程

2. 无监督学习

无监督学习又称为无教师学习，没有预期输出数据，只有外界的输入数据，因此无法根据实际值与预期输出值的偏差进行参数的优化调整。它只能依靠输入数据的自有特征和规律进行学习，然后自发地调节参数，用来表现出外界输入的一些特征。

机器学习中的无监督学习是对没有标记的训练样本进行学习，发现训练样本集的规律和结构特征。无监督学习的方式对预测结果的选择性较大，预测结果不局限于某些特定的预测类型。由于是无监督学习，因而人为干预较少，结果具备一定的客观性，但是一般无监督学习的计算过程复杂，需要大量的分析，才有可能获得较好的预测结果。典型的无监督学习是聚类（clustering），尽管数据点未进行标记，但仍可以进行必要的特征操作，并进行分组，同一组中的对象（称为一个聚类）在某种意义上比其他组（其他聚类）中的对象更加相似。具体如图4-3所示。

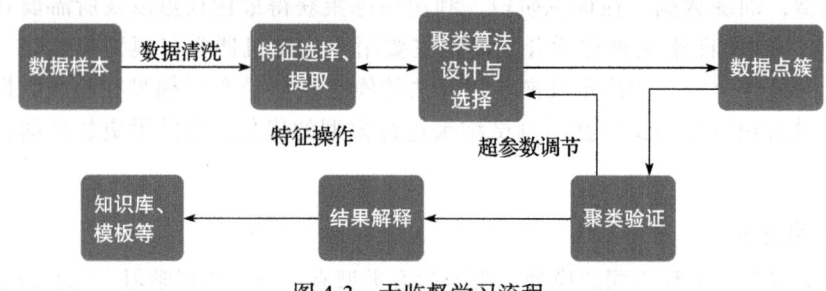

图4-3 无监督学习流程

3. 强化学习

强化学习主要是通过与环境的交互作用不断优化决策来实现的。强化学习是模拟人适应环境的过程，即通过与环境的交互，获得环境的"奖励"和"惩罚"反馈，然后调整自己的行为，循环反复，最后形成一个"智能体"。强化学习不需要预先输入数据，通过主动与环境进行接触和反馈，得到强化信号，调整下次选择的动作，改进模型。实质上强化信号是环境对系统行为的一种标量奖惩。在任务中，学习机制可以通过选择和执行动作改变系统的状态。强化学习的目标是在任何给定的状态下选择某一个动作，得到最优的动作序列。

监督学习、非监督学习、强化学习的区别见表4-1。

表4-1 监督学习、非监督学习、强化学习的区别

	监督学习	非监督学习	强化学习
输入	已标记的数据集	无标记的数据	决策过程
反馈	直接反馈	无反馈	奖励
用途	分类、预测等问题	发现隐藏结构，例如聚类	动作行为控制

三、深度学习

深度学习（deep learning），是指从数据中学习构建一个"深度学习"模型。深度学习作

为机器学习技术的一个分支,更多地体现为特征学习或表示学习,目的是创建模拟人脑神经网络,模仿人脑对数据阐释的机制,从而更好地实现人工智能。深度学习可以自己生成模型,并自动学习好的特征表示,提升预测或识别的准确性。

深度学习是基于神经网络发展起来的,实质为一系列网络模型学习与训练算法。通常情况下,单一神经网络,逻辑结构较为简单,主要由输入层、隐藏层和输出层等构成。其中,输入层的作用是接收信号,隐藏层的作用是对数据进行分解和处理,输出层的作用是得到结果。各层中的圆代表着一个对应的处理单元,也就是一个神经元。而多个处理单元构成一层,多个层级形成网络,即"神经网络"。深度学习是基于低层特征,慢慢发展成更为抽象的高层特征,一般借助数据的分布式特征表示。深度学习非常注重模型结构的深度与特征学习[⊖]。具体如图 4-4 所示。

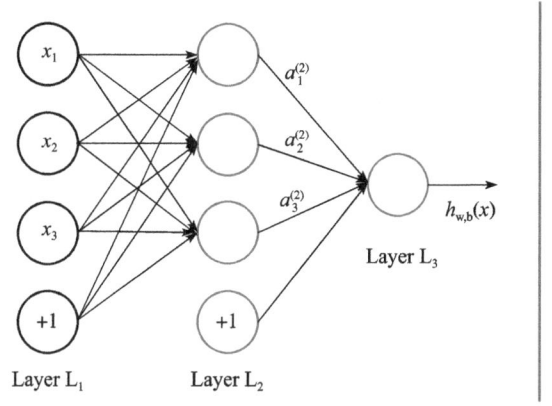
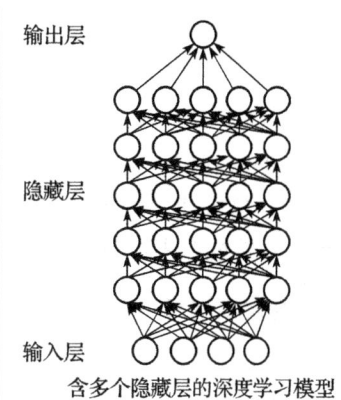

图 4-4 深度学习模型

深度学习主要存在两种学习方式,即监督学习与无监督学习。深度学习中的监督学习通常是指采取带标签的数据从上向下进行训练,并对网络实施微调。对于深度学习来说,第一步的特征学习最为关键,它影响着整个模型算法的效果。通过第一步的特征学习,获得各层参数,然后根据与预期值的差异,对多层模型的参数调整,直至达到预期目标。无监督学习一般采取不带标签的数据进行训练,需要从底层起,逐层向上进行训练,相对于监督学习在稳定性上更难实现。不同于监督学习通过第一步的特征学习,获得各层的参数,无监督学习需要对各层进行训练以获得各层参数。无监督学习的操作过程是先选取无标定数据进行第一层学习参数的训练,此层可看作一个隐藏层,主要作用是使输出输入变为相差仅仅只有三层的最小神经网络,然后通过上下两层的相互影响,不断进行参数优化。受到模型容量与稀疏性的影响,所构建的模型能够学习到数据的内在结构,获取到比输入更具代表性的特征;模型在学习 $n-1$ 层后,把 $n-1$ 层的输出作为第 n 层的输入,来训练第 n 层,最终分别得到各层参数。

在深度学习中逐层学习,表现的形式非常复杂,而且中间的层级需要对上下层进行考虑,因此,深度学习中无监督学习模型的建立比在数据训练过程中采用监督学习的方式更加困难。典型的监督学习应用模型有卷积神经网络(convolutional neural network,CNN),无监督学习模型有深度置信网络(deep belief networks,DBN)等。

⊖ 特征学习是指基于逐层的特征变换,将样本在原空间的特征表示变换到一个全新的特征空间,以此来使分类或是预测等活动更为准确、便捷。

(一)卷积神经网络

卷积神经网络最初用于处理图像问题,基于卷积神经网络的自然语言处理模型,主要应用在文本分类的任务中。卷积神经网络最大的优势在于可以捕捉信息的局部相关性和空间特征。卷积神经网络的结构图如图 4-5 所示。

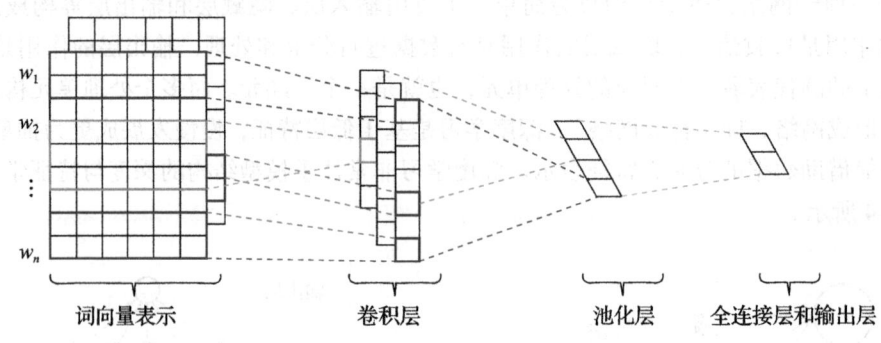

图 4-5　卷积神经网络结构图

卷积神经网络利用大量的标注训练词向量模型,通过预训练好的词向量模型将相关数据转化为词向量,接着通过卷积层、池化层和全连接层得到分类结果,卷积神经网络能够更有效地提取出文本特征并进行分类。

(二)深度置信网络

深度置信网络是由多个堆栈单元叠加而成的深度生成式网络。多层受限玻耳兹曼机(restricted Boltzmann machine,RBM)和 BP 分类器是 DBN 网络的经典架构,如图 4-6 所示。DBN 网络将无监督学习(RBM)和有监督学习(BP)相结合。训练一个 DBN 网络包含预训练(pre-train)和微调(fine-tune)两个阶段。预训练阶段采取无监督的贪婪逐层学习策略,自底向上逐层训练每个受限玻耳兹曼机。通过该过程可实现对原始数据特征信息的逐层提取,进而抽象出数据的高级特征表示。微调阶段采取有监督的学习算法(例如,BP 算法和支持向量机)对网络的部分或全部参数进行调整,通过该过程可以完成分类和识别的任务。在微调阶段用作分类任务的 BP 网络一般位于 DBN 网络的最后一层。

四、人工智能在金融中的应用

人工智能技术可以分析处理金融数据,挖掘背后的潜在价值,提供更好的

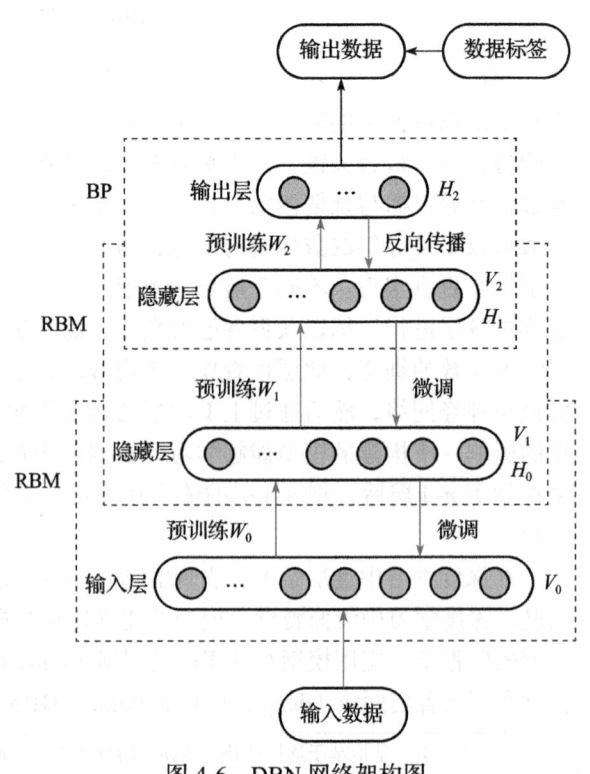

图 4-6　DBN 网络架构图

客户体验。人工智能在金融行业不断取得突破，推动银行、保险、证券投资等方面的智能化发展。

（一）智能支付

随着人工智能技术的发展，密码验证、手环、扫码等支付方式，已不能够满足消费需求。目前新兴的支付方式，像面部识别、指纹支付受到大众的喜爱，不仅便捷，识别快速，很难伪造，而且识别准确率也非常高，现已成为商业银行进行客户身份验证的第一选择。依靠生物特征识别技术的身份认证和无感支付正在迅速发展，能够快速完成身份认证，摆脱烦琐的验证过程，极大地节省了时间，提高了社会运行效率。2018年，银行推出了含有声纹技术的手机银行，未来无感支付必将得到大范围的应用。

（二）智能保险

人工智能在保险行业从信息共享、产品设计到财险理赔等均有突破。

智能技术的快速发展，拓宽了保险公司所获数据的广度和深度，以客户数据为基础的产品创新成为可能。在保险理赔方面，自动化定损理赔技术解决了传统理赔烦琐复杂、费时耗力的难点。保险公司借助语言识别、计算机视觉系统以及图像识别等人工智能技术，构建相应的预测分析模型，实现对事故的快速定损以及对反欺诈的索赔，有效提升理赔效率以及准确度。在保险责任清晰且无争议的理赔中，人工智能可以快速地进行自动化评估，完成理赔，极大地降低了沟通成本，节约了客户时间。

（三）智能风控

智能风控是运用人工智能技术有效地挖掘数据，进行客户风险刻画，并设置风险管理标准和风险警戒线，从多个环节实现自动化的风险管理。近年来，我国银行的不良贷款率和规模呈显著上升的态势。智能风控从贷前、贷中、贷后均有规范化处理，能够迅速发现风险并及时采取措施。

银行在贷前利用机器学习了解客户的消费习惯和消费水平，对客户贷款金额有一个合理的预期。在客户办理业务时，银行采用人脸识别准确核对客户信息，追溯社交行为、购物偏好、搜索等记录，同时根据绑定央行征信记录，以及公安机关和法院的相关数据，确认客户的社会信息，横向对比贷款人信息，综合用户在其他平台的借款记录，更进一步判断用户的市场表现。银行在贷中结合客户的现场表现，利用微表情技术识别判断客户的贷款真实性，对客户进行语音识别，确保贷款流程规范。在贷后的处理中，银行利用人工智能技术规范化管理，在还本付息日前对客户进行还款提示，一旦发生违约状况，启动自动催收系统，极大地提升了工作效率，降低了风险。

（四）智能客服

智能客服是基于知识管理系统，所构建的一种专门提供企业级客户接待、管理与服务的智能化系统。智能客服能实时了解服务动向，获取客户需求，为企业制定发展战略提供依据。在语音系统方面，智能客服通过引入文字、语音、视频以及图像等先进技术，提升客户体验。

（五）智能营销

智能营销是依托于量化数据，借助云计算，对消费者的消费模式以及特征深入剖析，实现对目标客户的精准化营销与个性化推荐。智能营销主要涵盖以下环节：客户分析、营销策划、营销执行等。企业依托大数据技术，制订营销方案，同时对营销过程以及结果进行实时监测，一方面是随时对策略方案进行优化；另一方面将结果反馈至数据库系统，作为后续客户分析的依据。营销执行涵盖精准营销以及个性化推荐两部分，前者常见于企业的引流获客，后者常见于企业的留存发展。具体流程如图 4-7 所示。

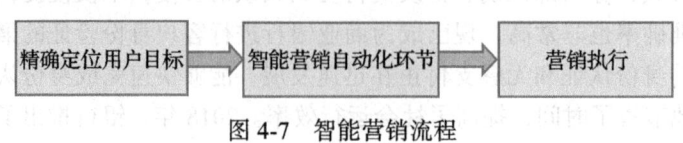

图 4-7　智能营销流程

（六）智能投顾

智能投顾技术的发展可追溯至 2010 年，当时称为机器人投顾（robot advisor），2016 年，我国银行领域首个智能投顾系统正式投入使用，它以用户行为数据、先进的算法以及技术等作为支撑，准确获取用户的各种消费需求、财产状况、风险偏好以及投资习惯等信息，制定个性化的资产配置以及投资组合方案，实现收益最大化。

第二节　智能金融

一、智能金融的内涵

何为智能金融（AI finance）？《2017 中国智能金融产业研究报告》中指出，智能金融是金融的智能化发展，它打破了时间、空间的限制，智能与金融的动态融合有效地提高了服务效率。智能金融真正地做到了以客户为中心，依靠大数据和算法模型，获取客户的需求，有效地解决了金融产品和客户需求错配问题，拓宽了金融服务的广度和深度，实现普惠金融。

智能金融主要是以人工智能的核心技术（机器学习、信息处理、知识图谱、计算机视觉等）为驱动力，实现金融行业的产品创新、流程再造以及服务升级，推动金融行业的智能化发展。智能金融的参与主体包括人工智能技术服务公司、金融机构以及监管机构等。

二、智能金融的发展历程

（一）起步探索阶段（1998～2002 年）

第一阶段是 1998 年开始的 1.0 版电子金融阶段，该阶段的主要形式是银行、证券公司等金融机构进行电子化的业务处理，提高了存款、贷款和汇款等业务的办理效率，降低了工作量，使金融服务的提供从孤立的"点"转向经由计算机存储的有结构、有组织的"线"。

（二）发展应用阶段（2003～2013 年）

第二阶段是 2003 年开始的 2.0 版网络金融阶段，以软件技术、互联网和移动互联网、云计算为主要科技特征，表现为金融服务在网上展开，例如网上支付和手机银行，这一阶段的主体为科技初创公司。2004 年，支付宝诞生；2007 年，"拍拍贷"出现；2012 年，建行开展

"善融商务",对电商业务进行了线上金融的开展。网络金融的发展拓宽了金融应用的覆盖面,使金融由"线"发展到"面"。

(三)融合升级阶段(2014年至今)

第三阶段是2014年开始的3.0版智能金融阶段,金融科技公司携手传统金融机构回归金融本质,打造立体金融。这一阶段主要表现为大数据、云计算、人工智能等智能技术与金融的高度融合,金融机构将技术应用于人脸支付、智能投顾、智能风控、智能客服等领域。2016年,金融科技公司与传统金融机构展开高度合作,招商银行"摩羯智投"上线,交通银行"大数据+人工智能"实验室成立,百度携手中信成立国内第一家直销银行"百信银行"等,科技深入金融行业领域,服务广度和深度不断打开,金融服务由"面"转为"立体"。

三、传统金融与智能金融

(一)传统金融的局限

1. 风险控制要求高,存在漏洞

风险控制是金融业的核心,然而,目前风险控制管理的过程存在着效率低、信息不对称、更新速度慢、人力成本高、缺乏统一评估标准等问题,从而引发不良贷款、影子银行、骗保、假标的、"薅羊毛"等一系列金融风险,金融机构急需新技术来有效控制风险。

2. 客户量、服务量庞大,个性化服务成本高

金融业的客户量及服务需求量巨大,然而金融服务不同于一般商品,它需要根据客户自身的情况,为客户匹配现有的金融产品或者定制个性化的金融服务,目前这个过程主要由人工完成,成本较高。

3. 金融产品种类多,数据管理复杂

由于客户量大,且每个客户的需求不尽相同,目前金融市场存在着各种不同的金融产品,且每天进行着大量的交易,因而金融机构积累了庞大的客户数据、金融产品数据及交易数据,但是这些数据并没有得到有效利用。

4. 客户的金融知识匮乏

我国消费者的金融知识水平还处于比较低的水平,仅39.13%的消费者认为自己的金融知识水平"非常好"或"比较好",消费者回答金融知识问题的平均正确率只有62.1%。[一]金融知识匮乏的消费者,有的从不购买金融产品或者服务,有的在购买产品或服务时需要金融机构提供指导。而目前这些指导服务主要由人工完成,成本较高,效率却比较低。

(二)智能金融的优势

1. 自我学习,数据有效利用

智能金融可以利用"云"记录海量金融数据,输入人工智能算法分析,从而得到有意义的结论。金融行业每日还会产生大量新的实时交易数据,算法模型不断被修正和改进。

[一] 数据来源于中国人民银行发布的《2019年消费者金融素养调查简要报告》。

2. 精准分析，挖掘潜在规律及风险

智能金融可以跟踪数据源，挖掘客户的行为和偏好，进行精准营销。人工智能模型会对异常数据实时监测，发现和控制欺诈、洗钱等不良行为带来的风险。

3. 快速响应，高效处理

智能金融可以自动执行较复杂的流程操作，利用图像识别、逻辑判断和情感识别等技术，将传统金融服务中的流程简化及标准化，提升事务处理效率。

4. 个性化定制，服务升级

智能金融可以根据个人的偏好信息、金融财产现状等数据提供定制化的服务。人工智能具备人类的逻辑思考能力，可以提供智能客服、智能投顾等服务。客户可以随时随地咨询金融相关信息。

5. 成本低，可扩张性强

智能金融具有低成本、低门槛的特性，使金融服务不仅可以在一二线城市扩张，还能以较低的价格向三四线城市下沉，让更多民众享受优质的金融服务。

四、智能金融体系架构

（一）智能金融的技术体系

智能金融技术体系结构可以分为物理层、数据层、服务层、应用层四个部分，如图4-8所示。

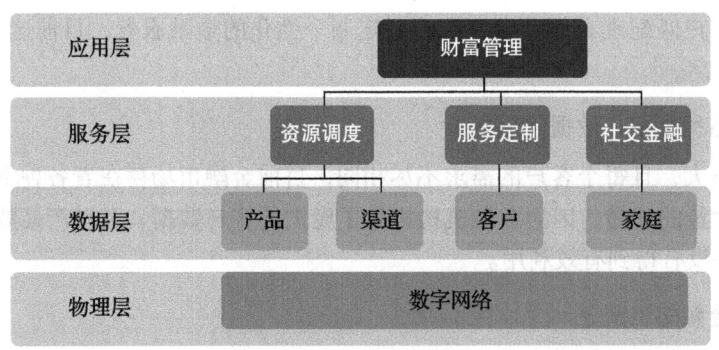

图 4-8　智能金融体系结构

物理层主要是指用于支撑金融机构运行的数字网络与硬件设备。数据层也叫基础层，主要是指金融机构所需的基础数据，包括产品、渠道、客户、家庭等信息，正确有效地获取数据层数据建模是大数据分析的基础。服务层也叫业务层，主要是指具体业务场景所产生的数据，比如金融资源调度、金融服务定制以及社交金融等业务产生的数据。应用层主要从金融机构、客户两个维度考虑收益支出最优化。

（二）智能金融的应用体系

人工智能对智能金融体系结构的支持，如图4-9所示。

物理层主要提供数字网络技术与服务的支持。

数据层主要对信息进行处理，利用人工智能技术对产品、渠道、客户及家庭进行建模，并基于具体业务场景抽取数据加工，完成数据仓库的建设。首先，金融机构利用大数据细分客户，基于客户的分层结果提供差异化的产品及服务；其次，金融机构利用数据挖掘分析客户行为，从客户开户、激活、交易等方面进行跟踪，根据客户的习惯性操作预测客户未来的发展趋势，提前布局；最后，金融机构依据对客户的细分和客户行为的预测，提供差异化产品。

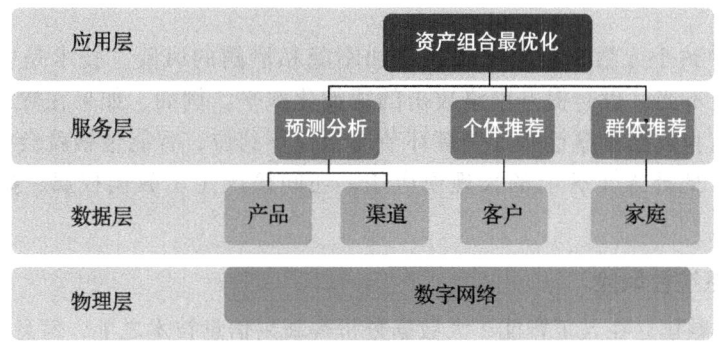

图 4-9　人工智能对智能金融体系的支持

服务层主要做预测分析、个体推荐与群体推荐。一方面，金融机构根据流动性风险进行金融资源调度。为提高资本回报率和有效管理流动性风险，金融时间序列预测可以引入人工智能技术用于现金流量预测、经济特征预测和股票市场预测。另一方面，金融机构可依据客户特征推送金融产品。金融产品推送主要涉及个体推荐以及群体推荐，面向的客户可以是个人，也可以是社交群体（比如家庭、朋友圈、同事等）。

应用层主要实现资产组合的最优化、财富管理的综合收益最优化。财富管理的过程涉及金融机构成本与获客能力、金融机构获利与产品推荐、客户收益与流动性、客户收益与产品风险之间的权衡，金融机构需要通过优化方法进行综合评估，最终给出综合收益最高的财富管理方案。

五、智能金融的风险

（一）人工智能的算法技术风险

数据、算力、算法是人工智能的三个核心要素，是支撑人工智能在各个领域快速应用的基础。在算法上，人工智能算法的过程和原理往往存在不透明的问题，输入和输出之间存在"算法黑箱"，中间的分析、决策过程对用户来说是不透明的，将导致智能金融的算法风险。算法透明性和可解释性差，一方面，会导致智能金融产品难以得到普遍接受，智能风控系统的稳健性难以获得高度信任；另一方面，也会导致智能金融产品存在极大的"暗箱操纵"风险。如果智能金融发展建立在大数据偏见和歧视性选择的基础上，金融服务的不公平可能会加剧。

在技术上，一旦技术安全性差，智能金融发展就会产生技术风险，导致智能金融产品营销、定价、风控出现系统性偏误。例如数据投毒，通过在训练数据里加入伪装数据、恶意样本等，破坏数据的完整性，可导致算法模型决策出现偏差；对样本进行人为攻击，可导致智能系统产生错误的决策结果；动态环境的非常规输入，可导致智能金融系统出现运行错误；

模型窃取攻击，可对算法模型的数据进行逆向还原；开源学习框架存在安全风险，导致智能金融系统数据泄露。近年来，多家大型企业安全团队已多次发现专业公司深度学习框架及数据库的安全漏洞，攻击者可篡改或窃取人工智能系统的数据。

（二）数据质量和隐私保护的风险

智能金融发展面临严重的数据质量和隐私保护问题。数据质量和安全会直接影响人工智能系统算法模型的准确性，进而威胁信贷和保险业务智能获客的可得性以及智能定价、智能风控的稳定性。

智能金融导致个人数据过度采集，会加剧隐私泄露的风险。技术是中性的，人工智能技术如果管控不当，也会提升网络攻击的智能化水平。例如，如果在数据脱敏管理、敏感信息风险评估和数据泄露检测等关键环节的管控不到位，智能金融就会演变成对金融数据的智能窃取。此外人工智能的大规模应用，还间接产生了数据权属、数据违规跨境等问题。

（三）新型系统性风险

由于智能金融建立在人工智能、大数据分析等新兴信息技术之上，信息科技风险更加突出。在技术支撑上，许多智能金融业务采用的是相同的大数据分析、人工智能算法，一旦技术和算法被破译或遭受攻击，智能金融业务体系会在短时间内遭受重大损失。人工智能算法一致性的问题，也可能导致智能金融产品存在市场单边共振风险或者"算法共振"风险，加剧市场波动。

获客、定价风控能力的提升，使智能金融发展更加注重"尾部效应"和"网络效应"，这些效应可能会反过来放大风险的传染性和影响面，诱发更大的"羊群效应"。风险跨业务、跨市场、跨区域传染的过程更加复杂，传播速度更快，影响范围更大，涉及主体更多。特别是尾部客户的风险承担能力较小，在经济下行时期更容易出现违约，放大金融的顺周期性，引致更大的系统性风险。

■ 扩展阅读

交通银行智能化发展

2018 年 5 月，交通银行启动了新一代集团信息系统智慧化转型工程，以先进的 IT 技术为基础，运用云计算、大数据、人工智能、区块链等技术将银行业务数字化和智能化，提升集团各类金融服务的效率和水平。

交通银行一直尝试运用智能决策、智能感知等人工智能技术，促进银行服务和运营的智能化，引入指纹认证等技术，打造智能化移动服务工具手持终端，简化用户安全登录流程。目前已经有 6 000 余台手持终端投入使用，帮助银行员工为客户上门办理 200 多种之前必须在柜台办理的业务，极大地提升了金融服务的用户体验。另外，交通银行推出"沃德理财顾问"，应用人工智能技术，对积累的一亿多客户的大数据进行分析，为客户提供定制化的资产智能诊断、投资规划等理财服务。

资料来源：王健宗，何安珣，李泽远. 金融智能：AI 如何为银行、保险、证券业赋能［M］. 北京：机械工业出版社，2020.

■ 本章小结

1. 人工智能通常被定义为利用计算机硬件和软件模拟人类的思维与智能活动,它可以完成人用思维和智力才能够胜任的工作。
2. 人工智能技术包括:人工神经网络、机器学习、深度学习。
3. 人工神经网络,也称为连接网络、并行分布式处理系统或神经计算机,是模仿生物神经系统进行简化和抽象的一种算法。
4. 机器学习是从有限的观测数据中发现一般性的规律,并将规律推广应用到未观测的样本上。人工智能的研究目的是希望机器能够像人一样具有智能化特征,能够进行学习,进行高强度数据的分析推理,最终代替人类高效地完成业务操作。
5. 监督学习是从给定的训练数据集中提取出函数或模型参数,当新的数据到来时,可以根据这个函数预测结果。
6. 无监督学习没有预期输出数据,只有外界的输入数据,因此无法根据实际值与预期输出值的偏差进行参数的优化调整。它只能依靠输入数据的自有特征和规律进行学习,然后自发地调节参数,用来表现出外界输入的一些特征。
7. 强化学习是模拟人适应环境的过程,即通过与环境的交互,获得环境的"奖励"和"惩罚"反馈,然后调整自己的行为,循环反复,最后形成一个"智能体"。
8. 深度学习更多地体现为特征学习或表示学习,目的是创建模拟人脑神经网络,模仿人脑对数据阐释的机制。
9. 卷积神经网络最初用于处理图像问题,基于卷积神经网络的自然语言处理模型,主要应用在文本分类的任务中。卷积神经网络最大的优势在于可以捕捉信息的局部相关性和空间特征。
10. 深度置信网络是由多个堆栈单元叠加而成的深度生成式网络。
11. 智能金融的发展历程:起步探索阶段(1998~2002年)、发展应用阶段(2003~2013年)、融合升级阶段(2014年至今)。
12. 智能金融的优势:自我学习,数据有效利用;精准分析,挖掘潜在规律及风险;快速响应,高效处理;个性化定制,服务升级;成本低,可扩张性强。
13. 智能金融的风险:人工智能的算法技术风险、数据质量和隐私保护的风险、新型系统性风险。
14. 智能金融体系架构可以分为:物理层、数据层、服务层、应用层。

■ 关键概念

人工智能	智能金融	人工神经网络	机器学习	深化学习
监督学习	无监督学习	强化学习	特征学习	卷积神经网络
深度置信网络	智能支付	智能保险	智能风控	智能客服
智能营销	智能投顾			

■ 复习思考题

1. 简述我国智能金融发展现状以及发展历程。
2. 简述人工智能的主要技术及工作机制。

3. 简述机器学习的三种学习模式及其之间的区别。
4. 简述人工智能在金融领域的主要应用场景。
5. 简述传统金融与智能金融的区别。
6. 我国智能金融未来发展趋势是什么？结合我国实际发展现状，谈谈你的理解。
7. 结合所学知识，谈谈智能金融发展存在的风险及防控措施。

■ 本章实训

金融行业智能金融发展现状调研

一、实训目的

1. 更加全面地了解智能金融在金融行业中的具体应用场景，有利于知识的掌握。
2. 结合发展的实际情况，培养学生理论联系实际和解决问题的能力。
3. 探索智能金融的发展对监管带来的挑战，提出发展意见。

二、实训要求

1. 从银行业、保险业、证券业、工厂技术服务业四个具体行业中选择一个行业，通过资料文献查询和实地调研等方式，整理智能金融在该行业的发展现状，结合相关数据进行阐释。
2. 调查该行业智能金融监管现状及其存在的问题，为完善该行业监管体系提出发展建议。
3. 整理调研内容，编写调研报告。

三、实训组织

1. 指导教师布置实训项目，讲解具体实训要求，以 PPT 的形式对实训内容进行课堂展示。
2. 将班级学生划分为若干小组，并指定组长，组长负责对实训项目进行详细的任务分解和责任落实。

■ 案例分析

智能保险核赔之蚂蚁金服"定损宝"

2017 年，蚂蚁金服在北京宣布将全面开放技术产品"定损宝"。"定损宝"应用人工智能图像识别技术，通过识别出险车辆的全景照片与受损部位照片，系统判定损失性质与维修价格。利用图像识别技术代替保险公司定损人员进行车险自动定损，是人工智能技术在车险核赔环节的首次应用。整体来看，"定损宝"的用户使用方法及技术原理如图 4-10 所示。

第一步，在"定损宝"中上传车辆全景和受损部位照片。照片上传后，"定损宝"会系统计算出受损车辆在 4S 店的维修价格，即本次事故涉及的保险索赔金额。"定损宝"可以通过对图像的自动识别，判断所拍摄的配件。人工智能技术可以判断配件是否损坏，并且根据云端数据，自动给出维修的价格。

第二步，预测第二年的保费。损失判定后，"定损宝"会自动测算出下一年的预计保费。如果进行保险理赔，势必对第二年的保费造成影响。"定损宝"可以根据本次事故的损失情况，预测出下一年保费的调整情况，供车主参考。据此，车主可以自行判断，是否需要报案索赔。

第三步，查询附近的车辆维修点。如果被保险人选择维修，"定损宝"可以向用户提供周边汽修厂和4S店的具体位置。"定损宝"会连接内置的地图，方便车主选择维修地点。

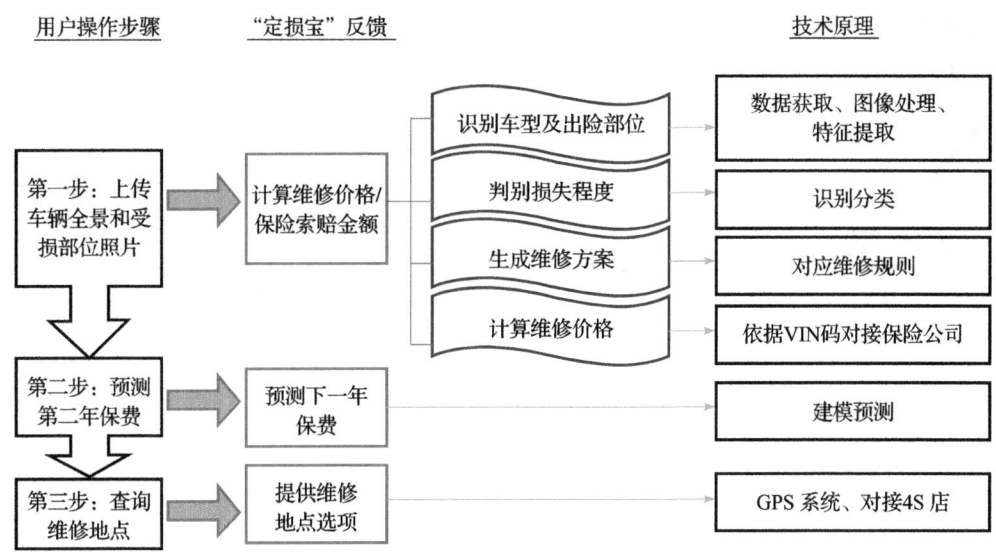

图4-10 "定损宝"的用户使用方法及技术原理

"定损宝"发布之后，受到了业界的关注，也同时引发了争议。部分业内人士表示肯定，认为"定损宝"促进了中小财险企业的发展，规范了车险理赔流程。也有人对其未来的推广表示担忧，指出"定损宝"可能带来信息安全、收费方式、服务能力等方面的问题。除此之外，"定损宝"的相关报道还引发了媒体与业内人士关于实际效果以及是否会对保险从业人员造成严重冲击的争议。

资料来源：王琳. 人工智能在保险核赔环节应用案例分析——以蚂蚁金服"定损宝"为例［D］. 北京：首都经济贸易大学，2018.

问题1：通过上述对"定损宝"的介绍，你认为"定损宝"的应用对社会带来了什么变化？可从多方面进行阐述。

问题2："定损宝"相对于传统车险定损有哪些优势？

问题3：面对社会对"定损宝"的争议，试分析"定损宝"的应用面临的挑战有哪些。

第五章 CHAPTER 5

区块链

■ **本章提要**

本章首先探讨了区块链的理论基础与基本概念，然后介绍了区块链的工作原理与基础技术，最后介绍了区块链的应用，特别是在金融领域的应用等。

■ **学习目标**

掌握区块链的基本概念、特性以及分类，区块链的基础架构与技术平台。掌握区块链的工作原理及基础技术。了解区块链的发展历程及应用，重点了解区块链在金融领域的应用。

■ **引导案例**

区块链的比喻

我们设想一下，现在有一个巨大的广播，一只青蛙在广播中说："妈妈！我带着明信片回来了！"这个消息一传十，十传百，于是全世界都知道：青蛙带着明信片回来了。有了这个非常厉害的广播后，每次青蛙有新的动态，就能直接向所有人传达。

例如，它今天在咖啡店买咖啡欠了 500 元。这时候所有人都知道，青蛙在外边欠账 500 元。同时，咖啡店也要确认一下，对的，它不是欠我 300 元，也不是 600 元，是 500 元。大家知道的确有这样的事情发生，青蛙广播的内容没问题。但是，这个广播每天都会发无数的信息，大家根本记不住，所以大家都拿个小本子记录下来。人之初，性本善，大部分人是听到什么就记录什么。在大家消息不互通的情况下，诚实记录是最好的选择。那些记录的内容与大部分人不同的小本子（一些坏人编造的假信息），就会被驱逐出这个系统。那么最后留在这个系统里面的，就都是诚实的小本子了。而且，即使一个人的小本子丢失了，系统中还有千千万万个小本子，诚实地记录着过往发生的一切。

上述说的这些情景，和接下来要介绍的区块链，有异曲同工之妙。

■ 本章知识框架图

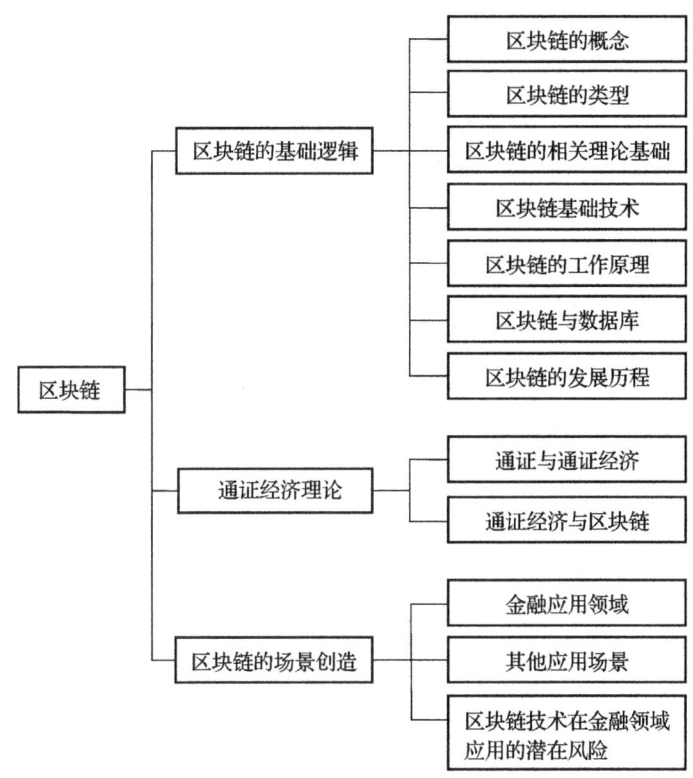

第一节　区块链的基础逻辑

一、区块链的概念

在全球范围内，出现了互联网信息传输系统后，由于信息与价值密不可分，必然需要一个与价值相适应的高效可靠的信息传输系统，在这样的背景下，区块链诞生了。

区块链（blockchain）是一种持续增长的、按序整理成区块（block）并受保护以防窜改交易记录的分布式账本数据库。它本质上是一种分布式的数据库，数据库可以视为一个电子文件柜，文件柜里是电子化的账本，账本每一页上记载着交易内容。数据库是记录和管理账本的场所，用户可以对文件柜里的账本数据进行新增、查询、更新、删除等操作。分布式使每个用户都有账本，并且都可以对账本进行查询、记录、更新、删除等操作。

区块链技术的应用已经从最初单纯的数字货币渗透到了社会中诸多领域，比如金融、政务、能源、医疗、知识产权、司法、网络安全等领域，它成为驱动各行业技术产品创新和产业变革的重要力量。

二、区块链的类型

区块链分为三类：公有链、私有链及联盟链。

公有链是指任何个体或团体共用一条区块链，只要接入公有链都可以在上面发送交易，并且交易能够获得该区块链的有效确认，任何团体或个人都可以参与共识过程。公有区块链是最先出现的区块链，也是目前应用最为广泛的区块链，这类区块链被认为是"完全去中心化"的。

私有链是指公司或个人仅仅使用区块链技术进行记账操作，但不对外公开。公司或个人单独拥有此区块链的写入权限，或对外开放有限制的读取权限。目前金融巨头都在探索私有区块链，私有链完全限制的写入权限和高度受限的读取权限，对于保护个人隐私非常合适。

联盟链是指共识过程受到某些预选节点控制的区块链。该行业集体内部首先指定多个预选节点为记账人，每个区块的生成由所有的预选节点共同决定（预选节点决定区块链的共识），其他节点只能接入区块链负责交易，但不参与共识过程，任何人都可以通过此区块链对外开放的 API 进行有限查询。这类区块链被认为是"部分去中心化"，联盟链的核心技术有跨链、侧链、多链、分片技术、有向无环图、隐私保护等。

三、区块链的相关理论基础

（一）系统理论

系统理论为区块链的诞生提供了基础理论指导，"块–链式"系统，区块相当于构成系统的子系统，具有整体性和结构性特征。区块链的各个区块之间不是独立分开的信息孤岛，任何一个区块都能够通过哈希值指向其对应的父区块，按照时间顺序链接成长链，具有显著的关联性、动态性与时序性等特征。区块链能发挥各个区块的协同效应，产生"整体大于部分之和"的系统功效，即"1+1+1>3"的协同效能。

（二）信息不对称理论

信息不对称理论为区块链的应用提供了动力源泉，该理论认为在市场交易活动中，由于交易双方掌握的信息存在差异，掌握市场信息较充分的一方往往处于更有利的位置；相反，信息贫乏者处于不利的位置。在社会经济活动中，信息不对称问题普遍存在，而区块链的去中心化、分布式、信息透明、数据不可篡改且可追溯等特征，从根本上打开了传统市场交易活动的"信息黑盒"，使交易双方都可以从区块链的账本记录信息中充分获取各自所需的信息，信息传递更为高效，成本降低。因此，区块链是为了解决信息不对称问题而产生的新技术范式。

（三）信任理论

信任理论为区块链的应用提供了保障机制，在社会经济生活中，信任问题普遍存在，社会网络中的强、弱关系本质上就是对待信任问题的文化观。区块链中的任意节点区块都含有完整的校验逻辑，它们无须信任区块链中的其他节点，即可完成交易的认证过程。因此，区块链的"去信任"特征使区块链的任意节点之间无须信任对方，甚至无须公开自己的身份，就能对交易的有效性进行判断。

> 专栏

区块链记账

中本聪在比特币白皮书中非常详细地介绍了区块链系统的建立过程:

第一步　新的交易向全网所有节点广播。

第二步　每个节点把收到的交易都写入到一个区块中。

第三步　每个节点都在新的区块上进行计算,寻找一个工作量证明解。

第四步　某个节点找到工作量证明解时,就把其所在区块向全网进行广播。

第五步　其他节点收到广播的这个区块后进行验证,只有所有交易都被验证是有效的且未被使用之后,该区块才能被认可。

第六步　每个节点通过将此区块的哈希值作为父哈希值来进行下一个区块的计算,表示节点认可了此区块有效。

一般情况下,一笔交易必须经过至少6次确认(在此区块之后每产生一个区块就是1次确认),才能最终在区块链上被承认是合法交易。若达到6次确认后想要修改记录,花费代价太大,得不偿失。

举个通俗的例子来解释,W先生全家,包括W先生、W夫人、W爷爷、W奶奶、W女儿。因为W先生全家互相不信任,所以采用区块链的方式来记账,即家庭成员有各自的账本,并且账本上都记录了大家的开支。W先生每个月给老婆1 000元,他只要向全家人大吼一声——W先生给了W夫人1 000元,请大家在各自的账本上记下"W先生给了W夫人1 000元",就可以了。于是W先生全家每个人都成了一个矿工,每个矿工都有一个账本,每次W先生家的交易都会被每个人(每个矿工)记录下来。

在记账过程中,W先生每个月给老婆1 000元,这条交易信息被广播后,每个人都给他做一个哈希运算,经过哈希运算之后,就会得到一个简单的摘要信息。有了这个摘要信息,W先生全家在对账的时候就方便多了,不需要去核实这个区块内所有的交易了,只需要核实这个摘要信息就可以了。

假如某天出现了一个问题,W先生在给W夫人1 000元时,W夫人将收到的1 000元钱记成了收到100元,那么区块链如何解决这个问题呢?W先生每个月给W夫人1 000元这个交易信息的摘要信息是这个数值结尾的摘要信息,W全家一共有5个成员,其他成员也是记账者,有4人都公布的是1 000元,而W夫人公布的跟其他人不一样,那就说明W夫人记的账是错账,就是无效的记账。

但谁拥有记账权呢?这时如果W女儿找到工作量证明解,就把其所在区块向全网进行广播,W家庭其他所有成员收到广播的区块后对其进行验证无误,该区块才能被认可,即这个首先找到解的矿工W女儿拥有记账权,也就是挖到矿。所有W家庭成员将W女儿的账页(区块)的哈希值作为父哈希值来进行下一个区块的计算,保证所有W家庭成员的账本都是有效一致的。

最后那个公认的账本也只会增加,不会减少。后续加入的家庭成员都会从最长的那个账本那里继续结账。

四、区块链基础技术

区块链的基础技术主要包括分布式共识机制、哈希算法、非对称加密技术、工作量证明机制、时间戳服务、智能合约。○

(一) 分布式共识机制

区块链的分布式共识,主要包含两点：分布式与共识。分布式指的是系统运作由参与系统的所有个体分工合作进行,共识就是所有参与者达成的一致决定。分布式共识系统实质是所有参与者共同决策、共同运作、共同维护的系统。

在去中心化的记账系统中,分布式使每个用户分别持有账本,按照简单多数的原则,替代了中心化的记账标准,实际上不仅账本系统是按照这种分布式的方式来运作的,底层技术层面的规则或者协议,比如广播、验证、设置工作量证明等也是分布式的。分布式共识机制保证了账本多人在不同的地方、不同的时间记账的一致性,是系统得以运行的基础。区块链的共识机制具备"少数服从多数"以及"人人平等"的特点,其中"少数服从多数"并不完全指节点个数,也包括计算能力、股权数或者其他的计算机可以比较的特征量。"人人平等"是当节点满足条件时,所有节点都有权优先提出共识结果,被其他节点认同后成为最终共识结果。以比特币为例,只有在控制了全网超过51%的记账节点的情况下,用户才有可能伪造出一条不存在的记录。

(二) 哈希算法

哈希算法 (Hash),是把任意长度的输入数据通过散列算法,经过压缩映射变换成固定长度的输出散列值,该输出散列值也被称为消息摘要。哈希也被称作"数字指纹",被广泛应用于文件校验与数字签名中,数据的哈希值可以检验数据的完整性,一般用于快速查找和加密。区块链通常不保存原始数据,而是保存该数据的哈希值。哈希算法具有四个特性,即等长、雪崩、防冲突和不可逆。等长是指对于同一种哈希算法来说,任何文件不论大小(上至TB级的硬盘,下至几个字节的文件),都可以得到固定长度的哈希值。雪崩是指任何一个文件只要内容发生改变,都会造成该文件的哈希校验值发生根本性变化。防冲突是指任何两个不同的文件得到同一个哈希值的概率很低,以经典的哈希算法MD5为例,校验值固定长度为128位的二进制数字,两个不同文件得到同一个MD5值的概率为1/2 128。不可逆是指由于哈希算法是单向的压缩摘要算法,与传统的文件加密算法不同,用户无法通过哈希校验值逆推出原文件内容。

(三) 非对称加密技术

非对称加密技术不仅能够保护传输信息的机密性,还能结合签名技术验证消息发送者的身份,同时借助哈希函数运算结果的唯一性保证信息在传播中的完整性。

非对称加密技术在区块链中的主要功能是实现匿名性。非对称加密算法在加密和解密过程中分别使用两个非对称的密钥,一般称为公钥和私钥。在系统中公钥和私钥成对出现,其中公钥对于系统来说是可以公开访问的,而私钥由交易发起者保管。私钥加密的信息只有对

○ 2008年中本聪发表的《比特币：一种点对点的电子现金系统》一文,阐述了分布式共识机制、哈希函数算法、非对称加密技术、工作量证明等基础技术,2015年理查德·布朗思(Brown)发表了 A Simple Model for Smart Contracts,重新定义了智能合约。

应的公钥才能解开，公钥加密的信息只有对应的私钥才能解开。

非对称加密技术使账本具有公共性，但财产具有私密性。每个用户的财产或信息对个人而言，是绝对的权力，个人只要拥有账本某个地址上所对应的私钥，这个地址上的比特币就属于此人，而且全网其他人并不知道这个人是谁。

（四）工作量证明机制

工作量证明（proof of work，POW）是一份证明，用来确认一定量的工作，即通过查看工作结果就能知道完成了指定量的工作。工作量证明机制的主要功能是保障合法记账权。比特币系统利用POW机制使系统各节点最终达成共识，进而得到最终区块。这里的工作是指找到一个合理的区块哈希值，它需要不断地进行大量计算，计算时间取决于当前目标的难度和机器的运算速度。计算过程类似猜谜活动，用计算机反复计算区块头，直到得出满足要求的"解"。具体方法是：用SHA256算法不断地对区块头和一个随机数字nonce进行计算，直到计算出一个与预设值bits相匹配的解○。全网用户谁猜对了谁就可以记账，第一个找到这个解的矿工会获得此区块的记账权，也就是挖到了"矿"，并将此区块发布到系统中让其他节点进行验证。由于验证只需对结果值进行一次哈希运算，因此POW机制的验证效率较高。

工作量证明的另外一个作用，是当一个节点找到这个值之后，就说明该节点确实经过了大量的计算，也就是矿工们在猜谜游戏中投入了资源，成本的投入鼓励矿工诚实记账，保证系统安全可靠。

（五）时间戳服务

除了分布式共识机制、哈希算法、非对称加密技术、工作量证明机制，还有时间戳服务、Merkle树、权益证明机制、P2P网络技术，这些技术保证区块链的正常运转需要消耗的算力更少，耐攻击，容错率更高。

时间戳的主要目的在于通过一定的技术手段，对数据产生的时间进行认证，验证数据产生后是否被窜改。时间戳服务的提供者必须证明服务中的时间源是可信的，所提供的时间戳服务是安全的。使用时间戳服务的角色一般有以下几种：提供时间戳服务的机构、申请时间戳服务的用户和时间戳证书的验证者。时间戳服务机构的主要职责是为一段数据申请时间戳证书，证明这段数据在申请时间戳证书的时间点之前真实存在，在这个时间点之后对数据的更改可以追查，这样可以防止伪造数据。申请时间戳服务的用户把需要申请时间戳证书的数据发送给时间戳服务机构，时间戳服务机构将生成的时间戳证书发送给该用户。在需要证明该数据未被窜改时，证书持有者展示数据所对应的时间戳证书，时间戳证书的验证者验证真实性，确认该数据是否经过窜改。

如同现实中归档文件的"档案号"，归档文件的案卷封面和脊背上，均需填写档案号。档案号由分类号、项目代号、案卷号和件、页（张）号组成。例如，20200901-001-098-01。一个人要想检查文件是否完整，可以看档案号是不是连续。如果有人把文件中的某一页抽走，页面文件就不完整。区块链大致相当于"归档编号"的原理，它的技术特征保证了用户不用去查账，就能很方便地发现账本是否完整，是不是被别人窜改过。同时，工作量证明机制保证了记账通过竞争完成，而且有一个独立的、不需要第三方机构监视的时间戳服务器，

○ 匹配的解指找到一个哈希值要小于或者等于目标哈希值bits。

这就使得任何人不能对账本进行篡改。双重支付问题在去中心化条件下，能够得到有效的解决。

(六) 智能合约

智能合约是灵活可编程的低成本契约。基于时间戳的链式区块结构、分布式共识机制、共识算力，再加上灵活可编程的智能合约，是区块链技术最具代表性的创新。

智能合约几乎和互联网同时出现，这个术语是由密码学家提出的。智能合约是计算机协议，它促进、验证或者执行合约的协商或履行。区块链技术的出现使智能合约被重新定义：智能合约是由事件驱动的、具有状态的、运行在一个可复制和共享的账本上且能够保管账本上资产的程序。

区块链智能合约中的条款以计算机语言记录，属于智能合同。把智能合约部署在区块链上，合约内容事先定好，当满足一个预先设置好的条件时，智能合约就被触发执行相应的条款，这可以免去现实生活中合约执行的一些苛刻条件，能在不信任的环境下执行合约。在以太坊区块链中，智能合约是一个带有相关代码的特殊账号。智能合约编译成 EVM 字节部署到以太坊区块链后，需要记录合约地址和二进制接口（ABI），与合约进行交互。一旦智能合约的程序代码被创建，就不能更改，并且在收到用户或其他合约的消息时将自动执行。智能合约可以读取和写入文件，向其他用户或合约发送消息，还可以存储、转发价值给其他的账户或合约，自动化运作不被干扰。智能合约具有较低的签约成本、执行成本和合规成本等，特别适用于大量的日常交易。智能合约的原理如图 5-1 所示。

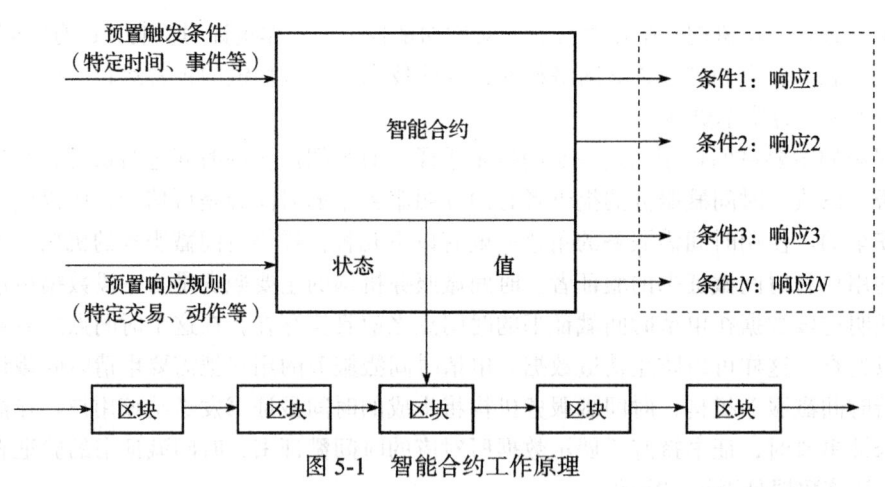

图 5-1 智能合约工作原理

> 🔍 **专栏**
>
> ### 智能合约的应用
>
> 智能合约可以应用在很多方面，例如智能遗嘱。举一个典型例子，爷爷生前立下一份遗嘱，声称在去世后且孙子年满 18 周岁时，将自己名下的财产转移给孙子。若将此遗嘱记录在区块链上，那么区块链就会自动检索计算孙子的年龄。当孙子年满 18 周岁的条件成立之后，区块链就在政府的公共数据库等地方检索是否存在一份爷爷的离世证明。如果

> 这两个条件同时满足，那么这笔资产将会不受任何约束地自动转移到孙子的账户之中。这种转移不会受到国界、他人阻挠等各种因素的制约，并且会自动强制执行。智能合约可以存储个人的身份信息，也可以保存现有的身份状态，一旦身份信息被窜改，就会触发一定的条款，身份所有者就会知晓。如果有人想骗取爷爷的财产，他会把遗嘱中的继承人改为自己。但继承人身份信息一旦修改，就会触发一定条款，孙子就会知晓，窜改者无法得逞。

区块链智能合约能够提高交易水平，不仅由代码定义，还由代码强制执行。智能合约方不需要相互信任，用代码表达式代替合同，实现链式支付功能，提高自动交易水平。智能合约能够确保交易的安全。一旦建立了智能合约，资金将根据合同条款进行分配，并且只有在合同到期时才能使用。因此，合约的任何一方都无法控制资金。但区块链智能合约也存在着问题。首先，与集中式数据库相比，区块链解决方案表现不佳，降低了事务处理的吞吐量，产生了更高的延迟。

五、区块链的工作原理

区块链将许多跨领域技术整合在一起，包括演算法、数学、密码学与经济模型，并结合点对点（P2P）网络关系，利用数学基础建立信任效果，成为一个不需要依赖单一中心化机构就能运作的分散式系统。区块链工作原理，可分成交易与工作过程两个部分。区块链交易有五个流程：

第一步，交易的生成。当前所有者利用私钥对前一次交易和下一位所有者签署一个数字签名，并将这个签名附加在这枚货币的末尾，制作成交易单。一笔新交易产生时，会先被广播到区块链网络中的其他参与节点。

第二步，交易的传播。当前所有者将交易单广播至全网，每个节点会将数笔未验证的交易哈希值收集到区块中，每个区块可以包含数百笔或上千笔交易。最快完成工作量证明（POW）的节点，会将自己的区块传播给其他节点。

第三步，工作量证明。每个节点通过相当于解一道数学题的工作量证明机制，获得创建新区块的权力，并争取得到数字货币的奖励。各节点进行工作量证明的计算来决定谁可以验证交易，由最快算出结果的节点来验证交易，这就是取得共识的做法。

第四步，全节点验证。当一个节点找到解时，它就向全网广播该区块记录的盖有时间戳的交易，并由全网其他节点核对，其他节点会确认这个区块所包含的交易是否有效，确认具有数位签章后，接受该区块，此时区块才正式接上区块链，无法再窜改资料。

第五步，区块链记录。全网其他节点核对该区块记账的正确性，确认没有错误后它们将在该合法区块之后竞争下一个区块，这样就形成了一个合法记账的区块。所有节点一旦接受该区块，先前没算完工作量证明工作的区块会失效，各节点会重新建立一个区块，继续下一回工作量证明的计算工作。每个区块的创建时间大约在10分钟，随着全网算力的不断变化，每个区块的产生时间会随着算力增强而缩短，随着算力减弱而延长。

> **专栏**
>
> **区块链的工作流程**
>
> 区块链的工作过程可以看作是一个"挖矿"的过程，矿工就是记账者，矿机是用于挖矿的具有一定算力的计算机，区块就是账本中的账页，挖矿就是竞争区块的合法最先记账权。每个矿工的工作是搜集打包全网一定时间内的所有交易信息，再将信息经过哈希运算公布，争取记账权。
>
> 具体来讲，当全网有新的交易时，会向所有矿工广播，每个矿工会把收到的交易信息经过哈希运算写入到账本的账页中（也是区块），并把交易信息的内容和上一个区块的摘要放在一起进行一次哈希运算，得到一个本区块的摘要。本区块的摘要计算出来以后，代表了整个区块链的最新的摘要信息，即完成了记账工作。同时在新的账页上计算工作量证明解，当某个矿工找到工作量证明解时，对交易信息再做一次哈希运算形成区块，把这个区块向全网进行广播，其他矿工在收到广播后，都会对其进行验证，只有所有交易都被验证是有效的且未被使用之后，该区块才能被认可，即这个首先找到解的矿工挖到矿，拥有合法记账权，会得到奖励，奖励就是比特币。所有账本将此区块的哈希值作为父哈希值来进行下一个区块的计算，从而保证所有矿工的账本都是有效一致的。

六、区块链与数据库

数据库是以电子方式存储在计算机系统中的信息集合。数据库中的信息或数据通常是以表格形式构造的，以便搜索和筛选特定信息。子表格是为一个人或一小群人设计的，用于存储和访问有限数量的信息。相比之下，数据库的设计目的是容纳大量的信息，这些信息可以被任意数量的用户同时快速轻松地访问、过滤和操作。尽管电子表格或数据库可以被任何数量的人访问，但它通常由企业拥有，并由指定的个人管理。与数据库相比，区块链有什么区别呢？

数据库和区块链的第一个关键区别是数据的结构化方式。区块链以块（也称为组）的形式收集信息。块具有一定的存储容量，填充满后，就会链接到先前填充的块上，形成称为"块链"的数据链。之后的所有新信息被编译成新形成的块，填充后也将添加到链中。整个数据库由一串使用密码学相关联所产生的数据块组合而成，每个区块在生成时都会自动地加盖时间戳并被附上唯一的数值。当以数据分散的方式实现时，区块链系统还内在地形成了一个不可逆转的数据时间表。当一个块被填充满时，它就成为这个时间线的一部分。链中的每个块在添加到链中时都会给出一个精确的时间戳。区块链形成一种电子记录账簿，其中每一个区块是账簿的一页，从第一页"链接"到最新一页，每个区块包含了当前一段时间内的所有交易信息和区块元数据。

数据库和区块链的第二个关键区别在于去中心化。区块链本质上是一个去中心化的分布式账本数据库。"去中心化"是指区块链使用分布式储存与算力，整个网络节点的权利与义务相同，系统中数据本质由全网节点共同维护，从而区块链不再依靠于中央处理节点，实现数据的分布式存储、记录与更新。而每个区块链都遵循统一规则，该规则基于密码算法而不是信用证书，且数据更新过程都需用户批准，因此区块链不需要中介与信任机构背书。以比特币为例，比特币的区块链以分散的方式使用，数据是所有比特币交易的全部历史。如果一个节点的数据有错误，它可以使用数千个其他节点作为参考点进行自我更正，网络中的任何一个节点都不能改变保存的信息，构成比特币区块链的每个区块的交易历史不可逆转。如果一个用户窜改了比特币的交易记录，其他节点将相互交叉引用，很容易确定这个节点的错误信息，这些信息是一个交易列表。要改变系统的工作方式或者存储信息，必须征得分散于网络的大部分节点的同意。这确保了无论发生什么变化，都符合大多数人的最佳利益。

数据库和区块链的第三个区别在于信息透明性。网络上的任何节点都可以查看整个账本。因为记载的交易信息不包含任何隐私，因此任何记录在册的信息都可以被查看，保证了数据的透明性。比特币区块链的每个节点都有自己的链副本，在确认和添加新的块时，该副本会得到更新。这意味着可以跟踪比特币的去向。比如，交易所过去曾遭到黑客攻击，在交易所持有比特币的人失去了所有的比特币。虽然黑客可能完全匿名，但他们提取的比特币很容易追踪到。

七、区块链的发展历程

（一）区块链 1.0 阶段：数字货币（2008～2013年）

区块链 1.0 阶段主要是数字货币的出现，它以比特币为代表，区块链成为研究数字货币的突破口。自 2009 年起，各种基于区块链的类比特币的数字货币相继出现，如以太币、零币（Zerocash）等。其中，零币应用了零知识证明，可在无须泄露交易数据、无任何额外信息的前提下，向验证者证明某个交易是正确的，零币实现了特定交易的隐私保护。

区块链不仅能应用在数字货币上，还有各种衍生应用，如文件存储系统 Storj、预测市场系统 Augur、电子商务系统 OpenBazaar、智能合约系统等。在支付结算方面，运用区块链技术可以构建全球一体化低成本的实时清算体系，目前各国也正构建支付结算的联盟链。

（二）区块链 2.0 阶段：智能合约（2014～2016年）

区块链 1.0 的技术，仅是发行数字货币。它的 IT 系统架构简洁、安全，但区块链 1.0 就像古老的电话，只有接打电话这种核心功能。而区块链 2.0 更像智能手机，人们可以运行各种 App，极大地方便了生活。

2014 年，区块链进入 2.0 阶段，这一阶段主要是以智能合约等为代表，即可编程区块链。区块链上的智能合约，可以在互联网上搭建操作系统，创建各行业应用。智能合约允许应用连接到区块链上，使区块链技术从单纯的支付环节向后端的资产和信用领域拓展。

区块链 2.0 阶段以以太坊⊖为代表，以太坊网络就像手机的核心系统。它最重要的贡献是将智能合约引入到区块链，智能合约程序不只是一个可以自动执行的计算机程序，它自己就是一个系统参与者，对接收到的信息进行回应，可以接收和储存价值，也可以对外发送信息和价值。这个程序就像一个可以被信任的人，可以临时保管资产，按照事先的规则执行操作。

⊖ 维塔利克·布特林（Vitalik Buterin）于 2013 年底创立发明以太坊，2014 年成立了以太坊核心团队，进行开发工作，同年 7 月上线发布。

(三)区块链 3.0:支持复杂的商业应用(2017 年至今)

以以太坊为首的应用平台建立了一套基础的区块链底层基础设施,但是受制于当时的技术环境和历史局限性,平台在性能、安全、升级、成本、存储等方面暴露出诸多问题,在每秒处理速度上远不能满足商用需求,区块链行业需要一个新的平台妥善解决这些问题。

区块链进入 3.0 阶段,通过建立可信数据库,提高商业活动中个体与个体之间的信任度,传递价值,降低交易成本,提升交易效率与链条透明度,部署跨主体的联盟链节点和桥接。人们用区块链技术搭建社会化的共享存储网络,提升每秒吞吐量,提升高并发场景的性能,解决大数据存储的痛点,更好地保护隐私,保障数字资产流通的安全性。

在垂直行业上,通过融合大数据、云计算、人工智能等各项技术,区块链在平台底层架构、共识算法、密码安全、性能安全等方面均有创新与突破。2018 年,区块链在金融、政务、能源、医疗、知识产权、司法、网络安全等行业领域的应用逐步展开,正成为驱动各行业技术产品创新和产业变革的重要力量。

专栏

区块链 3.0 的底层平台

我国传统企业、新兴科技企业及互联网巨头企业也积极探索区块链 3.0 时代的底层技术平台,如表 5-1 所示。

表 5-1 各企业研发区块链 3.0 的底层平台

	企业	时间(年)	核心技术
国内区块链 3.0 平台	天德科技	2017	完成了基于大数据的区块链基础平台"高新一号",实现将大数据平台集成于区块链系统
	本体网络 ONT	2018	本体网络 ONT 开创了新一代共识算法
	成都链安(Beosin)	2018	自主研发出"一键式"智能合约形式化验证平台 VaaS,支持多种主流区块链平台(EOS、ETH、Fabric 等)的智能合约验证
	百度、阿里巴巴、腾讯、华为、京东等互联网企业	2018	纷纷在 2018 年推出区块链云平台,将区块链、大数据及云计算相互融合,并在金融、物流、商品防伪溯源等领域展开应用
	海尔、东软、迅雷、奇虎 360 等	2018	以主打行业为基础积极拓展区块链应用布局,在工业互联网、分布式系统、区块链安全等领域取得一定成果
	蚂蚁区块链	2020	解决了 50 多个实际场景的信任问题,已经在商品溯源、航运物流、融资租赁、小微企业融资等方面有所突破
	腾讯云	2020	打造企业级区块链开放平台 TBaaS,用户基于腾讯云 TBaaS 能够在 2 天内快速上手创建区块链业务应用。在权威行业分析机构 ABI Research 公布的 BaaS 竞争力排行榜中,TBaaS 位列中国市场第一名

资料来源:赛迪区块链研究院、中国区块链企业发展研究报告。

区块链 3.0 技术可能成为"万物互联"的最底层协议,区块链是一套社会治理系统,可以创建、更新和执行法律,进而形成区块链自治组织、区块链自治公司、区块链社会(科学、医疗、教育等)。

第二节 通证经济理论

通证和区块链一样是一场伟大的社会实践,是现有股份制公司发展演化的下一个阶段。在股份制发展的过程中有一些基本的问题需要面对,比如上市公司财务造假、信息披露不规范、股民的分红无法兑现等。通证的社会组织能从根本上解决股份制公司的缺陷,社区参与者的各种利益会得到足够的保证,并且这种保证不仅仅是形式上的,还是公开透明的,可以通过智能合约等验证和查实的。以通证为基础的大量的新型商业和经济治理实践正在出现,它们对于传统模式的冲击之大,会远远超过互联网或者移动互联网。通证经济是通往区块链世界的阶梯,区块链是底层技术,通证是经济形态,虽然区块链和通证可以完全分离,但通证为区块链提供了更为充分的经济学支撑。

一、通证与通证经济

(一) 通证

通证(token)是指以区块链技术为依托,将公司多种资产形态、商品和服务,统一改造为加密数字资产,公司组织形式改造为社群制,体现了区块链技术的去中心化、分布式账本、不可篡改、可溯源、开放、共识等特点,充分实现经济组织资源的最优配置,所有参与者的劳动得到最大激励,信息完全公开透明。简言之:通证是可编程、可流通的加密数字权益证明。

通证的三要素:权益、加密、流通,三者缺一不可。第一是数字权益证明,通证必须是以数字形式存在的权益凭证,它必须代表一种权利,一种固有和内在的价值。第二是加密,通证的真实性、防篡改性、保护隐私等能力,由密码学予以保障。每一个通证,是由密码学保护的一份权利。这种保护,比任何法律、权威等提供的保护更坚固、更可靠。第三是流通,通证必须能够在网络中流动,可以随时随地验证。

常见的通证有两种,分别是功用通证和证券通证。功用通证(utility token)也称为用户通证,它不为投资而设计,只为用户提供对产品或服务的访问权。证券通证(security token),如果加密通证从外部可交易资产中获取了价值,则被归类为证券通证并受到法规的约束。尽管二者有较多的相似性,但也有明显的差别,功用通证类似于产品预售,而证券通证类似于股权投资。

(二) 通证经济

通证经济是指以通证为激励方式,借助区块链平台工具,完成生产、分配、交换、消费等的一系列经济活动。简言之,它是借助通证的加密数字化属性,以激励机制来改变生产关系的价值驱动经济模式。它源于市场经济,本质是社会生产关系的变革,是社会分工细化与规范化产生的更高级的社会生产交换形式。

通证经济的出现与区块链技术发展基本是"一脉相承"的。通证理念根植于区块链1.0阶段的货币时代,比特币就是区块链系统中一种价值性和安全性极高的支付型通证。以太坊的出现标志着区块链 2.0 阶段开启了通证经济时代，区块链 3.0 阶段使通证经济渗透到社会的方方面面，引领经济社会的全面变革。

二、通证经济与区块链

（一）通证经济与区块链的关系

通证与区块链是最佳"生态伙伴"。通证是区块链最具特色的应用，如果不发通证，区块链的效力将大打折扣。区块链为通证提供信任基础，而通证以信任为基础，实现价值。二者相互合作、互为因果。第一，区块链是个天然的密码学基础设施，在区块链上发行和流转的通证，代表着权益，而密码学是对权益最可靠、坚不可摧的保护。第二，区块链是一个交易和流转的基础设施，通证之"通"，就是要具有高流动性，快速流转，安全可靠，而这是区块链的根本能力。区块链是最适合进行价值交换的基础设施。第三，区块链的去中心化特性使人为窜改记录、阻碍流通、影响价格、破坏信任的难度大大提升。第四，通证有内在价值和使用价值，而区块链通过智能合约，可以为通证赋予丰富的、动态的用途。

在社群经济活动中，引入通证管理模式，就形成了一种新的经济业态——通证经济。通证经济是以区块链技术为依托的社群经济的新业态。在这种新的经济形态中，一个社群里形成一种可以兑换的权证，它和数字货币结合在一起，在一定范围（比如社群范围）具有交换、转移支付等功能，能与现代金融服务挂钩并产生新的金融衍生服务（比如代金券消费、物品兑换等）。所有的参与者通过自己的贡献，获得自己的回报，这个回报以通证形式体现。基于新制度经济学的视角，通证经济是社会"协作方式和生产关系"的一场变革，区块链技术的应用能有效地降低交易成本，促使交易契约自我执行，实现社区共治、价值共享，是更高级的社会生产交换方式。通证经济的重点是改变激励模型，是将现有企业的产品或服务通过区块链技术的改造和社区建设实现对消费者、投资人等多方的激励，所有市场主体的利益和经济行为得到更好的保护。

通证经济的主要要素包括社群、共识、协议、规则以及区块链技术等。区块链技术的管理思想和通证经济的管理思想基本相通，包括协议、规则、防窜改、去中心、协同化、价值等，使社群经济的发展具备了新的平台。社群经济、通证经济的交互出现，通证经济下的社群生态组织天然具有区块链技术的基因。通证与各类公有链、私有链或联盟链结合，增加了应用场景和流通性。未来的经济活动将用智能合约分工，用分布式账本记录绩效，用通证来兑现激励设计和承诺。区块链解决了陌生人的信任问题，通证经济促进区块链的繁荣，大数据挖掘区块链上的数据价值，三者结合共同开启新的数字经济时代。

（二）通证经济的社会价值

通证经济是一个高效的经济模型，还处于发展初期，我们还需要不断探索、拓宽通证经济的应用场景。它的社会价值表现在四个方面：

第一，区块链可以实现结构性改革。在通证经济中，通证的供给充分市场化，高度自由。任何人、任何组织、任何机构都可以基于自己的资源和服务能力发行权益证明。而且通证运行在区块链上，随时可验证、可追溯、可交换，具备安全性、可信性、可靠性的特点。每一个组织和个人都可以把自己的承诺书面化、通证化、市场化。

第二，改变生产与生活方式。区块链上的通证流转可以比以前的卡、券、积分快几百甚至几千倍，而且由于密码学的应用，流转和交易可靠，纠纷和摩擦降低。如果说在传统经济时代，衡量整个社会经济发展的重要指标是货币流通速度，在互联网经济时代衡量国家、城市发达程度的重要指标是网络流量，那么在"互联网＋经济"的时代，通证的总流通速度将成为最重要经济指标之一。当每个人、每个组织的各种通证都在飞速流转、交易的时候，人们的生产和生活方式将完全改变。

第三，价格发现的功能。由于通证高速流转和交易，每一个通证的价格都将在市场上获得迅速的确定，这是通证经济的"看不见的手"，它比今天的市场价格讯号更加灵敏和精细，将把有效市场甚至完美市场推到每一个微观领域。

第四，通证经济的应用将紧紧围绕智能合约展开，可以激发出千姿百态的创新。它产生的创新机遇、掀起的创新浪潮，将远远超过计算机和互联网时代的总和。

第三节　区块链的场景创造

作为一种通用型技术，区块链已被认为是互联网 3.0 时代的核心技术。未来势必会有大量的信息化系统需要上链，区块链将正式纳入新型基础设施体系。区块链服务网络发展联盟（Blockchain-based Service Network Development Association，BSNDA）根据客户需求和业界产品的分布，对相对通用的区块链应用进行了分类，分类覆盖供应链管理、版权保护、金融、物联网、社交通信、电子政务、防伪溯源、存证、资产数字化、合同签章、积分、慈善公益、采购招投标、医疗健康等多个场景，其中在金融领域应用最广泛，[一]具体如图 5-2 所示。

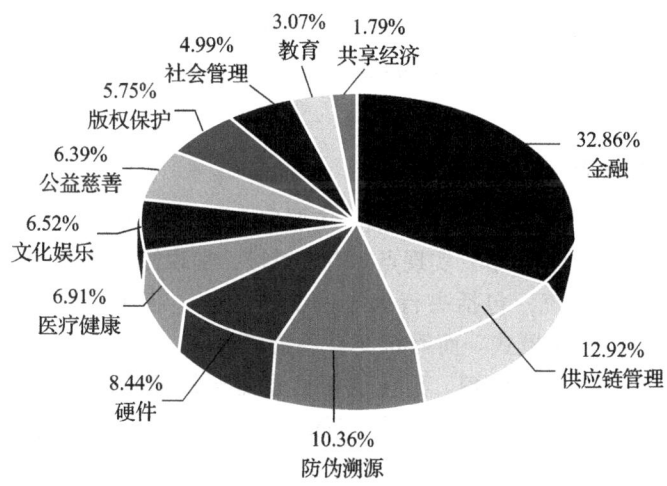

图 5-2　我国区块链企业应用业务占比

资料来源：赛迪区块链研究院。

一、金融应用领域

金融领域是目前区块链应用最成熟、最广泛的领域。一方面，区块链技术优化金融服务的潜力得到了广泛的认可。区块链和分布式账本技术已成为金融稳定理事会评估主要金融技

[一]　赛迪区块链研究院．2019～2020 中国区块链专利白皮书．

术创新领域的一部分。《二十国集团数字普惠金融高级原则》建议各国在防范风险和保障安全的前提下，探索分布式账本技术在提高金融基础设施透明度、有效性、安全性和可得性方面的潜力。世界银行和国际货币基金组织也认为，分布式账本技术可以创新数据记录和共享的模式，减少信息不对称。另一方面，区块链技术在金融领域应用探索的力度较大。据国际数据公司测算，银行业将引领全球约 30% 的区块链支出。

区块链在金融业的场景创造涉及五大业务，① 数字货币，提高货币发行的便利性。② 跨境支付与结算，实现点到点交易，减少中间费用。③ 票据与供应链金融业务，减少人为介入，降低成本及操作风险。④ 证券发行与交易，实现实时资产转移，加速交易清算速度。⑤ 客户征信与反欺诈，降低法律合规成本，防止金融犯罪。

（一）数字货币

我国央行数字货币（DCEP），全称 Digital Currency Electronic Payment，意为应用于电子支付的数字货币。DCEP 由国家发行，价格直接和人民币挂钩，发行央行数字货币的首要目的是保护货币主权。早在 2014 年，央行就发起了法定数字货币的研究。2020 年 4 月，DCEP 研发工作遵循稳步、安全、可控、创新、实用原则，先行在深圳、苏州、雄安、成都及冬奥会场景进行内部封闭式点测试。

央行的数字货币并未全部采用区块链技术，设计原理是将央行的纸质货币完全虚拟数字化，取代实体的纸张。从本质上说，央行依然是中心管理体系，与其他系统可直接对接，实现中国人民银行到商业银行、商业银行到民众的双层运营模式。

DCEP 具有区块链数字货币匿名支付的特征，采取"双离线支付"，即在收支双方都离线的情况下仍可以进行支付。未来手机只要安装了央行数字钱包，不需要网络信号，只需要有电，两个手机互相触摸就能实现实时转账。"双离线支付"意味着中央银行数字货币可以在极端情况下完成交易，例如水灾、地震等自然灾害造成通信中断，或者在没有信号的地下超市购物。

（二）支付领域的应用

全球银行业对区块链技术的初期关注点，主要集中于支付领域。将区块链技术应用在支付领域中，可省去第三方中介环节，实现点对点的对接，实现简化结算、降低成本。

目前，国内的支付系统，包括央行大小额支付系统、各银行自身核心系统、银联系统等，是一种典型的中心化模式。而跨行交易手续费较高，大额交易时间长，某个系统关闭或者出错，会导致交易无法实现。跨境支付更是需要借助 Swift 系统等在各个银行、代理行之间进行交互，节点多，流程长，效率低，成本高，易出错。采用区块链技术，使用分布式核算，所有交易都实时记录在类似于全球共享的电子表格平台上（数据通过加密无法破译和窜改），只要全球不断网断电，每一用户都能凭密码查询交易状态，实时清算资金。

与传统国际支付模式不同的是，采用区块链技术的虚拟货币进行支付，额度不受限制，可实现秒级到账，且手续费极低，这正是区块链技术吸引大量国际银行参与的关键。事实上，商业银行希望利用区块链技术，在相互信任的基础上建立扁平化的全球一体化清算体系，突破现有系统间割裂的现状以及额度等监管限制，降低成本。区块链分布式账本的特点和点对点传输技术，将大大降低转账、换汇成本。

(三)票据业务

票据市场是区块链技术应用最典型的场景,虽然电子票据的出现使票据交易的安全性提高,但市面上仍然存在不少伪造纸质票据,票据交易的真实性问题不容忽视。另外就是票据的信用风险,当商业承兑汇票到期时,付款人不能及时付款或者无能力偿还会致使收款人蒙受经济损失。而一些中小企业由于规模较小,投资收益率低,资金周转困难,容易产生信用风险。利用区块链技术可以减少票据市场的人为介入风险及操作风险。

一是区块链具备数据公开透明和防篡改的优势,保证了票据的安全性,使票据一旦完成交易,可避免赖账、打款背书不同步的问题,有效防止票据造假、一票多卖等违法犯罪行为,提高了票据交易的安全性和真实程度,防范票据市场风险。

二是区块链的弱中心化模式,可以使双方直接进行点对点交易,实现票据价值传递的去中介化,减少交易的流程与成本,满足参与主体的需求,提升票据交易的效率。

三是区块链具有信息记录和回溯功能,提供了透明、可信任的追溯途径,提高了信息获取的及时性,为票据市场的监管提供了便利,有效降低了监管的审计成本。

(四)证券发行与交易

传统的证券发行,中间商往往控制着市场,例如,国内证券在海外上市首先要经过国内证监会与国外交易所审核,繁复冗长的流程导致发行成本增加。区块链使全球的资产从先审核后发行的模式变成先发行后审核的模式,使证券发行免去诸多中间环节。

区块链技术通过证券的去中心化交易(分散处理)实现资产的实时转移,加速资产清算,不仅有助于大幅度降低证券发行、追踪及交易加密证券的成本,而且有助于防止传统证券市场的操纵行为。智能合约可以记录证券所有权的信息,用来进行证券的登记和清算。纳斯达克推出基于区块链的交易平台 Linq,具体应用场景是非上市公司的股权管理和交易。

> **专栏**
>
> ### 证券公司搭建区块链平台,探索区块链应用
>
> 2019 年 6 月,中国证券业协会与中国证券报联合发文《推动证券行业高质量发展的五大建议》,文章指出,证券行业要更好地服务实体经济发展,助力打赢防范化解金融风险攻坚战,必须立足金融风险管理的本质,借助金融科技加快数字化转型,依托大数据、云计算、人工智能、区块链、知识图谱、生物识别等技术应用,构建科学的全流程风控体系,促进传统风控方式转型升级。对于区块链技术在风险管理中的应用,证券公司要基于区块链技术多点存储、不可篡改等特征,探索应用私有链或联盟链模式,在关键业务环节设置监控探针,形成追溯机制,提升跨行业、跨市场交叉性金融风险的甄别、防范和化解能力。

(五)保险领域

保险业务流程复杂、数据难以共享、数据记录的风险难以评估是目前保险行业首要的问题。区块链底层技术可以打通前端渠道、中端承保和后端再保,为保险行业重新构建保险生态。在保险理赔方面,通过智能合约的应用,投保人无须申请,保险公司也无须批准,只要

触发理赔条件,即可实现保单自动理赔。

> **专栏**
>
> ### 保险业的区块链应用
>
> 国内各大保险巨头运用区块链技术解决保险行业痛点,其中以平安集团、众安保险、阳光保险三大企业最为显著。如表5-2所示,平安集团是打开"区块链+保险"之门的"创始人"之一。至2019年,平安集团已推出9大业务应用,平安集团旗下金融科技子公司金融壹账通在多个领域充分展开"区块链+保险"应用,并发布《平安区块链白皮书》。众安保险"区块链+保险"的布局应用虽晚于平安保险及阳光保险,但众安保险却后来者居上,一跃成为除平安保险外,与阳光保险齐名的第二大将区块链技术应用于保险行业的公司。目前,众安保险在"区块链+保险"应用领域的项目已有7项。阳光保险是国内拥抱"区块链+保险"最早的企业,早在2016年,阳光保险就推出了"阳光贝"积分平台,该平台可使用户在享受普通积分功能的基础上,通过"发红包"的形式将积分向朋友转赠,与其他公司发行的区块链积分互换。
>
> 表5-2 保险企业布局区块链
>
> | 公司 | 时间(年) | 区块链布局动态 |
> | --- | --- | --- |
> | 平安集团 | 2016 | 加入区块链国际联盟组织R3 |
> | | 2018 | 金融壹账通推出"宜账链"。签约"我想我享"平台,打造"区块链+保险"模式。与周大福开展"区块链+保险"项目
金融壹账通与福田汽车集团福田金融共同发布"福金ALL-Link系统"。金融壹账通在深圳发布ALFL(阿尔法)智能ABS平台 |
> | | 2019 | 联合平安银行上线扶贫商城、产销智慧农业平台、区块链扶贫技术搭建产销平台 |
> | 众安保险 | 2017 | 推出基于区块链技术的"安链云"平台 |
> | | 2018 | 众安科技发起再保险区块链公司间交易平台。与100多家医院合作,用区块链技术改善索赔流程。发布首款区块链保险"飞享e生",成为首个保险通证产品 |
> | 阳光保险 | 2016 | 推出基于区块链底层技术的"阳光贝"。推出国内首款具备区块链特性的微信保险卡"飞常惠"航空意外险 |
> | | 2018 | 推出区块链环境下的个人健康数据授权查看证——"健康介绍信"。上线国内首款基于区块链技术的女性特定疾病保险产品 |
> | | 2019 | 推出国内首家区块链"时间银行" |
>
> 资料来源:赛迪区块链研究院.2019~2020中国区块链专利白皮书。

(六)客户征信

银行各项业务都需要信用体系作为支撑,而征信则是信用体系的关键环节。传统商业银行的征信主要依靠中央银行的信用体系,而在我国人民银行征信中心,全国人口的信用数据覆盖率不高,限制了商业银行业务的开展。银行要为客户提供精确、个性化的服务难度较大,成本较高。区块链能够通过交易的时间顺序把大量的数据链式储存起来,保证数据的安全性。在查询客户征信时,银行可以通过链式的数据结构对客户的历史信息进行追溯,查看客户的信用水平和经济能力并进行信用评级,制定客户的专属合约。

二、其他应用场景

（一）存在性证明

由于区块链技术的不可篡改性，区块链技术可以应用于存在性证明，适合用在社会公益、证据存证等场景。

传统的慈善捐赠存在工作效率不高、不够公开透明、物资分配不及时及不合理的问题，区块链在促进数据共享、优化业务流程、降低运营成本、提升协同效率、建设可信体系等方面有着积极的作用。公益流程中的相关信息，如捐赠项目、募集明细、资金流向、受助人反馈等，均可以存放于区块链上，有条件地公开公示，方便社会监督。在证据存证领域（即证据保管方面），区块链提供多功能电子取证、不可篡改存证、强公信力的存证和认证功能，保证数据和内容的可靠性。它可以应用于违章、合同、保险、网贷、权属、制造等场景。

> **专栏**
>
> **区块链的存在性证明应用**
>
> 国外 BitGive 平台，是一家非营利性慈善基金会，致力于将比特币及相关技术应用于慈善和人道主义。2015 年，BitGive 公布慈善 2.0 计划，应用区块链技术建立公开透明的捐赠平台，平台上捐款的使用和去向都会面向捐助方和社会公众完全开放。德勤利用区块链技术中信息可追溯、不易篡改的特性，构建了 Rubix 基础平台，通过与核心客户的数据库对接，自动接收和记录客户的财务信息，防止篡改或伪造财务报表。此外，房产等实物资产也可以以电子权证方式存储在区块链上。

（二）物流和供应链

区块链可以降低物流成本，追溯物品的生产和运送过程，提高供应链管理的效率。区块链使商品流与资金流实现了同步，减少了假货问题。零售商通过在区块链上记录供应链上的全流程信息，实现产品材料、原料、产品的起源和历史等信息的检索和追踪，提升供应链上信息的透明度和真实性。

（三）公共服务

在公共管理、能源、交通等领域，区块链可以应用于历史信用记录系统、身份认证识别系统或产权认证系统。例如，乌克兰敖德萨地区政府已经试验建立了基于区块链技术的在线拍卖网站，这将有助于政府以更加透明的方式来销售和出租国有资产。西班牙 Lugo 市政府则利用区块链建立了公开和公正的投票系统。爱沙尼亚政府在区块链上开展政务管辖，为居民提供公证服务，如结婚证明、出生证明、商务合同等。欧洲能源机构则利用区块链使消费者可以在市场上交换和出售多余的电量，显著降低电费开支与电力成本。

（四）数字版权

区块链可以对作品进行鉴权，证明文字、视频、音频、图片等作品的存在，保证权属的真实性、唯一性。作品在区块链上被确权后，随后的交易均被实时记录下来，实现了数字版权全生命周期的管理，可作为司法取证的技术性保障。例如，借助区块链，建立音乐版权管理平台，歌曲的创作者与消费者可以建立直接的联系。

（五）社交通信

区块链让社交更安全。区块链使每个用户的信息掌握在自己手中，用户可以自由处理或分享信息。同时，区块链技术可以加密用户信息，保证信息只在特定的用户之间传播或者共享，即使黑客拦截，也无法破解出用户原始信息。

三、区块链技术在金融领域应用的潜在风险

（一）技术层面难以兼顾部分金融场景对安全、功能和性能的要求

一是区块链技术通过大量的冗余数据和复杂的共识算法提升安全可信水平，金融业务需求将导致系统处理量大幅度地增加，加重参与节点在信息存储、同步等方面的负担，现有技术环境下可能导致系统性能和运行效率下降。二是搭载智能合约可能带来一些新的风险，尤其是用于实现复杂业务功能时，需要深入的业务逻辑理解和较强的程序设计能力，否则可能导致交易执行错误或程序代码漏洞，影响金融业务运转和区块链系统运行。三是密钥仍存在一定安全隐患。私钥遗失或被盗等情况会危害私钥所有者的权益，且私钥的唯一性使上述损失难以补救。四是区块链底层技术架构与现有技术体系的融合集成还存在一定困难，主要体现在开发效率慢、可扩展性差、数据结构化程度低、网络结构复杂、升级维护不灵活等问题。五是区块链技术架构仍需要更好地匹配金融系统对可用性与业务持续性的高要求，信任机制、数据保存方式等仍未获得传统金融机构的普遍接受和认可。

（二）治理层面在监管、标准、人才等方面需进一步完善

一是链上资产和智能合约等方面的法律有效性界定不清晰，发生纠纷时难以得到法律支持，且分布式体系进一步提高了责任主体认定难度。二是部分区块链体系高度自治且数据加密，在缺少必要权限的情况下，违规开展金融业务的行为和潜在风险对金融监管机构而言相对隐蔽。三是对国外开源程序的广泛应用可能导致技术依赖风险，且代码托管平台等开源服务相关方也需遵守注册地相关司法辖区的法律法规要求。四是标准规范有待建立健全，存在一定程度的"各自为链"情况，可能造成不同区块链间信息交互和融合存在困难。五是区块链需要跨学科，包括分布式、存储、密码学、网络通信、芯片技术、经济学等领域，学习成本高，实施难度大，人才培养和实践经验积累周期长。

（三）业务层面尚存模糊地带，应用创新缺少权威的第三方评估

一是部分依托区块链平台开展的数字凭证拆分、积分通兑等环节存在模糊地带，相关政策有待进一步明确。二是在区块链共识机制下，部分敏感信息缺乏隐私性，而组合环签名、零知识证明、同态加密等密码学新技术尚不成熟，用于隐私保护反而可能导致数据膨胀、性能低下等。三是由于数据上链前无法保证真实性和完整性，难以真正形成闭环以降低风险，反而可能因信息失真或扭曲而造成潜在损失。四是部分区块链应用创新未经严密论证，且缺少权威的第三方评估意见作为参考，一些应用甚至难以达到传统数据库技术的效率水平，不仅导致资源浪费，还可能对自身持续经营造成不利影响。

■ 扩展阅读

区块链技术在金融领域应用的建议

一、政策监管层面：加强研究跟踪，立规制，促合规

一是加强对区块链安全风险的研究和分析，密切跟踪发展动态，积极探索发展规律，坚持"凡是金融活动都应纳入监管"的原则，严格落实国家互联网信息办公室《区块链信息服务管理规定》等现有监管规定，引导、规范金融机构和技术企业共同推动区块链技术在金融领域的可靠、可控、可信应用，促进区块链技术与金融的深度融合。二是充分利用包括区块链技术在内的监管科技，加强监管，提升监管效能，同时提高地方政府及金融管理部门人员运用与管理区块链技术的知识能力，逐步建立起与区块链技术发展水平相适应的监管体系。三是密切关注加密货币等应用在跨境资金流动、恐怖融资、洗钱和逃税等方面可能带来的问题和挑战，持续跟踪国际监管动态，积极参与相关跨境监管规则与标准的研究和制定。四是对于有违技术发展规律和损害金融秩序的不法行为和乱象，应保持高压态度，持续采取措施重拳打击，坚决遏制歪风邪气，并切实引导，将区块链技术发展与此类乱象有效切割。

二、行业组织层面：搭建平台桥梁，严标准，聚合力

一是搭建汇聚政府、产业、学校、科研机构、用户各界资源的有效平台，开展热点难点问题研究，持续关注国际发展动态和金融应用成果，探索区块链在金融领域应用服务实体经济价值、合法合规性、安全规范性、运营稳健性等方面的评议评估，推动成果经验应用推广。二是做好各方的桥梁纽带，对于政府和市场之间，客观反映问题诉求，正确解读监管政策，评估监管措施效果，及时传递市场反应，促进双向良性互动；对于市场主体之间，积极推动交流合作，扬长避短，实现互补共赢，形成区块链技术在金融领域应用的良好发展环境。三是按照"共性先立，急用先行"原则，围绕技术发展和业务场景关键环节，以技术安全、业务合规和金融消费者权益保护为重点，推动完善区块链技术在金融领域应用的基础术语、安全规范、应用评估等标准规范，逐步完善区块链技术和应用标准体系，促进各方对区块链技术达成共识。四是强化基础设施建设，发挥行业自律精神，聚焦于区块链技术在供应链金融、签约存证等具体场景中的应用痛点，探索建立满足信息跨链共享、存证权威可信等行业需求的信息基础设施。五是切实加强公众教育，使公众能够正确认识和客观理解区块链技术，对缺乏理性、跟风炒作现象适时进行风险提示，不断强化公众风险意识和自我保护观念，引导其远离各类打着区块链技术创新旗号的非法金融活动。

三、从业机构层面：探索核心技术，抓应用，推场景

一是强化基础研究，扎实练好内功，结合自身技术基础与发展定位，深入研究区块链应用及底层技术，推进区块链底层平台的持续优化，加大区块链人才培养力度，加快形成自主创新体系，不断实现区块链核心技术突破，提升原始创新能力。二是充分考量金融业务场景适用性，建立合理的激励机制和商业模型，做好产品技术验证和项目推广，

逐步走出实验室测试和内部试点，在依法合规前提下探索推动区块链技术在金融领域应用的商业落地，更好地发挥区块链技术在促进数据共享、优化业务流程、降低运营成本、提升协同效率、建设可信体系等方面的作用。三是稳步提高技术自主可控能力，综合运用产业支持政策、税收优惠政策等措施，促进金融领域关键信息基础设施持续优化，切实提高技术可靠性，加强"链上"金融业务风险抵御能力。四是充分考虑监管要求和法律适用问题，结合业务和技术发展实际，开展合规审慎经营，持续提升风险防范的意识和能力，做到风险管控安排与产品服务创新同步规划、同步实施。

■ 本章小结

1. 区块链是一种持续增长的、按序整理成区块（block）并受保护以防篡改交易记录的分布式账本数据库。
2. 公有链是指任何个体或团体共用一条区块链，只要接入公有链都可以在上面发送交易，并且交易能够获得区块链的有效确认，任何团体或个人都可以参与共识过程。
3. 私有链是指公司或个人仅仅使用区块链这一技术进行记账操作，但不对外公开。公司或个人单独拥有此区块链的写入权限，或对外开放有高度限制的读取权限。
4. 联盟链指共识过程受到某些预选节点控制的区块链。该行业集体内部首先指定多个预选节点为记账人，每个区块的生成由所有的预选节点共同决定（预选节点决定区块链的共识），其他节点只能接入区块链负责交易，但不参与共识过程，任何人都可以通过此区块链对外开放的 API 进行有限查询。
5. 区块链的基础技术主要包括分布式共识机制、哈希算法、非对称加密技术、工作量证明机制、时间戳服务、智能合约等。
6. 区块链的发展历程：数字货币（2018～2013 年）、智能合约（2014～2016 年）、支持复杂的商业应用（2017 年至今）。
7. 通证是指以区块链技术为依托，将公司多种资产形态、商品和服务，统一改造为加密数字资产，公司组织形式改造为社群制，体现了区块链技术的去中心化、分布式账本、不可窜改、可溯源、开放、共识等特点，充分实现经济组织资源的最优配置，所有参与者的劳动得到最大激励，信息完全公开透明。
8. 通证的三要素：权益、加密、流通，三者缺一不可。
9. 通证经济是指以通证为激励方式，借助区块链平台工具，完成生产、分配、交换、消费等的一系列经济活动。
10. 区块链技术在金融领域应用的潜在风险：技术层面难以兼顾部分金融场景对安全、功能和性能的要求；治理层面在监管、标准、人才等方面需进一步完善；业务层面尚存模糊地带，应用创新缺少权威的第三方评估。

■ 关键概念

区块链	区块	公有链	私有链
联盟链	分布式共识机制	去中心化	哈希算法
非对称加密	工作量证明	智能合约	时间戳服务
存在性证明	通证经济	数字货币	

■ 复习思考题

1. 区块链是什么？如何理解区块链的工作原理与逻辑？
2. 简述区块链价值重塑的内涵与外延。如何理解它的局限性？
3. 简述公有链、私有链和联盟链三种不同区块链的特性。
4. 简述通证经济与区块链之间的关系。
5. 什么是分布式共识机制？共识机制的作用是什么？
6. 简述智能合约的运行原理。
7. 简述区块链在各个行业应用的机遇与挑战。

■ 本章实训

区块链设计与实现

一、实训目的

1. 训练学生收集、整理数据的能力。
2. 掌握区块链的基本原理，包括分布式共识机制、哈希算法以及公钥、私钥等密码学知识。
3. 培养和训练学生运用专业数据分析工具的能力。
4. 利用 JavaWeb 技术去建立一个简单的区块链数据库，并能通过分布式共识机制进行节点的插入和验证。

二、实训要求

本项目要求设计一个简单的区块链数据库，要求能完成：区块链节点设计与添加，包括区块的创建、取得共识后的节点插入、数据真实性认证等。

1. 在系统中建立超级用户，普通用户通过网页进行注册，系统管理员审核通过后，普通用户即可通过用户名和密码登录系统。普通用户的审核也可采用邮箱验证的方式，邮箱验证后视为审核通过，即可使用注册时的用户名和密码登录。
2. 用户登录系统后即可享有操作区块链的权利。用户要想向区块链中插入一个节点，首先向系统发出节点插入申请，只有得到 4 人以上的同意才能将节点插入数据库中。节点一旦插入数据库后就不能删除。
3. 系统需要提供每个节点真实性的验证操作。

三、实训组织

数据库一共含有三张表，分别是用户表、共识记录表和区块链表。

（1）用户表——usertable

字　段	类　型	备　注
用户名（userno）	文本	主键
姓名（username）	文本	
密码（password）	文本	
邮箱（useremail）	文本	

（2）共识记录表——consensustable

字段	类型	备注
用户名（userno）	文本	
发起事件（event）	文本	主键
时间戳（datetime）	文本	
同意人数（agreenum）	数字	

（3）区块链表——blockchaintable

字段	类型	备注
前一个节点的hash（prehash）	数字	
用户名（userno）	文本	
节点内容（event）	数字	
时间戳（datetime）	日期（时间型/文本型）	
本节点hash（currentdate）	数字	

1. 要求以7人为一组，选择一名小组长，小组长担当项目经理的角色，完成任务分解、任务分配、任务测试与联调等工作。小组长要明确每个组员所负责的任务，并检查每个组员的研发进度，同时负责每个阶段文档整理，包括需求分析表、数据库设计表、模块划分与任务分配表、系统使用说明书等。
2. 每个组员自己建立开发环境和运行环境。组员根据小组长分配的任务，自行查阅资料，独立完成任务。组员可以提出问题，相互讨论，互相帮助来解答问题，但是其他组员不能代完成任务。
3. 在完成本项目规定的基本任务时，每个小组可以查阅资料，了解区块链的最新发展技术，拓展本项目的范围。

问题：思考区块链技术还能运用于什么领域？

金融科技市场

第六章　数字金融机构与产品

第七章　数字货币

第八章　智能投顾

第九章　量化投资

第十章　大数据资产市场

第十一章　第三方支付市场

第十二章　网络存贷市场

第十三章　区块链供应链金融

　　本篇具体阐述了金融科技不同的典型场景创造及应用，结合经济学原理及金融市场运行机理，从宏观经济调控与微观应用两个层面，探讨了数字金融机构、数字货币、智能投顾、量化投资、大数据资产市场、第三方支付、网络存贷、区块链供应链金融等内容。

第六章

数字金融机构与产品

■ **本章提要**

本章探讨了数字金融的含义、产品与服务,介绍了金融机构包括银行、证券公司和保险公司进行数字化转型的实践、意义及挑战。

■ **学习目标**

了解数字金融的概念、业务模式;理解金融行业进行数字化转型的必要性;掌握银行业数字化转型的路径、演进阶段以及开放银行生态模式的基本内容;熟悉不同保险公司类型以及证券公司所面临的挑战。

■ **引导案例**

金融机构数字化转型已成刚需

目前,受宏观环境、客户行为、行业竞争等多种因素影响,金融机构普遍面临基础设施、组织架构、业务发展等方面的挑战。这些挑战主要包括渠道、客群、产品、组织架构、基础设施、数据资产等六个维度。银行业正面临着资金业务持续收缩、整体负债成本率过高、客户群体年轻化等多方面的考验,仅靠规模驱动的传统发展模式难以为继。而保险、证券行业也出现了核心指标增速放缓、竞争加剧的趋势,且行业头部效应明显。

2016年以来,央行、银保监会、证监会等监管部门积极引导金融机构加速数字化转型,互联网企业、金融机构、行业第三方等都加大投入,一些金融机构在探索自身金融科技、数字化转型的同时,还搭建起开放金融体系,对外进行技术输出。数字化转型在金融业迫在眉睫。

资料来源:第一财经. 金融机构数字化转型已成刚需,金融云服务市场大有潜力 [EB/OL].(2021-01-23)[2021-08-13]. https://m.hexun.com/bank/2021-01-23/202885853.html.

■ 本章知识框架图

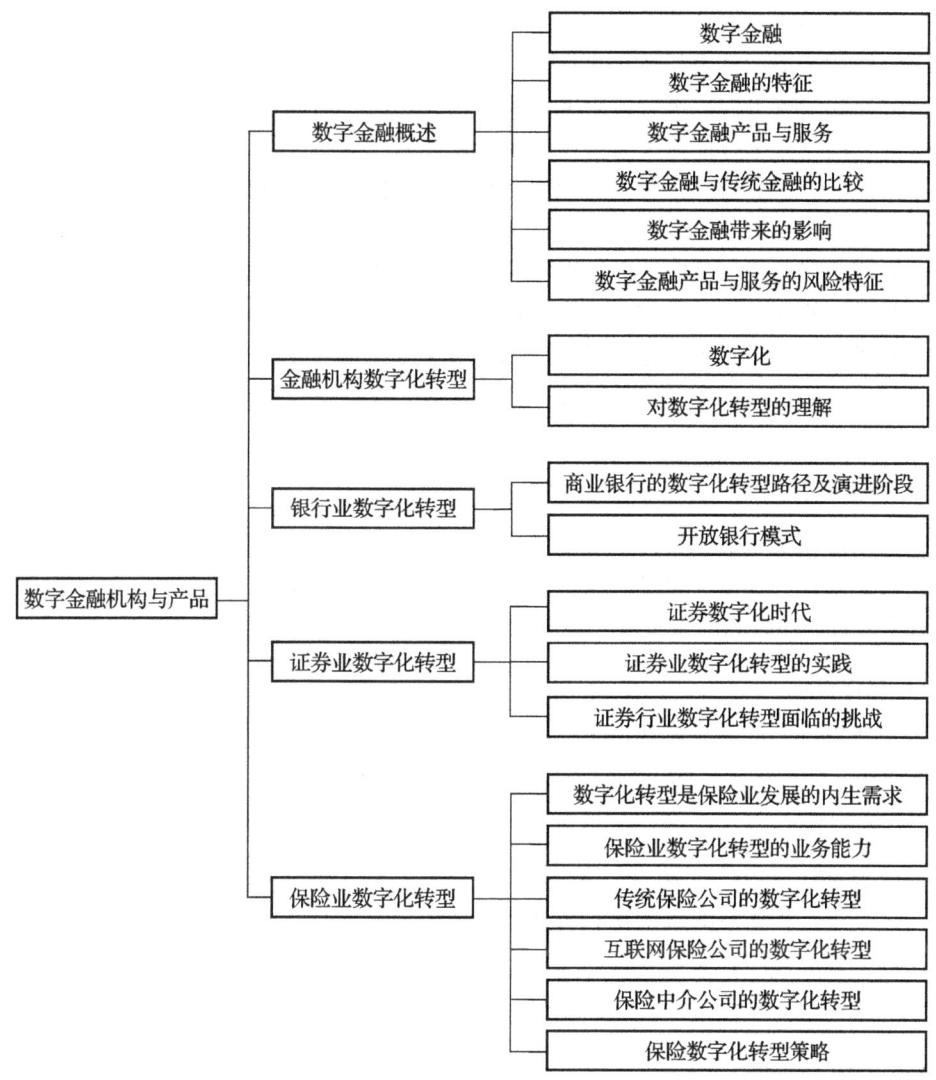

第一节　数字金融概述

一、数字金融

数字金融是指互联网科技企业和传统金融中介借助数字技术，提供融资、投资和其他金融服务的模式。它是以现代数字信息为载体，借助移动通信技术和互联网技术等数字化知识和信息等生产要素，优化传统金融产品与服务、数字产品与服务、数字信息和支付的高效配置，实现金融中介和市场生产力提升、商业模式创新的一系列金融活动。数字金融机构则是提供数字金融产品与服务的相关金融机构。

二、数字金融的特征

（一）经济特征

数字金融的经济特征表现在普惠性、市场化、长尾性和规模性方面。在普惠性方面，数字经济借助互联网技术为传统金融未覆盖到的地区和用户提供均等的金融服务，让每个人在数字金融的发展过程中都能从中受益；在市场化方面，数字金融通过大数据、区块链和人工智能等技术降低市场上信息不对称的程度，利用信息化手段提升信息的流动效率和质量；在长尾性方面，传统金融机构只重视大额、信用资历良好的金融服务需求者，而忽视了小额、无信用或者信用较差的金融服务需求者。而在数字金融背景下，金融机构可以借助数字化技术将大额和小额的金融服务需求者作为自己的目标客户人群；在规模性方面，基于互联网技术发展的背景，摩尔定律使金融行业也能够产生规模经济。数字金融通过信息网络的载体，突破时间和空间的约束，在既定的资源条件下，最大化地覆盖用户和地区，产生边际成本递减和规模经济效应。

（二）技术特征

数字金融的技术特征主要体现在数字化和智能化方面。数字金融首先借助数字化技术将金融要素转变成数字要素，通过大数据、人工智能等技术形成金融生产力。在万物都被数字化的金融中，智能终端和设备通过人工智能等技术将金融行为智能化。

（三）兼容特征

数字金融可以借助资金流和信息流等渠道重构传统金融与产业之间的关系。例如，数字金融与供应链之间的融合形成了数字供应链金融。

（四）监管特征

在金融数字化过程中，数字金融迭代创新发展的速度超过以往任何一个时代的传统金融发展速度，倒逼监管体系的数字化和科技化。传统金融下的监管体系和规则在数字金融背景下较难发挥有效的作用，尤其是针对资本市场上的数字金融行为，传统监管可能出现失灵的状况，科技监管成为数字金融时代背景下显著的特征。

三、数字金融产品与服务

数字金融产品与服务是指银行或非银行机构通过在线或移动等数字渠道开展的数字化金融产品和服务。数字化产品与服务和传统产品与服务的本质区别主要表现在服务渠道、服务产品的数字化上。一方面，用户通过互联网浏览器或移动应用程序访问产品和服务，即服务渠道的数字化；另一方面，金融机构通过应用数字技术将产品数字化。

（一）手机银行和移动应用程序

手机银行用于客户检查账户余额、查看银行对账单、进行转账交易、信用借贷、通过在线平台（互联网银行）和移动设备（应用程序）进行交易付款以及签订金融产品和服务协议。当前该项技术已经较为成熟，并且是消费者首选的渠道之一。

（二）网络众筹和网络贷款

许多消费者与机构会选择网络众筹（主要包括捐赠、奖励、贷款、投资四种类型）和网络贷款满足资金的借贷需求，获得收益与报酬。通常项目所有者通过网络平台公布资金需求，以获取潜在的客户群体。

（三）无抵押消费信贷

消费者通过如之前的"花呗""借呗"来满足短期资金借贷与消费需求，实现快速、轻松获取信贷的潜力。消费者也更偏好数字渠道借贷的匿名性，这种便捷的可访问性会诱导消费者提前消费，可能导致过度负债，甚至无法按期还款，产生一系列纠纷。

（四）手机钱包与移动支付

移动钱包无须实体卡片介质，移动第三方支付支持方便快捷的在线交易，满足用户日常高频的非现金交易需求。

（五）在线投资理财

用户一方面通过互联网理财 App 随时在线理财，在线投资理财具有灵活、方便、安全的理财优势；另一方面一些理财产品起步门槛低，期限选择多，更广泛地覆盖各阶层投资者。在线投资产品丰富、手续简洁，依托数字技术、大数据等分析手段和互联网的信息收集优势，满足客户不同的投资需求，提高理财服务的普惠性和业务转型升级。

四、数字金融与传统金融的比较

第一，金融的时代背景不同。传统金融孕育于蒸汽时代和电气时代，电力等技术驱动着金融行业的发展。电气和通信的发明和使用，使得金融行业进入发展的快车道。但是在这个时代背景下，金融受制于时间和空间，难以实现全球化的进一步发展。相比而言，数字金融孕育于传统金融之中，脱胎于信息时代的背景之下，数字金融大量应用大数据、云计算、人工智能和区块链等新兴技术，重塑传统金融信息收集、风险定价、金融中介和资源分配等过程。

第二，金融参与者的区别。传统金融的背景下，金融领域投融资行为的主要参与者以商业银行为主，而在数字金融时代背景下，金融脱媒越来越显著。资金的供需双方可以借助创新工具直接实现资金的流动，例如之前网络金融工具的出现，使资金供需双方越过了商业银行等金融中介。

第三，金融工具的区别。传统金融主要使用 IT 的软硬件实现金融业务的电子化，提供 IT 技术的企业并不深入参与金融业务运营。金融工具主要是交易系统、信贷系统和清算系统等；数字金融主要使用大数据、云计算、区块链和人工智能等新技术，这些技术广泛应用于投融资业务、保险、支付和清算等方面。

第四，金融模式的差异。传统金融的金融模式主要有两种，分别是以银行为主的间接模式和以资本市场为主的直接模式。传统金融运行模式需要"金融中介"介入资金配置过程，实现资金从供给方流向需求方，实现资金的合理配置；而数字金融开辟了第三种金融模式，利用互联网点对点的信息技术优势，将市场上存量的资金供需双方自行直接匹配，再通过第三方支付的方式完成资金转移和合理配置。传统的金融部门仅提供数字金融模式过程的结算和清算功能。

五、数字金融带来的影响

（一）促进居民消费

数字金融主要从三方面影响居民消费。第一，在线借贷突破地域局限，以线上模式为主，这拓宽了金融服务边界，提高了用户信贷可得性。互联网银行以开放、技术、轻资产网络模式、低成本等特征服务于小微群体，推进普惠信贷服务，促使广大居民更容易获得信贷支持，有助于缓解资金压力，实现跨期消费。第二，数字金融包含多样性的基金、投资等金融服务。互联网理财产品发挥各自优势，实现资源高效配置，使投资者收益最大化，投资者的消费意愿也提升了，互联网金融财富效应拉动内需，能够提高居民消费水平。第三，数字金融便利性和低交易成本影响居民消费。数字金融的支付便利性，可以缩短购物时间，促进居民消费。移动支付的低成本降低支付痛感，刺激消费。依赖于互联网、大数据等创新技术，金融服务成本降低，为扩大居民消费创造条件。

（二）推动创新创业

一方面，数字金融帮助用户提高金融服务的可得性，用户通过数字金融扩展信息渠道，获取更多消息，强化社会信任与合作，激发创业热情，提高创业绩效；另一方面，移动支付产生的数据用于技术分析，大数据评估能够帮助小微企业获得融资服务，在信贷约束缓解和创业条件优化的基础上，企业驱动去杠杆、稳定财务状况，积极进行业务创新和技术创新，增加创新产出，从而推动实体经济发展。数字金融缓解了小微创业者的资金约束，为创业提供了广泛的资金来源，创业活动的成功带来了创业者收入水平的提高。数字金融也促生了电商、O2O等许多新的创业机会。

（三）提高就业和收入

一方面，企业受益于金融普惠，降低了融资成本，扩大了生产规模，增加了居民就业，提升了劳动人口的个人收入水平；另一方面，金融为创新提供支持。在数字经济时代，网络直播、微电影、短视频、平台带货提供了自主创业的渠道；线上智能环境的深化普及，课堂教学、互联网医疗等提供更多数字就业机会。数字金融提高居民投资理财收益水平，显著提高我国城乡居民收入。数字信贷服务，满足小微型企业金融需求，缓解流动性危机；数字保险的线上推广为客户节约了购买保险的成本，高效的理赔审核和优质的定制化服务获得用户的青睐，提升了人们的保险购买意愿。

（四）推动传统金融数字转型

数字金融推动金融结构变革，给银行带来服务模式和技术转型的机遇。首先，银行利用算法分析客户的违约数据，简化信用风险评价流程，提升业务能力；其次，银行通过微信银行、手机银行等多种模式实现渠道转型；最后，线下社区和自助银行的出现推进网点智能化、轻型化改造，银行分布式核心账户系统驱动服务的升级。

六、数字金融产品与服务的风险特征

数字金融产品与服务的主要风险有：数字产品信息透明度差，数字交易欺诈风险，数据保护和隐私泄露风险，数字技术故障引发侵权风险，有限的用户保护和追索权，非理性消费风险（详见表6-1）。除此之外，如果没有足够的监管措施，数字金融产品与服务会限制某些消费者通过传统方式获得产品和服务的访问权限，较低的金融和数字素养水平会导致用户排斥服务。方便快捷的用户数字环境会使用户容易粗心地处理数字金融各项事务。比如，用户可能无意识地签订信贷合同或选择分期付款等。当金融机构使用基于人工智能和数据驱动算法的数字性能分析进行信贷决策时，会产生新技术带来的用户歧视风险。

表6-1　数字金融产品与服务的主要风险类别

数字产品信息透明度差
1. 线上交易带有偏见、信息不完整或误导性产品广告
2. 在线交易过程难以进行合同签订前的信息分析和利率计算
3. 由于复杂冗长及隐蔽的用户电子协议，用户对产品特性或服务条款及条件缺乏了解，如对价格、费用和汇率结构不清楚，线上交易环境不足以评估复杂的信息
4. 金融机构易单方面进行电子合同变更，用户无法保存或获取有关电子服务协议
5. 合同协议内容通常含有不公平、歧视性条款
数字交易欺诈风险
1. 由于系统默认设置导致用户无意或未经授权开设子账户或进行其他交易
2. 由于信息泄露导致的未经授权的账户访问或资金转账
3. 系统或制度漏洞产生的员工、授权代理商的欺诈行为风险
4. 数字化（电信）诈骗风险
5. 难以监测的线上洗钱或资助恐怖主义的交易风险
数据保护和隐私泄露风险
1. 集团内部或第三方未经授权使用个人金融信息数据
2. 个人金融信息交易中的数据泄露
3. 个人金融信息数据跨境传输时隐私泄露的潜在风险
数字技术故障引发侵权风险
1. 系统故障导致无法操作或交易延迟
2. 市场被不同金融机构分割，线上业务交易互通性较差或为了竞争设置人为障碍
3. 操作能力不足以及系统响应时间迟缓
4. 未统一安全标准，无法承受黑客攻击
5. 一般系统错误，导致用户体验不佳或资金损失
有限的用户保护和追索权
1. 数字金融产品与服务涉及多公司参与时，各方责任分散或不清、无法追责
2. 无法获得有关跨部门、跨市场的有效投诉渠道
3. 金融机构内部投诉处理缺乏透明度
4. 金融机构对消费者的抱怨缺乏及时的回应
5. 条款存在对争议解决、强制性内部处理或仲裁协议的限制
6. 在面临跨境服务提供商时，面临提起诉讼困难
非理性消费风险
1. 信用借贷泛滥，诱导提前消费，造成过度负债
2. 用户资金链断裂或破产
3. 财务排斥、智能歧视及大数据偏见

第二节　金融机构数字化转型

数字经济被视为撬动全球经济的新杠杆。近年来，我国数字经济规模保持快速增长，已成为经济增长的新引擎。在"数字中国"发展战略的引领下，各行各业开始推进数字化转型，运用区块链、大数据、云计算和人工智能等技术拓展业务，提升运营管理效能。金融行业也在积极培育数字化能力，重塑竞争优势。

一、数字化

数字化是指行业通过整合数字和物理要素，进行整体战略规划，实现业务模式转型，并确定新的方向。数字化包括三方面的内容：资产数字化、运营数字化、劳动力数字化。

未来去中介化、分散化和非物质化这三种数字化推动力或可转移与创造 10%～45% 的行业收入，其中去中介化和分散化的影响更为显著。在美国，数字化转型贡献了约 20% 的咨询业务，该领域在 2017 年的增长率为 17%，远远超过了传统咨询公司 5% 的增长率。

理解数字化需要注意以下几点：第一，数字化是个商业概念。数字化早已不是技术概念，它围绕洞察、满足客户需求开展，涉及业务、人文、社会等各个方面。第二，数字化是个动态的概念。几乎所有连接人和人、人和机器、机器和机器的技术都可纳入数字化技术范畴。数字化的概念和范围随着数字化技术的发展而演进，边界不断延伸，对业务的重塑程度不断加深。第三，数字化是思维的转变。数字化强调在数字世界里开展服务，目的是在数字世界和现实世界共同向客户提供个性化服务或体验，包括流程设计、产品设计、平台设计、绩效考核等。

二、对数字化转型的理解

数字化转型是数字化时代背景下企业通过一系列数字技术应用与创新，实现组织架构、业务模式、内部流程的升级改造，提升服务质效的过程。利用数字化技术实现产品设计、营销、运营、管理和服务的全面数字化，借此推动业务模式重构、管理模式变革、商业模式创新与核心能力提升；对内根除流程竖井，打通全流程、各环节的数据采集、传输和共享，支撑敏捷开发、动态维护、精益管理、实时监控、快速决策等；对外改善用户体验，提高客户满意度，构建业务与技术生态等。数字化转型的最基本特征是通过数字化应用提升运营效率。

数字化转型主要在"商业创新""主营业务增长"和"智能化运营"三大方向提升数字化程度，更加关注"颠覆产业价值链的可能性"和"提升市场份额"，采用更短的数字化转型效果评估周期。数字化转型帮助企业解决问题、创造价值。以终为始，企业首先要清楚业务或管理的瓶颈所在，然后有针对性地引入数字技术予以改造。

数字化转型的战略途径主要有三种：其一，注重客户价值主张；其二，注重运营模式转型；其三，从整体和整合的角度，将前两种途径结合，满足客户价值主张，改变组织交付的运营模式。

第三节 银行业数字化转型

一、商业银行的数字化转型路径及演进阶段

从最初的业务开展需要依靠线下的网点和人工，只注重运营效率提升的传统商业银行，到依靠移动支付技术的快速发展实现了通道升级、降低了运营成本的互联网银行，再到通过与金融科技企业共享数据，提高了金融服务的便捷性与可获得性的开放银行，银行业不断地实现着转型升级。具体如图 6-1 所示。

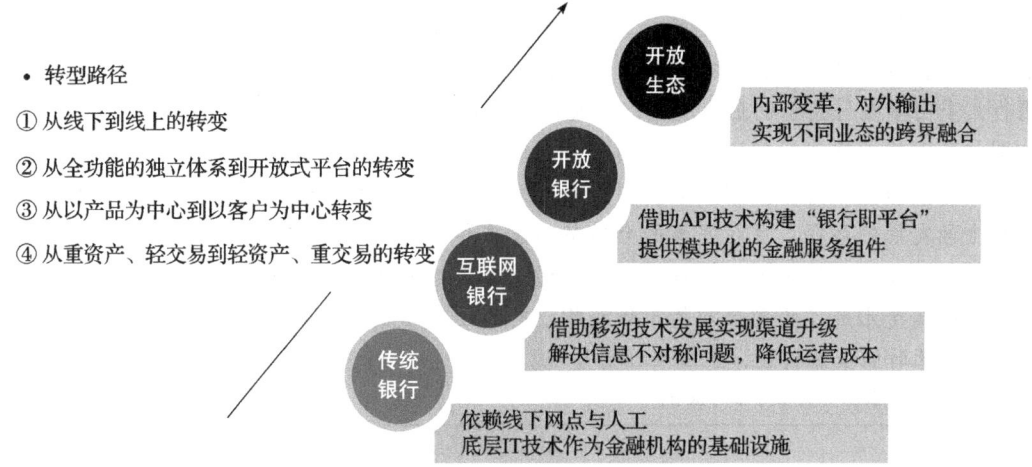

图 6-1 银行数字化转型路径及演变阶段

（一）从线下到线上的转变

银行在线上开展业务，为客户提供数字化和智能化的服务体验，客户足不出户就能享受到无须人工接触的金融服务，更不用到线下网点办理相关业务，省心、省力又便捷。

（二）从全功能的独立体系向开放式的平台转变

技术力量的推动使银行不再是一座"孤岛"，不再独自创造全部的生态，而是让银行金融的功能散布到所有需要的地方，银行作为整体市场的一个部分，与其他企业一同构建协调有序的生态体系。

（三）从以产品为中心向以客户为中心转变

传统的银行更像是"坐商"，先行构建出产品和服务，让客户来银行根据自己的需求自行选择，如今的市场格局更鼓励银行转为"行商"，以客户体验为驱动力，主动走向客户，探索客户的潜在需求，开发出更多具有贴合性的定制化产品。

（四）从重资产、轻交易的模式升级为轻资产、重交易的模式

银行的发展目标不只是单纯地扩大资产规模，而是迎合客户的多元化需求，以客户的商业模式和交易链条为起点，围绕客户的日常经济活动，提供可以高效实现需求对接、方案设计、产品交付和持续跟进的全程化金融服务，依靠数据科技构建更丰富的业务体系。银行的发展模式从重资产升级为重交易，以更少的资产和资本获得更多收入，这提升了资产和资本的利用效率。

> **专栏**
>
> **数字银行发展现状**
>
> 韩国诞生了亚洲第一家上市的数字银行后,因为拥有庞大用户基础的新加入者的出现,竞争日益激烈。日本处于经济下滑、人口减少、老龄化趋势严峻、长期负利率的大环境中,居民更倾向于使用纸币消费,数字银行仍暂处于渠道替代阶段,并从产融结合阶段逐渐转向依靠前沿金融科技发展业务的新阶段。在人口基数庞大、经济发展迅速、金融服务渗透率较低的东南亚,2021年出现了数家数字银行,监管机构也纷纷出台相关政策予以政策上的支持,进入百花齐放的混战阶段。澳大利亚则经过了市场筛选,头部机构已然显现。欧洲银行业经历了较长时间的发展,基础设施完备,业务种类齐全,基本已经满足社会的金融需求,留给数字银行补充和改善的空间较小,民众对于数字银行的接受程度较低,数字银行大多由金融科技初创企业发起,普遍选择走差异化的路线,开展特色灵活的金融服务。美国和巴西的数字银行都以精细化的服务,通过细节上的改变渗入下沉客群,以数字化的方式促进了当地普惠金融的发展。中国内地方面,银行业普遍选择了以金融科技助力数字普惠金融发展的路径,且在完善的金融基础设施和强有力的科技投入的支持下,无论是客户规模、经营利润还是风控效果等,都远远超越其他地区的数字银行。中国香港因八家虚拟银行的诞生形成了不同层次的市场结构,有利于完善银行服务体系。中国台湾数字银行的上线运营时间虽然较短,但成绩开始显现。
>
> 资料来源:2021全球数字银行报告。

二、开放银行模式

金融科技的场景由数亿个人用户和商家组成,金融科技企业把用户数据及场景开放给商业银行,使银行能够精准触及有需求的客户,形成开放银行模式。开放银行的目标是实现用户价值的最大化,它是商业银行与金融科技企业等协同创新的成果。

(一)开放银行简介

1. 定义

开放银行(open banking)是一种开放的平台化商业模式,银行通过与第三方开发者、金融科技公司、供应商等商业机构共享数据、算法、交易、流程和其他业务功能,重构金融商业生态系统,为各类利益相关者和合作伙伴等提供增值服务,使银行不仅为自身,而且为社会创造出新的价值,提升了资源使用效率,减少了银行资源浪费。

2. 工作原理

开放银行的本质是以开放 API 接口为技术支撑,一般由上、中、下三层构成,其工作原理参见图 6-2。

下层是持有牌照的银行。银行的账户管理、支付、融资等功能,都可以被拆分成各个组件,为上层商业生态系统提供模块化、系统化的基础金融服务。

中间层是相关技术支持。大型银行,完全有能力自主开发 API 对接上层商业生态系统。然而,对资源能力有限但又亟须对接上层商业生态的中小型银行而言,中间层可将下层散乱的中小银行金融服务组件标准化，组装成可被上层生态系统调用的服务。

上层是商业生态系统。上层的金融科技公司、电商平台、行业服务平台、供应链核心企业、开发者乃至个人创业者均可以通过开放API接口调用下层的银行服务组件，获取相应的数据，开发创新应用，构建各类商业场景，为客户提供无缝衔接式的金融服务。

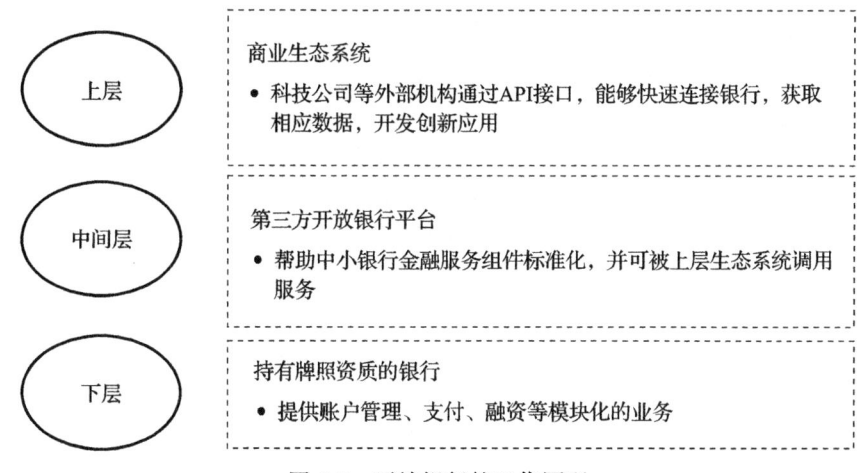

图 6-2　开放银行的工作原理

（二）开放银行对商业银行数字化转型的影响

数字化转型已成为商业银行战略转型的重点。开放银行一方面使商业银行有能力从外部生态吸引新的价值数据，大幅提升商业银行数据的数量、质量和维度，增强商业银行的数字化获客、数字化营销、数字化风控、数字化服务、数字化运营等数字化能力；另一方面，开放银行使商业银行能够将自身产品、服务和数据源源不断、持续高效地通过API等接口以数字化方式输出到外部生态。

（三）开放银行对商业银行场景建设的影响

各商业银行通过自建场景与跨界合作等方式，从衣、食、住、用、行、理财、缴费等各方面发力，持续提升场景的广度、深度和服务能力。

开放银行一方面有利于外部场景便捷、快速调用商业银行产品、服务和数据，简化外部场景与商业银行融合的技术门槛，为场景迅速丰富和生态圈快速壮大提供了强有力的抓手；另一方面，开放银行利用API等方式实现与客户的直接业务往来，能减少合作方的抵触心理，提升主观合作意愿。

（四）开放银行对商业银行服务平台升级迭代的影响

开放银行将推进商业银行服务平台的迭代。一方面，开放银行推进服务平台实现从有形到无形的迭代。API、SDK、H5接口将助力商业银行服务平台由App、互联网网站、营业网点等有形平台升级至云端，通过接口实现与生活中各类型场景、产品、服务等的融合和衔接，实现商业银行平台的无形化迭代，形成真正的"无界"开放银行。另一方面，开放银行推进商业银行服务平台由内向到外向的发展。开放银行可以将商业银行的产品、服务和数据等，高效融入外部生态的场景和平台之中，商业银行以开放、包容、共赢的心态融入外界，推进服务平台向外的迭代。

> **专栏**
>
> ## 我国开放银行的思考
>
> 开放银行的核心是共享数据,但我国金融领域数据基本分布在政府部门、传统金融机构、第三方机构等。尽管近些年在"推动政府数据开放共享"方面确有积极进展,但是,政府机构、商业机构等仍将数据视为自有资产。
>
> 我国要根据国情引导各参与主体自主开放数据,推动数据共享交流机制,有序对外开放。我们可借鉴英国监管沙盒的监管方式,采取临时性监管来管控风险,在沙盒内针对部分机构试点公共、政务数据共享。我们也可以考虑将目前分散在各处的政务数据聚合在统一接口,同时,通过划定共享数据的范围,明确共享的收益和风险分担机制,以及在数据保护和共享之间做好平衡,引入数据共享的争议解决机制和准入标准等,推进数据共享。
>
> 银行和金融科技企业目前已经开始尝试将多方安全计算等技术应用于联合数据共享,在"数据不出域"的情况下就可以实现数据深层次共享和联合建模。该技术实践目前处于探索实践期,未来可能成为机构间数据共享的主流技术解决方案。银行和金融科技企业可以运用最新安全技术,形成更加完善的数据融合市场化机制。

第四节 证券业数字化转型

一、证券数字化时代

2018年以来,金融监管部门提出应增强金融业科技应用能力,实现金融与科技的深度融合、协调发展,进一步明确了促进信息技术与业务、风控及合规管理深度融合的要求,明确了提高人们对数字化、网络化、智能化金融产品和服务满意度的发展目标。

以人工智能、区块链、云计算、大数据等为代表的数字技术在证券领域应用场景的不断拓宽,深刻改变着行业业务开展、风险控制、合规监管的方式,并催生了智能投顾、智能投研、金融云等新型服务和产品。数字技术在证券领域的应用提升了用户的服务体验,降低了运营成本,提高了市场整体的运行效率。

二、证券业数字化转型的实践

证券公司一直以经纪业务向财富管理转型为目标,随着基金投资顾问业务试点的推出,投资与投研的数字化转型将成为决定机构核心业务竞争力的重要因素,这标志着证券业数字化转型进入深化阶段。

(一)科技与财富管理转型

2002年证券交易佣金开始实行浮动制,行业佣金率不断下降。[①]机构同质化竞争加剧,证

---

① 根据证券业协会统计,2019年证券行业平均佣金率进一步下降至万分之3.49。

券公司以通道业务为主要收入来源的模式难以为继，纷纷向财富管理转型。基金公司促使基金销售从卖方投顾向买方投顾模式转变，帮助客户获取长期稳健收益，以获得更为稳定的资金来源。2019年，证监会规定试点机构可根据与客户协议约定的投资组合策略，代客户做出具体基金投资品种、数量和买卖时机的决策，并代客户执行基金产品申购、赎回、转换等交易申请，开展管理型基金投资顾问服务。①此项措施开启了财富管理的买方投顾业务模式，证券基金经营机构财富管理转型进入落地阶段。

> **专栏**
>
> **数字化投顾平台的应用**
>
> 2019年10月，易方达基金、南方基金、华夏基金、嘉实基金和中欧基金5家基金公司或旗下基金销售子公司正式获得首批基金投资顾问业务试点资格。2019年12月，腾安基金、蚂蚁基金和盈米基金3家第三方基金销售机构成为第二批取得基金投顾业务试点资格的机构。2020年3月，申万宏源、国泰君安、银河证券、华泰证券、中金公司、中信建投、国联证券7家券商，以及招商银行、平安银行两家银行获得基金投资顾问业务试点资格。
>
> 作为财富管理转型的关键，数字化投资顾问平台是对机构综合能力的考验。在客户端，平台需要帮助投资顾问有效洞察客户投资需求、风险承受能力和资产的稳定性，为客户持续提供从投资建议、交易执行到账户跟踪的一体化服务。同时平台通过提升投资顾问与客户的沟通效率和质量，帮助投资顾问与客户建立充分了解、充分信任的可持续关系。在产品端，机构需要具备专业的产品研究能力、资产配置能力，并通过平台将机构的研究能力及时传导给投资顾问和客户。平台同样支持跨部门运营，将各个业务环节连接起来，打通线上线下，将投资顾问的工作流程数字化、标准化。

（二）投资的数字化

投资是证券基金经营机构业务中最复杂的决策环节与核心业务，运用科技手段进行投资决策的典型应用是量化投资。量化投资使用各类资产定价模型和统计学等数量方法寻找市场规律，建立数量化投资策略，运用各类金融工具进行投资，获取收益。量化投资在海外成熟市场已有数十年发展历史，近10年来，在我国运用量化策略进行投资的机构和资金数量不断增加，策略不断进化并趋向多元化。量化投资将投资策略完全数字化为程序代码，在投资决策环节通常不需要人工介入，可以视为数字化的投资。这种类型的策略通常被海外的对冲基金和国内的私募证券投资基金采用，投资操作周期较短，适用于中小规模的资金。

三、证券业数字化转型面临的挑战

（一）机构信息技术系统自主开发能力和技术创新能力普遍不足

我国证券基金经营机构信息技术系统大多采购自第三方提供商，并由第三方进行开发与

---

① 2019年，证监会发布《关于做好公开募集证券投资基金投资顾问业务试点工作的通知》。

管理，导致机构信息技术部门难以快速响应客户与业务发展需求。

（二）机构信息技术投入绝对数额较低，难以支撑大规模技术创新

从信息技术投入占营业收入的比例来看，证券基金经营机构并不低于银行和保险公司，但由于证券基金经营机构规模体量与银行和保险公司相差较大，信息技术投入绝对数额远低于大型银行和保险公司，导致证券基金经营机构难以进行大规模技术创新，制约了行业的整体技术创新能力。

（三）证券业数据安全问题亟待解决

证券业务产生海量的数据，而数字化在提高效率的同时也带来了安全隐患。在证券业数字化转型过程中，由于数据价值凸显，数据往往容易泄露和遭受网络攻击，信息安全将直接影响证券公司整体业务运行，增加技术风险和操作风险。在数字化重塑证券金融服务流程、证券服务模式的同时，客观上造成证券数据曝光范围的扩大，加大了数据泄露的风险。当前，我国证券业普遍采用了网络保护、移动应用加固、身份认证以及健全规章制度等技术与管控手段，对技术安全漏洞和数据信息泄露等隐患进行针对性防御，保障信息系统的安全运行。

☞ 专栏

证券业数字化转型发展建议

1. 头部证券基金经营机构应重点提升信息技术系统自主开发能力和科技创新能力

头部证券基金经营机构应在充实资本的基础上，加大技术创新投入，特别是应当提升信息技术系统自主开发能力和科技创新能力，并进一步提升信息技术投入比例和信息技术员工比例，加大吸引高端技术人才的力度，缩小与国外头部机构之间的差距。在具备一定科技实力的基础上，头部证券基金经营机构可以通过成立信息技术子公司等方式，对其他机构进行技术输出，同时利用数字化形式，对其他机构进行业务能力的输出，充分发挥引领作用，主导建立证券业数字化生态，提升行业整体实力。

2. 充分发挥数据要素作用，以证券科技服务实体经济

随着各个产业数字化转型加快，数据要素对有效配置资源起到日益重要的作用。证券业运用先进科技，深度开发利用实体经济数据，增强资产定价和风险定价能力，将有助于提升为社会经济配置资源的效率。未来随着物联网、5G等技术的大规模应用，社会经济活动产生的数据量将出现爆发式增长。数据要素市场的发展成熟，将促进证券业机构获取更多数据，更有效地为实体经济，尤其是中小企业进行直接融资。未来数字经济环境下，为促进证券业扩大数据的范围，监管部门应制定法规，规范大数据、另类数据在证券业的使用。

3. 强化数据安全保障，坚守防范风险底线

一是加强数据安全技术应用，构建数据安全保障体系。证券公司与信息技术系统服务机构应加强数据加密、数据完整性认证、数据标签、数据脱敏与安全审计等数据安全核心技术的研发和运用，推进建立数据安全标准，并强化证券行业在数字化过程中的推广应用。二是增强数据安全管控，提升业务连续性保障能力。证券行业应建立数据安全保障

> 动态监测系统，加强行业应对突发事件的处置能力，提升维持业务连续性的保障能力，建立健全行业数据安全通报机制，及时发现、预警、通报、报告重大数据安全事件和漏洞隐患。

第五节　保险业数字化转型

一、数字化转型是保险业发展的内生需求

第一，在"数字中国"发展战略的指引下，数字化转型是保险业的必然选择。在"数字经济"体系中，数字保险既是保险业的重要组成部分，又为其健康发展提供风险保障和支持。当前保险行业由消费互联网向产业互联网转型升级，一方面通过质量保证险、退货运费险等产品，积极贴合电子商务、共享经济发展的新需求；另一方面深耕企业财产保险、工程保险、责任保险等传统险种，为建筑工程、设备制造、医疗教育等各类实体企业的数字化转型提供保障。

第二，在"数字科技"赋能下，保险业务模式得以优化，成为行业创新发展的新动能。伴随移动互联、大数据、云计算、人工智能、区块链等技术的进步与融合应用，数字科技蓬勃发展，促进了互联网场景与保险需求相融合，呈现出良好的网络效应。新兴科技的能力汇聚，推动着保险行业在产品、风控、渠道、服务、生态等方面加速迭代。

第三，保险数字化转型将推动深化改革，弥合数字鸿沟。保险行业借助数字化转型，可提升客户洞察能力与风控能力，以市场需求为导向，积极开发个性化、差异化、定制化产品及服务。部分中小型保险机构借助数字化转型可弥补分支机构不足的劣势，强化流程短、速度快的优势，在开放的生态中充分发挥差异化特色，错位竞争，弥合数字鸿沟。我国广大的村镇地区，特别是中西部地区，仍是自助便民服务的薄弱地带，保险机构在数字化转型过程中，可借助电子终端、移动互联技术以及金融服务点等模式，覆盖金融服务的"最后一公里"。

二、保险业数字化转型的业务能力

保险业数字化转型的业务能力主要包括十个方面。一是数字化客户洞察，典型实践有客户画像和基于客户洞察的智能决策；二是数字化营销，体现为数据营销分析、智能保险顾问引擎、营销活动管理、数字内容管理和营销策略引擎；三是数字化生态，可从数字化渠道构建、生态圈获客及保险能力开放三方面展开；四是数字化产品创新，典型实践有产品原子化及组装创新、产品多层次精细化定价及核算、产品全生命周期管理；五是数字化资管，当前保险资产管理领域，已实现从应用分析模型和信息系统向大数据、云计算与人工智能等新技术赋能的转变；六是数字化运营，如机器人流程自动化、协同作业平台、智能客服；七是数字化风控，即通过大数据分析建模及机器学习技术，识别承保、理赔业务中的风险模型，实现覆盖事前、事中、事后的全流程风险控制，支持智能辅助功能；八是数字化合规，包括数据整合及向量化、智能合规、智能稽核、处罚分级模型；九是数字化财务，当前保险行业正

在探索与智慧财务相关的技术和工具来代替基础工作,释放更多空间至经营分析端;十是数字化职场员工,全面利用各种远程办公系统协同工作,针对远程协作模式开展培训,提高协同效率。具体如图6-3所示。

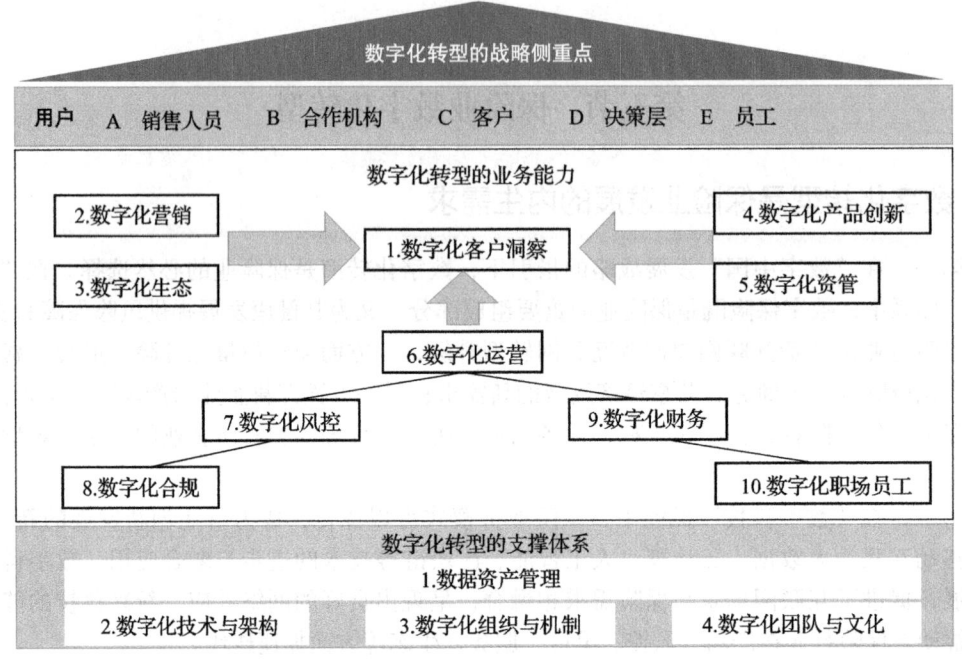

图6-3 保险业数字化转型框架

三、传统保险公司的数字化转型

传统保险公司根据不同的行业地位和资源禀赋,呈现出三种不同类型的数字化转型。其中,大型保险公司数字化转型起步早、投资大,开始"扩建赛道,打造生态",围绕自身业务优势,全面发展、构建保险生态,拓展业务边界;中型保险公司尚处于"选择赛道、科技赋能"阶段,聚焦业内成功实践,应用成熟技术,通过科技赋能"找长板、补短板";小型保险公司受限于自身现状和能力,着重"赛道突围,探索细分市场突破",主要聚焦于渠道,围绕业务模式和保险场景进行体验优化,以完善现有的IT能力。

大型保险公司的数字化转型呈现出六个特点:一是内外部数字化体验并重,数字化驱动从以外部客户为中心,向涵盖客户、员工、代理人、合作伙伴、管理人员等更广泛的范围延伸。二是中台化、云化,保险对于快速扩展、敏捷响应的前端需求的要求越来越高,整体数字化应用建设逐渐由前向后,向纵深发展;构建专业化中台应用、共享技术平台、基础设施云化等成为热点。三是全方位新技术应用探索,包括以提高客户体验为目标的客户信息识别、共享经济、可视化技术,物联网领域的智能家居、可穿戴设备,人工智能领域的预测性分析、智能机器人,数据领域的网络安全、数字技术平台、应用程序编程接口(API接口)和数据、区块链服务等。四是统筹建设和敏捷管理成为主流趋势,以统筹建设的方式,充分发挥集团优势,追求协同效应;注重整体交付机制的敏捷转型,双速、多态,成为行业数字化建设的热点。五是组织与机制加速转型,创新组织方面,保险公司从组织架构入手,设置首席数字官并成立相关部门，IT 部门职能向主动创新转变；创新机制方面，保险公司构建数字化发展长效机制，立足长远布局；六是内外通力合作，助力转型进程，保险公司通过建立外部合作，多渠道增加技术触点。实力雄厚的保险集团，借助企业风险投资及孵化器、加速器，在全球范围内进行产业布局。

> **专栏**
>
> ### 各类保险公司数字化转型面临的挑战
>
> 　　与大型保险公司相比，由于自身规模及资源劣势，传统中小型保险公司的数字化转型遇到以下挑战：一是数字化尚处于基础支撑阶段。整体数字化转型创新的引领者仍然是头部保险机构或大型保险集团，中小保险公司普遍处于跟随状态，多将数字化转型视为"生存"所需，未能借助数字化实现差异化竞争。二是分散式建设。由于数字化起步晚，自身 IT 能力薄弱，数据基础较差，中小型保险公司需要优先满足业务移动化、线上化的需求，缺乏整体规划，系统模块复用性差，技术应用零散化，未能实现统筹布局、降本增效的理想状态。业务智能化、生态化更是长期目标。三是数字化机制不完善。大部分保险公司缺少数字化转型的领导力、专有机构和配套机制，导致转型方向无人引领，数字化文化尚未形成，创新激励缺乏。四是陷于数字化投入有限的窘境。中小型保险公司人力、财力资源有限，原有 IT 部门员工疲于承担业务需求的基本工作，缺少精力投身于数字化转型建设和科技创新工作，保险公司资金投入少，追求短期回报，短期逐利的商业本能有悖于数字化成果长期获益的特点。
>
> 　　互联网保险公司四大挑战：一是市场层面，竞争激烈。除同类型公司外，传统保险公司积极通过自有官网和中介网站销售产品。保险兼业代理机构以及电子商务渠道也分流了一些客户。二是信息层面，由于业务在相对开放的网络平台中完成，网络与信息安全的风险隐患成为投保人的关注焦点。三是运营层面，互联网保险产品保费普遍较低，导致客户平均服务成本较高，给企业运营造成较大负担，同时对客户体验提升形成制约。四是服务层面，区别于传统保险业务，互联网保险公司在营销环节与客户直接交流较少，容易产生保险合同条款解释说明不足、客户形成理解偏差等问题。
>
> 　　保险中介公司，正面临以下挑战：一是保险中介市场将迎来"全渠道"监管。有关部门运用监管手段，对运营管理活动提出新要求。二是互联网平台对传统保险中介机构形成冲击。一方面，互联网保险平台会引起保险的"脱媒化"，挤压中介机构的生存之本；另一方面，互联网保险平台具有"大数据"优势，挖掘客户更加精准。三是传统保险公司的"去中介化"趋势显现。保险中介在利用金融科技助力自身业务发展的同时，也为自身发展埋下隐患，如借助算法进行"智能保顾"，在提高用户转化率的同时，也加剧了传统保险公司的"去中介化"趋势。

四、互联网保险公司的数字化转型

　　互联网保险公司，在产品设计、业务模式、客户体验方面与传统保险公司有较大差别，其数字化建设模式和应用具有互联网化的特征，具体如表 6-2 所示。

表 6-2　互联网保险公司与传统保险公司的对比

维　度	互联网保险公司	传统保险公司
产品设计	基于纯线上化产品销售形态营销，产品场景化、碎片化特征明显，部分产品获客性强于其本身的风险保障特性	相对于互联网保险公司，产品突出风险保障作用，较为同质化
业务模式	销售端：渠道以线上为主，支持 7×24 小时销售服务 运营端：采用大量自动化工具和用户自助界面，通过数字化重塑定价、营销、理赔等各个环节，最大限度减少人力需求	销售端：线上线下相结合，以线下渠道和代理人推广为主 运营端：各公司已采用数字化手段辅助运营；整体运营作业方面，车险标准化程度已非常高，自动化处理效率很高；寿险及非车险因为标准化程度相对较低，人工运营工作量大
客户体验	投保门槛：投保门槛降低，使客户受众面外延，提高投保成功率，从而赢得客户 办理时效：积极引入互联网产品思维，减少投保、核保、理赔等流程的处理环节及耗时，提升客户体验	纯线上化体验不如互联网公司，但具有线下渠道优势，代理人面对面服务客户，提升客户体验

互联网保险公司数字化转型的四大特点：一是突出"以客户为中心"的极致体验。以客户体验为主，更加贴近客户需求，风控等业务流程及规则管控均围绕客户进行优化设计；二是场景化特征鲜明。基于业务场景进行数字化应用建设，实现场景连接，提升获客能力并优化产品设计；三是拥有过硬的技术水平。凭借技术能力，满足互联网海量交易、众多合作伙伴的对接要求，以及基础设施及交易系统的云化需求；四是实现深层次的生态合作。以科技能力输出作为核心竞争力，支持嵌入合作伙伴场景，实现更深入的生态合作。

五、保险中介公司的数字化转型

保险中介公司的目标是向依托场景与流量的新型数字化保险中介平台转型。中介公司将通过互联网平台切入碎片化场景，延伸客户触达的同时促进保险产品的研发与销售。

保险中介公司的发展特点：一是提供"产品+服务"的模式转变。为保险公司提供产品研发、用户分析等服务，为客户提供风险管理咨询、保障方案定制等服务，为保险代理人提供移动展业工具等服务；二是行业内的多元主体转变为竞合关系。保险中介公司以平台积累的客户数据为基础，与传统保险公司合作开展客户需求分析、保险产品开发等业务；数字化中介平台在开放的生态中连接各合作伙伴，提供综合解决方案。

六、保险数字化转型策略

保险行业的数字化转型策略有两个维度，一是信息化建设的价值诉求，从信息化建设的成本、推动业务增长的情况分析判断；二是业务需求的复杂度，复杂度低意味着只需在局部对业务优化升级，复杂度高可能会给业务带来重大重组变革。因此，保险行业的数字化转型策略可分为局部优化、模块提升和全面改造三大方面。

（一）局部优化

局部优化是根据业务需求，对现有的功能、流程、用户体验和系统进行局部的优化改造。局部优化策略投入费用较少，建设周期相对较短，数字化转型风险较小，容易见效。适用对象：一是信息化建设比较完整且现有保险系统可满足大部分业务需求的大型保险机构。这些机构有整体的数字化建设战略，明确后续建设和发展的方向。二是信息化建设投入有限、业务量不是很大的中小型保险机构，这些机构可以通过对现有业务模式和系统建设的优化实现数字化转型。

（二）模块提升

模块提升策略是小修小补策略的加强版。整个优化提升不局限于具体的业务功能、流程和用户体验，而是对业务模块或者系统功能模块优化改造，实现对业务的有效赋能。此策略费用投入适中，建设周期可控，可在短期内见效，且风险适中。适用对象是具备一定数字化基础，聚焦数字化转型的保险机构。

（三）全面改造

全面改造策略解决保险机构现阶段较大的信息化问题，提升企业的发展速度和市场竞争力。适用对象是信息化系统建设10年以上且没有进行深度优化，同时已不能高效支持现有和未来业务的保险企业。全面改造策略信息化建设投入较大，建设周期较长，且在短期内较难见效，转型风险较大。

■ **扩展阅读**

中国太平洋保险数字化转型

在集团转型2.0战略的引领下，中国太平洋保险将"数字"全面融入企业的业务管理、投资管理、综合管理等各个领域。在技术支撑方面，完善"两地三中心"数据中心布局，推进"一云两核心"信息化基础设施建设，重点打造集团七大科技平台，提升集团科技化管控能力。中国太平洋保险数字化战略有以下成果：

打造聚焦C、B、E端移动工具平台。一方面，打造"太平洋保险"App（数字化生态），整合集团各子公司客户端的统一移动在线门户和服务平台，解决客户无法在一个App上获取所有子公司产品服务的痛点；另一方面，构建"家园"大数据客户平台（数字化支撑），逐步解决客户数据孤岛问题，助力客户经营和资源共享。

推进人工智能、大数据等在保险领域的创新应用，主要有五大亮点：以"阿尔法保险"为代表的数字化营销；以"O2O平台"为代表的数字化创新渠道；以"灵犀"系列智能机器人为代表的数字化运营；以"太睿保"为代表的数字化风控；以"太保e农险"融合空间遥感、地理信息、人工智能、物联网等为代表的最新前沿科技，解决了农险经营中精准验标查勘、客户信息收集两大痛点。"太保e农险"优化再造业务流程，大幅提升了验标查勘工作效率与质量，保障资料真实性和完整性，着力防控自然风险、欺诈舞弊风险，保障国家专项财政补贴资金不受侵犯，为农户提供定制化增值服务，扩大农险服务内涵。

资料来源：李晓林，杨彬，刘绪光，等.保险行业数字化转型研究报告[R]北京：中国互联网金融协会互联网保险专业委员会，2020.

■ 本章小结

1. 数字金融是指互联网科技企业和传统金融中介借助数字技术，提供融资、投资和其他金融服务的模式。
2. 数字金融带来的影响：促进居民消费，推动创新创业，提高就业和收入，推动传统金融数字转型。
3. 数字化是指行业通过整合数字和物理要素，进行整体战略规划，实现业务模式转型，并确定新的方向。数字化包括三方面的内容：资产数字化、运营数字化、劳动力数字化。
4. 数字化转型是数字化时代背景下企业通过一系列数字技术应用与创新，实现组织架构、业务模式、内部流程的升级改造，提升服务质效的过程。
5. 银行业数字化转型的路径：从线下到线上的转变；从全功能的独立体系向开放式平台转变；从以产品为中心向以客户为中心转变；从重资产、轻交易的模式升级为轻资产、重交易的模式。
6. 证券业数字化转型的实践：科技与财富管理转型、投资的数字化。
7. 保险业数字化转型策略：局部优化、模块提升、全面改造。

■ 关键概念

数字化转型	开放银行	数字化银行	数字化证券
数字化保险	数据共享	数字金融	数字化

■ 复习思考题

1. 数字金融的含义是什么？数字金融带来的影响有哪些？
2. 数字化转型的含义是什么？金融行业为什么要进行数字化转型？银行、保险、证券该如何进行数字化转型？
3. 开放银行是什么？它对银行数字化有什么影响？
4. 保险业数字化转型的策略有哪些，结合你的理解进行具体分析。
5. 不同类型的保险机构主体如何进行数字化转型。
6. 查阅资料，在数字化转型的指导下，分析银行未来的发展趋势。

■ 本章实训

开放银行知识拓展

一、实训目的

1. 通过课本对开放银行知识的学习，自主进行开放银行知识拓展，更加全面地了解开放银行。
2. 训练学生查阅资料、知识拓展、阅读和整理文献的能力。
3. 开放银行是目前商业银行数字化转型的重要方向，通过课外知识积累，使学生对商业银行未来的发展有进一步的了解。

二、实训要求

1. 通过查阅文献、数据，了解开放银行国内外发展历程及现状，开放银行与传统银行业务的区别及相关课外知识的内容。
2. 实训内容围绕开放银行进行，具体内容不设限，相关内容整理成文档。

三、实训组织

1. 指导教师布置实训项目，讲解具体实训要求，实训内容整理成文档，以 **PPT** 的形式进行课堂展示。
2. 将班级学生划分为若干小组，并指定组长，组长负责对实训项目进行详细的任务分解和责任落实。

第七章

数字货币

■ 本章提要

本章首先探讨了数字货币的定义与原理,然后介绍了数字货币的分类及特征,数字货币对货币政策的影响,最后介绍了数字货币的风险挑战与监管。

■ 学习目标

掌握数字货币的基本概念、特性以及分类;掌握数字货币的原理及对货币政策的影响;了解数字货币的风险挑战与监管、数字货币的前景与展望等相关知识。

■ 引导案例

数字货币能否赚钱

数字货币在我们的生活中越来越普遍,许多人在了解数字货币的过程中发现,数字货币能够赚钱,但并不是每个环节都可以赚钱。有时候人们必须要选择合适的虚拟货币,才可以达到赚钱的目的,否则只会造成不必要的影响。目前的私人数字货币有很多种,比如以太坊,各种不一样的虚拟货币,到底能否赚钱还需要结合市场的操作。

还有一类数字货币是法定数字货币,法定数字货币的应用可以提供更丰富的金融场景,使人们的支付更为便捷。无论是私人数字货币还是法定数字货币,在未来的用途都更为广阔,能更好地为人们的生活提供服务。

■ 本章知识框架图

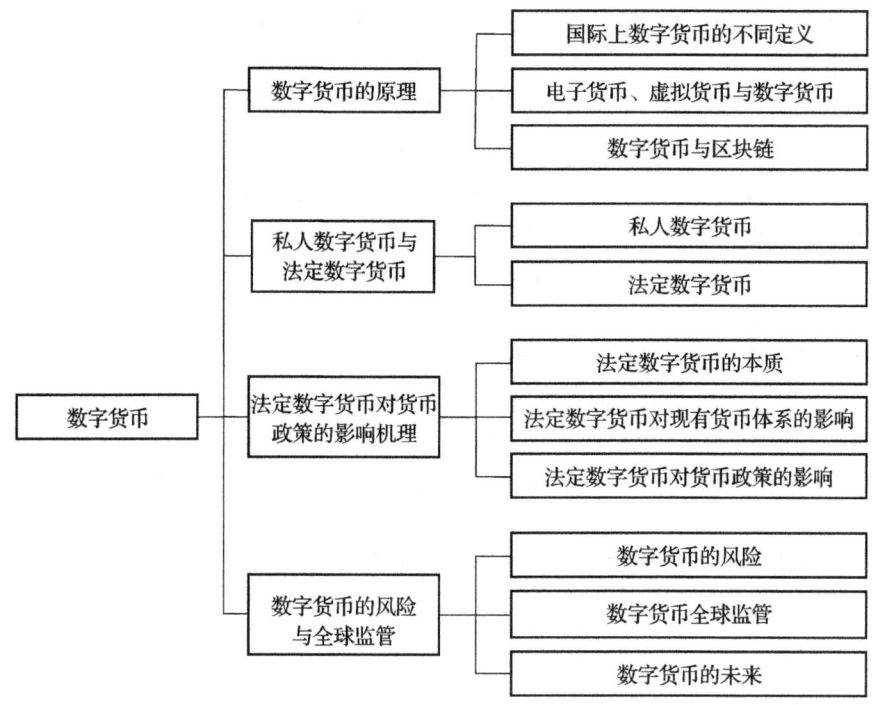

第一节 数字货币的原理

货币从古至今一直在人类的生活中扮演着至关重要的角色，从一开始的以物换物，到以贝壳等物品作为实物货币，再到金属货币的诞生，最后发展到如今的信用货币，货币的材质一直随着社会的进步而改变。随着区块链与互联网技术的不断发展和应用，世界对于数字货币的研发进入了以密码学原理为基础的加密数字货币时代。

一、国际上数字货币的不同定义

国际清算银行（BIS）对数字货币的定义是：数字货币是一种以数据表示自身价值意义的形式，通过交换数据来进行日常的交易流通，具有价值储存的作用，它是一种新型电子货币。

国际货币基金组织（IMF）对数字货币的定义是：以电子货币的电子访问为主，并以此展开实现各种用途。该组织将电子货币和虚拟货币也一起规划在数字货币的定义里。

欧洲银行管理局（EBA）对数字货币的定义是：数字货币是价值的数字代表，不是由中央银行或当局发布的，与法定货币无关，但它可以用作支付手段或者电子传输、存储、交易。该组织将数字货币定义为第三方货币，它可以被公众接受和使用。

二、电子货币、虚拟货币与数字货币

广义上来说，新式的货币形式包含了电子货币、虚拟货币以及数字货币。

电子货币本质上是纸币的数字化，它与日常使用的货币除了材质和支付方式不一样以外，其余属性基本相同。现在的支付宝、财付通、微信钱包等就是电子货币的表现形态，它的每一单位货币的背后都有相对应价值的法定货币做保障。虚拟货币是互联网时代诞生的新兴货币，并不是真正意义上的货币。它可以用真实的法定货币兑换，只用来供互联网企业在虚拟空间中使用，是虚拟市场提供运行保障的货币。例如游戏中的游戏币，并不能够在现实中充当货币进行支付。数字货币分为非法定数字货币与法定数字货币，它在未来将与法定货币在金融体系中充当重要角色。

法律上，电子货币和虚拟货币都有法定货币的身影，法律地位明确。而数字货币却是一种新兴的货币，现今的法律地位尚不确定。

电子货币和虚拟货币的发行主体十分广泛，企业或机构的信用可作为保障，持有者知道它们的价值。而当今所流通的数字货币的发行主体是民间组织，持有者无法确切地知道它的真正价值。

从基础技术上看，电子货币和虚拟货币的技术支持是互联网数字信息技术，而数字货币的技术支持是区块链技术。

三、数字货币与区块链

区块链技术保障了数字货币的流通便利性，也让数字货币交易过程更加安全。

法定数字货币虽没有采用区块链去中心化的方案，但在钱包地址管理、交易信息监管、票据交易等方面采用了区块链技术，以实现保护用户隐私、数据安全传输及数据资产交易的功能。数字货币钱包地址保存于区块链，可在更新钱包地址后强制切断原钱包地址与交易方真实身份信息之间的绑定关系，实现对用户隐私的保护。在交易信息监管方面，区块链可以实现系统与监管用户间密钥的安全交换及交易数据的加密传输，使信息对第三方保密。另外，区块链可以实现数字票据交易及监管。

第二节 私人数字货币与法定数字货币

一、私人数字货币

私人数字货币是指私人发行的数字货币，主要包括比特币、以太坊、莱特币、瑞波币等数字货币。私人数字货币起源于 2008 年中本聪发明的比特币，拥有去中心化、匿名化等特点。之后，全球私人数字货币市场规模呈现指数级别的增长，比特币头部效应显著。

（一）私人数字货币主要类别

根据赋值方式的不同，私人数字货币可以划分为加密数字货币与稳定币。加密数字货币是基于区块链的原生代币，指依赖于区块链系统并在该系统内产生和使用的数字货币；稳定币是在区块链上发行运营，但以链外资产支持的数字货币。

（1）加密数字货币。加密数字货币存在去中心化、匿名化的特点，并无国家主权信用背书，内在价值为零，波动幅度较大。它们的价值在于公众认为它们能跨时间换取其他商品、服务或一定数量的主权货币，即价值共识。价值共识主要来源于两个方面：第一，加密数字货币挖矿的速度和成本。数字货币的供应方式是通过区块形成奖励投放，需要消耗能源和时间，合理的区块奖励机制能确保加密数字货币供应量平稳。第二，暗网与加密数字货币在加密性和隐蔽性上天然契合，暗网交易中往往使用加密数字货币作为支付手段，对加密数字货币存在需求。一旦人们失去价值共识，加密数字货币构建的贸易体系将瞬间崩溃，这点类似于银行的挤兑。

（2）稳定币。稳定币是以一系列法定货币计价的资产为储备资产，币值相对于加密数字货币更为稳定。一方面，稳定币可以发挥分布式账本拥有的即时交易、可编程、开放和匿名等特点；另一方面，稳定币挂钩链外价值，提供"混合驻锚"的实践载体，缓解主权货币作为国际货币存在的"特里芬两难"⊖。然而，由于稳定币的发行方为非官方机构且不受国界限制，在无全球统一监管框架限制下，不一定有公信力确保储备资产的安全，也不能明确储备资产管理的透明度，尚不能明确发行者与持币者的权责，这些都将导致稳定币的价值波动。

（二）私人数字货币主要特征

一是去中心化带来的成本降低与效率提高。私人数字货币采用去中心化的点对点交易模式，不依赖于金融中介机构，可以减少交易费用，提升效率。传统货币电子交易依赖银行等中介机构，通过央行提供的支付系统实现汇兑收支，国内的大额支付系统尚无法保证资金实时到账。国际金融交易中的 Swift 系统，通过硬件、软件和人员组成的高度冗余烦琐的机制确保国际资金流转的安全性，支付效率较低，私人数字货币以区块链形式运行记账，通过公钥、私钥进行交易签名验证，消除对中介的需求，减少交易费用，让交易更加高效。

二是共识算法带来的可靠性。私人数字货币通过各种共识算法、机制（例如工作量证明或权益证明）消除对可信中介的需求，依靠预定的算法规则、完整可靠的数据库完成了信用背书，确保不存在"双花"等问题。这种自证其信的信用范式，降低了信任成本。但在现实中，由于通过工作量证明（POW）或股权证明（POS）等共识机制维护节点，POW 机制需要大量算力进行节点确认，货币吞吐量有限，不能满足零售货币高并发需求，而 POS 机制则要求拥有一定数字资产才可参与记账，存在公平性问题。

三是加密算法带来的安全性。区块链通过非对称加密技术实现了数据透明后的匿名性，可保护个人隐私。区块链所采用的非对称加密机制，是使用一个"密钥对"，其中公钥和私钥成对出现，发送方使用公钥进行加密，接收方通过配对的私钥解密和签名，双方无须公开身份来获取对方的信任。公钥无法推算出私钥，后者既代表交易方的身份，也代表账户里面的资产所有权，由此形成了密码保护与确权机制。然而，由于在现实中加密数字货币去中心化

⊖ "特里芬两难"是由美国经济学家罗伯特·特里芬教授发现并提出来的"悖论"。如果美国要成为世界经济体系的霸主，让美元成为世界货币，那么就必须保持经常项目下的贸易赤字，让美元流出美国，让其他国家获得足够的美元。此外，随着美元的流出和持续增长的赤字，会影响美国持有国对于美元的信心，一旦有任何波动，会出现恐慌性的抛售。该命题的结论是世界货币体系的稳定不能依赖任何单一国家来保障。

发行，比特币系统通过私钥识别个人身份，私钥只有账户所有者知道，私钥的丢失或被破解即意味着加密数字货币的丢失，资产安全性亦将不复存在。

二、法定数字货币

法定数字货币是央行发行的新形式货币，区别于实物现金以及央行储备资金或清算账户的资金。法定数字货币能够代替现金活跃在金融交易的各个场景中。根据受体和技术的不同，国际清算银行在报告中区分了三种形式的法定数字货币，其中两种基于代币体系，一种基于账户体系。在两种基于代币体系的法定数字货币中，一种为面向公众的支付工具，主要针对社会公众零售交易，即零售模式；另一种则是面向金融机构的支付清算和结算交割业务，即批发模式。

根据技术结构不同，法定数字货币分为账户类（account-based）和代币类（token-based），账户类需要验证账户持有人的身份，代币类需要通过密钥等验证代币的真伪。

> **专栏**
>
> ### 法定数字货币的发展现状
>
> 目前各国央行对法定数字货币的研究进展和设计方式不同。丹麦、挪威、瑞士等国考虑了多种选择，仍在理论探索阶段。欧盟、加拿大、日本、南非、泰国、新加坡等国家和地区正处于试验性阶段，其主要研究的是批发混合类的法定数字货币（CBDC）。值得注意的是，美国改变此前态度，已在考虑数字美元（digital dollar）方案；英格兰银行已经制定了关于CBDC的整个研究议程；而加拿大央行、新加坡货币管理局与瑞典央行的CBDC试点项目即将推出。
>
> 中国央行早在2014年便宣布着手法定数字货币DCEP（digital currency electronic payment）的研究，并将其列入了国家战略，已成立数字货币研究所进行技术、人才和知识的积累，为发行做准备。在2020年，DCEP发展再度提速，并逐步在四大商业银行、"4+1"试点地区（深圳、苏州、雄安、成都和冬奥会）进行内测，DCEP距离面世的时间越来越近。
>
> 2019年，国际清算银行支付与市场基础设施委员会对各个国家法定数字货币的研究现状进行了调查，共有66个国家的央行对此调查做出答复，这66个国家覆盖了全球75%的人口、90%的经济产出。调查数据显示，80%的国家正在积极研究主权数字货币问题，其中约50%的国家同时研究零售模式和批发模式，35%的国家只研究零售模式，15%的国家只研究批发模式。目前所涉及的研究大部分是概念性的，主要集中在主权数字货币的投放、重塑支付体系对国家的潜在影响等。

（一）全球法定数字货币的主要特征

法定数字货币主要有以下特征：

在发行模式方面，采取中心化形式发行，百分百全额缴纳储备金。法定数字货币具有中心化发行的特点，以国家信用为数字货币背书，避免币值剧烈波动。同时，法定数字货币采用百分百缴纳储备金的形式发放，避免数字货币过度发行造成恶性通货膨胀，以维持数字货币的价值和金融体系的稳定。

在投放机制方面，法定数字货币采用双层投放机制，避免对金融体系造成冲击。双层投放机制是指由央行负责数字货币的投放和回笼，但央行并不直接与消费者对接，而是通过商业银行向央行申请兑换数字货币，由商业银行面向社会公众提供法定数字货币和对应的服务。双层投放机制无须央行和社会公众直接接触，可避免金融基础设施重复建设、金融脱媒等一系列问题，不会对现有的金融体系造成过度冲击。

在监管设计方面，法定数字货币采用多层级的匿名监管设计，满足合规性和匿名性的双重需求。例如，部分央行使用分布式分类账本技术（DLT）为反洗钱、反恐融资（CFT）合规性程序提供了数字化解决方案，反洗钱相关机构会定期向每个法定数字货币用户发布附时间限制的匿名凭证，在一定额度内，用户可以选择保持交易的匿名性。央行或中介机构将无法查看用户的身份和交易历史，满足使用群体的客观需求和法律的监管要求。但超过额度的交易无法使用匿名凭证，必须接受反洗钱相关机构的审查。

在底层技术方面，法定数字货币以分布式账本为底层技术。法定数字货币普遍考虑采用分布式账本技术，确保支付系统的高效性和可编程性。法定数字货币发行流通技术框架将基于市场竞争环境演进，去粗取精，实现最优化。但在技术迭代中，法定数字货币仍要确保底层技术满足四点：一是合作性记账，即大量第三方机构参与维护、更新账本（例如交易），通过"共识过程"确保账本所有节点同步存储相同的信息；二是数据共享，即分布式账本提供访问范围更广的账本读取权限和更新（写入）账本数据的权限；三是加密技术，法定数字货币包含加密技术的一系列特征，例如使用公共密钥验证发送付款指令者的权限；四是可编程性，即创建"智能合约"用于自动执行协议条款并发起相关交易，无须人工干预。

（二）法定数字货币的经济效应

1. 科学地调控货币供应量

法定数字货币可以通过总量指标和利率指标，加强货币中介目标的可测性，通过事前和事中的调控增加可控性。央行一般通过公开市场操作和再贴现业务向市场投放或回收流动性，通过适时调整再贴现总量及利率，明确再贴现票据选择，以达到吞吐基础货币和实施金融宏观调控的目的，同时发挥调整信贷结构的功能。由于法定数字货币具有可追溯的特性，央行再贴现贷款可以使用一定比例的法定数字货币进行发放，既可以保证国家政策资金的精准投放，避免资金发放多级流转过程中的腐败问题，也有助于对洗钱等非法金融活动，以及恐怖主义融资等违法犯罪行为进行有效规制。

2. 提升货币政策的有效性

在传统纸币发行和流通体制下，中央银行难以对货币的去向和用途进行准确跟踪和掌握，也很难对基础货币的运行情况进行监测，影响了货币政策执行和政策调整的有效性、精确性。法定数字货币的发行和应用，会使央行对货币供应量、货币流通速度、货币乘数，以及货币时空分布等指标的测算更加精准；央行可以更加灵活地运用政策工具追踪资金流向，360度全覆盖进行金融风险监测和风险评估，从而提升货币政策制定的审慎性、有效性和科学性。

专栏

各国和地区的法定数字货币特征

各国和地区的法定数字货币特征如表 7-1 所示。

表 7-1 各国和地区法定数字货币的主要特征

	中国人民银行	欧洲中央银行	加拿大银行	新加坡金融管理局	瑞典中央银行	泰国银行	巴哈马中央银行	英格兰银行
资金供应	中国人民银行控制发行和赎回	欧洲中央银行控制发行和赎回	加拿大银行控制发行和赎回	新加坡金融管理局控制发行和赎回	瑞典中央银行控制发行和赎回	泰国银行控制发行和赎回	巴哈马中央银行控制发行和赎回	英格兰银行控制发行和赎回
值	1∶1兑换人民币	1∶1兑换欧元	1∶1兑换加拿大元	1∶1兑换新加坡元	1∶1转换为瑞典克朗	1∶1兑换泰铢	1∶1兑换巴哈马元/美元	1∶1兑换英镑
储备	100%的准备金率	100%的准备金率	100%的准备金率	100%的准备金率	100%的准备金率	100%的准备金率	未知	100%的准备金率
应用场景	零售和批发	零售和批发	批发	零售和批发	零售	批发	零售和批发	零售
技术方案	技术中性	DLT (R3 corda)	DLT (R3 corda)	DLT (R3 corda)	考虑以DLT为主的解决方案	DLT (R3 corda)	考虑以DLT为主的解决方案	考虑以DLT为主的解决方案
发行流通体系	双层	双层	双层	双层	双层	双层	双层	双层

资料来源:各银行官方网站。

3. 提高货币政策传导效率

法定数字货币可以通过多种路径影响利率政策传导与实体经济。一是政策工具的设定，即二级市场上法定数字货币的利率或数量；二是法定数字货币的价格和利率变化对经济中其他资产利率和价格的传递；三是金融市场波动对实体经济的传递。法定数字货币将会带来一系列经济稳定状态结构的变化，比如均衡利率或稳定状态信贷息差的变化，使金融市场和实体经济对货币政策的变化更加敏感，使利率期限结构更平滑，利率传导机制更顺畅。

4. 为未来可能实施的负利率政策创造条件

法定数字货币的发行将对各国央行的利率政策调控带来新机遇。负利率是中央银行实施货币政策的新工具，目前，全球范围内已有瑞典、丹麦、日本、瑞士和欧元区五家央行实施了负利率政策，这些国家和地区的负利率政策只针对商业银行在中央银行的存款，以达到刺激银行发放信贷、引导资金进入实体经济、提高经济通胀水平以及减轻本币升值压力的目的。负利率政策通常会产生积极影响：第一，通过对银行征税的方式促使银行更多地发放贷款，间接地促进投资；第二，央行与商业银行间的负利率政策最终会传导至存款，使储蓄的收益下降甚至收益变为负数，这将进一步促使投资者追求高收益、高风险的金融投资产品；第三，储蓄收益的下降，可进一步促进居民消费，促进物价水平的提升和经济增长；第四，降低本国汇率水平可增加出口。

法定数字货币的发行与应用，可为负利率的实施创造外部条件：第一，随着数字货币在更多场景的应用，居民的资金将更多地以法定数字货币的形式存在，一旦开始实施负利率政策，居民将无法通过持有现金的方式规避负利率的影响，因此不会影响货币的信用创造过程；第二，法定数字货币作为一种电子化的金融资产，其交易数据统计更加简便易得，央行可以通过底层数据系统快速、全面甚至实时跟踪和观察货币政策的实施效果，监管部门可以根据市场的实际表现适时调整政策，达到精准施策的目的；第三，由于现金逐步减少甚至消失，以及法定数字货币数字账户体系的建立，央行可能不再面临传统的"流动性陷阱"⊖，因为央行既可以维持常态化的正常利率，也可以在经济出现通货紧缩时，采取必要和暂时的负利率政策；第四，法定数字货币使央行更有可能采取精准的价格型货币政策调控工具，以更好地达到经济调控和服务市场主体的目的，比如，央行可针对普惠金融、绿色金融实施更加精准的差别化利率定价。

5. 推动数字经济发展，提高经济透明度，赋能金融监管

第一，法定数字货币有助于为数字经济的发展提质增效。以数字技术为载体而衍生的数字经济、数字资本和数字资产，促进了虚拟经济与实体经济的跨界融合，成为世界经济发展的新动能、新引擎。数字化经济的发展和升级，离不开数字货币和数字金融，法定数字货币的研发和推广，有助于壮大数字经济，盘活数字资产，活跃金融市场要素，进而推动数字经

⊖ 流动性陷阱指当名义利率降低到不可再降低的地步，甚至接近于零时，由于人们对于某种"流动性偏好"的作用，宁愿以现金或储蓄的方式持有财富，而不愿意把这些财富以资本的形式作为投资，也不愿意把这些财富为个人享乐而消费掉。国家任何货币供应量的增加，都会以"闲资"的方式被吸收，仿佛掉入了"流动性陷阱"，因而对总体需求、所得及物价均不产生任何影响。经济学家将利率已经降到极低水平时，单单依靠调整货币政策无法达到刺激经济的目的、极低的利率和国民总支出水平不会发生变动的状况称为"流动性陷阱"。

济发展。第二，法定数字货币有助于提高经济活动的透明度，赋能金融监管。法定数字货币具有可溯源、可追踪性等特征，可以完整反映资金去向，有利于监管机构实时锁定货币动向，实现特定的金融监管和其他经济政策目的。法定数字货币有助于减少偷逃税款、贪污、挪用、非法经营以及洗钱、非法集资、参与恐怖融资等经济金融领域违法犯罪行为的发生。此外，法定数字货币在提高跨境贸易支付结算便利性方面也具有明显优势。

第三节 法定数字货币对货币政策的影响机理

货币数字化与电子支付更为类似，从消费者使用偏好和效率的角度来看，根据现金优先（cash in advance）理论，消费者为满足日常交易，将在一定程度上增加对法定数字货币的持有需求，同时减少对储蓄存款的需求，进而影响存款创造。现金和数字货币共存的经济体将导致货币总量波动性加大，影响社会整体福利。

一、法定数字货币的本质

（一）法定数字货币与现金

法定数字货币与现金在本质上是一样的。二者均属于法定货币，是建立在国家信用的基础上的，均由一国央行发行，属于央行的负债，是基础货币的一部分，货币发行有百分之百的准备金保证。但是二者在形式、设计、成本等方面有诸多不同之处。现金可以实现点对点的即时结算，具有完全匿名性，但是提现手续较烦琐，不便于线上支付，大额现钞存放需要成本，也存在犯罪分子通过伪造钞票洗钱融资的风险。而法定数字货币具有提现成本低、可用于线上支付、可控匿名等特性，可以较好地解决现金使用存在的问题。

此外，央行通过发行法定数字货币，可以降低长期的现钞发行维护成本。以人民币现钞为例，人民币发行流通环节包括人民币印制（设计防伪）、调拨、保管、投放、流通、回笼、销毁等环节，这些环节的运营成本较高，法定数字货币是通过网络发行和流通，在经过前期投入后，后期发行的边际成本低，长期能有效降低央行法定货币的运营成本。

（二）法定数字货币与电子货币

法定数字货币和电子货币在形式上相似但是有本质的区别。电子货币本质并不是货币，只是通过电子工具进行支付的一种交易手段，如网银、支付宝、财付通等，背后交易的是商业银行创造的存款货币。而法定数字货币既是支付工具，也是由央行发行的法定货币。

当央行发行的法币只有现钞时，电子支付的对象是银行存款货币，不是实体的有形的现钞；当央行发行法定数字货币后，电子支付的对象除了银行存款货币之外，还包括法定数字货币，公众可以不通过电子支付工具，直接用法定数字货币支付。

（三）法定数字货币与私人数字货币

法定数字货币与私人数字货币在形式上、设计上或者技术上有一定的相似之处，但是本质是不同的。私人数字货币以机构或协会的信用作担保，以一揽子银行存款和短期国债为储备资产，面临着较大的价值不稳定性与监管风险。而法定数字货币由国家信用担保，信用风险很低，价值较为稳定。

二、法定数字货币对现有货币体系的影响

（一）法定数字货币对央行基础货币的影响

根据央行的资产负债表，基础货币包括发行的货币和准备金存款。在发行法定数字货币前，基础货币等于现钞加上准备金存款。在发行法定数字货币后，基础货币还应包括法定数字货币。随着法定数字货币的推行和流通，流通中的现钞会减少，法定数字货币会增加，法定数字货币的发行会影响基础货币的结构，但不一定影响基础货币规模。长期来看，引入法定数字货币或将导致基础货币规模扩大。

（二）法定数字货币对商业银行存款货币的影响

在法定数字货币的双层投放体系下，央行先将数字货币下发到商业银行，商业银行向央行缴纳百分之百的准备金，再将法定数字货币兑现给公众。

假定商业银行和公众手中均持有一部分现钞或法定数字货币，当公众通过商业银行兑换法定数字货币时，存款数量会减少，流通中的法定数字货币数量会增加；当公众将法定数字货币存入商业银行账户，存款数量会增加，流通中的法定数字货币数量会减少。

（三）法定数字货币对各货币层次的影响

我国货币供应量主要分为三个层次：M0，即流通中的现金；M1，狭义货币，等于M0与活期存款之和；M2，广义货币，等于M1再加上准货币[①]。

发行法定数字货币会影响公众资产在现金、法定数字货币、活期存款、定期存款、货币市场基金、股票债券等资产之间的分配，该分配主要是在流动性、交易成本（支付便利性）、风险、资本收益之间的权衡。

法定数字货币具备交易成本低、支付便利、流动性强、风险低等特性，随着公众慢慢适应法定数字货币的使用，法定数字货币将逐渐替代现金。

法定数字货币的出现，使电子支付既可以用银行活期存款，也可以直接用法定数字货币支付，未来一定程度上依托于银行活期存款的电子支付使用会减少，法定数字货币的需求会增加。如果银行的活期存款利率依然很低，会受到法定数字货币的冲击，如果法定数字货币支付利息，银行活期存款受到的影响会更大，这将促使银行加快创新，提供更具有竞争力的活期存款利率和更丰富的活期存款类产品。

如果法定数字货币不支付利息，定期存款与银行货币市场基金仍具有较大的吸引力；如果法定数字货币支付利息，货币市场基金产品吸引力可能会减弱，但会促进货币市场基金加快创新以增强吸引力。

法定数字货币对不同参与主体（央行、商业银行和公众）、不同货币层次（M0、M1、M2）的影响不同，而且动态变化。央行对基础货币的控制将加强，基础货币投放规模扩大，活期存款受到一定影响。此外，引入法定数字货币后，商业银行会更加注重流动性管理，持有超额准备金比率会发生变化，特别是当法定数字货币支付利息时，与超额准备金利率会形成一定竞争，不同的付息情况（正利息、负利息）对货币乘数的影响也不同。

三、法定数字货币对货币政策的影响

法定数字货币将对货币政策产生多方面的影响。

[①] 准货币包括定期存款、储蓄存款、互联网货币市场共同基金等。

在货币政策工具方面，法定数字货币将丰富货币政策工具箱，有利于负利率政策的实施。2008年金融危机以来，日本、欧元区、瑞士等纷纷采取了负利率政策，但是政策效果受到质疑。其中一个重要因素是存在"零利率下限约束"，即当央行采取负利率政策时，金融资产收益率为负，而持有现金的收益率可以视为零，此时人们会更愿意持有（窖藏）现金而非金融资产，导致名义利率的有效下限为零。如果法定数字货币支付利息，该利率可以作为一个新的货币政策工具，央行可以将该利率设为负值（而现金不可以），以解决"零利率下限约束"的问题，即在负利率政策下，人们仍然需要将其资产在法定数字货币和其他金融资产之间配置，从而使负利率政策的传导机制更加顺畅。

在货币政策的操作目标和中介目标方面，法定数字货币将增强央行对货币供应量的控制，有利于央行更有效地进行流动性管理并引导基准利率。随着电子支付等信息技术的发展和金融产品的不断创新，货币外延逐渐扩大，货币需求函数愈加不稳定，货币流通速度难以预测，货币政策对货币供应量和总需求难以控制。法定数字货币的推出将提升法定货币地位，使央行对基础货币的控制加强。虽然在推出初期货币乘数存在一定的波动，但是随着人们逐渐适应，法定数字货币将成为一种更能适应数字经济发展的金融基础设施，货币流通速度和货币乘数将趋于稳定。此外，随着法定数字货币的推行，央行正在有序打破刚兑，减少隐性担保，银行将更加重视对流动性的管理，这有利于增强央行流动性供求管理工具的有效性，更好地引导货币市场利率，完善利率走廊机制，促进货币政策框架转型。

在货币政策效应方面，法定数字货币将减少货币政策时滞，提高货币政策效力。由于法定数字货币可控匿名，央行将能精准地监测数字货币投放后的流向，如是否进入实体企业，并能掌握大量实时的数字货币流通数据。央行据此可以进行大数据分析，构建实时高频的观测指标，对宏观经济金融状况进行预测，这有利于央行更好地把握实际经济情况，进行宏观审慎评估，及时采取合适的政策，减少内部时滞。此外，由于法定数字货币可编程，央行还可以对法定数字货币设计前瞻的触发条件，如"流向主体条件触发"。通过将一些政策目标内嵌到数字货币投放过程中，实现精准调控、智能调控，进而使货币政策更有针对性地对政策目标产生影响，减少外部时滞。特别地，法定数字货币经过设计后，将会提升法定货币的地位和金融稳定性，使货币体系更好地适应并促进数字经济的发展，有利于宏观经济的稳定。

第四节 数字货币的风险与全球监管

一、数字货币的风险

（一）投机角度

一是投机盛行，泡沫充斥。部分数字货币的价格不以货币锚为准，没有价值支撑，导致价格波动剧烈，容易成为炒作工具，诱发了大量的投机交易，酝酿巨大泡沫。二是假币泛滥，劣币横行。在利益的驱动下，各种基于区块链技术的数字货币迎来了爆发式发展，此外，"空气币""山寨币""传销币"等各种假币、劣币开始盛行，使数字货币市场鱼龙混杂。三是首次币发行（ICO）项目缺乏监管，违法犯罪活动猖獗。ICO项目缺乏监管，融资流程简单，创业公司凭借一纸"白皮书"就可以疯狂圈钱，导致大量ICO项目演变为披着金融科技的外衣，融合众多金融手法的非法集资、金融诈骗、洗钱传销等违法犯罪活动。四是交易平台事件频发，信用危机迭起。目前除日本等少数国家实行持牌经营外,其他国家的数字货币交易平台大多处于自由发展状态,各种交易平台的资质参差不齐,存在蓄意操纵价格、抗风险能力差、容易遭受黑客攻击等问题。

(二)货币政策角度

传统的货币政策是基于传统货币经济结构的。数字货币的出现,传统货币政策传导机制将会产生一定的风险。

(1)利率。从理论上看,数字货币的出现和发展,干扰了利率与货币需求的函数关系。长期来看,数字货币的供应量不受人为控制,将促使零利率、负利率常态化。

(2)"流动性陷阱"。相较于法定货币,去中心化数字货币和机构数字货币功能单一、种类繁多,难以与法定货币的"利率"挂钩,这类数字货币对价格的需求弹性与传统货币差异较大。

(3)IS-LM 模型。IS-LM 模型的核心是利率。数字货币对传统货币体系和宏观经济的渗透,打乱了传统的利率和投资以及货币需求和货币供给之间的逻辑关系,导致 IS-LM 模型失灵,以利率作为调节工具的传统货币政策失灵。

二、数字货币全球监管

数字货币本身具有较大的技术创新性,给各国监管机构带来了挑战。数字货币具有去中心化、去身份化、无疆域化等众多特性,可以在很大程度上摆脱现有的监管体系,给网络犯罪带来有利条件。当犯罪分子用数字货币进行洗钱、毒品交易、赌博、逃税等犯罪活动时,交易匿名性能够助其逃过监管当局的监控,使执法机构无法对真实身份进行追查,增加了执法机构追踪犯罪分子活动和行为的难度。数字货币市场是一个全球性市场,目前尚没有形成一个全球协调一致的监管规则,导致不同国家及主体之间的国际监管合作受到限制,无法有效打击依靠数字货币进行的国际犯罪。

随着数字货币的风险体验加深,各国逐渐认识到对数字货币监管的必要性。美国将数字货币纳入现有的证券监管体系,通过原有的证券监管模式进行监管。2017 年 7 月,美国证券交易委员会(SEC)发布通告,拟将虚拟组织发行和销售的数字资产纳入联邦证券法监管范围,监管举措主要包括道义劝告、发表声明、起诉调查等。2019 年,SEC 为数字货币领域的合规项目采取豁免措施或出具无异议函。

英国对数字货币实施"监管沙盒"模式。2015 年 3 月,英国金融行为监管局(FCA)率先提出"监管沙盒"概念。"监管沙盒"是一个"安全空间",在这个"安全空间"内,金融科技企业可以测试其创新的金融产品、服务、商业模式和营销方式,而不用在相关活动出现问题时立即受到监管规则的约束。2018 年 3 月,Coinbase 数字货币交易平台首获英国金融行为监管局颁发的电子货币许可证(e-money license),该平台被允许在当地提供支付服务,发行能够用于银行卡和互联网及电话支付的数字货币替代产品。

新加坡对比特币的监管相对宽松,明确比特币不具有信用货币地位,但可作为金融资产进行投资。2016 年 11 月,新加坡金融管理局(MAS)提出了金融科技产品的"监管沙盒",新加坡成为继英国之后全球第二个推出"监管沙盒"的国家,表明当局对数字货币的态度,对 ICO 的发行采取适当监管。

日本对数字货币持积极监管的态度,通过立法明确数字货币的合法地位,并通过严格的监管措施对数字货币进行管理。2016 年,日本国会通过《资金结算法》修正案,正式承认虚拟货币为合法支付手段并纳入法律规制体系之内，日本成为第一个为虚拟货币交易提供法律保障的国家。2017年3月，日本内阁承认比特币合法，取消从交易所购买比特币交易的税。同年9月，日本国家税务局宣布，来自加密数字货币的收益须缴纳个人所得税，分类为"杂项收入"。

我国高度关注比特币等非法定数字货币的风险，并对发行和交易采取了严格的措施，明令禁止部分数字货币的发行流通。2013年12月，中国人民银行等五部门联合发布了《关于防范比特币风险的通知》，通知认定比特币不是真正意义的货币，不能作为货币流通。比特币在国内的发展受到制约，仅作为一种投资商品在数字货币平台进行交易。2017年9月，中国人民银行等七部门发布了《关于防范代币发行融资风险的公告》，公告认定代币发行活动本质上是一种未经批准非法公开融资的行为，要求任何组织和个人不得非法从事代币发行融资活动，各金融机构不得开展与代币发行融资交易相关的业务，非法定数字货币的场内交易正式退出。

三、数字货币的未来

在货币政策中，法定数字货币将逐渐取代私人数字货币，成为数字货币市场的主力。预计在未来较长时间内，各国央行将积极推行法定数字货币，从而在未来的数字货币世界话语权争夺中占据主动。

对数字货币实施的监管，将坚持"相同行为，相同监管"原则，减少监管套利的空间，即对于同样的金融行为和业务活动，遵循与传统金融机构相同的资本和流动性监管标准。

在应用场景中，数字货币生态系统将不断完善。金融机构将不断扩展基于数字货币衍生的金融业务和应用场景，以全方位的数字货币生态链吸引客户资源，抢占市场份额。完善的数字生态环境才是数字货币流通、繁荣的沃土，而非强制的政策命令。

在底层技术中，多边跨国、跨区域合作将逐渐增多，推动数字货币底层技术发展。私人数字货币和法定数字货币依赖技术路径来扩展性能和应用版图。技术没有物理边界，技术中性原则预留给数字货币很大的发展空间。数字货币研究机构之间相互合作将有利于不同技术架构的研发，有利于央行和私人数字货币发行商兼收并蓄不同的技术，审慎评估每项可选技术的优劣，确定数字货币的最优技术路径。

■ 扩展阅读

美国银行界全面进入基于区块链的数字货币发展阶段

2021年1月，美国货币监理署（Office of the Comptroller of the Currency，OCC）发了一份解释函，批准美国银行使用区块链和稳定币新技术。

IMF批评脸书的稳定币，认为会影响IMF会员的经济，且认为这些会员的反应可能都没有特别效果。例如一个国家法定货币是弱势货币，即使该国发行CBDC或是稳定币来对抗脸书的稳定币，对该国的法定货币可能不但没有帮助，反而会有损害。由于自己的法定货币基础不稳，即使发行CBDC，也不会提升自己法定货币的地位，反而因为大量数字货币在海外，更容易受到其他货币的影响。

但对OCC而言这并不重要，它们认为从美国整个国家立场来看，脸书的稳定币或其他基于美元的合规稳定币，对美国金融业和美元都是有利的，因为美元本来就是世界储备货币，IMF 的观点对美国不适用。

OCC 规定美国银行可以将基于美元的合规稳定币当成美国法定货币。美国社会早已认可数字货币的有效性以及高速性，美国没有理由不使用合规稳定币。一个合规稳定币需要合适的系统、制度、流程，以及可靠的预备金制度。OCC 表示只能接受百分之百储备金的稳定币，即一美元的储备金只能产生一个稳定币（这可以用智能合约控制）。稳定币发行方不能像商业银行那样可以加杠杆，即有一美元的存款，就可以支持几美元的贷款。由于采取这一策略，稳定币的发行不会改变美元的总量，但是稳定币又具备数字货币流动性的便利。

美国所有商业银行由于可以处理稳定币，都成为虚拟资产服务商（virtual asset service provider，VASP）。而稳定币最大的应用场景是跨境支付，因此所有银行都成为跨境支付银行，直接和国外 VASP 做跨境支付交易（及国内支付交易）。这和现在经过 Swift 的跨境支付架构有非常大的差异。在现在跨境支付架构下，一个国家只有少数银行（这些是代理银行）可以和 Swift 交互，而 OCC 解释函使得每个银行都可以直接和国外机构或是个人做跨境支付，向国外客户提供服务，不再需要经过 Swift。这样美国跨境支付体系大大扁平化、全球化、数字化。

区块链系统成为美国银行业的基础设施，而且可能成为跨境支付的主力。通过全球稳定币（global stable coin，GSC），美国每个银行都可以向全世界客户（包括机构或个人）提供金融服务。而由于卡机构 VISA 也加入了全球稳定币市场，故而全美金融机构相当于都参与了基于区块链的数字经济。IMF 在 2020 年 10 月报告中提到即使一些国家出台政策禁止这些稳定币进入国内，却由于技术没有跟上，空有政策，执行困难，不能落地。而有的国家不但不反对，还积极加入，如新加坡。新加坡主权基金也投资脸书 Diem 计划，成为会员，并表示愿带领东南亚其他国家都参与这项计划。在 2021 年 1 月以前，大多数机构和研究人员都在关注脸书 Diem 计划，现在美国所有银行和信用卡机构都能参与稳定币项目，这一范围比脸书计划更大。根据美联储，现在美国银行总资产超过 20 万亿美元，这表示有 20 万亿美元的资金池可以提供基于美元的全球稳定币。美国金融机构的监管机制也因此大为改变，由于商业银行都可以是 VASP，监管变成网络化监管。整个监管策略需要彻底改变！

资料来源：蔡维德. 美国银行界全面进入基于区块链的数字货币［EB/OL］.（2021-01-07）［2021-08-21］. https://www.jinse.com/news/blockchain/970212.html.

■ 本章小结

1. 数字货币是一种以数据表示自身价值意义的形式，通过交换数据来进行日常的交易流通，具有价值储存的作用，它是一种新型电子货币。
2. 私人数字货币是指私人发行的数字货币，主要包括比特币、以太坊、莱特币、瑞波币等数字货币。
3. 私人数字货币主要特征：一是去中心化带来的成本降低和效率提高；二是共识算法带来的可靠性；三是加密算法带来的安全性。
4. 法定数字货币是央行发行的新形式货币，区别于实物现金以及央行储备资金或清算账户的资金。根据技术结构不同，法定数字货币分为账户类和代币类。
5. 法定数字货币的经济效应：①科学地调控货币供应量；②提升货币政策的有效性；③提高货币政策传导效率；④为未来可能实施的负利率政策创造条件；⑤推动数字经济发展，提高经济透明度，赋能金融监管。

6. 法定数字货币对现有货币体系的影响：法定数字货币对央行基础货币的影响、法定数字货币对商业银行存款货币的影响、法定数字货币对各货币层次的影响。

■ 关键概念

数字货币　　　　电子货币　　　　虚拟货币　　　　私人数字货币
法定数字货币　　加密数字货币　　稳定币

■ 复习思考题

1. 广义上来说，电子货币、虚拟货币与数字货币的区别是什么？
2. 私人数字货币的主要分类及其特征是什么？
3. 如何理解法定数字货币的经济效应？
4. 简述法定数字货币对现有货币体系的影响。
5. 简要分析法定数字货币对货币政策的影响。
6. 数字货币面临的主要风险包括哪几个方面？各国采取了什么监管措施？
7. 数字货币在未来的发展前景如何？

■ 本章实训

数字货币对货币政策的影响分析

一、实训目的

1. 掌握不同机构对数字货币的定义、分类及主要特征。
2. 训练学生查阅历史资料、收集数据、阅读和梳理文献的能力。
3. 运用相关数据资料说明我国数字货币的发展历程以及使用程度。
4. 训练学生理论联系实际解决问题的能力。

二、实训要求

1. 通过相关统计年鉴、专业数据库，查询2015～2020年我国数字货币的综合统计情况，提取相关数据，并绘制图表。
2. 通过收集我国数字货币历史的使用数量、份额等年度总量性指标，分析我国数字货币的发展变化情况，并结合政策制度的完善和近5年的宏观经济走势，判断我国数字货币发展与货币政策完善的一致性。

三、实训组织

1. 指导教师布置实训项目，要求学生认真查阅并收集我国数字货币历史的使用数量、份额和宏观经济总量的年度指标，计算增量变化等，就实训问题以PPT的形式进行课堂汇报。
2. 将班级学生划分为若干小组，并指定组长，组长负责对实训项目进行详细的任务分解和责任落实。

■ 案例分析

脸书 Libra 案例

Libra致力于打造"一套简单的、无国界的货币"，采用区块链技术并搭建"为全球数十亿人服务的金融基础设施"。在技术上，Libra 将构建 Libra 区块链，采用许可型区块链技术，交易将通过中心化的联盟节点进行确认，一般使用者无权参与。在货币属性上，Libra 的内在价值体现为它背后的资产储备。也就是说，每个新创建的加密货币，在 Libra 储备中都有相对应的份额。Libra 采用一比一挂钩自定义式一篮子货币，其中包括银行存款和短期政府债券，旨在通过实物货币资产背书实现长期币值稳定。根据披露，Libra 的一篮子货币将以美元为主，占比 50%，其他货币包括 18% 的欧元、14% 的日元、11% 的英镑和 7% 的新加坡元。Libra 储备的资产将由分布在全球各地且具有投资级信用评级的托管机构持有，以确保资产的安全性和分散性。

Libra 创造了一个全新的货币支付商业模式，颠覆了以国家和银行为核心的体系。Libra 的重要组成伙伴分别为 Libra 协会、Libra 授权经销商、基础设施服务者、社群和底层用户。不同的角色在整个系统中承载着不同的业务。

第一，Libra 协会。它是一个总部设立在日内瓦的独立的非营利性组织，协会最初的创始成员由以脸书主导的 28 家全球企业、非营利组织、多边组织和学术机构组成。协会由三个部分组成，分别为理事会、董事会和社会影响力咨询委员会，三者形成代表、监督和资源转化的相互关系。Libra 协会承载着重要的管理职能：① 协会成员共同对网络管理和储备管理制定决策。职责包括设立、招募、选择协会成员，推行和运营 Libra 项目，协调各方利益相关者等。② 管理 Libra 区块链开源项目。主要职责包括管理开源社区贡献者社群，提供指引和研发标准，以此促进 Libra 区块链在技术上的可行性。③ 管理 Libra 储备。Libra 储备将全权由 Libra 协会进行管理，只有 Libra 协会能够制造和销毁 Libra。

第二，Libra 授权经销商。它是与 Libra 协会直接对接的组织，可以向协会投入法定货币以购入 Libra，对底层用户下放货币。

第三，基础设施服务者。用户将通过 Libra 系统里提供的软件参与到 Libra 生态系统中，如钱包。值得注意的是，脸书为了 Libra 项目单独成立了一家子公司 Calibra，旨在对 Libra 提供必要的金融业务支持。Calibra 将推出官方数字钱包，嵌入 Libra 主要使用场景，如 WhatsApp，Instagram，Messenger 等社交媒体软件。

第四，社群。由爱好者自愿组成，将联合协会负责开发和完善 Libra 区块链的技术问题。

第五，底层用户。底层用户可以通过法定货币、服务或者产品交换得到 Libra，利用 Libra 进行支付、汇款和结算等，使用范围不会受到 Libra 协会的限制。

Libra 为底层用户提供了一种替代的支付方式，在法律允许的情况下可以实现价值储存、支付、国际汇款等法定货币的功能，极大程度上避开了国家对资金的管理和管控，使现行既有金融系统的制定者在 Libra 的运作模式上大幅缺失。Libra 的新商业模式突破了行业既定假设，用数字货币重新定义了货币的发行和流通模式，构造了新的生态系统，形成以 Libra 协会为主导的中心，挑战了现有的金融生态系统。因此全球各国对 Libra 的反应较为统一，大部分国家持有保守而严谨的态度。

资料来源：郭笑春，汪寿阳. 数字货币发展的是与非：脸书 Libra 案例 [J]. 管理评论，2020，32（8）：11.

问题 1：Libra 的发行动机是什么？
问题 2：Libra 给国家带来了什么变革？

第八章

智能投顾

■ 本章提要

本章首先探讨了智能投顾的基本概念、特点及核心要素,然后介绍了其发展历程、中美智能投顾的发展,最后介绍了智能投顾具体的业务流程和盈利模式、资产配置与财富管理步骤、业务体系。

■ 学习目标

了解智能投顾的概念及发展历程;了解智能投顾的发展现状和发展趋势;掌握智能投顾的特点、业务流程和盈利模式;了解资产配置与财富管理步骤、业务体系。

■ 引导案例

把手中的钱交给机器人打理,你愿意吗

近年来,"智能"一词渗透到生活的方方面面,智能可穿戴设备、智能家居、智能机器人等逐渐进入人们的视野。如今在资产管理行业,人工智能与金融行业不断结合,人工智能理念下的智能投顾便是最炫目的花朵。

2017年,国务院官方网站发布了《国务院关于印发新一代人工智能发展规划的通知》,人工智能必将对金融现有业务流程和要素带来极大的改变。面对智能投顾这片蓝海,国内智能投顾的发展驶入快车道,先有传统龙头券商大举涉足,后有银行业推出智能投顾产品。除了传统的金融机构,还有一大批互联网理财平台纷纷宣布研发智能投顾。据不完全统计,目前宣称具有或者正在研发智能投顾的平台已超过20家,产品繁多,功能不尽相同。

那究竟什么是智能投顾？这阵风还能吹多远？智能投顾的运行成绩到底怎么样？真的能像 AlphaGo 一样强大而靠谱吗？把手中的钱交给机器人打理，你愿意吗？

资料来源：张海云. 风口上的智能投顾靠谱吗？运行成绩到底咋样？［EB/OL］.（2017-07-31）［2021-08-21］. https://www.cebnet.com.cn/20170731/102412892.html.

■ 本章知识框架图

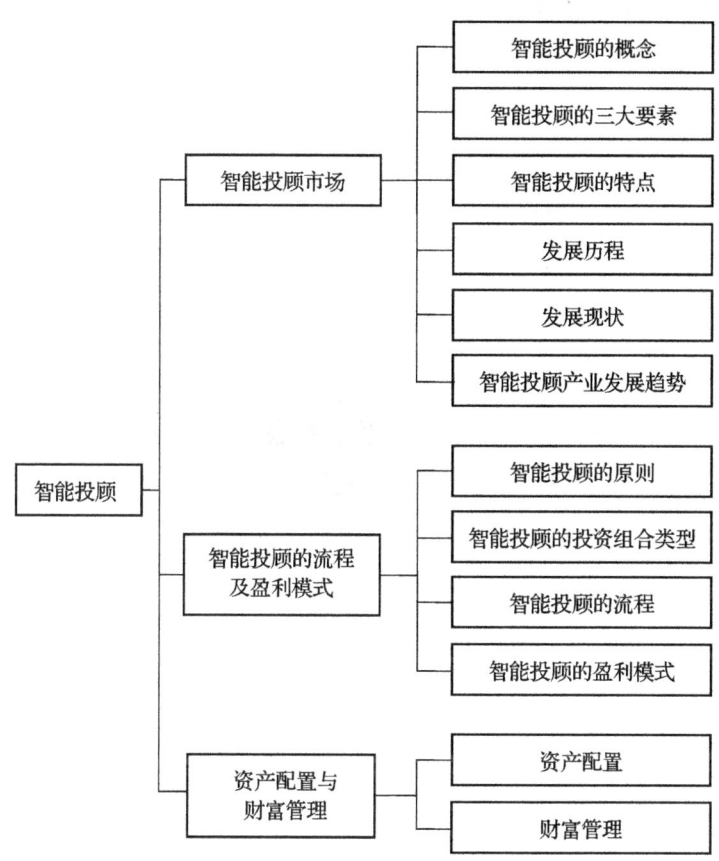

第一节　智能投顾市场

智能金融的应用，使金融生态运行更高效，覆盖更全面，风控更有效。尤其当今人们投资理财意识逐渐提高，智能投顾也成为科技产业和金融产业争抢的热点。目前最常见的智能投顾是利用大数据和 AI 人工智能技术在经济领域开展的服务。

一、智能投顾的概念

智能投顾是以大数据分析、量化模型及算法为技术手段，根据投资者的个人收益和风险偏好等信息进行客户画像，为其提供个性化的资产组合建议，支持自动化完成投资交易并根据市场状况进行调整，使组合始终处于最优状态的一种财富管理服务。智能投顾也称为"机器人投顾"，兴起于美国，美国证监会发布的《智能投顾监管指南》中也对它做了定义，"智能投顾是指运用现代化科技，基于网络算法的程序为客户提供全权委托的账户管理服务的注册投资顾问"。利用智能投顾的客户需要将个人信息和数据输入到交互式的数字平台，例如网站或移动应用程序，基于这些信息，智能投顾结合客户信息提供投资组合建议，并为客户提供后续的账户管理服务。我国现行的规范性文件与智能投顾最为相关的是2017年资管新规所做的界定，"智能投顾是指在资产管理业务板块引进人工智能业态和产品"。智能投顾的具体运作模式如图8-1所示。

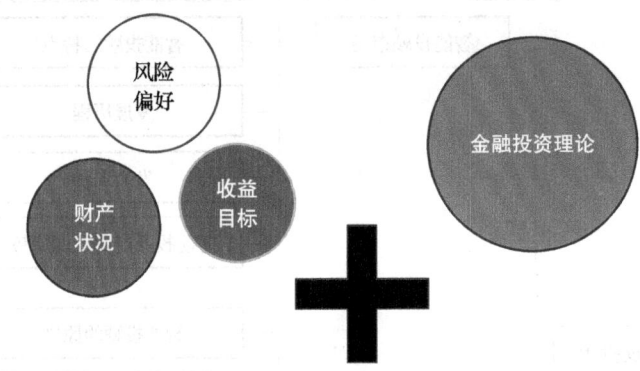

图 8-1　智能投顾运作模式

资料来源：兴业证券经济与金融研究。

二、智能投顾的三大要素

目前，智能投顾三大要素有：数据、模型和算法。智能投顾所利用的算法和模型均以海量的金融数据为前提，通过对客户各方面的了解，建立个性化投资组合，并根据实时数据进行优化，所以数据是智能投顾的基础。模型和算法是智能投顾的核心竞争力，模型和算法选择的有效性决定了智能投顾输出结果的合理性，直接影响着客户的满意度和留存率。模型决定了资产配置比例，初始投资组合的选择等。算法决定了投资的分析方法，包括利用算法选择时机，寻找最佳买入卖出点，获得较大收益；进行仓位管理，寻找最优调仓方式，提升效率。因此在智能投顾领域，创新产品，提供差异化服务，模型算法的优化尤为重要。具体如表8-1所示。

表 8-1　智能投顾模型算法的优化

类型	数据是基础	模型及算法是核心
静态	**历史数据** 数据类型：用户基本风险偏好、历史交易、价格变化数据等金融数据 作用：用于建立投资模型，筛选投资标的等	**投资模型** 理论依据：现代投资组合理论、资本资产定价模型等 作用：结合用户偏好确立资产配置比例、初始投资组合选择、交易基本规则等
动态	**实时数据** 数据类型：发布数据、突发事件情况、舆论情况等 作用：用于投资组合再选择、实时投资决策等	**决策算法** 理论依据：决策树、朴素贝叶斯、K-means、机器学习等 作用：根据实时市场变化做出投资交易决策

资料来源：慧辰资讯、兴业证券经济与金融研究。

三、智能投顾的特点

传统财富管理，需要花费高昂的沟通成本、人力成本，因此具有高费率、高门槛、主要为高净值人群服务的局限性。智能投顾在投资偏好洞察和投资资产匹配环节能够极大地降低成本，提高效率，使财富管理走向中低净值人群，促进了行业的快速发展。

（一）低门槛

对于传统投顾行业来说存在一个明显的问题，供给端竞争激烈且需求端需求较大。主要原因是传统投顾公司的门槛较高，只针对财富高净值客户提供服务。在美国仅有十分之三的人拥有一名专业理财管理师，绝大多数中低阶层的民众由于自身条件的限制和高昂的理财管理费用，资金无法交由专业人员进行财富管理。

智能投顾通过降低投资门槛，使拥有中级资产及以下的客户有机会参与到投顾市场中。智能投顾挖掘长尾客户，实现资产财富的专业化管理，减少了散户投资弊端对资本市场的影响，促进了资本市场的平稳发展。

（二）低费用

传统投顾收费标准比较高，给客户制订最合适的理财方案，除了收取运营费和佣金外，还会收取 1% 的管理费用。智能投顾降低了人力成本和投顾费用，扩大了市场规模，提升了工作效率。

（三）投资广、易操作

智能投顾在产品设计上比传统投顾更加多样化，能够更好地满足客户的理财要求。客户可以完全在互联网上了解投资组合，进行自动化交易以及后续的追踪调整，有效地节省了时间，省去了复杂的审核过程，效率较高。

（四）透明度高

传统投资顾问服务存在金融产品的供应与客户需求不匹配问题，服务人员为了业绩和佣金收入，误导客户进行资产配置，使客户财产受到损害。智能投顾能够在整个客户服务和资产管理过程中，进行充分的信息披露，包括投资理念、金融产品选择范围、收取费用等。客户可以随时随地查看相关信息，这减少了道德风险，更加客观公正。而且智能投顾采用自动化策略，严格按照投资建议服务客户，具有较强的专业性和客观性。

（五）个性化定制

所有的投资建议全部根据客户自身情况进行定制化的设计，而且在投资组合管理过程中较少受资产管理者主观情绪的影响，完全依据历史数据、优化或自我学习等智能方法，制订投资方案并严格执行，提高了投资理性水平。

传统投顾与智能投顾的主要区别如表 8-2 所示。

表 8-2 传统投顾 VS 智能投顾

传统投顾	智能投顾	智能投顾的优势
主要面向可投资资产 30 万元以上的富裕人群	主要面向可投资资产 3 万元以上的广泛人群	投资门槛降低，投顾服务覆盖人群范围扩大
有周期建议	实时动态决策	投资组合策略更科学、实时、全面、抗干扰
有限的产品组合	基于大规模交易的完善方案	
仅依据投资数据	投资数据＋金融形式数据	
咨询费、交易费、充值提现费、投资组合调整费用等近十类费用，达 1% 以上	仅咨询管理费，0.15%～0.35%	降低服务成本

资料来源：慧辰资讯、兴业证券经济与金融研究。

四、发展历程

智能投顾起源于美国，它的发展经历了在线投顾阶段、机器人投顾阶段、人工智能投顾阶段。

（一）在线投顾阶段（20 世纪 90 年代末期～2007 年）

20 世纪 90 年代末期，投资者对自身资产管理更加重视，投资分析技术水平不断提高，规模扩大。此阶段机器智能应用比较有限，主要应用是投资组合分析。2005 年，美国金融业监管局颁布 IM2210-6《使用投资分析工具的要求》（Requirements for the Use of Investment Analysis Tools）规章，允许证券自营商将投资分析工具直接提供给投资者使用。此后，互联网在线资产管理受到客户的喜爱。更多客户不仅能够受益于投资服务，参与到财富管理行业，还可以利用投资工具对投资策略进行分析，对风险收益有了更好的把控。

（二）机器人投顾阶段（2008～2015 年）

在此阶段，机器学习成为实现投资顾问智能化发展的主要方法。大量新兴科技企业开始创造各类基于机器学习的"数字化投顾工具"，为客户提供管理投资组合服务。证券公司对"数字化投顾工具"提供的投资策略负责，机器人投顾商业模式从只被金融从业者应用，到被客户广泛应用。

（三）人工智能投顾阶段（2016 年至今）

随着以大数据分析、人工智能和云算法等为基础的深度学习的广泛应用，智能投顾也成为科技产业和金融产业争抢的热点。智能投顾服务商和科技企业开始尝试开发能够完全消除人类参与的全智能化服务。采用"人工智能＋云计算"体系结构的服务商，在计算设备和软件开发方面投资巨大，能够同时服务千万、亿级别的海量用户，具体如图 8-2 所示。

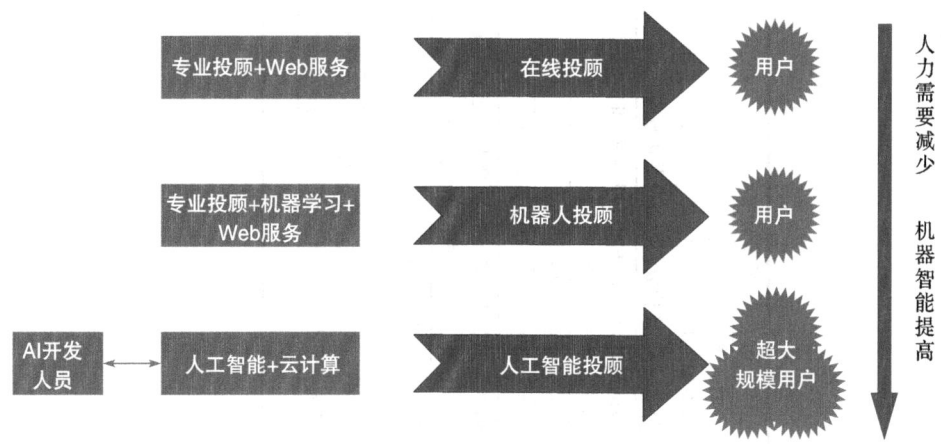

图 8-2　智能投顾发展历史

五、发展现状

（一）美国智能投顾发展现状

美国是世界上最大的智能投顾市场，具有较长时间的发展历史，传统金融机构占据了智能投顾市场的主导地位。以 Vanguard 公司为例，它拥有全行业最优质且低费率的指数基金，全球股票 ETF 的费率仅为 0.17%，股票市场 ETF 费率仅为 0.05%，优质且低成本的 ETF 资源使 Vanguard 公司开展智能投顾业务具备绝佳的底层资产。咨询公司 A. T. Kerney 调查数据显示，Charles Schwab 公司和 Vanguard 公司智能投顾产品的用户份额占全美市场前两位，高盛公司、黑石公司、Wealthfront 公司分列第三、第四以及第五位。

表 8-3 给出了美国最主要的提供智能投顾服务的公司的信息，并从产品、费用与成本、投资门槛、投资标的等方面进行了比较。

（二）我国智能投顾发展现状

我国智能投顾起步于 2015 年，最初只有 5 家初创企业，均尝试复制美国智能投顾商业模式。经过一段时间的发展，互联网公司积极拓展金融服务市场，同时传统金融机构也先后推出了多款智能投顾产品。此外，市场还涌现了一批智能投顾初创企业。我国智能投顾市场规模有限，处于探索发展阶段，各主体对市场影响有限，暂未占据市场主导性的规模优势。

按照智能投顾业务模式，智能投顾企业可以分为三类：第一，完全模仿美国主流创业公司的业务模式，对接海外证券公司后直接投资美国市场 ETF。第二，平台仅为投资者提供资产配置建议和"一键购买"按钮，投资者购入资产后，平台不再对平台账户进行操作，投资标的涉及国内公募基金、QDII 基金、保险、母公司理财产品等。这类投顾更像"金融超市"和导流工具。第三，受限于国内政策，投资于国内资产的投顾公司不能对账户进行后续操作，仅担任基金销售角色。大多数智能投顾平台选择与获得销售牌照的基金公司合作，直接开通智能投顾业务，平台监测并向用户发出调仓提醒，这成为国内智能投顾采用的主流模式。

表 8-3 美国主要智能投顾平台比较

公司名称	产品	费用与成本	资金门槛（美元）	投资标的
Charles Schwab 公司	Schwab Intelligent Portfolios	无咨询费用、账户服务费用和佣金，客户只需要承担 0.03%～0.55% 的 ETF 运营费用	5 000	股票、固定收益产品、房地产、大宗商品和现金等一共 54 类 ETF。每个投资组合由不超过 20 种资产构成，用以分散化投资
Vanguard 公司	Vanguard Personal Advisor Services	0.3% 的资产管理费，0.14%～0.3% 的赎回费	5 000	Vanguard 自由 ETF 和（股票型和债券型）共同基金在内的资产
高盛公司	Honest Dollar	每月 5 美元 + 产品费	0	Vanguard 股票和债券 ETF
黑石公司	Future Advisor	0.5% 的资产管理费	10 000	股票、债券型 ETF 和现金等资产
Wealthfront 公司	Wealthfront	投资资产 10 000 美元以上部分 0.25% 的资产管理费用；0.05%～0.4% 的 ETF 交易费用	500	包括美国股票、新兴市场股票、美国国债、房地产、大宗商品在内的 11 类 ETF
Personal Capital 公司	Personal Capital	0.49%～0.89% 的资产管理费	25 000	股票、债券型 ETF、固定收益产品、证券、现金等资产
Betterment 公司	Betterment	0.15%～0.35% 的资产管理费；0.05%～0.34% 的 ETF 交易费	0	包含 12 类 ETF，其中包括大、中、小型价值基金，但不包含房地产和自然资源类基金
传统资产管理公司		0.75%～1.5% 的管理资产费	1 000 000	

资料来源：《巴伦》周刊《美国智能投顾平台排行榜》。

> **专栏**
> 我国5家较有代表性的智能投顾平台对比，包括公司背景、上线时间、投资策略和资产池等方面，具体如表8-4所示。
>
> 表8-4 我国主要智能投顾平台对比
>
> | 产品名称 | 招商银行摩羯智投 | 平安一账通 | 京东智投 | 弥财 | 璇玑 |
> |---|---|---|---|---|---|
> | 公司背景 | 传统金融机构 | 传统金融机构 | 互联网巨头 | 创新企业 | 创新企业 |
> | 上线时间 | 2016.12 | 2015.4 | 2016.1 | 2015.4 | 2016.8 |
> | 投资策略 | 分散被动管理 | 综合性资产跟踪、理财平台 | 推荐适合预期，理财产品，不提供后续调仓服务 | 分散被动管理 | 兼顾主动管理与被动投资 |
> | 资产池 | 股票、债券ETF，另类资产、现金等11项资产 | 平安旗下产品，其他50家机构产品 | 主动管理型公募基金、京东小金库、被动ETF | 国外股票指数、企业/政府债券、包括黄金期货在内的ETF | 国内和海外股票、债券、商品、国内货币基金 |
>
> 资料来源：各金融机构官方网站。

（三）我国智能投顾与成熟市场的差异

我国智能投顾市场的发展与美国等国家的成熟市场存在一定差异，主要体现在：投资者、投资标的、牌照、金融数据、税收因素、产品智能化程度六个方面。具体见表8-5。

表8-5 我国智能投顾与成熟市场的差异

智能投顾要素	我国智能投顾市场现状差异
投资者	以散户为主，更加关注短期收益，大多数偏向短期投机、追涨杀跌，投机性较强，比较看重个股机会
投资标的	智能投顾主要投资标的缺乏ETF，截至2019年4月，我国ETF数量共199只，且145只属于传统股票型ETF，无法充分分散风险
牌照	我国智能投顾涉及资产管理牌照、基金销售牌照、证券投资咨询牌照等，各业务实施分开管理
金融数据	金融数据库与其他金融数据库不能融合，导致同投资偏好和资源基础的客户无法整合
税收因素	我国智能投顾无法提供海外智能投顾产品的税收亏损收割服务，这一服务一般能贡献总收益的20%～40%
产品智能化程度	我国智能投顾智能化程度低，客户画像简单，投资决策停留在自动化层面

六、智能投顾产业发展趋势

技术赋能是智能投顾能否实现爆发式发展的前提，随着大数据技术、人工智能技术以及互联网技术与金融行业的深度结合，智能投顾技术不断趋于成熟，具有巨大的发展空间。具体如图8-3所示。

（一）互联网与金融结合

智能投顾行业，将互联网与金融融合是产业趋势，可以为客户提供更高效、低价的专业金融服务。目前，互联网巨头积极利用技术、数据、用户体验等方面的优

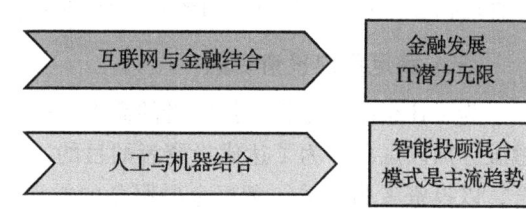

图8-3 我国智能投顾发展趋势

势，通过与传统金融机构合作，创新金融产品，提供差异化的智能投顾服务。

（二）人工与机器结合

机器的优势在于强大、稳定、全天候的计算能力，而人工的优势在于应变能力和决策能力。虽然全自动化的智能投顾模式是人工智能发展的产物，能够有效提升工作效率，但是机器语言依旧无法完全代替人与人之间的沟通交流，尤其是感情维系方面，人工更具有优势。因此，"人机结合"服务模式将是以后发展的主流模式。智能投顾可以根据客户净值的高低进行分层，适当调节机器服务和人工服务的比例，为客户带来更专业的投资意见，以及更稳定的投资收益。

第二节 智能投顾的流程及盈利模式

一、智能投顾的原则

（一）分散投资

分散投资是通过对不同的地域、不同种类的资产或在不同的时间点进行投资等，使各种依附在资产上的风险得以分散，最终达到降低投资组合整体风险的投资方法。

1. 资产类别的分散

世界上的投资对象多种多样，诸如股票、债券、房地产、大宗商品、货币等，投资者们面临投资何种资产的选择。各项资产之间联系复杂，投资者有必要进行广泛的多元化投资。相关性越高的资产，价格变动方向越相似；反之，相关性较低的资产，一方价格的变动对另一方的价格影响较小。因此，为了分散风险，投资者有必要将具有低相关性的资产类别组合在一起，以免整个投资组合受到特定事件的影响。

2. 时间上的分散

金融产品的价格每天都在变动，很难准确判断价格的高点与低点。人们普遍认为市场存在周期性波动，例如伴随着时代变化的长周期，伴随着经济景气度变化的中周期，伴随着供给变化的短周期等，同时也有突发且重大的事件，因此，投资时点需要分散。

（二）投资的复利应用原则

再投资是一种将投资过程中所获得的利润（如股息红利）纳入资产管理中再度进行投资，实现复利增值的投资方法。对于中长期投资来说，再投资是非常有效的投资方式，但是，对于分散投资来说，再投资时需要考虑资产的分配。智能投顾可以通过算法来跟踪投资者的资产管理状态，并在产生利息时进行妥善的再投资。

（三）满足用户投资目的

为了让金融服务符合投资者的需求，智能投顾需要根据投资者寻求金融服务的目的对金融服务加以区分。为了达成投资者的目的，智能投顾必须对可以实现各种功能的服务进行组合，以投资者为主体，考察金融服务的类型，确定资产管理的方式，保证各种功能的效果，资产组合要最大化满足投资者需求。

二、智能投顾的投资组合类型

智能投顾的投资组合可以分为增长型组合、收入型组合和抗通胀型组合。智能投顾可以根据用户对事先设置好的调查问卷的回答，判断风险偏好，调整这三种组合的比例，进行适合的投资组合，以满足需求。

（一）增长型组合

从长远来看，增长型组合投资的目的是获得可与全球股票市场增长持平的回报，满足用户资产增值的需求。因此，募集的资金往往投资于具有长期高回报率的资产，即股票。增长型组合投资主要面向有固定的劳动收入且当前收入大于支出的人群，以及短期内没有大额支出预算的人群。

（二）收入型组合

以债券类 ETF 为中心组成的收入型组合旨在提供相对稳定的收益，确保整个投资组合不会发生重大损失。收入型组合与增长型组合搭配可以产生多样化投资的效果。债权类 ETF 主要包括主权债券、投资级债券和抵押债券。此外，虽然在组合中占比较小，但收入型组合还会投资高收益债券以及新兴市场国家债券。收入型组合可以满足风险厌恶型投资者的需求，主要面向退休人群、没有定期收入或收入小于支出的人群、缺乏储蓄或者年金保障的人群。

（三）抗通胀型组合

抗通胀型组合在配置上会降低与股票市场的相关性，避免重大不确定事件所带来的风险。该组合中所包含的资产不仅有与进口物价指数直接相关的资产，还有原油、工业金属、贵金属、房地产、美国短期国债等与物价相关的债券类 ETF。该组合的参考指数是进口价格指数，该组合满足投资者资产保值的需求，主要面向持有大额资产的富裕阶层，在生活上无资金忧虑，需要保证不会因通胀而使资产缩水的人群。

三、智能投顾的流程

智能投顾包括四个步骤：客户分析与风险确定、投资组合选择与组合构建、投资组合再平衡与风险控制、投资组合分析与税负管理。具体见图 8-4。

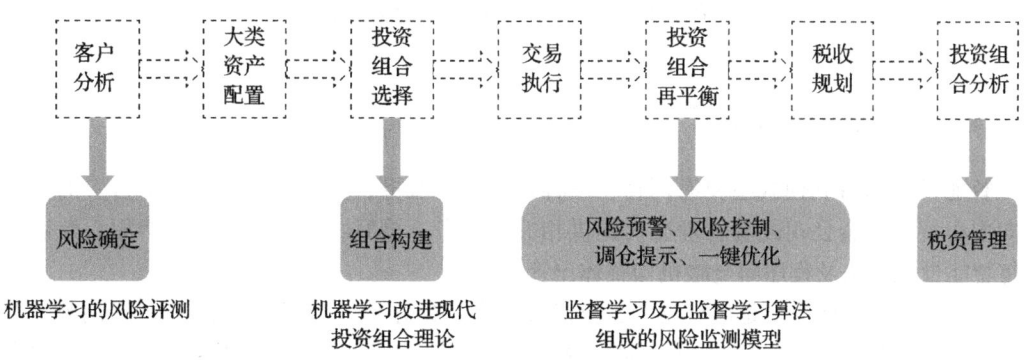

图 8-4　智能投顾的流程

(一) 客户分析与风险确定

智能投顾在给予投资者投资建议之前，需要了解投资者的基本情况，对客户的投资目标以及风险承受能力等进行分析，进而为客户提供合适的投资建议。客户分析方式主要是调查问卷以及询问打分等形式，智能投顾首先向投资者提问题，投资者提供关于财务状况、投资学方面的知识、投资目标以及所能承受的风险情况；之后，智能投顾还需要调查投资者的年龄、收入以及风险的承担意愿等基本情况，进行分数的设置，得分越高，说明投资者风险承担的能力越强。

(二) 投资组合选择与组合构建

追求最优化组合是智能投顾的显著特点之一，现代投资组合理论、Black-Litterman 模型和资本资产定价模型为智能投顾进行资产配置提供了理论支撑。

投资组合理论兼具风险分散的思想，为客户风险评估中的资产配置提供了最优解决方案，即在收益和风险之间取得平衡，而不是盲目追求高回报。资本资产定价模型的主要内容是期望收益与风险的关系。该模型认为资产组合风险与分散化程度成反比，投资者可以根据绝对风险而不是总风险对金融资产做出评估和选择。智能投顾将从产品的多样化与相关性考虑，对股票、国债等多种不同的投资标的进行选取，分散非系统性风险。当资产间的相关度较低，或成负相关时，可以有效地缓解外界的冲击，获得稳定收益。

在现代投资组合理论运用的过程当中，如果证券的数量庞大，需要较大的估算量与重置成本，Black-Litterman 模型可以将投资者的期望收益率与市场均衡收益率加权平均，得到合理的预期回报。

(三) 投资组合再平衡与风险控制

智能投顾在完成配置选择以后，还需要进行投资组合的后续跟踪以及风险管理，并对组合能否满足投资者的目标进行判断。若投资组合明显偏离投资者目标或个别资产价格达到风险阈值，平台会发起资产配置调整的申请，客户决定是否更改相关的配置。客户还可以主动调整资产的分配，调整后，机器拟合出收益率曲线，由客户决定是否接受，这个过程称为投资组合再平衡。

(四) 投资组合分析与税负管理

投资组合分析是指智能投顾在评估资产管理结果后，对投资进行反馈，对投资建议的优劣进行评价。在美国，智能投顾不仅提供基于投资者目标和风险管理规划的投资组合优化建议，而且还为增值服务提供税负管理，帮助投资者实现收入的提升。

四、智能投顾的盈利模式

智能投顾的盈利模式主要有两种：一种是纯策略服务，另一种是纯技术出售。前者主要是向中小型的基金公司或者管理公司提供相关的服务，同时收取一定的服务费用；后者主要是将智能投顾算法及程序向金融机构整体出售。

美国的传统投顾主要是以交易费、投资组合费等费用为主，智能投顾收取的费用涉及两大类，以顾问费用、ETF 管理费为主。顾问费用的收费模式采用的是阶梯式模式，费用随着投资金额的增加而降低，收取的费率在 0.15%～0.35% 之间；ETF 管理费年化费率在 0.03%～0.15%

之间，具体如图 8-5 所示。

代表平台收费标准	投资起点	顾问费用	ETF管理费	其他费用
	Wealthment:500美元 Betterment:无 Charles Schwab:5 000美元	除Charles Schwab不收取顾问费用，其他平台按投资总额阶梯式收费，范围在0.15%~0.35%，金额越大费率越低	平台均需缴纳ETF管理费，年化费率在0.03%~0.15%之间不等，平均费率在0.13%	当资产低于10 000美元时，Betterment将会收取客户3美元/月的账户管理费

图 8-5　成熟资本市场平台盈利模式

资料来源：Beta 智库、兴业证券经济与金融研究。

我国智能投顾主要收取佣金或者赎回费等，通常情况下，不收取手续费以及管理费等其他费用。当前我国的基金业竞争激烈，利润空间不大。

第三节　资产配置与财富管理

智能投顾为金融机构财富管理提供了有力支持，通过线上化、智能化的方式，实时顺应银行客户的行为变化，以科学合理的资产配置方案，解决财富管理的痛点问题，形成新的竞争优势，为财富管理赋能。智能投顾通过资产配置的不断优化，能够提供丰富的产品服务、专业化的投资建议、客观的投资决策，引导投资者树立理性的投资观念。智能投顾还可以大大提高金融机构投资咨询业务的效率，使财富管理资产池的半自动化管理成为可能。

一、资产配置

（一）资产配置的概念

资产配置是指根据客户的投资需求将投资资金在不同资产类别之间进行分配，通常是将资产在低风险、低收益证券与高风险、高收益证券之间进行分配。资产配置需要充分了解投资人的收益目标、风险偏好、流动性要求等，结合监管政策、国家税收政策、市场投资限制等，明确配置哪些类别的资产，确定合适的资产配置组合及比例。

资产配置追求不断优化的业绩表现及风险评价，可以实现在一个长时间的投资周期内达成更高的投资收益和更低的投资风险，使投资收益和风险趋于平衡。此外，资产配置有很强的抗干扰性。

（二）资产配置的类型

资产配置的类型可依据不同的标准进行划分。

1. 根据投资目标期限划分

根据投资者投资目标期限，资产配置的类型可以划分为战略资产配置（strategic asset allocation）和战术资产配置（tactic asset allocation）两类。

战略资产配置是投资者依照长期投资目标制订的资产配置计划，投资期限通常为 5～10 年。投资者在确定了可投资的资产类别后，按照长期投资目标制订战略资产配置计划，通过预测资产的期望收益、风险和资产间的相关关系，利用优化技术构建长期最优组合，并形成战略资产配置计划。一般情况，战略资产配置在整个投资期内比较稳定。战略资产配置的主要作用是从总体上控制与金融市场相关的风险。

战术资产配置是投资者依照短期投资目标制订的资产配置计划。相对于战略资产配置，战术资产配置是短期资产配置，投资期限通常在一年以内。战术资产配置体现了投资者对资本市场短期趋势的判断，投资者通过预测短期内资产的期望收益、风险和资产间相关关系等参数，利用最优化技术进行决策。战术资产配置的主要目的是利用市场机会获取超额收益。

2. 根据投资者对市场有效性的看法划分

根据投资者的对市场有效性的不同看法，资产配置的类型可划分为积极资产配置（active asset allocation）和消极资产配置（passive asset allocation）两类。积极资产配置又称主动资产配置，是指投资者采取积极主动的态度进行资产配置，在宏观经济和资本市场基本面的分析基础上，投资者对资产收益和风险的变化做出预测，积极调整各类资产的投资比例和投资期限。采取积极资产配置策略的投资者认为市场是非有效的，积极资产配置策略的有效实施可能获取超额收益。相反，消极资产配置又称被动资产配置，是指投资者采取消极被动的态度进行资产配置。在整个投资期间，不论宏观经济还是资本市场状况，投资者均保持各类资产的既定投资比例，不进行主动调整。采取消极资产配置决策的投资者认为市场是有效的，对各种公开信息和历史数据的分析对提高收益毫无帮助，被动跟踪投资基准是最好的投资策略。

（三）资产配置的策略

1. 恒定混合策略

恒定混合策略始终维持不同类别的资产配比均衡不变。当某类资产价格相对上涨时，投资者需根据价格涨幅反向调仓，以保持该资产权重不变，反之亦然。恒定混合策略不会根据资产的价格波动而调整资产配置比例，甚至为维持资产比例需做到"高抛低吸"，因此更适合具有一定风险承受能力的投资者，也更容易在震荡的市场环境中实现相对稳定的收益。传统的恒定混合策略包含等权重策略和60/40投资组合策略（60%投资于股票，40%投资于债券）。

2. 均值方差策略

均值方差策略是在设定了期望收益率的情况下，投资者试图投资波动率最小化的投资组合，或是在设定了预期波动率的情况下，试图将投资组合收益率最大化的投资组合。均值方差策略使组合的收益率、波动率在一个有效边界内相互制约以达到最佳的平衡效果。该策略在实际的投资组合构建中，一般都以期望收益率作为前提约束条件，使投资组合的波动率最小化。

均值方差策略不适合用于可投资资产的风险等级完全不同的投资组合。如一段期间内，不同资产的累计收益率差别不大，但波动率差别较大，那么在给定期望收益率的情况下，资产就会因不同的波动率存在占优资产和被占优资产，导致波动率较大的资产很难进入优化结果，也会导致资产配置结果过于集中。

3. 风险平价策略

风险平价策略只基于风险投资，投资者根据资产各自不同的波动率进行配比，使所有资产配置相同的风险权重。由于无法预测未来哪种资产的收益表现比较好，因此风险平价策略通过衡量各资产对投资组合的风险贡献度来构建组合。风险平价策略真正做到了分散风险，如果某一类资产出现大幅下跌，对投资组合来说也只是这类资产部分出现亏损。因此该资产配置策略相对保守，追求长期投资，而不是短期择时投资。

4. 其他资产配置策略

Black-Litterman 模型在均值方差最优化方法的基础上，融入了投资管理人的主观观点。该策略追求客观量化与主观观点的融合，以最大化效用函数为依据。但是主观观点很难确定，涉及的模型参数过多，且投资管理人的主观观点会影响实证结果的客观性。

（四）资产配置的步骤

一般情况，资产配置的步骤有五步。第一步，确定资金的投资要求。投资要求包括投资期望收益率、投资期限和风险偏好。第二步，确定资产类别。具体资产类别的选择与资金的数额紧密相关。资金数额越大，可选择的资产范围就越广。第三步，建立战略资产配置策略。战略资产配置是在投资政策层面上资金投资目标和风险政策的具体体现，发挥着控制风险、稳定收益的重要作用。第四步，建立战术资产配置策略。战术资产配置是在市场操作层面上，资金利用市场机会获取超额收益的重要途径。第五步，监督、管理、反馈和报告。投资管理人需实时分析所持资产和市场情况，调整战略和战术资产配置，定期与投资者进行沟通，核对投资者的投资要求是否发生变动。如投资要求发生变动，投资管理人需要重新从第一步进行资产配置。

二、财富管理

（一）财富管理的定义

财富管理，是投资管理人利用所掌握的客户信息与金融产品，在分析客户财务状况的基础上挖掘客户的财富管理需求，通过向客户提供整合的银行、保险和投资理财产品与服务，协助客户实现资产保值及增值。财富管理市场主要定位于富裕阶层的客户群体。

（二）财富管理业务的主要经营机构

根据服务的客户以及所提供的产品和服务的类型，财富管理的主要经营机构可以分为三类。

1. 全能银行

从事财富管理业务的全能银行主要包括两类：一是由传统私人银行成长起来的全能银行，如瑞士银行、瑞士信贷银行等，目标客户主要是高净值客户；二是由传统零售银行成长起来的全能银行，如花旗银行、汇丰银行、美国银行和荷兰银行，最初的客户主要是富裕客户，目前它们大多数已经把焦点向高净值客户方向转移。全能银行扩张财富管理业务的主要方式是兼并收购现有的财富管理机构。

2. 证券类机构

证券类机构包括投资银行、经纪商、资产管理公司、对冲基金等。其中，最为典型的是投资银行。

投资银行特别是美国的投资银行，凭借其在证券经纪、资产管理等资本市场业务中的丰富经验，大力向财富管理业务领域拓展。投资银行主要是针对超高净值及以上的个人客户提供独有的高质量产品的通道，如向私营企业主提供多样的财富分散化产品，作为公司融资的延伸。投资银行除了充分挖掘自身现有资源与能力外，也积极收购其他专业性财富管理机构，以提高产品与服务的供应能力。目前，投资银行已经成为重要的财富管理机构，在财富管理市场中占有相当的份额。

除投资银行外，证券类机构还包括：满足交易者日常交易执行和投资需要的经纪商；直接通过自己的销售队伍服务富裕客户的资产管理公司；以及对冲基金、私人股权基金、共同基金和结构性产品供应商等，这些机构主要设计产品，再通过其他财富管理机构进行分销。

3. 其他金融机构

财富管理机构还包括家庭办公室、纯粹的私人银行、信托机构、独立财务顾问等。

家庭办公室由于私密性和专业性较高，目标人群主要为超高净值及以上客户。家庭办公室通常充当客户家族财务管理整合的中枢，为一个家族或几个家族服务，基本上执行三大职能：专家顾问和规划（包括财务、税收和慈善）；投资管理（包括资产配置、风险管理、尽职投资与分析、自主资产管理和交易）；行政管理（包括协调与金融服务提供商的关系以及合并财务报告）。家庭办公室对客户的吸引力在于独立性、控制力、高度个性化以及专业经验。私人银行是指商业银行或国际金融机构与特定客户在充分沟通协商的基础上，签订有关投资与资产管理合同，客户全权委托商业银行按照合同约定的投资计划、投资范围和投资方式，代理客户进行有关投资与资产管理操作的综合委托投资服务。信托机构是指从事信托业务，充当受托人的法人机构。信托是指委托人基于对受托人的信任，将其财产权委托给受托人，受托人按委托人的意愿，以自己的名义，为达到受益人的利益或者特定目的，对信托财产进行管理或者处分的行为。独立财务顾问是指具备专业财务知识，为顾客提供投资理财咨询策划服务的专业人员。

（三）财富管理的业务体系

财富管理是综合性业务，业务体系至少包括核心产品（服务）、系统平台、服务流程、服务渠道、服务团队等内容。此外，一些机构在提供财富管理服务时，还会为签约客户配发专属的服务介质，以彰显客户的尊贵身份。

1. 核心产品（服务）

财富管理所提供的产品与服务可以分为三类：第一类是传统的商业银行产品和服务，包括现金与存款、贷款、信用卡、货币市场产品、托管等；第二类是传统的私人银行产品和服务，包括全权资产管理、遗产规划、游艇经纪、艺术收藏、房地产事务、餐厅戏院预约等管家式服务，慈善计划，生命周期的税收服务，非金融资产收购、融资和管理，为客户及其家庭成员提供的教育计划、退休计划等；第三类是新兴的财富管理产品和服务，包括对冲基金、私人股权、财产和房地产、结构性产品、固定收益产品、指数追踪产品、共同基金、保险、经纪、投资组合管理等。

面向高净值客户和富裕客户的服务体系有所不同。从架构上来看，各全能银行一般的做法是，通过整合成立一个独立的私人银行部门或者集团内的一个独立法人公司面向高净值客户提供财富管理服务，并下设一个财富管理的子模块向富裕客户提供财富管理产品和服务。

此外，由于国外金融业普遍实行混业经营的模式，各大财富管理机构在产品设计上充分体现了综合化特点。而且，随着竞争的加剧，为提高客户吸引力，越来越多的财富管理机构开始选择开放式的产品架构，任何能满足客户需要的产品（无论是不是本机构开发的）都将被采纳，财富管理机构甚至还为客户提供特定产品的定制服务。财富管理的产品（服务）正在向两个方向发展：一是产品更加多样化，财富管理工具越来越多；二是以投资为导向，投资建议更丰富。

2. 系统平台

财富管理兼具复杂性和专业性，对于技术支持的要求很高。从提供财富管理服务本身的要求看，财富管理机构至少要在客户关系管理系统、投资组合管理系统等方面具备专业的技术支持能力。

3. 服务流程

作为高端个人客户的专属服务机构，优秀的财富管理机构均高度重视标准化服务流程的创建，积极建设标准、规范、一致的服务流程，向全球财富管理客户提供高品质的一贯服务，并以此作为服务质量管理，树立全球品牌形象的重要手段。

4. 服务渠道

财富管理经营机构对物理网点的依赖程度较传统零售银行有所下降，通常是通过设立数量相对较少，但客户服务能力和水平较高的专属营销网点来发展财富管理业务。相比于专门服务高净值客户的私人银行机构，财富管理机构对专属贵宾服务网点的依赖程度相对较高，因此增设专属服务网点仍是财富管理机构渠道策略的重要内容。同时，财富管理机构一般都为目标客户提供专属的网络服务和电话服务，设置专属网站或网页，实现差异化服务战略，而且在渠道投入和推广重点上，财富管理机构正在从劳动力密集型渠道（营业网点）向高科技自动化渠道（网络服务、电话服务、自助服务等）转移。

5. 服务团队

财富管理是一项极具挑战性和复杂性的业务，它独特的服务方式和服务内容对从业人员提出了更高的能力要求。为了保证随时能对富裕阶层客户提出的任何需求提供最优解决方案，财富管理的从业人员不仅要熟悉各种投资产品的运作模式，还要熟练掌握财务分析、会计、投资规划、税务和遗产筹划等业务技能。此外，从业人员还必须要有出色的沟通能力和客户关系管理能力，以及良好的职业道德和个人品质。财富管理从业人员往往都是专业理财师，具有国际金融理财师（CFP）、注册金融分析师（CFA）等认证资格，而且一般都学历出众，且具有丰富的专业工作经验。从人员架构来看，财富管理服务团队一般都包括直接面对客户的客户关系管理人员（客户经理）和后台的产品经理、投资顾问。前后台既分离又密切配合的模式在财富管理机构中较为普遍。

■ 扩展阅读

招商银行"摩羯智投"

2016年，招商银行推出机器人智能顾问——"摩羯智投"，起投金额2万元，上线1

个月，其资产管理规模已超过8亿元，它是运用机器学习算法并结合招商银行十余年财富管理实践及基金研究经验，构建以公募基金为基础的全球资产配置方案，达到分散投资风险的目的。

摩羯智投有两大特征：一个特征是，摩羯智投并不是一个单一产品，而是一套完整的服务流程，从投资者目标风险的确定、组合的构建、一键下单到历史收益情况和业绩基准的对比展示，再到下单购买、组合的实时跟踪、持仓的调整建议，形成一个完整的闭环；另一个特征是，摩羯智投并不会给客户提供一个保证的或期望的投资收益，而是以客户为导向，根据客户自己设定的投资期限和风险承受级别来构建基金组合，展示其历史收益，完成客户的投资计划。对于数据历史不长的组合，摩羯智投依据现代投资组合理论对其收益进行模拟测算，选取各类有代表性的指数进行股票、固定收益、现金及货币和其他四大类资产的配置。

摩羯智投的核心观点是分散投资，长期持有。其优势主要体现在几个方面：首先，它依托于招商银行这个强大的金融平台，平台的规模和流量为摩羯智投的孕育和发展提供了强大的金融数据支撑；其次，摩羯智投具有很大的灵活性，它可以支持客户持有多个独立账户，以满足不同的期限投资收益需求；最后，摩羯智投提供完善的售后服务，根据市场行情变化，给客户提供组合调整，一键优化服务，定期给客户发送投资业绩报告，提升投资客户体验。

就收费模式而言，招商银行目前把摩羯智投定位于产品而非服务，因此暂未收取任何服务费和账户管理费。只是在购买基金时会根据招商银行和基金公司的相关协议，收取基金购买手续费。从基金组合情况而言，摩羯智投只有30种投资组合，由于面对的潜在客户人群数量巨大，很难做到真正的个性化资产配置，容易出现推荐组合同质化较高的情形。就基金池产品方面来说，摩羯智投选取的主动型较多，而选择被动型的公募基金非常少，摩羯智投这样的选择无意中会增加投资者的费用成本。再加上摩羯智投成立的时间较短，难以拿出较好的业绩来展示给投资用户，难以证明其主动型基金在扣除各类费用后能够带给投资者更好的投资收益。

资料来源：http://www.ocn.com.cn/touzi/chanye/201708/ddrbx02090506-4.shtml。

■ 本章小结

1. 智能投顾是以大数据分析、量化模型及算法为技术手段，根据投资者的个人收益和风险偏好等信息进行客户画像，为其提供个性化的资产组合建议，支持自动化完成投资交易并根据市场状况进行调整，使组合始终处于最优状态的一种财富管理服务。
2. 智能投顾三大要素有：数据、模型和算法。
3. 智能投顾的特点：低门槛，低费用，投资广、易操作，透明度高，个性化定制。
4. 智能投顾的发展历程：在线投顾阶段（20世纪90年代末期～2007年）、机器人投顾阶段（2008～2015年）、人工智能投顾阶段（2016年至今）。
5. 智能投顾产业发展趋势：互联网与金融结合，人工与机器结合。
6. 智能投顾的原则：分散投资、投资的复利应用原则、满足用户投资目的。
7. 智能投顾的投资组合类型：增长型组合、收入型组合、抗通胀型组合。

8. 智能投顾业务包括四个步骤：客户分析与风险确定、投资组合选择与构建、投资组合再平衡与风险控制、投资组合分析与税负管理。
9. 智能投顾的盈利模式主要有两种：一种是纯策略服务，另一种是纯技术出售。

■ 关键概念

智能投顾　　　　　资产配置　　　　　投资组合再平衡　　　　恒定混合策略
均值方差策略　　　风险平价策略

■ 复习思考题

1. 智能投顾的三大要素是什么？有什么作用？
2. 智能投顾与传统投顾有什么异同？具有哪些优势？
3. 简述智能投顾的步骤。
4. 中美智能投顾市场发展现状有什么异同？查阅资料，简述造成这种差异的因素有哪些。
5. 智能投顾行业的盈利模式是什么？
6. 我国智能投顾产业发展的优势与挑战有哪些？
7. 简述资产配置的步骤。简述财富管理业务中的核心产品。

■ 本章实训

我国智能投顾行业风险及政策监管分析

一、实训目的

1. 紧跟行业变化，识别我国智能投顾行业面临的风险，以及近些年来我国对智能投顾颁布的监管政策变化。
2. 训练学生查阅资料、收集数据、阅读和整理文献的能力。
3. 训练学生理论实际相结合，通过资料查阅，拓宽知识面，多方面了解智能投顾。

二、实训要求

1. 结合我国智能投顾现状，识别我国发展智能投顾行业存在的风险。
2. 通过收集有关智能投顾监管政策的资料，整理我国为了防范智能投顾风险颁布的相关政策的作用及采取的措施。
3. 结合我国智能投顾存在的风险及现行的监管状况，为我国进一步加强风险管控提出发展建议。

三、实训组织

1. 指导教师布置实训项目，讲解具体实训要求，实训内容以PPT的形式进行课堂展示。
2. 将班级学生划分为若干小组，并指定组长，组长负责对实训项目进行详细的任务分解和责任落实。

第九章 CHAPTER 9

量化投资

■ **本章提要**

本章首先探讨了量化投资的基本概念、特点等；其次，介绍了量化投资相关理论：有效市场假说、市场异象、认知偏差；再次，介绍了量化投资的策略，以及量化投资策略的分析步骤；最后，探讨了量化投资风险及管理情况。

■ **学习目标**

明确量化投资的基本概念；了解量化投资的发展状况；掌握主流的量化投资策略及量化投资的风险管理；理解量化投资策略步骤分析。

■ **引导案例**

量化投资持续扩容，发展进入新的阶段

中国经济已经步入创新转型的发展时代，随着资本市场的深化改革，大数据、云计算、人工智能等技术的迅速发展，程序化的智能投资已成为金融科技领域的重点应用场景，量化投资机构也成为国内多层次资本市场的一支重要力量。

随着市场投融资环境进一步优化，资本市场进入机构投资者时代，量化产品需求旺盛、前景广阔。量化股票多头、中性产品以及CTA这三种策略在2020年都取得了不俗表现。对于股票而言，未来A股股票数量还会增加，流动性也会得到不断改善，非常适合做量化。量化交易目前在A股占比约为15.9%，远低于成熟市场，未来量化投资的成交量、管理规模还有很大增长空间。

人工智能技术的发展，也为量化投资提供了更大的发展空间，量化策略也会不断丰富，

风险收益比不断提高。各大财富机构也相继推出了量化服务体系，提供一站式服务，致力于打造量化生态圈。

资料来源：https://baijiahao.baidu.com/s?id=1688398683317926124&wfr=spider&for=pc.

■ **本章知识框架图**

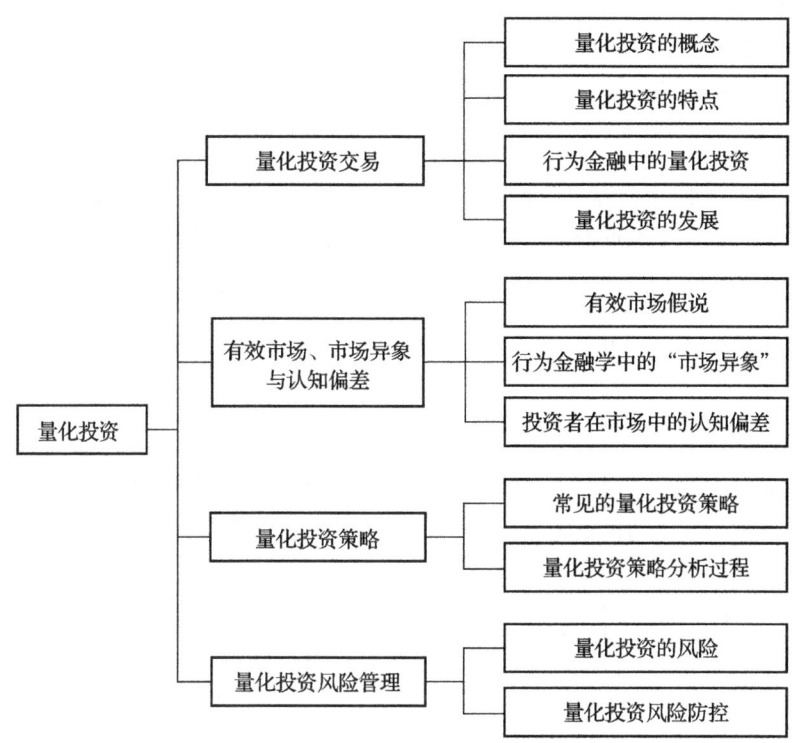

第一节 量化投资交易

一、量化投资的概念

现代金融理论不断成熟，基于计算机编程的证券自动量化交易模式随之诞生。量化投资是一种采用数理方法和计算机技术从大量历史数据中挖掘盈利机会、进行投资决策、执行交易、预警和管理控制风险，以获得超额收益和长期稳定盈利的投资方法。

量化投资与传统投资模式的投资理念具有相似之处，都是基于市场非有效或弱有效的理论基础，获取超额收益。凭借成本低、业绩稳定的特点，量化投资从产生以来，就受到了重点关注，被业界学者称为传统投资哲学领域的一次"投资革命"。

二、量化投资的特点

量化投资以更大的投资视角和广度，快速高效地在全市场范围内进行海量信息的处理和挖掘。量化投资策略具有五个特点：准确性、纪律性、系统性、及时性、分散化。

（一）准确性

为避免主观情绪的影响，量化投资能够客观且准确地评价交易机会，合理借助套利思想，本质上是利用深度系统的分析，发现投资市场错误定价、错误估值的标的进行交易，最终获得收益。

（二）纪律性

量化投资严格按照投资模型的结论、建议执行操作。纪律原则下存在诸多好处，既能够有效克服人性的弱点，还能够有效克服认知偏差，使投资更具有客观性。

（三）系统性

量化投资的系统性涉及海量数据的分析、多角度的观察以及多层次的量化模型等。多层次模型又囊括了大类资产配置模型、行业选择模型和精选个股模型等方面内容。

（四）及时性

量化投资能够及时发现市场的变化，构建相应的可提供超额收益的统计模型，从而确定最佳的交易时机。

（五）分散化

量化投资是一种概率投资，一是从历史数据中挖掘出对未来有益的历史规律，提高获胜的概率；二是基于筛选出的投资组合获利，而非仅借助单个或若干投资产品获利。

三、行为金融中的量化投资

在传统金融理论中，为了得到简洁、完整的数学模型，模型需要对投资者、投资环境等设定一定的假设，包括：投资者的完全理性、市场无摩擦、市场信息完备等条件。理性人的假设条件要求投资者具有风险厌恶的效用函数，可以根据贝叶斯法则修正自己的信念，并能依据最大化自身期望效用做出判断。但在现实市场中，投资者的决策会出现过度自信（over confidence）、代表性偏差（representativeness）、框架效应（framing effects）、锚定（anchoring）、损失规避（loss aversion）等认知偏差，难以达到完全理性的要求，因此，金融市场中出现了传统金融理论无法解释的现象。而行为金融则充分考虑到投资者的心理偏差、消息传播的不对称等情形。

前景理论[一]是行为金融发展的理论基础，前景理论认为：投资者做决策时所依据的并不是最终的财富水平，而是会选择一个参考点，进而考虑相对收益和损失，即投资者不看重财富的绝对量，而看重财富的变化量。投资者有损失规避的倾向，当面对收益时投资者表现出风险厌恶，希望尽快落袋为安；而当面对损失时，投资者又表现出风险偏好。量化投资依据各种行为金融现象，能够实时结合投资市场特点，采用低频或高频交易模式，迅速构建起相应的投资策略，比如，小盘股策略、动量策略、反转策略等。

四、量化投资的发展

1952 年，美国知名学者马科维茨正式提出了投资组合理论，第一次基于数量化视角围绕

[一] 前景理论由丹尼尔·卡尼曼和阿莫斯·特沃斯基于 1979 年提出。

风险和收益进行分析，标志着理论领域的量化投资进入了萌芽阶段。直至 1971 年，英国巴克莱银行成功投放了世界上首只指数基金，标志着量化投资开始进军实践领域。从 20 世纪 80 年代到 1995 年，由于技术等方面的局限性，量化投资在国外并没有突破性的发展。之后，受益于信息技术水平的快速提升和深化应用，量化投资被广泛应用于指数类投资和主动型投资。我国量化投资的发展历程分为三大阶段。

（一）起步阶段（2004～2009 年）

此前，我国金融工具品种较少，股票市场只可以单边做多，不支持双边交易。量化投资的发展相对缓慢。直至 2004 年 8 月，国内才出现了第一只量化基金产品。同时，部分公募基金积累了较为丰富的量化投资管理经验，量化投资几乎全部应用到公募基金中。2010 年 4 月，中金所对外宣布沪深 300 股指期货交易正式对外开放，为股票投资提供了对冲工具，也为国内量化投资的成长奠定了重要基础。

（二）成长阶段（2010～2014 年）

2010 年被认为是我国对冲基金元年，沪深 300 股指期货的推出、ETF 及分级基金以及融资融券业务的开展使各类量化策略的实施成为可能。在这一阶段，无论是公募领域还是私募领域都投放了多只规模不等的量化策略基金。国内公募基金吸引了一批华尔街优秀量化投资人才归国发展，并发行了大规模的量化股票型基金，产品直到现在依旧是公募量化策略基金的标杆。在私募基金方面，由于金融工具的日益丰富，量化股票、股票市场中性、ETF 套利以及分级套利等策略的量化私募基金开始发行，其中以 ETF 套利策略发展最为迅速，甚至有基金凭借 ETF 高频套利技术实现了"零回撤"的奇迹。

（三）爆发阶段（2015 年至今）

2014 年，中国证券投资基金业协会推出私募基金管理人和私募基金产品登记备案制度，极大地推动了私募基金的公开化、透明化及科学规范化。2014 年到 2015 年是我国量化对冲金融产品发展最为快速的时期，形形色色的私募基金机构相继诞生。无论在数量方面，还是在规模方面，量化投资均实现了较大发展。

金融工具的扩充也是量化投资出现爆发式发展的原因之一。2015 年 2 月，上证 50ETF 期权正式推出，同年 4 月，上证 50 和中证 500 这两个颇具影响力的股指期货新品种问世，为量化投资提供了更为多元的对冲工具，交易策略变得更为丰富。

如今，股票市场处于结构性分化行情中，股指期货的交易限制依然存在，商品期货市场发展前途不明。这一切对量化投资而言，是不小的困境。靠原有简单的策略已经无法在当前市场中获益，管理人只有不断适应新的市场变化、挖掘新的投资机会、研发新的投资策略才能在市场中取得技术优势，获取超额收益。

第二节　有效市场、市场异象与认知偏差

一、有效市场假说

有效市场假说为量化投资提供了基础理论指导，有效市场假说也被称为有效市场理论，

最先是由美国芝加哥大学金融学教授尤金·法玛在《证券市场价格行为》的一篇论文中提出，但他完整地阐述并建立有效市场理论是在 1970 年。有效市场假说（EMH）包括以下内容：在一个信息交流快捷和完全竞争的社会下，投资者能够快速地、无成本地获得特定的信息，从而可以根据完全已知的信息做出利益最大化的行为。这样证券价格就充分反映了市场上公布的信息，投资者并不能根据该信息获得任何的超额收益，只能获得风险调整的市场平均报酬，这样的市场则被称为有效市场。

有效市场假说把信息分成三类，即历史交易信息、公开信息、内幕信息。对应着这三种信息的划分，有效市场假说把市场的有效性分为弱式有效市场、半强式有效市场和强式有效市场三种。

在弱式有效市场中，证券的历史交易数据信息都能够准确、方便地获得。这些信息包括历史价格、成交量、K 线走势图等。由于这些信息都是公开的，也是广大投资者能无成本获得的，因此绝大多数投资者会将这些信息快速地反映到资产价格中。随着这些信息被多数人得知，也就失去了价值。这也意味着通过历史技术指标分析预测证券价格的未来变化是没有帮助的。如果不利用价格时间序列以外的其他信息，那么对明天价格的预测就是今天的价格，即技术分析是无效的，无法给投资者带来超额收益。

在半强式有效市场中，证券价格反映了所有与公司有关的公开可用的信息，这些信息不仅包括历史交易信息，还包括与公司发展前景有关的基本信息。诸如管理团队水平、持有的专利、财务报告、生产线的基本数据、盈利预测等。这些信息都已反映到证券价格中，那么未来价格的变化将与这些已知的公开的信息毫无关系，而主要由明天所公开的信息决定。因此通过技术分析和基本面分析都无法获得超额收益，只有获得日后要公布的内幕信息，才能获得超额收益。

在强式有效市场中，与资产定价的有关信息，不仅包括历史交易信息和公开的与公司相关的可用信息，还包括内部人士所掌握的内幕信息。这些信息均已反映到证券价格中。即便能够获得内幕信息也无法获得超额收益。显然，强式有效市场假说是极端的假设，即内幕信息公布时能快速地反映到价格上。机构投资者凭借强大的调研能力和专业的分析预测可能对内幕信息快速地应对，而个人投资者在获得内幕信息的情况下并非有效。

有效市场假说认为"市场所有可得的信息都已在价格中反映，市场价格代表了证券的真实价值"，而这一理论主要依赖于三个基本假定：

第一，投资人是理性的，能够根据已知的信息对证券价格做出合理的认知。

第二，当投资者为非理性投资者时，他们的交易行为是随机的，这样会彼此抵消非理性行为对证券价格造成的影响。

第三，即使非理性也不是随机的，竞争市场中理性的套利者会消除前者对价格的影响，使资产回归其真实价值。

二、行为金融学中的"市场异象"

随着有效市场假说的提出，许多实证研究肯定了其有效性，夏普、林特纳等将有效市场假说与马科维茨的资产组合理论相结合，建立了资本资产定价模型（CAPM）。CAPM 和 EMH 也成为现代金融学的两大基石。

但是随着市场的发展，相当一部分实证研究结果质疑有效市场假说。现代金融理论和

EMH 是建立在有效市场竞争的基础上，市场的投资者都是理性人，即人们的决策是建立在风险厌恶、效用最大化的基础上的。可是大量的心理学家研究表明，投资者实际投资决策时并非如此，并且也出现了一些有悖于有效市场假说的市场异常现象，比如赢者输者效应、小公司和规模效应、羊群效应、日历效应、动量效应与反转效应、处置效应等，对现代金融理论提出了强有力的挑战，行为金融学也随之产生。

（一）赢者输者效应

在较长的一段时间里，过去收益较差的股票在未来一段时间内会获得比较好的收益，而过去收益较好的股票在未来一段时间内会获得比较差的收益，这种现象称为赢者输者效应。这说明证券市场并不总是有效的，投资者可以采取反向投资的策略，获得超额收益。

（二）小公司和规模效应

经济学家研究发现，股票的收益率与公司的规模、股票市值的大小存在着一定的关系。在较长的一段时间内，小市值公司股票的收益率明显要高于市值较高的公司股票的收益率。在牛市行情里，这种情况更为显著。而且一家公司随着市值的逐渐增加，其股票的收益率呈减少的趋势。

我国市场上也存在着类似的现象，小公司、小市值的股票短期内往往成为炒作的对象，导致了非理性的上涨。小公司的估值一般高于大盘股，本质是因为其成长性相对于成熟的大公司更好。因此在构建投资组合时，投资者往往挑选成长性好的小市值股票来获得超额收益。

（三）羊群效应

羊群效应是指投资者在交易过程中模仿其他人交易的行为。由于金融投资专业知识的匮乏，或者信息不对称，投资人不能够自己做出理性的判断，只能够通过观察大型投资机构的交易行为来推断合理性，引发群体性非理性行为，造成羊群效应。我国长期以来存在着类似的现象，投资者在获取到信息时，最好通过理性的分析判断，避免陷入羊群效应。

（四）日历效应

日历效应是指股票在不同的时间段往往表现出不同的趋势，比如星期一效应、一月效应等。研究表明，星期一的收益往往低于其他几个交易日。一月效应是从统计学角度发现的股市走势的一种惯常现象，指的是 1 月的回报率往往是正数，而且会比其他月份的收益高；相反，在 12 月，股市回报率经常会呈现负值。最早发现一月效应的国家是美国，后来其他国家和地区也陆续发现一月效应现象的存在。

（五）动量效应与反转效应

动量效应是指股票在一定时期内，有着延续前期走势的趋势，即短期内表现较好的股票在下一段时间内仍然会持续好的表现，而短期内表现不好的股票在下一段时间内也将会持续不好的表现。反转效应恰好相反，前期表现较好的股票，在下一时间段会出现较差的表现，而前期表现较差的股票，在下一时间段会出现较好的表现。

出现这样的现象，行为金融学上的解释是由于认知偏差、过度自信导致的反应过度。当投资者获得关于某只股票的利好消息时，交易活动会按照该股票好的方向发展，并且投资者深信股票未来还会持续这一好的现象。过度自信则暂时忽略了该股票对应的实际价值，随着利好消息被慢慢消化，股票也将回归真实价值，由高点逐渐回落；反之，原来被压低的股价会逐渐回升。

(六)处置效应

处置效应是指投资者更愿意卖出盈利的股票,而不愿卖出亏损的股票。但从长期收益角度出发,这种行为未必是真正理性的,因为股票上涨往往是有上涨的原因或动力,反之下跌也是。当某只股票处于亏损状态时,投资者属于风险偏好者,与有效市场假说的理性人相违背。

三、投资者在市场中的认知偏差

传统金融学有严格的假设条件,传统的金融学理论往往无法解释市场上许多行为。首先,投资者的投资行为并非理性,人们往往凭借主观经验或者片面的消息,或者一些不相关的信息去做投资;其次,投资者的非理性行为并不随机,往往是从众并且一致的。有效市场假说认为即使部分投资者存在非理性的行为,理性的套利者会迅速消除非理性行为所引起的价格偏离,使市场达到有效状态。而行为金融学认为套利之所以会受到限制,是因为套利本身存在着风险,而且套利也会受到实施成本的影响,金融市场中各种异常现象的存在,主要是由于投资者存在着认知偏差。

(一)启发式偏差

启发式偏差主要是指投资者不能全面或客观地对某一个事物进行分析,而是通过一些片面的因素,或者主观经验而得出结论。这些结论如果缺失了关键性因素或者没有考虑主要现象,就会导致认知偏差,产生错误。启发式偏差包括可得性偏差、代表性偏差等。

可得性偏差是指人们根据一个事件在记忆中信息的可得程度,或者印象深刻程度来主观判断其出现的概率,记忆越清晰,那么主观概率就会越大,从而导致片面的推断。例如2015年的牛市时期,对于经历过2007年下半年股灾的股民,当指数上涨到比较高的位置时,由于对股灾所造成的影响记忆深刻,就必然担心再次蒙受巨大的损失。结果等到股价涨到高位的时候,他们才后悔自己失去了好的投资机会。

代表性偏差是指人们对不确定的事物进行分类时,容易将该事物与具有典型特性的相似事物划分为一类。

(二)过度自信

过度自信是指投资者在交易过程中过分相信自己的判断力和预测力,而容易忽视由于客观因素所导致的结果。过度自信可以划分为两种偏差:自我归因和后见之明。比如投资者做出成功的决策时,往往归结于自己的聪明,反之如果失败了,则认为是由于客观因素、运气,而不从主观方面找原因。

(三)保守主义和证实偏差

保守主义即人们在面对一个新的环境时,不愿更改以往的观念去接受新的信息。证实偏差是指人们在确认了某种观念时,就会特意去接受一些支持这种观念的证据,甚至将一些不利的证据也认为是对这种观念的支持。

除了以上的认知偏差,还有历史无关性、隔离偏差等。行为金融学从个体行为以及投资者心理角度去研究、分析预测金融市场的发展,使量化投资更具实践意义。由于投资者的心理因素产生的非理性行为,导致市场并非是一直有效的,当市场不是有效的时候,量化投资可以通过发掘市场行为因素构建模型,获得超额收益。

第三节 量化投资策略

一、常见的量化投资策略

量化交易策略分为四类：股票策略、市场中性策略、宏观策略和套利策略。四类策略的收益来源不同，股票策略与宏观策略表现在投资标的实际价值的变化走向，而套利策略表现为与一揽子投资标的的相对价值变化。

（一）股票策略

股票策略根据人力与计算机技术在策略中的介入量分为主动型权益类投资和主动量化投资。

主动型权益类投资充分利用投资人对行情相关面的深度调研，形成特有的投资逻辑，随机对股票进行筛选，交易策略分为多空策略、做多策略和做空策略。主要采用多因子模型。多因子模型认为股票收益率是由一系列因子决定的，根据经济金融理论或者市场经验寻找因子，通过对历史数据的拟合与统计分析进行验证、筛选，最后以因子的组合作为选股标准，买入股票。多因子选股具体分为五个步骤：因子选股、因子有效性检验、因子筛选、综合评分模型以及模型评价与改进。

主动量化投资则依赖于计算机大数据分析的优势，通过输入附带的逻辑找到最佳的投资组合模型。主动量化投资会自动排除以非数据或概念形式存在的价值信息，因为这些信息无法转化为有效交易信号。主动量化投资主要是采用高频交易。高频交易是指借助高性能计算机，在极短时间内对市场变化做出反应并迅速完成换手的交易方式。高频交易起源于投资实务界，且大多数被对冲基金、投资银行自营投资部门所使用。高频交易主要有三个特征：其一，对于交易设施有速度要求报撤单速度快；其二，对于投资时间有期限限制，极少持有隔夜头寸；其三，对系统的延时要求较高。高频交易多采取冰山算法，即故意隐藏投资者动机，把份额较大的订单拆分为若干随机形成的小订单，具有隐秘性，其目的在于减少股票大范围波动。

（二）市场中性策略

市场中性策略是一种使投资组合的收益率曲线独立于市场走势的策略，通过运用多空仓位、金融衍生品和量化模型等手段，来对冲大盘波动带来的投资组合系统性风险（贝塔系数），以追求独立于大盘走势的绝对收益（阿尔法系数）为目标。市场中性策略的优势有以下几点：一是与市场指数不相关；二是追求绝对收益；三是风险低、波动小；四是市场容量巨大，流动性好。市场中性策略以阿尔法策略（Alpha）为代表，Alpha 的基本思路是买进多股多头组合，以持有的空头工具（股指期货、融券、期权等）对冲获取超额收益。

（三）宏观策略

宏观策略（macro strategy）是一种全类型的市场投资策略，该策略可以分成期货策略（CTA）与宏观资产配置策略。CTA 策略是动量策略的代表类型，是以行为金融学理论为基础，研究价格变化的趋势，从而获取收益。CTA 策略渗透性强，可涵盖各种类型的资产，目的在于分散动量策略伴随的高风险。宏观策略主要研究的是宏观经济变化，然后做多或做空某一区域内所有类型的市场。

（四）套利策略

套利策略主要以市场价差的波动获取收益，包括期限套利、ETF 套利和期权套利。[①]固收

[①] 期限套利表现为赚取股指期货与指数间的价差波动盈利。ETF 套利是指通过申赎赚取 ETF 价格与净值间的波动套利。期权套利包括垂直套利策略、鹰式套利策略、箱式套利策略、蝶式套利策略等多种类型。

类产品未来的现金流比较固定，因此，其价格与到期时间、利率、信用利差间的关系更为确定。投资者更容易找到固收类产品之间的关联性，产生更多的套利策略。除此之外，在海外资本市场中，固收类产品有着更为丰富的结构特性和衍生品，套利机会更多。

二、量化投资策略分析过程

量化投资策略分析一般包括五个部分：数据输入、数据清洗、策略处理、回测输出、策略优化。

（一）数据输入

无论是制定策略还是构建分析模型，均需要海量的数据。历史数据的获取主要通过各大数据库等途径获取，通过 Python、MATLAB 等程序完成数据下载与输入。

（二）数据清洗

数据清洗，也称作数据预处理，主要是为了防止由于数据格式不统一、缺失、异常以及错误等问题，对分析结果的客观性造成不利影响。数据清洗包括异常值、缺失值的处理以及数据标准化等。

（1）异常值处理。异常值的处理，常见有删除法，或是调整异常值的上下限。异常值判断方法有：均值标准差法、MAD 绝对中位差法以及 boxplot 箱线图法等，其中后两种方法的处理效果更好。

（2）缺失值处理。缺失值的处理，常见有删除法、中位数代替法以及平均值代替法等。通常情况下，删除法适用于缺失值比较少的条件；缺失值较多，可借助行业均值、中位数等参数来加以取代。

（3）数据标准化。数据的标准化处理，也称为数据的指数化，包括数据同趋化处理以及无量纲化处理。数据同趋化处理主要用于解决数据不同性质的问题。不同性质的指标对结果的作用方向不同，无法加总，需要改变逆指标数据的性质，以确保各指标的作用力方向一致，达到准确测评综合结果的预期。无量纲化处理主要解决数据的可比性问题。关于数据标准化的处理方法有"最小 – 最大标准化""Z-score 标准化"以及"按小数定标标准化"等方法。

（三）策略处理

在整个量化投资分析过程中，策略处理为核心。以股市投资为例，策略处理需要考虑选股、择时、仓位管理和止盈止损等因素，其中最重要的步骤是创建合适的模型选股。

1. 选股

量化选股是指借助量化方法，来选择最佳的投资组合，以期能够获取最大化的投资收益。常用的选股方法有多因子选股、风格轮动选股、动量反转选股㊀、资金流选股㊁、行业轮动选

㊀ 动量反转选股是基于投资者的投资行为特征制定的投资策略。价格上涨的正反馈作用会促使投资者持续买入。所谓动量效应，即前期看涨的股票在今后一段时间内将会依旧保持强势，但一旦达到正反馈效应无法持续时，价格就会崩溃下降，此时将会呈现出反转特征，即前期表现弱势的股票，在今后一段时间会持续看涨。

㊁ 资金流选股是以资金流向为基础来对股票走势进行评估。短期投资者的交易行为，从本质上看是一种投票行为，此处的票代表的是资金。在股市中资金的流入和流出影响着股价的上涨和下跌，存在量价一致和量价背离的现象。可以根据资金流向以及量价关系预测股价走势，构建相应的投资策略。

股[1]等。

2. 择时

量化择时的具体含义为借助量化法，来对最佳买入卖出点进行判定，从而获得收益。原理为：预测股价上涨时买入，反之则卖出。一般常见的择时方法有：市场情绪择时、SVM 择时、趋势择时、有效资金择时等。

3. 仓位管理

仓位管理，即对所持股票组合的数量进行管理，包括如何实现股票的分批购买以及如何实现止盈止损等。常见的仓位管理方法包括漏斗形仓位管理法、矩形仓位管理法、金字塔形仓位管理法等。

4. 止盈止损

止盈，即在获取收益时及时卖出，从而实现盈利；止损，即在股票亏损时及时抛出，以防出现更大的损失。

（四）回测输出

策略确定后，需要做的是进行历史数据的回测以及模拟交易的验证，利用回测平台数据，对策略可行性以及收益性进行检验，结合回测结果，实现对策略的动态优化。

常用的回测分析指标有最大回撤率、盈亏比、预期年化收益率、成功率和夏普比率等。其中盈亏比、预期年化收益率、成功率、夏普比率与策略收益呈正相关，最大回撤率与策略收益呈负相关。最大回撤率代表在回测周期中累计收益率跌幅最大的比例，该比率越小说明策略稳定性越好；盈亏比是指多笔模拟交易中，利润总额除以亏损总额，值越大说明利润金额的区间越大；预期年化收益率越高，说明策略的收益性越好；成功率表示多笔模拟交易中，股票上涨次数除以总交易次数的比值，比值越大，获利机会越大；夏普比率，即收益与风险之比，通常情况下，数值越大，意味着单位风险下所取得的收益越高。

（五）策略优化

策略优化主要是根据回测结果，对数据、选股模型参数、择时标准进行调整，使策略具有更好的稳定性、更高的收益、更低的风险。根据回测结果不断进行优化，是量化投资策略必不可少的部分。

第四节 量化投资风险管理

一、量化投资的风险

（一）数据陷阱

量化投资的基础是大量的投资信息与数据计算，利用数据分析方法做出投资决策，可以使投资行为避免出现太多的偶然性。不过，量化投资并非绝对的可靠、安全，量化投资的数据为历

---

[1] 行业轮动选股和经济周期存在密切关系，在经济周期规律的影响下，部分行业启动后，将会带动其他行业跟随实行，若能够发现其中的跟随规律，即可在前者启动后买入后者，进而实现高额收益。

史数据，容易滞后，分析出来的结果并非绝对精确，存在一定的安全隐患。尤其是各项数据的采集、整理依赖于大数据及云计算技术，很难确定数据的真实性，容易造成数据分析结果与市场脱节。量化投资策略必须加强数据安全性以及实时性方面的控制，才能最大程度地发挥作用。

（二）策略同质性风险

量化策略存在"不可能三角"，即策略收益、策略风险及策略容量三者无法兼得。当策略模型为全市场所认知并大规模应用时，该策略的收益或风险就无法达到预期，有效性会衰减，出现指标的失效和钝化，利益摊薄。如果批量的投资机构使用相似或同样的策略，就对资产的价格产生较大的扰动，加剧羊群效应，将出现市场整体的反馈失控。典型的案例是在2016年，商品期货市场由于"黑色系"品种的崛起迎来了一轮波澜壮阔的牛市，进入商品期货市场的资金也呈几何级增加。其中，量化趋势跟踪策略尤其受资金青睐，投资规模成倍放大。尽管各投资机构趋势跟踪策略不尽相同，但整体策略思路、周期大致相近。2016年底商品期货市场因市场结构变化出现不规则波动，大量量化趋势跟踪策略出现回撤，一些研发能力弱、风控意识差的投资机构甚至出现了20%以上的回撤，一直持续至今。所以，提升研发实力，储备具有差异化的投资策略尤为重要。

（三）系统故障风险

量化投资的开展多依托于计算机系统、互联网技术，现如今更是结合了智能化因素，是一种依赖于各种硬件以及软件相互配合的投资模式与方法。目前的交易系统并没有实现完全的标准化运营，许多机构甚至还采取完全不同的交易系统，在开展量化投资计算之前没有对系统做出有效的测试及整合，很容易产生系统漏洞。

由于系统故障导致的潜在风险，主要有四个方面：① 仓位和资金的错配，引发爆仓问题。在量化投资策略的设计中，由于缺乏对仓位和资金的合理化处理，导致在实际操作中，资金和仓位不匹配，出现爆仓，影响交易市场的正常运行；② 非标准化的交易系统认证。目前我国的投资机构都是自行设计交易系统，国家缺乏统一的认证标准，实操使用之前未经过科学严谨的测试，存在的系统漏洞容易造成交易的安全性问题；③ 量化投资的效果受网络和硬件问题的影响；④ 用户订单与交易所处理系统的非同步性造成额外成本的增加。各交易所对应的处理系统普遍存在延时现象，交易机制需要对订单实现系统验证。

（四）市场操纵风险

在资本市场上，机构投资者拥有大量的资金以及人才储备，对资本市场产生明显的影响，它们甚至通过资金的运作在一定程度上造成市场波动。另外，投资机构采取量化投资更多的是中小型机构，这类机构在资本市场上属于"散户"，掌握了较多的资金，但是缺少足够的专业化水平，操作上的风险不容忽视。

目前，对于资本市场，量化投资风险的监管有待完善，还未建立起应对市场操纵风险的体系，相应的法律法规也不健全。这直接造成部分机构与投资者存在侥幸心理，市场操纵风险相对增加。

二、量化投资风险防控

完善量化投资风控流程体系，包括量化投资的事前预防、事中管理和实时监控、事后信息披露和整改。

第一，事前预防。一方面，要规范量化投资交易系统数据接口，要求证券公司（或期货公司）向中国证监会报备投资者特殊接口，或对使用的程序化交易系统进行安全认证；另一方面，要尽可能加强风险监督体系建设，多方机构共同参与，通力合作，争取建设成一套集科学性、对接性及融合性为一体的"风险点"排查体系，做到及时发现风险，妥善解决风险。中国证券业协会、中国期货业协会、中国投资基金协会等行业自律机构加强量化投资交易风险控制培训，强化管理人员的综合素质，特别是要强化职业道德水平，努力在防范和控制市场操纵方面取得突破。

第二，事中管理和实时监控。证券交易所需要提高风险识别能力，不断开发更先进的监控系统，加强对异常事件的监督，对于违规事件及时进行预警处理。对资本市场的一些关键指标包括买卖指令、成交量、交易额等进行实时监控，发现问题，及时反馈，调查追踪。

第三，事后信息披露和整改。证券交易所及时对异常交易进行披露，同时根据损失状况公开处罚，探究风险出现的原因，提出预防措施，并对现有政策和规则进行整改，改进系统技术，不断完善风控制度，努力使量化投资交易更加安全可靠。

■ 扩展阅读

量化投资的缺陷

股灾产生的根本原因可能有投资者的"羊群"效应、集体止损引起的"多杀多"、造成股市泡沫的累积。从量化投资的相关角度看，主要有两种策略争议较大。

第一种是程序化交易策略（program trading）。程序化交易用电脑程序实时计算股价变动和买卖策略，开始于20世纪70年代末的华尔街。在程序化交易中，大宗的股票交易和期指交易可同时买卖。当判定交易信号发生时，系统进行买卖操作，因此策略必然跟随市场的上涨或下跌来做多或者做空。电脑程序看到股价下挫，便按设定的机制抛售股票，造成股价加速下挫，而下挫的股价又令程序更大量地抛售股票，加剧恶性循环。有人认为股灾前的股市暴涨也是由程序化交易引起的，股价上涨和买入信号的相互作用，催生股价泡沫的形成，造成股价过高，从而引发后续的股灾。

第二种是投资组合保险策略（portfolio insurance）。投资组合保险策略是海恩·利兰德（Hayne Leland）、约翰·奥布莱恩（John O'Brien）与马克·鲁宾斯坦（Mark Rubinstein）于1981年2月创立的一种投资策略，核心思路是让投资组合在风险可控的前提下具有大幅上升的潜力。具体方法是采用一部分资产做固定收益投资，产生安全垫，以此来保护风险资产。通过建立金融工程模型，可以根据资产价格的走势，使用股指期货动态复制一个看跌股指期权，以规避投资组合的下行风险。这里有个前提，就是需要有潜在的"接盘者"。若在某一天，不存在"接盘者"了，投资组合保险的操作方式将会造成股价的快速下跌。投资组合保险依靠的是几乎没有限制的资金流动性，但在实际中，资金的流动性有时也会干涸，因此，在所有人都想卖出时，这样的投资策略就会失效。

由此案例可以看出，机构同质化量化投资模型的使用会扰乱资产定价，加剧股市的不稳定，极端情况下，甚至会引起股灾。

■ 本章小结

1. 量化投资是一种采用数理方法和计算机技术从大量历史数据中挖掘盈利机会、进行投资决策、执行交易、预警和管理控制风险，以获得超额收益和长期稳定盈利的投资方法。
2. 量化投资策略的特点分别是准确性、纪律性、系统性、及时性、分散化。
3. 我国量化投资的整个成长历程归纳为三大阶段：起步阶段（2004～2009年）、成长阶段（2010～2014年）、爆发阶段（2015年至今）。
4. 有效市场假说把市场的有效性分为弱式有效市场、半强式有效市场和强式有效市场三种。
5. 行为金融学中的"市场异象"：赢者输者效应、小公司和规模效应、羊群效应、日历效应、动量效应与反转效应、处置效应。
6. 投资者在市场中的认知偏差：启发式偏差、过度自信、保守主义和证实偏差。
7. 量化投资策略分析过程一般包括五个部分：数据输入、数据清洗、策略处理、回测输出、策略优化。
8. 量化投资的风险：数据陷阱、策略同质性风险、系统故障风险、市场操纵风险。
9. 量化投资风险防控：事前预防、事中管理和实时监控、事后信息披露和整改。

■ 关键概念

量化投资	规模效应	启发式偏差	过度自信
证实偏差	量化投资策略	市场中性策略	套利策略
数据清洗	多因子选股	量化投资风险	数据陷阱
羊群效应	日历效应	动量效应	处置效应

■ 复习思考题

1. 量化投资的特点是什么？简述量化投资的发展历程及现状。
2. 结合量化投资策略内容，谈谈你对几种策略优势和劣势的理解。
3. 选择一种选股方式，查阅相关资料，了解该种选股方式的具体步骤。
4. 简述有效市场假说的主要内容。
5. 如何评价一个量化投资策略的好坏？

■ 本章实训

基于沪深300指数股票的多因子选股模型研究

一、实训目的

1. 训练学生收集、整理金融数据的能力。
2. 对多因子选股模型进行实践操练，提高理论模型的实际应用能力。
3. 培养和训练学生运用专业数据分析软件的能力。

二、实训要求

基于SPSS软件和金融数据库，利用回归法构建多因子选股模型。选取的样本数据可以为2014～2019年（其他时间范围数据也可以）间的沪深300股票市场上的财务指标、行情指标等,对于因子的选取要考虑市场的经验以及因子对公司的代表性。

三、实训组织

1. 指导教师布置实训项目,讲解具体实训要求,以及有关多因子量化选股模型的理论知识。
2. 将班级学生划分为若干小组,并指定组长,组长负责对实训项目进行详细的任务分解和责任落实。
3. 细节说明

(1) 模型操作流程。首先对因子进行初步的单因子检验,删除相关性不明显的部分因子;其次对剩余的因子做进一步的相关性分析,删除相关性较高的因子;最后进行逐步回归,得到最终的回归选股模型。

(2) 股票数据选取。行情数据均来自后复权的每日收盘价数据。所有的财务数据均为当年的季度财报数据。剔除有过 ST 和 *ST 历史的股票,因为这两类股票在市场上具有更大的波动性,不适合采用价值投资的方法进行投资。剔除掉数据缺失的股票。样本可选自 2014~2019 年共 6 年的股票进行分析,其中因子检验筛选期是 2014 年 1 月~2016 年 12 月共 3 年的数据,多因子选股模型检验期为 2017 年 1 月~2019 年 12 月共 3 年的数据。

(3) 因子初步选取。先将影响股票收益的因子按估值因子、成长因子、宏观因子、行为因子进行划分,初步选取影响股票收益的常见因子。因子如表 9-1 所示。

表 9-1 影响股票收益的因子汇总表

因子类型	因子名称	因子作用
估值因子	市净率(PB)	反映企业的内在价值
	市盈率(PE)	反映股价的合理性
	股息率(DYR)	选取收益型股票的重要参考指标
	市现率	反映股票的价格水平和风险水平
成长因子	资产收益率(ROA)	衡量每单位资产创造多少净利润
	净资产收益率(ROE)	衡量公司运用自有资本的效率
	净利润增长率(NPG)	衡量公司的盈利能力
	换手率(TT)	反映股票流通性的强弱
宏观因子	国内生产总值(GDP)	反映宏观经济发展状况
	消费者信息指数(CCI)	反映股票对于投资者信心变化的敏感程度
	消费物价指数(CPI)	衡量经济体的通货膨胀率
行为因子	投资者情绪	反映投资者行为的量化

投资者情绪是一个抽象的概念,没有具体的表现形式,可以将一些可作为市场风向标的金融变量作为投资情绪的代理指标,选取换手率、A 股市场的 IPO 数量、首日募集资金数量、A 股新增开户数量四个指标,并运用主成分分析法构建投资者情绪指数。

(4) 因子筛选。使用的单因子检验方法为 Fama-MacBech 检验,该检验将单因子取值与股票收益率进行一元线性回归得到回归系数 b,然后代入公式 $t(bt) = \frac{\mu(bt)}{\sigma(bt)}\sqrt{T}$,计算 t 统计量,与临界值 2 进行比较,进行因子筛选,alpha 取值为 0.05。

(5) 逐步回归法。逐步回归法是将变量逐个引入模型,每引入一个解释变量后都要进行 F 检验,并对已经选入的解释变量逐个进行 t 检验,当原来引入的解释变量由于后面解释变量的引入变得不再显著时,将其删除,以确保每次引入新的变量之前回归方程中只包含显著性变量。这是一个反复的过程,直到既没有显著的解释变量被选入回归方程,也没有不显著的解释变量从回归方程中剔除为止,以保证最后所得到的解释变量集是最优的。

■ 案例分析

骑士资本的梦魇:乌龙指

美国骑士资本成立于1995年,是华尔街最知名的证券公司之一,规模庞大,风格稳健,业务遍布全球。骑士资本的高频交易平台可以把来自不同机构客户和零售客户的交易订单组合起来,形成一个巨大的撮合池,当市场流动性不足的时候,公司通过投放自有资金为市场提供需要的流动性,因此骑士资本也是美国证券市场上最大的流动性提供商之一。由于该平台强大的交易处理能力,不只是买方,一些美国证券市场上重量级的证券公司也是骑士资本的客户,通过上述平台向交易所和其他交易中心发送交易订单。骑士资本的这种超级交易平台极大地提高了交易效率,但同时也埋下了巨大的运营风险。

2012年7月,系统维护人员在系统升级过程中,遗漏了一台服务器,没有升级上面的高频交易系统SMARS。该失误导致公司在8月1日纽约交易所开市之后,不到一个小时的交易时间里损失4.6亿美元。

根据美国证监会的调查结果,从9:30到10:15的45分钟交易时间里,骑士资本只收到由零售客户发出的212笔小交易订单,交易系统原本仅应该把212笔交易订单发送到纽交所,但出错的交易系统却在不到45分钟的时间里发送了几百万笔交易订单。

事故期间,纽约交易所在这段时间里成交了超过400万笔的交易订单,平均每秒钟的成交量超过了1 500笔,涉及的股票代码达到154个。错误交易导致纽约交易所启动了熔断机制,并对部分个股启动临时停牌。当日交易开始20分钟之后,纽约交易所才确定错误订单来自骑士资本。最终纽约交易所查验了140只非正常交易的股票,取消了其中6只股票的全部交易。交易事故之后的骑士资本陷入经营危机,5个月后便被GETCO公司兼并。

资料来源:量化汪.量化投资经典案例策略与法律分析[EB/OL].(2017-08-11)[2021-08-23].https://zhuanlan.zhihu.com/p/28458097.

问题1:该案例中使用的是哪种量化投资策略?美国骑士资本在交易期间出现了哪些风险,以致最终被兼并?

问题2:了解国内类似量化投资案例,结合我国量化投资发展现状,谈谈如何进行量化投资风险防控?

大数据资产市场

■ 本章提要

本章首先探讨了数据资产的定义和资产形态等,其次介绍了数据资产的价值构成及影响因素、交易与流转,最后探讨了大数据资产估价。

■ 学习目标

掌握数据资产的定义及形态;掌握数据资产的价值构成及影响因素;了解数据资产的交易与流转;了解大数据资产估价方法。

■ 引导案例

数据资产市场化:银行重塑数据治理

随着信息技术的蓬勃发展,银行以数据为核心的数字化转型已是大势所趋。国家将数据列为生产要素,在安全合规的基础上,挖掘数据要素的价值,发挥数字经济红利。银行借助本身所具备的资金和信用等优势,可将分散在各业务线和职能部门的数据进行集成,利用人工智能进行分析,通过数字技术为客户提供服务,识别具体需求,创建真正意义上的360°客户视图,以应对来自同业以及其他具备同等技术能力的金融机构的同质化挑战。

同时,金融机构也可以基于成熟的传统估值理论,结合数据资产管理实践和数据资产特性,在传统的成本法、收益法、市场法以及其他非货币化计量方法的基础上进行优化,探索出适用于商业银行的数据资产估值方案,同时给出数据资产估值实施的步骤、前提条件和关键点,为同业在数据资产估值领域提供借鉴。

资料来源:界面新闻.数据资产市场化元年:银行如何重塑数据治理?[EB/OL].(2021-02-01)[2021-08-23].https://finance.sina.com.cn/tech/2021-02-01/doc-ikftssap2245992.shtml.

■ 本章知识框架图

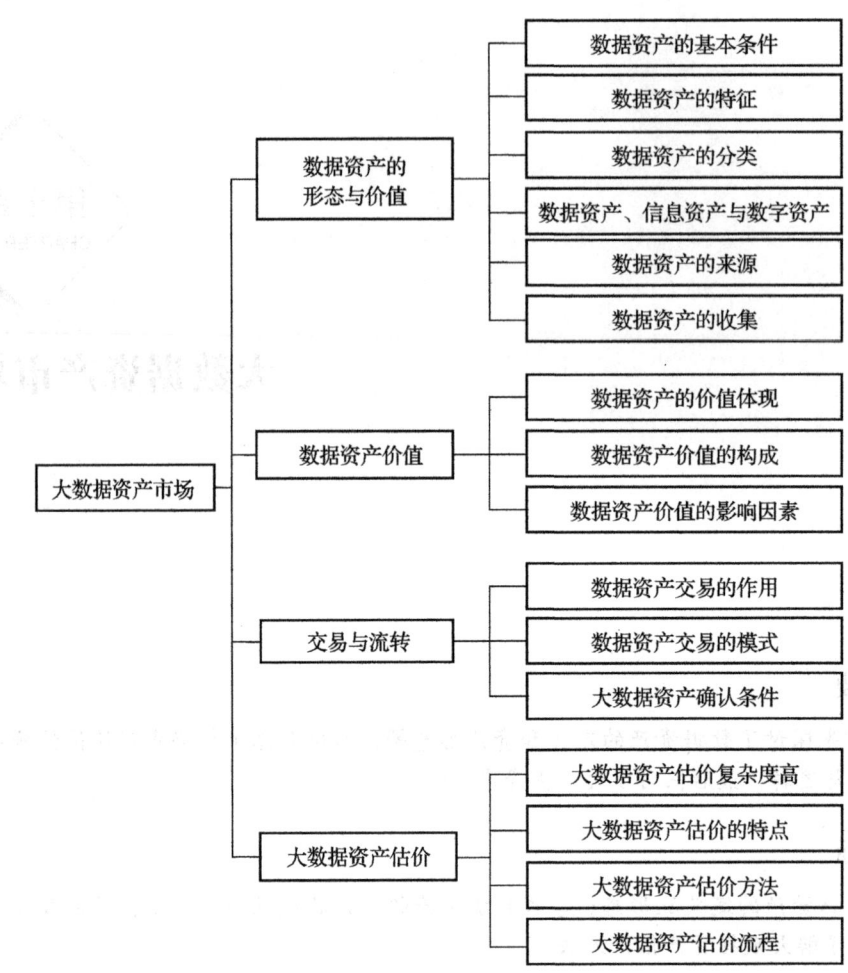

第一节 数据资产的形态与价值

一、数据资产的基本条件

新经济时代，如果一个企业或组织没有认识到管理数据和信息资产的重要性，那这个企业或组织将被淘汰。虽然当前的企业资产负债表还没有加入数据资产相关条目，但在不久的将来一定会加入。⊖

数据资产（data asset）是企业在生产经营管理活动中形成的可拥有或可控制其产生及应用，预期能给企业带来经济效益的量化数据。大数据资产是指能够数据化，并且通过数据挖掘能给企业未来经营带来经济利益的数据集合，包含数字、文字、图像、方位，甚至沟通的

⊖ 英国牛津大学教授维克托·迈尔-舍恩伯格在《大数据时代》一书中指出这一点。

信息等。一切可"量化"、可数据化的信息都有可能形成企业的大数据资产。数据资产化的核心在于通过数据与具体业务融合，驱动、引导业务效率改善，实现数据价值。

数据资产的三个基本条件是可控制、可量化与能给企业带来经济效益。可控制是指数据资产作为一种资源，应为企业拥有或者控制；可量化是指数据资产的价值可以用某种数量指标或货币来衡量；能给企业带来经济效益是指数据资产具有为企业增值的潜力，会给企业带来预期的经济利益，具有交换价值与应用价值。

二、数据资产的特征

（一）非实体性

数据资产没有实体形态，是一种隐性存在的虚拟资产。虽然数据资产需要存储在某种有形的媒介物中，例如硬盘，但决定数据资产价值的关键因素是数据自身，与存储数据的媒介物无关。

（二）经济性

数据资产能为企业带来预期经济效益。数据资产经过加工处理、挖掘、分析，可以有效地提高企业生产经营活动的效率，降低成本，让企业在市场竞争中获取优势与更高的利润。但是，数据资产的经济效益难以量化，主要是缺乏衡量数据资产效益的标准与算法。

（三）不确定性

数据资产的获利能力具有不确定性。数据资产所提供的预期经济效益受时间和经济环境的影响，存在不确定性，很难直接用货币形式计量。对于物质资产，当生产效率和生产成本给定时，可以预估和计量产品给企业预期带来的经济效益。数据资产的经济价值只有在企业做经营决策时发挥作用，在产品和服务之中得到应用之后，才能体现出来。在数据交易市场，由于缺乏普遍公认的参照物，数据资产的交易价值主要由人为因素与主观因素决定。

（四）共享性

数据资产可以共享使用。数据资产大部分来自企业生产经营管理活动，因此，可以作为共有资源来使用。不同的主体还可同时共享同一数据资产。

（五）冗余性

数据资产通常具有较多数量的副本。很多企业保存有大量的数据，但存储的数据中有很多重复、相同的数据。大量储存的无价值数据占用了过多的存储空间，增加了企业的存储成本、管理成本与维护成本。

（六）多样性

数据资产包含众多不同类型的数据。数据的多样性可以满足不同主体的需求，企业在多种用途中使用数据，能带来经济效益。

（七）时效性

数据是流动性、时间性很强的资产。由此，数据资产如果不能被及时分析使用，其价值会随时间推移而减少，也可能完全消失。反之，有的数据资产价值会随时间推移而增大，在目前或某个时期、时段、时刻看起来价值很小的数据资产，随着时间的推移和环境变化，可能会产生更大的价值。

（八）无消耗性

数据资产不会因使用而消耗。数据资产没有具体的物质形态，不会因为使用磨损、消耗与毁坏，可以重复使用与加工。

三、数据资产的分类

根据数据来源、数据产生主体、数据应用所属的产业和数据获得的方式不同，数据资产可分为以下4类，如表10-1所示。

表 10-1 数据资产分类方式及示例

分类方式	示 例
按照数据来源分类	互联网数据、科研数据、感知数据、企业数据
按照数据产生主体分类	个人数据、企业数据、关系型数据
按照数据应用所属的产业分类	农业数据、工业数据、服务业数据
按照数据获得的方式分类	第一方数据、第二方数据、第三方数据

（一）按照数据来源分类

数据资产按照数据来源划分可以分为互联网数据、科研数据、感知数据与企业数据。

互联网数据是网民通过互联网进行各种活动时产生的数据，包括来自用户行为的数据、消费交易数据、地理位置数据、互联网金融数据和社交数据等。

科研数据是来自研究机构的数据，存在于大学、研究所、研究院、科研单位，是科研人员使用、创造、生产的数字类文献。

感知数据是通过各种感知技术工具采集的数据，通过数码传感器、指纹识别器、GPS、智能手表、智能手环等感知技术工具，可以快捷、方便、准确地得到需要的数据。目前在世界范围内，海量的数据由数码传感器随时随地地测量并传递，这些传感器广泛分布在手机、汽车、飞机、工业设备上。

企业数据种类繁杂，不仅包括企业内部生产经营管理活动产生的数据，还包括企业外部会影响其生产经营管理活动的数据。企业内部数据主要从内部管理信息系统中收集，企业外部数据主要通过互联网和相关数据交换中心收集。

（二）按数据产生主体分类

数据资产按照产生数据主体可以划分为个人数据、企业数据及关系型数据。

个人数据是指包括个人独有的特征数据和参与经济活动、社会活动的行为数据，是属于个人的数据，如个人的姓名、电话、住址、职业、学历、爱好、习惯、旅游去过的城市、购物的交易记录、上网浏览的页面等数据。

企业数据是企业在生产经营管理活动中产生的数据，是来自企业内部与外部的数据，是属于企业的数据，如企业在调查、研发、生产、购买原材料、收货、交货、收款、付费等过程中产生的数据。

关系型数据是不同主体在社会活动、经济活动时相互联系、相互作用过程中产生的数据，在这个过程中主体间的关系是对等的，如个人与个人、个人与企业、企业与企业之间由交易活动过程而产生的买方数据、卖方数据、产品数据等。

（三）按照数据应用所属的产业分类

数据资产按照数据应用所属的产业可以划分为农业数据、工业数据与服务业数据。农业数据是在农业生产与收获过程中产生的宏观数据与微观数据。工业数据是在工业生产与交易过程中产生的宏观数据与微观数据，如信息化与工业化融合发展的数据，信息技术应用于工业企业供需链各个环节产生的数据，通过物联网控制企业生产过程、检测企业生产环境、跟踪供应链与远程诊断的管理数据。服务业数据是来自服务行业方面的宏观数据与微观数据，是来自健康、医疗、交通、电子商务、商业等各领域的宏观数据与微观数据，如服务型企业数量、服务型企业在对消费者提供服务的过程中采集到的交易数据、浏览数据、位置数据等。

（四）按照数据获得的方式分类

数据资产按照数据获得的方式可分为：第一方数据、第二方数据和第三方数据。

第一方数据是指企业直接通过自身的生产经营活动获得的数据。例如，用户在网络平台上产生的海量交易数据和信用数据，是该网络平台第一方数据，对于这些数据，网络平台具有拥有权和控制权。对第一方数据的挖掘、使用与出售，可以给数据拥有者带来收益。

第二方数据是指通过提供某种中介服务所获得的数据。例如，第三方支付平台，可以对各类企业提供支付通道，同时获取额外交易数据和信用数据。从拥有和控制角度看，第二方数据的所有者具有对数据的控制权，但这些数据会受到获取路径方式的限制，在使用、交换或交易的过程中会采取不同的限制条件，经过脱敏处理后，例如通过匿名化、整体化等方式，才能实现对这些数据的有效控制和使用。对第二方数据的挖掘、使用与出售，也可以给数据拥有者带来收益。

第三方数据是指通过爬虫技术等方式间接获得的数据。从拥有和控制角度看，第三方数据的产权问题比较复杂。通过网络爬虫获取数据的企业或个人可以使用这些数据，但不能直接进行数据交易或授权。

四、数据资产、信息资产与数字资产

（一）数据资产

第一，能够为企业创造价值的信息主要是用户行为数据，不应涉及用户的私有信息，如用户的电子邮件、聊天记录等个人隐私信息，也不包括从非法渠道或利用非法手段所获得的信息；第二，这些信息并非原始信息，而是企业利用现代计算机技术进行挖掘、分析和处理后的加工信息。未经分析和加工的信息不能产生价值，或对于不具备分析和加工能力的企业来说，这些信息也不能产生价值；第三，这些加工信息如同其他资产一样，可以为权利主体带来价值，也可以进行转让、交易，但需要进行数据脱敏处理；第四，数据资源的权属问题，包括数据的勘探权、使用权和收益权；第五，并非所有企业都可以将数据资源资本化，在确认为"数据资产"之前，企业须进行价值验证，可以基于企业自身的盈利模式和历史盈利数据进行分析和确认。

（二）信息资产

信息资产是由企业拥有或者控制的能够为企业带来经济利益的信息资源。在信息论中，信息是通过对数据进行加工得到的，可以看出信息是数据的一个子集，同理信息资产也是数据资产的一个子集。信息资产关注的问题集中在识别与管理上，数据资产关注的问题集中在价值与交易上。信息作为一种经过加工处理的产物，价值密度相对集中，数量相对较大；数据作为人们对客观事物描述的载体，价值密度极其稀疏，数量巨大。二者的主要区别如表 10-2 所示。

表 10-2　数据资产与信息资产的区别

项　　目	数据资产	信息资产
研究范围	数据	信息
关注问题	价值	识别
数量	巨大	较大
价值密度	稀疏	集中

（三）数字资产

数字资产本质上是一种金融资产，全称为"数字金融资产"，是指基于某种被认可的规则制度（共识机制）所产生的数字化、可供交易的要求权。典型特征是：第一，数字资产是一种要求权，即数字资产的权利方（所有者）有权根据约定，要求对方履行某种义务，这与金融资产的本质属性完全一致；第二，这种要求权可以在网络空间或特定的网络空间（如数字资产交易所）进行转让和交易，可流通性和交易属性使数字资产的定价和计量更为公平；第三，数字资产是基于某种预先约定的规则制度而产生的，在这种规则和制度下，权利主体获得了要求权；第四，数字资产的权利主体可以是任何具有网络主体资格的个人或组织，即数字资产的所有者可以是个人，也可以是企业或非企业组织。数字货币、虚拟货币、加密货币以及传统数字化金融资产均属于数字资产。

五、数据资产的来源

数据资产的形成根基是对不同来源的数据进行收集汇总，随着数据技术的不断发展，产生数据的渠道越来越多，如企业使用的应用系统、互联网在线网页、社交网络、搜索引擎、商业网站等众多渠道都会产生大量的数据资产。同时，数据的格式也存在多样性，比如，表格、空间、时间、文本、图像和声音等。企业数据资产的来源可以分为企业内部数据资产来源和企业外部数据资产来源两类。

（一）企业内部数据资产来源

企业内部的数据资产是由企业内部生产管理活动相关数据产生的，分为原始数据和处理数据。其中，原始数据是指未经过处理的数据，包括应用系统数据、传感器数据及工作日常数据等，处理数据是指经过统计分析处理过的数据，详见表 10-3。

表 10-3 企业内部数据资产来源及示例

分　　类	内部数据来源	示　　例
原始数据	应用系统数据	ERP 系统数据、CRM 系统数据、生产系统数据等
	传感器数据	智能温度控制器、智能电表、工厂机器等数据
	工作日常数据	电子邮件、文档、图片、音频、视频等数据
处理数据	统计分析数据	产品市场占有率、用户评分排行等统计数据

应用系统数据是由企业内部使用的各类应用系统产生的数据资产，如 ERP 系统数据、CRM 系统数据、库存数据、生产数据、供应链数据、销售数据等。应用系统产生的数据随使用年限不断增加，并且增加速度随着企业的业务发展扩大而不断加快，同时，应用系统产生的数据具有较强的时效性。

传感器数据是由企业内部使用的各类感应器、测量仪、GPS 和其他机器设备产生的数据资产，如智能温度控制器、智能电表、生产机器和连接互联网的设备产生的数据。随着物联网技术的兴起，企业可以较容易地采集到不同时段、不同地域、不同环境下的所有设备产生的数据。

工作日常数据是由企业内部员工在日常工作中产生的数据资产，如电子邮件、文档、图片、音频、视频等数据。日常工作产生的数据资产大多数为非结构性数据，需要用文本分析功能进行分析，但这类数据往往作为隐性知识蕴含着巨大的价值。

统计分析数据是由企业内部的原始数据经过统计分析处理产生的数据资产，如由不同产品、时期、顾客、分销渠道的销售记录分析出的产品市场占有率，由电子商务数据、POS 机数据、信用卡刷卡数据统计的用户消费习惯数据等。统计分析产生的数据较原始数据有更直接的应用价值，但由于加工会造成数据细节的丢失。在收集数据资产时，企业既需要收集统计分析数据，同时也需要尽可能完全地收集其所对应的原始数据。

（二）企业外部数据资产来源

企业外部的数据资产是由企业外部相关数据产生的，分为开放数据和行为数据。其中，开放数据包括政府数据、非营利组织数据及互联网数据，行为数据包括移动通信数据、社交媒体数据及外部平台用户数据，详见表 10-4。

表 10-4 企业外部数据资产来源及示例

分　　类	外部数据来源	示　　例
开放数据	政府数据	国家标准、政府报告、行业趋势、天气等数据
	非营利组织数据	研究报告、专家观点等数据
	互联网数据	在线网页、应用软件等数据
行为数据	移动通信数据	移动应用使用习惯、移动端交易记录等数据
	社交媒体数据	微信、微博、推特、脸书等数据
	外部平台用户数据	淘宝、大众点评平台拥有的用户评价、搜索记录等数据

政府数据是由政府机构和单位对外公布的开放数据，如国家标准、政府报告、行业趋势、天气数据、环境数据等数据资产。企业从外部收集的政府提供的开放数据可用于辅助分析内部数据资产的价值。

非营利组织数据是由一些非营利的联盟组织、开放平台或者企业免费提供的数据，如研究报告、专家观点等数据资产。通常使用这类数据资产需要遵循数据提供者限定的使用要求。

互联网数据是由互联网在线网页或应用软件提供的数据，这类数据的数据量极大。同时，它在收集时，常以关联数据源而非获取实际数据的方式进行存储。

移动通信数据是由移动设备产生的数据，如各类应用软件的使用习惯、用户在移动端访问记录、交易记录等数据。随着移动设备的应用越来越普遍，移动通信设备记录的数据量和数据的立体完整度可能优于各家互联网公司掌握的数据。

社交媒体数据是由各类社交媒体平台和软件产生的数据。由社交媒体产生的数据大多数是非结构化的，在进一步应用时，大多需要通过文本分析技术进行分析。

外部平台用户数据是由一些平台提供的用户数据。如用户在购买商品的过程中留下很多有价值的行为数据：搜索记录、浏览或对比过程、最后购买情况等数据。通常这类数据需要企业付费才能从外部平台获得。

六、数据资产的收集

（一）数据资产的收集方式

由于数据资产来源较多，数据形式多样，数据资产在收集时，可采用直接途径和间接途径，如表 10-5 所示。

表 10-5 数据资产收集方式及示例

途径	收集方式	示例
直接途径	直接方式	应用系统数据、传感器数据等
	众包方式	外部平台用户数据等
	购买方式	移动通信数据、社交媒体数据等
间接途径	整合方式	互联网数据等
	数据排放方式	外部平台搜索记录数据等
	爬虫方式	互联网数据、社交媒体数据等

直接方式是指绝大多数的企业内部数据资产都可以直接获取。如各类应用系统数据可以通过访问数据库的方式进行收集，又如各类传感器数据可以通过物联网技术设置传输数据的频次。

众包方式是指企业让用户以自由自愿的形式帮助企业收集数据的方式。这种方式常用于在外部平台上收集用户数据，外部网络平台通过用户贡献获取数据，如用户评价，大多数用户可能并不知道他们正在帮助公司建立数据资产。部分众包方式需要付费，即付费众包，企业需要给员工、外包人员、用户等提供一定的经济激励，以收集一些难以获取的数据。

购买方式是指企业通过向数据拥有者直接购买原始数据的方式进行收集。这种方式常用于购买移动通信数据、社交媒体数据和一些企业销售的付费原始数据。

整合方式是指将现有数据的数据源通过整合方式进行收集。大型互联网公司会将多个数据源整合在一起。互联网公司自身并不产生大量的数据，而是通过获取其他数据源的数据，建立统一的界面呈现给用户。这种方式不同于其他方式，主要是通过对现有数据源进行关联、整合处理。

数据排放方式是指收集信息系统或应用使用过程中产生的相关副产品数据。用户在购买商品的过程中留下很多有价值的行为数据，通过对这些数据的关联分析，企业可以制定更精准、更灵活、更个性化的营销决策。这些副产品数据可以帮助企业在原有基础上提供更优质的产品与服务，帮助企业创造新产品或新服务，也可以直接销售给第三方机构获益。

爬虫方式是指通过网络爬虫技术抓取互联网数据的数据收集方式，常用于收集互联网数据、社交媒体数据与外部平台用户评论数据等。

（二）数据资产收集的原则

数据收集要尽可能多。企业在生产经营活动中产生的绝大多数数据都具有一定的价值。即使目前企业认定这些数据没有价值，也要尽量保存起来，随着数据技术的快速发展，随时可能发现数据中存在新的价值，因此，应尽可能多地收集数据。数据收集工作越早开始越好。数据分析可以推迟到技术更成熟时进行，但数据收集不能推迟。因为数据具有时效性，一旦错过了时间，未存储的数据将很难再获取。

选择简单的方式收集数据，保留更有价值的原始数据。因为数据被处理后很难还原，不易产生新的数据价值。企业应尽可能多地链接到外部数据集，数据越清晰和准确，数据质量越好。能够链接到的外部数据源越多，形成的具有关联关系的数据就会越多，蕴藏的价值也会骤增。另外，企业还要注意数据收益递减的规律。数据的价值并不随数据量的增大而无限制增值，有时当数据量超过某点时，数据价值可能会停止增加。

第二节 数据资产价值

一、数据资产的价值体现

在数据经济发展过程的四个阶段[⊖]，数据资产的价值体现是不相同的，如图 10-1 所示。

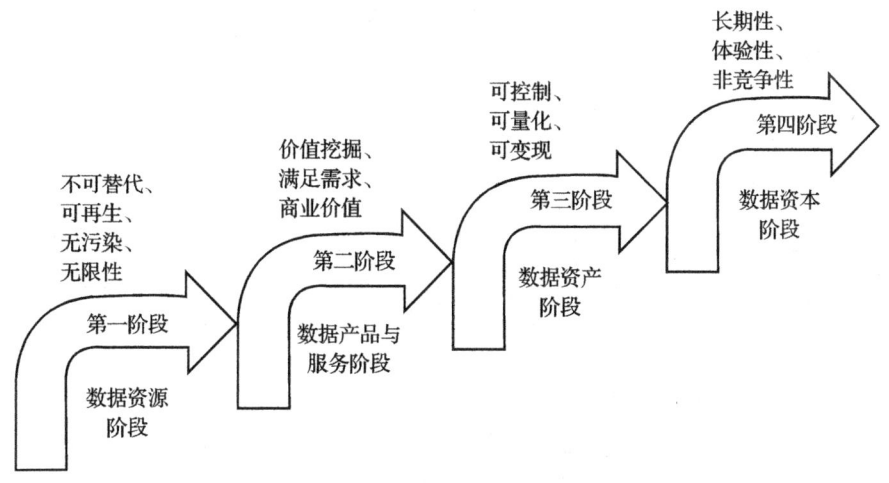

图 10-1 数据经济发展的四个阶段中数据资产的价值

（一）数据作为资源的价值体现

数据经济发展的第一阶段是数据资源阶段，在这个阶段数据作为资源被经济活动使用，

⊖ 英国帝国理工学院数据科学研究所所长郭毅可对数字经济的划分。

价值如同其他实体资源一样，具有使用价值，被体现在其他经济活动的应用中。

数据资源化的过程为：企业首先发现各种有用数据的来源；其次采集满足特定需求的数据；然后把采集到的数据按应用需求进行标准化、结构化处理；最后将加工处理后形成的数据与实际应用相结合，发挥数据的作用，提高决策的效率与准确度。

数据需要在开放的基础上，通过先进的数据技术，加以提炼、加工与整合，实现资源的纯化，并可以被调用和应用。在这个过程中，无论是供给知识、信息，还是提供服务，本质上都日趋依赖于对数据的有效占有，以及持续深入的数据挖掘。数据作为资源具有使用价值，通过资源的纯化，数据可以被使用，帮助管理者决策，实现经济效益。

（二）数据作为产品的价值体现

数据经济发展的第二阶段是数据产品与服务阶段，在这个阶段数据作为产品或服务被数据经济活动使用，价值如同其他实体产品与服务形式一样，具有商业价值。数据可以为顾客提供有用的信息、快捷的服务。数据产品与服务在数据经济中发挥了巨大作用，提供了更多的经济形态。

（三）数据作为资产的价值体现

数据经济发展的第三阶段是数据资产阶段，在这个阶段数据既具有应用价值，也具有独立的经济价值。实现数据可控制、可量化与可变现属性，体现数据价值的过程，称为"数据资产化"。在这一过程中，信息技术部门逐渐由成本中心转为利润中心，可以为企业直接带来现金流和经济效益，为企业盈利。

在数据时代，数据已经渗入各行各业，逐步成为企业不可或缺的战略资产，而企业的核心竞争力将由掌握的数据规模、数据的鲜活程度，以及采集、分析、处理数据的能力所决定。数据资产催生以数据资产为核心的新商业模式，并孵化出新的数据资产交易市场，如表10-6所示。

表10-6　数据资产的商业模式

商业模式	说　　明
租售数据模式	出售或出租原始数据
租售信息模式	出售或出租经过整合、提炼、萃取的信息
数字媒体模式	通过数字媒体运营商进行精准营销
数据使能模式	代表性企业如阿里巴巴，它通过提供大量的金融数据挖掘及分析服务，协助其他行业开展因缺乏数据而难以涉足的新业务，如消费信贷、企业小额贷款业务等
数据空间运营模式	出租数据存储空间
大数据技术模式	针对某类大数据提供专有技术

（四）数据作为资本的价值体现

数据经济发展的第四阶段是数据资本阶段，在这个阶段数据不仅是资源与资产，还是资本。数据资本不同于实物资本的特性，主要反映在三个方面：一是非竞争性，实物资本不能多人同时使用，数据资本则不存在这个问题；二是不可替代性，实物资本可以替换，数据资本则不行，因为不同的数据包含不同的信息；三是体验性，数据只有使用后才有意义。

数据资本化就是将数据资产的价值和使用价值折算成股份或出资比例，通过数据交易和数据流通活动将数据资产变为资本的过程。数据资产作为资本的价值需要在数据交易和流通中体现。数据要在供需两侧流通，数据资产包可以实现供需双方的连接，赋值后的数据资产包可以有形量化,供需双方都能清楚地了解其价值,数据资产可以用于交易、质权贷款、挂牌上市、数据投资,即通过数据交易与流通实现价值并增值。

二、数据资产价值的构成

(一)数据资产的内在价值与外在价值

从企业内部和企业外部两个角度对数据资产的价值进行衡量,数据资产价值由内在价值与外在价值构成。

数据资产的内在价值是指数据资产对企业内部的价值大小,可以通过数据资产对企业内部战略决策、业务与生产等管理活动的支持程度或使用效果来衡量。数据资产的外在价值是指企业外部对数据资产的评价,外部购买者愿意支付的价格是数据资产外在价值的直接体现,即数据资产的外在价值可以通过数据资产的市场价格来衡量。

(二)数据资产内在价值的作用

在战略决策管理中,数据资产内在价值的作用体现在数据资产的重要程度和稀缺程度上,可以通过数据资产对企业的重要性、不可替代性和潜在竞争对手获得相似数据的难易程度来衡量。数据资产越重要、越难以被替代、越不容易获取,数据资产的内在价值越高。

在业务管理中,数据资产内在价值的作用体现在数据资产对企业业务活动的支持程度与关联程度上,可以通过数据资产对业务流程的适用性、数据资产到达相应业务流程的速度来衡量,数据资产的内在价值会随着及时性和关联程度的增加而增加。

在生产管理中,数据资产内在价值的作用体现在数据资产对相关生产活动的影响和驱动能力上,可以通过在一段时间内某个数据资产能够影响或推动多少个关键生产指标向企业目标靠拢来衡量。通过对数据资产能够影响或控制的关键生产指标变化情况的跟踪,相关的关键生产指标增长得越快,越能够快速地达到指定目标,数据资产的内在价值越大。与此同时,企业还需要对数据资产的完整性、规模性和可访问性进行衡量,数据资产的这些特征都会直接影响数据资产在生产活动中的使用效果。

(三)数据资产外在价值的作用

在数据资产交易中,数据资产外在价值的作用体现在出售数据资产给企业带来的直接经济收益上,可以通过数据资产在交易中的收益情况来衡量。在安全、可靠的交易环境下,企业可以通过不断交易,最大化地实现数据资产的外在价值,获得更多的收益。

三、数据资产价值的影响因素

数据资产价值的影响因素有:数据质量、数据规模、可访问性、鲜活性、关联性、使用效果、价值密度、数据类型多样性、共享性和再生性,如表10-7所示。

表10-7 数据资产价值的影响因素

影响因素	对数据资产价值的影响
数据质量	数据资产的价值会随着数据质量的提高而增加
数据规模	数据资产的价值会随着数据规模的变化折价或溢价

（续）

影响因素	对数据资产价值的影响
可访问性	数据资产的价值随着访问、使用的便捷程度的提高而增加
鲜活性	数据资产的价值随着时间的推移而降低
关联性	数据资产的价值随着关联的数据资产数量增加而增加
使用效果	数据资产的价值随着使用效果的增强而增加
价值密度	数据资产的价值随着价值密度的增大而增加
数据类型多样性	数据资产的价值随着数据类型的增多而增加
共享性	数据资产的价值会随着多用户的共享而增加
再生性	数据资产的价值不会随着使用而消耗

（一）数据质量

数据质量主要体现在准确度、完整性、广度、延迟性和粒度等方面。数据质量对于支持企业的业务至关重要，数据质量越高，越能提供精准服务，数据资产的价值越高。数据所要求的精度水平高度依赖于数据的类型以及数据是如何使用的。一些数据可能需要 100% 的准确性，而有些信息，可能 80% 的准确性对于实际目的来说已经足够了。随着数据准确性的提高，企业会得到一些额外的好处，但其边际效益有所减少。在商业环境中很少需要 100% 准确的数据，但一旦数据的准确性低于一定水平，提高数据质量就成为一种责任而不是资产。

（二）数据规模

数据规模主要考虑数据集的大小，数据资产价值会随数据规模的变化折价或者溢价。一般情况下，价值越大的数据资产，具有较大的数据规模。少部分情况下，即使数据规模很小，数据资产也会具有很高的价值。所以不能单纯根据数据规模的大小判断数据资产的价值。在大多数情况下，企业拥有的资源越多越好。然而，随着信息技术的使用，数据资源不再稀缺，目前大多数企业中最大的问题不在于数据不足，而是数据过多。一旦数据量超过处理的最优点，数据决策能力就会降低。

（三）可访问性

数据资产随着使用频率的增加，价值也随着增加，会产生越来越多的使用回报，而可访问性将直接影响数据资产的使用频率。如果数据不被使用，不可能产生经济利益，也就不是资产。如果企业不能从数据中提取价值，只会增加其存储与维护成本。

（四）鲜活性

鲜活性是指数据的新鲜程度，即数据产生的时间，数据是否为最新的数据。数据的新鲜程度对数据资产的价值影响很大，越新的数据价值越大，数据的新鲜程度现在比以往任何时候都重要。企业将新鲜数据更快地注入分析平台，加上快速的数据分析能力，可以及时获得正确的决策支持。

（五）关联性

数据资产通常在与其他数据资产进行比较和关联使用时变得更有价值。例如，客户数据和销售数据是独立存在的有价值的数据。然而，从业务角度来看，两组数据联系在一起会更有价值。企业将客户特征与购买模式联系起来，有助于营销定位，以便在正确的时间将正确的产品推荐给适合的人。用于决策支持的数据资产通常需要整合来自各种不同信息系统的数据，关联性越高的数据，越容易被整合与使用，其价值越高。

（六）使用效果

使用效果主要取决于企业管理者运用数据的能力，运用能力越高，数据资产价值越高。数据资产不能直接转化为产品或服务，其价值不是直接体现在数据自身，而是体现在数据的运用上，比如在辅助管理者进行决策时，或者蕴藏在产品或服务中。因此，数据资产的使用效果很难与其他因素剥离，很难直接观察。一般来说，企业管理者运用数据的能力越强，使用效果越好，数据资产的价值越大。

（七）价值密度

价值密度是由高价值的数据在总体数据中的占比决定的，数据资产的价值与价值密度成正比。不同的数据资产具有不同的价值密度，不同的价值密度造成了数据资产的价值差异。

（八）数据类型多样性

数据类型多样性是指数据资产包含众多不同类型的数据，可以满足不同主体的需求。例如，企业拥有的客户数据类型越多，就越能清楚、全面地了解客户的需求，可以为企业成功开发个性化的产品提供支持。数据类型越多，数据资产的价值越高。

（九）共享性

数据资产可以在多个用户、业务领域和企业之间共享，而不会对其中的每一方造成损失。数据资产可以同时被多个业务领域享有，每个业务领域都可以享有全量数据。一般来说，数据共享往往会增加其价值。

（十）再生性

大多数资源都是消耗型的，使用得越多，数量就越少。然而，数据使用得越多，数据就越多。这是因为新的或衍生的数据通常是通过汇总、分析或组合不同的数据源而产生的，这些新生成的数据会增加原始数据的价值。比如数据挖掘、数据分析、人工智能等技术专门用于从现有的数据中生成新的数据。

第三节　交易与流转

一、数据资产交易的作用

（一）实现数据资产价值的需求

数据资产交易，可以满足企业对数据资产价值实现的需求。一方面，企业可以通过数据资产交易，将数据资产价值变现，由此创造全新的收入来源，而不只是支付高昂的存储、维护和管理费用；另一方面，数据资产交易可以最大化发挥数据资产的价值。相比于其他资产，数据资产具有共享性与无消耗性等特征，使得数据资产可以通过交易发挥更大的效益，也决定了数据资产可以无损复制，方便其他企业或组织使用。如果数据资产通过交易有效流动起来，产生的经济效益将会不可限量。

如同网络效应是激发互联网企业成功的原动力，数据资产交易带动的数据资产流动则是企业提高经济效益的有效途径。如果数据资产仅局限于企业内部使用而不进行交易流通，即使能够完全发挥价值，经济效益也只会是100%而不会更多。但如果数据资产能够通过交易让更多的企业受益，即使每个企业只能利用其部分的价值，经济效益也会超过100%，更不用说将交易得到的数据资产与自身的数据资产进行结合，往往能产生"1+1>2"的效果。

（二）扩充数据资产内容的需求

数据资产交易可以满足企业对数据资产内容扩充的需求。由于数据资产价值受关联性与数据规模因素的影响，企业对与生产、经营或决策关联的外部数据有着迫切的需求，外部数据可以扩充自身的数据资产内容，增加数据资产的价值。同时，由于企业所在行业、所处领域的不同，数据技术、数据加工、数据处理能力的差异，也会让企业需要外部数据资产。

二、数据资产交易的模式

数据资产交易有线下直接点对点的交易，也有线上通过交易中心的交易。线下点对点的交易可以按字节、流量、数据条数、查询次数等收费，也可以通过对等交换或签署协议的模式进行。线下的直接交易虽然可以满足部分企业数据资产交易的需求，但无法满足大规模交易的需求。线上数据资产通过交易中心交易的模式有托管交易和聚合交易两种。

（一）托管交易模式

托管交易模式是指数据资产拥有者（各业务机构）将自己的数据资产完全交由数据资产交易中心管理，由数据资产交易中心负责与数据资产购买者交易。一旦进行托管，后续的一切交易活动都与最初的数据资产拥有者无关，数据资产拥有者无法得知后续交易内容，也无法从后续交易中获利。而数据资产交易中心的诚信度是数据资产拥有者权益的唯一保障。

（二）聚合交易模式

聚合交易模式是指数据聚合中心通过应用程序接口链接各数据资产拥有者，数据资产由数据资产拥有者自行管理。当数据资产购买者向数据聚合中心提出请求时，由中心向各数据资产拥有者发送请求，满足请求的机构返回数据，最后统一由中心反馈给提出请求的数据资产购买者。

表面来看，在聚合交易模式下，数据资产由数据资产拥有者自行管理，数据聚合中心不负责管理数据资产，只承担链接供需双方和促进交易的任务。但是，通过深入分析数据资产的流通不难发现，在数据资产交易的过程中，所有被交易的数据资产都会通过该中心再流转，该中心完全可以对交易数据进行备份留存。随着新的交易不断发生，数据聚合中心可以沉淀大量数据资产，其本质与托管数据资产交易中心无异。

三、大数据资产确认条件

企业掌握的大数据不一定全部能成为资产，大数据真正成为资产还必须具备一些特定条件。

（一）大数据必须处于可利用状态

大数据的价值不在于"大"而在于"用"。原始状态下的大数据因不处于使用状态而不能作为资产。大数据在价值未被认识和发现前，只是一堆无用的数据或资料；当人们发现了它的价值，但尚未着手整理挖掘它的价值时，它只能说是一项数据资源；只有人们对成千上万的数据进行整理、分析、挖掘价值，控制和开发利用这些数据，提取出对企业运营有用的信息时，这样的数据资源才能称作大数据资产。

（二）大数据资产是经过整理分析后的数据或信息，而不是源数据

大数据并不等同于大数据资产。能确认为资产的大数据必须是挖掘分析后的数据或信息，而不是源数据。如监控视频、商品评论等，这些数据杂而乱，人们无法直接从中获取有利信息，因而它们不是资产。只有通过专业技术整合分析后，从监控视频中提取出的不同时段的客流量情况、从商品评论中提取出的商品反馈情况等，才可以纳入资产的范畴。

（三）大数据资产必须符合法律法规

大数据资产的确认，需要注意法律问题。企业利用大数据的过程中不可避免会截取分析客户数据，如消费行为数据、地理位置信息、个人账户数据等，这些数据获取行为难免会引起消费者的反感。因此，企业在利用大数据进行内部管理创新和商业模式创新的过程中，需要注意处理好效益与客户隐私保护的关系，可以采取一些方式避免法律风险，比如对数据进行清洗脱敏处理，或事先签署客户同意授权等措施，在保证消除法律风险的前提下，大数据才能作为资产。

专栏

数据资产交易存在问题

通过对现有交易模式与数据交易平台的分析发现，虽然目前是数据资产交易市场发展的良好时机，但数据资产交易也存在许多问题。如数据资产交易环境有待完善，数据资产交易以粗放式为主，数据资产交易平台定位不清，数据资产质量难以保障，数据沉淀，不注重个人隐私保护，数据新鲜度不足和造假等。

第四节 大数据资产估价

一、大数据资产估价复杂度高

大数据资产自身特征和外部环境是导致其估价难的重要原因。自身特征主要是指大数据的"5V"特征，即容量巨大、种类复杂、处理速度快、价值密度低和真实性。外部环境因素主要是指数据交易市场环境、数据所有权问题等。

（一）大数据资产的自身特征

大数据所包含的数据量巨大，一般的存储载体无法满足，致使其存储载体可移动性较差。在交易过程中大数据实时更新，虽然可以确定是历史数据还是实时数据，但缺乏实时性的大数据显然是不完整的。同时，大数据种类复杂的特征导致大数据资产分类较为困难，影响着大数据资产的估价。数据来源及自身结构的多样性也是大数据资产估价的难点。

(二)数据产权定位模糊

交易要明确数据的权属关系,划清交易双方享有的权利和义务,以此来规范数据的交易过程,高效、安全地达成交易。交易双方为了增加自身的不确定性收益或避免损失,通常会主动界定产权。但是,大数据作为有价值的无形资产,开发成本较高,产权界定难度较大。现阶段数据产权的界定比较模糊,产权的占有程度影响着大数据资产价格的高低。

(三)数据交易各方的不确定性

大数据价值的不确定性,再加上买卖双方的信息不对称,已经成为数据产品估价的难点。大数据资产的效用价值只有在经过使用之后才能明确,甚至需要经历一段时间才能体现,存在一定的滞后性。同时,买卖双方对数据产生的期望效用、清洗程度等方面有着不同的认知。例如,买方担心获取的数据难以达到自身期望的效果,而卖方则担心所售数据的价值未被合理估价。

(四)数据交易市场环境

现阶段数据标准化程度较低,致使流通的数据格式较为复杂,制约了对大数据资产的合理估价。大数据所包含的范围已远超传统数据库,除传统的结构化数据之外,还包括非结构化、半结构化数据,这极大地增加了数据二次加工的难度,制约着数据的流通,阻碍着买卖双方数据的供需匹配。

二、大数据资产估价的特点[一]

(一)大数据资产估价对象的组合性

由于权利主体、形成时间的不同及使用功能的相对独立性,大数据资产估价对象通常由多个部分组合而成,不同部分可以分割或者组合后使用和交易。大数据资产估价对象的组合性要求大数据估价时须考虑各个部分及整体大数据价值之间的关系,即需要一种机制对大数据资产价值进行合理的分割。

(二)大数据资产估价要考虑买方的使用特性

大数据价值密度低的特点决定了大数据的使用依赖于使用者对大数据的分析处理能力。不同购买者大数据分析技术能力的差异和不同的使用目的,导致了大数据资产价值的差异。因此,大数据资产估价应充分考虑购买者的使用能力和使用价值。

(三)大数据资产估价不同于大数据资产定价

估价是定价的基础。估价是基于大数据资产生产者或者初级所有者的角度,根据大数据资产的本身价值特点进行价值评估,为大数据资产的进一步价格发现提供参照基准,其技术属性偏向于资产评估,是大数据资产本身使用价值的一种数据化再现;定价是在估价存在的基础上,基于大数据资产购买者对该大数据资产的效用评估和心理可接受价格的较量,利用可交易市场中的价格发现功能进行竞价匹配,最终达成供需平衡状态下的市场出清价格,是

[一] 资料来源:左文进,刘丽君. 大数据资产估价方法研究——基于资产评估方法比较选择的分析 [J]. 价格理论与实践,2019(8):116-119.

对估价的一种调整，是基于资产评估理论分析得出的一种公允价格。

（四）大数据资产估价对估价人员的专业要求高

大数据资产估价要求估价人员不仅要掌握资产评估的理论与方法，还要掌握与待评大数据相关的专业技术背景，熟悉大数据资产价值实现的可能及发展前景。与传统资产估价实务相比，大数据资产估价实务对估价人员的专业要求要高得多。

三、大数据资产估价方法

（一）大数据资产估价的基本方法

大数据资产估价的基本方法包括市场法、成本法与收益法三种。在大数据资产的评估方法中，市场法是在当前市场寻找相同或相似资产，对其价值进行调整的一种估价方法；成本法是从资产的重置角度考虑估价的一种估价方法，其中，重置成本需要重点考虑大数据资产的价值与成本的关系；收益法是对未来预期的经济利益的流入求取现值的方法，在估价的过程中主要用到未来大数据资产所产生的收益、折现率的确定以及未来的收益时限三个主要的指标，这些指标决定着大数据资产的价值。市场法、成本法与收益法的核心公式、创新点及应用如表 10-8 所示。

表 10-8 大数据资产估价的基本方法汇总表

类别	核心公式及符号说明	创新点及应用
市场法	$v_0 = \sum_{i=1}^{m} \omega_i v_i \sum_{j=1}^{n} \dfrac{v_{ij}}{v_{oj}}$ 式中，v_0 表示待估大数据资产价格；v_i 表示第 i 个可比大数据资产的价格；v_{ij} 表示第 i 个可比大数据资产第 j 个影响因素的价格；v_{oj} 表示待估大数据资产第 j 个因素价格；ω_i 表示第 i 个可比大数据资产的权重	在市场法公式中增加了大数据买方使用特性修正。买方分析技术能力和使用价值要求越高，使用特性修正系数越大。反之，则调小大数据使用特性修正系数
成本法	$v_0 = \sum_{i=1}^{m} \alpha f_i$ 式中，v_0 表示待估大数据资产价格；α 表示组合系数；f_i 表示待估大数据资产第 i 个要素（部分大数据资产）的价格	如果 f_i 表示要素价格，组合系数 $\alpha=1$ 如果 f_i 表示部分大数据资产价格，当各部分大数据资产组合发生增值时，组合系数 $\alpha>1$，否则 $\alpha \leq 1$
收益法	$v_0 = \sum_{i=1}^{m} \dfrac{R_i}{(1+r_i)^i}$ 式中，v_0 表示待估大数据资产价格；R_i 表示待估大数据资产未来第 i 阶段的收益；r_i 表示待估大数据资产未来第 i 阶段的收益率	在确定客观收益和收益率时应充分考虑买方的大数据分析能力及其对使用价值的影响，合理确定相关参数

（二）大数据资产分解估价方法

大数据资产分解估价方法是协作生产大数据产品的各利益主体分配收益或者分摊成本的估价方法。在实践中，运用大数据资产估价的基本方法，分别评估大数据资产整体及其各部分的价格，通常会存在各部分价格之和与大数据整体价格不相等的情况。在大数据整体资产价格确定的前提下，如何合理修正各部分的价格是大数据资产分解估价方法要解决的关键问题。因此，需要特别说明的是，同一大数据资产各部分预估价格须按照统一的估价方法评估，即要求具有可比性。

1. 沙普利值法

沙普利模型将各部分大数据资产的任意组合视为一个估价对象，沙普利值体现了估价对象内各部分资产价值对整体的贡献。在确定各部分大数据资产对整体大数据资产价值边际贡献的基础上，运用沙普利模型确定各部分的分摊值。沙普利值的基本模型可表示为

$$v_i^0 = \sum_{S \subseteq N \setminus \{i\}} \frac{|S|!(|N|-|S|-1)!}{|N|!}[v(S \cup \{i\}) - v(S)] \tag{10-1}$$

其中，$|N|$、$|S|$ 分别表示估价对象 N、S 包含部分大数据资产的数量；$[v(S \cup \{i\}) - v(S)]$ 表示第 i 部分大数据资产预估价格对估价对象 S 预估价格的边际贡献；v_i^0 表示第 i 部分大数据资产的待估价格。

2. 破产模型法

破产模型（bankruptcy model）是对如何在多个主体之间分配有限资源的抽象描述。在大数据资产收益分解中，可以将各部分大数据利益单位视为债权人，各部分预估价格为整体的债权。假设整体大数据资产价值 $E \in \mathbf{R}_+$ 需在利益单位集 N 中进行分配，N 中各部分预估价格之和大于 E。记 $|N| = n$，则这一问题可用破产模型 (N, c, E) 表示。记 N 中破产模型的集合为 $\varGamma^N$。对任意的 $(N, c, E) \in \varGamma^N$ 及 $i \in N$，c_i 表示第 i 部分大数据资产的预估价格，v_i^0 表示第 i 部分待估大数据资产的价格。

考虑到可操作性及适用性，本节选择了六种破产分配法则，计算公式及基本原理，如表 10-9 所示。

表 10-9 破产模型法计算公式及基本原理汇总表

破产模型法	计算公式	基本原理
比例法则	$\sum_{i \in N} \lambda c_i = E$, $v_i^0 = \lambda c_i$	依各部分大数据的预估价格占总预估价格的比例 λ 来分配大数据资产的价格
限制均分收益法则	$\sum_{i \in N} \min\{c_i, \lambda\} = E$ $v_i^0 = \min\{c_i, \lambda\}$	优先满足预估价格较小的主体，对于预估价格较大的主体一视同仁地分配份额 λ
限制均分损失法则	$\sum_{i \in N} \max\{0, c_i - \lambda\} = E$ $v_i^0 = \max\{0, c_i - \lambda\}$	要求各部分主体损失额度 λ 相同，如果某部分预估价格小于 λ，则对该部分主体的分配额为零
限制平等法则	$v_i^0 = \begin{cases} \min\left\{\dfrac{c_i}{2}, \lambda\right\} & E \leq \sum_{i=1}^n \dfrac{c_i}{2} \\ \max\left\{\dfrac{c_i}{2}, \min\{c_i, \lambda\}\right\} & E > \sum_{i=1}^n \dfrac{c_i}{2} \end{cases}$	当整体预估价格不大于预估价格总额的一半时，各主体分得其预估价格半额和 λ 值的最小值；当整体预估价格大于预估价格总额的一半时，先确定各主体预估价格和 λ 值的最小值，然后在各主体预估价格半额及其对应的上述最小值之间取最大值
Piniles 法则	$v_i^0 = \begin{cases} \min\left\{\dfrac{c_i}{2}, \lambda\right\} & E \leq \sum_{i=1}^n \dfrac{c_i}{2} \\ \dfrac{c_i}{2} + \min\left\{\dfrac{c_i}{2}, \lambda\right\} & E > \sum_{i=1}^n \dfrac{c_i}{2} \end{cases}$	当整体预估价格不大于预估价格总额的一半时，各主体分得其预估价格半额和 λ 值的最小值；当整体预估价格大于预估价格总额的一半时，各主体首先分得各自预估价格的一半，然后分配各主体预估价格半额和 λ 值之间的最小值

(续)

破产模型法	计算公式	基本原理
Talmud 法则	$v_i^0 = \begin{cases} \min\left\{\dfrac{c_i}{2}, \lambda\right\} & E \leq \sum\limits_{i=1}^{n}\dfrac{c_i}{2} \\ c_i - \min\left\{\dfrac{c_i}{2}, \lambda\right\} & E > \sum\limits_{i=1}^{n}\dfrac{c_i}{2} \end{cases}$	当整体预估价格不大于预估价格总额的一半时，各主体分得其预估价格半额和 λ 值的最小值；当整体预估价格大于预估价格总额的一半时，首先确定各主体预估价格半额和 λ 值之间的最小值，然后各主体分得其预估价格半额减去该最小值后的值

说明：λ 的具体含义参见各种分配法则的原理。

公平与效率是评价估价方法的两个标准，根据从注重公平到注重效率进行排序，依次为 Piniles 法则、比例法则、限制均分收益法则、限制平等法则、Talmud 法则和限制均分损失法则。在大数据资产收益分解估价实践中，可以根据需要选择合适的分配法则确定最后的评估价格。

（三）大数据资产估价方法选择

市场法、收益法和成本法作为基本方法，是大数据资产估价的基础。对于具有一定数量可比实例的估价对象，应优先选用市场法；对于能够预测大数据资产收益的情况，可以选择收益法；由于成本法依据的是大数据资产的成本构成，即通过生产大数据过程中所涉及的人、财、物数量及单价测算大数据资产价格，因此在大数据资产市场不成熟的现状下，成本法可作为一种优先选用的主要方法。另外，在实际应用中，也可以根据估价对象及现实条件的限制组合运用上述基本估价方法。

但大数据资产估价基本方法运用的前提在大数据市场中不易满足，有时不能有效保证估价结果的合理性，所以需要运用大数据资产分解估价方法对部分大数据资产价格进行修正，以提升大数据资产估价结果的合理性。大数据资产分解估价方法应用的前提是确定整体大数据资产的价格。当整体大数据资产价格大于部分大数据资产价格之和时，选用沙普利值法；当整体大数据资产价格小于部分大数据资产价格之和时，选用破产模型法。

当选择破产模型法时，可以根据不同的估价理念，选择不同法则的分配结果。按照"公平优先"的理念，可以选择采用比例法则的分解结果；按照"效率优先"的理念，可以选择采用 Talmud 法则的分解结果；按照价值中立的原则，则可以选择采用多种或者全部分配法则分解结果的均值。

四、大数据资产估价流程

当前大数据交易市场是由卖方主导的交易市场，参与交易的双方存在信息不对称，且大数据资产价值具有双向的不确定性，单方面的估价容易造成不公平的现象。因此，需要先对大数据资产的最低价和最高价进行确定，得出可供双方讨价还价的价格区间，以便进一步确定合理的成交价格。在估价过程中，大数据供给方提供数据的前提是数据的生产成本能得到充分补偿，因此，成本价格是大数据供给方避免亏损的价格下限。与此同时，大数据需求方对价格的决定性作用也要充分考虑。通过分析数据对需求方的效用大小，可以把握需求方的支付意愿，并据此来制定数据的需求价格（价格上限），从而形成大数据资产的价格区间。在价格区间中，供给方可以通过进一步的估价策略（如捆绑估价策略等）来获取最大利润。

随着大数据市场日趋成熟，市场会根据供求状况对价格发挥调节作用，这时还需要将市场上其他同类数据的价格作为参考，因为只有当估价不高于当前市场价格时，该数据才具有出售的竞争力。此外，大数据估价还需考虑数据价值的时效性，及时对数据进行动态估价并反馈。大数据资产估价流程如图 10-2 所示。

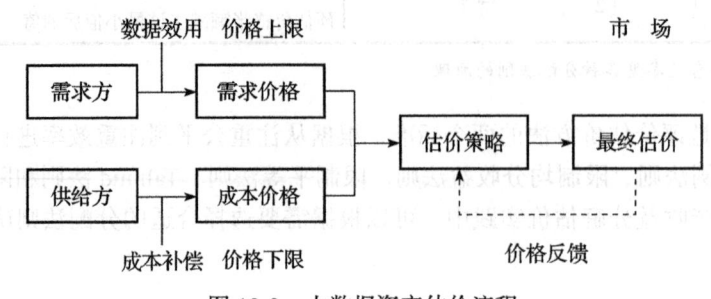

图 10-2　大数据资产估价流程

■ 扩展阅读

数据资产是智慧城市的闪光点

智慧城市（smart city）是指利用各种信息技术或创新理念，集成城市的各个组成系统和服务，以提升资源运用的效率，优化城市管理和服务，以及改善市民的生活质量。智慧城市把新一代信息技术充分运用到城市的各行各业之中，构建基于知识社会下创新（创新 2.0）的城市信息化高级形态，实现信息化、工业化与城镇化深度融合，有助于缓解"大城市病"，提高城镇化质量，实现精细化和动态管理。

智慧城市的重点问题在于技术系统与人文环境的关系。智慧城市的理念就是城市的信息化环境建设，新一代信息技术的应用使人类能以更加精细和动态的方式管理生产和生活的状态，通过把传感器和摄像头嵌入和装备到全球每个角落的供电系统、供水系统、交通系统、建筑物和油气管道等生产生活系统中，使其形成物联网与互联网相联，实现人类社会与物理信息系统的集成。从这一建设进程来看，显然目前智慧城市的认识、理解和建设重点是城市的信息环境。不过，城市是人类活动的一个重要载体和平台，这个载体和平台不仅仅承载着人类活动，关系到人类活动的效率，还包括各种类型的城市资产，其中最重要的就是城市的数字资产。

从经济学角度来说，数字资产是社会、企业及个人所拥有或控制的，以数据形态存在的，在日常活动中生产、经营、持有或待售的可变资产以及不变资产，数字资产属于网络财产，但同时也是极其重要的历史、文化资产，它是城市信息环境的内容资产，智慧城市除了为人服务，最根本的就是为内容服务，内容是技术系统的重要价值体现，这才是真正的智慧城市。

现在人们所处的现代信息社会，不仅人类的财富可以被数字化，比如数字货币，人类的历史和文化财富也可以被数字化，图书馆中的图书资料可以被数字化，文化和艺术表现形式也在数字化的过程中。这些都是宝贵的城市数字资产，关系到千秋万代。

或许我们可以这样预料，未来的智慧城市将会更多地以城市的数字资产为闪光点和价值点，在文化、旅游和城市价值领域大放异彩，智慧城市展示的重点将是丰富的城市数字资产，而不仅仅是对大众而言单调乏味的各类技术系统。唯有如此，智慧城市才会具有信息时代的生命力，表现出真正的价值和远景。

■ 本章小结

1. 数据资产是企业在生产经营管理活动中形成的可拥有或可控制其产生及应用，预期能给企业带来经济效益的量化数据。
2. 大数据资产是指能够数据化，并且通过数据挖掘能给企业未来经营带来经济利益的数据集合，包含数字、文字、图像、方位，甚至沟通的信息等。
3. 数据资产化的核心在于通过数据与具体业务融合，驱动、引导业务效率改善，实现数据价值。
4. 数据资产的特征：非实体性、经济性、不确定性、共享性、冗余性、多样性、时效性、无消耗性。
5. 数据资产价值的影响因素：数据质量、数据规模、可访问性、鲜活性、关联性、使用效果、价值密度、数据类型多样性、共享性、再生性。
6. 数据资产交易的作用：实现数据资产价值的需求和扩充数据资产内容的需求。
7. 数据资产交易的模式：托管交易模式、聚合交易模式。
8. 大数据在价值未被认识和发现前，只是一堆无用的数据或资料；当人们发现了它的价值，但尚未着手整理挖掘它的价值时，它只能说是一项数据资源；只有人们对成千上万的数据进行整理、分析、挖掘价值，控制和开发利用这些数据，提取出对企业运营有用的信息时，这样的数据资源才能称作大数据资产。

■ 关键概念

| 数据资产 | 数字资产 | 信息资产 | 数据质量 |
| 价值密度 | 托管交易模式 | 聚合交易模式 | |

■ 复习思考题

1. 数据资产的特征有哪些？
2. 简述数据资产、信息资产与数字资产的区别与联系。
3. 简述数据资产的价值构成。
4. 数据资产价值的影响因素有哪些？各因素对数据资产价值产生什么影响？
5. 数据资产交易的模式有哪些？

■ 本章实训

大数据资产市场金融投资工具分析

一、实训目的

1. 掌握大数据资产的基本概念、特征及主要分类。
2. 训练学生查阅统计年鉴资料、收集数据、阅读和梳理文献的能力。
3. 训练学生了解大数据资产交易的流程。
4. 训练学生理论联系实际解决问题的能力。

二、实训要求

1. 通过登录大数据资产交易平台,了解大数据资产的交易过程及交易种类。
2. 通过收集大数据资产市场主要投资工具的数量、份额、市值等指标,分析我国大数据资产市场金融投资工具的发展变化情况。

三、实训组织

1. 指导教师布置实训项目,要求学生认真查阅并收集我国大数据资产市场主要金融投资工具的相关数据,学生就实训问题以 PPT 的形式进行课堂汇报。(可通过我国大数据资产交易平台进行数据收集。)
2. 将班级学生划分为若干小组,并指定组长,组长负责对实训项目进行详细的任务分解和责任落实。

第十一章

第三方支付市场

■ **本章提要**

本章首先探讨了第三方支付的基本概念、特点及发展等,其次介绍了我国第三方支付、商业银行与货币流通性,最后分析了目前第三方支付存在的风险和我国的监管措施。

■ **学习目标**

理解第三方支付的概念、特点及发展历程;理解第三方支付、商业银行与货币流通性的关系;了解第三方支付市场的发展现状;掌握风险管理的相关内容及其未来的发展趋势。

■ **引导案例**

巨头再战支付赛场,能否撼动支付宝、微信"宝座"

根据央行此前发布的《非金融机构支付服务管理办法》,互联网企业想要开通支付业务,就必须拿到互联网支付牌照,支付已经成为互联网行业的基础设施,各巨头要发展直播和电商业务,显然离不开支付系统的支持。"抖音支付"已在抖音 App 内正式上线,支持十家银行卡的绑定,包括农业银行、建设银行、中国银行、邮政储蓄银行、交通银行、招商银行等。

2016 年至今,唯品会、美团、携程、快手等互联网企业均通过收购的方式获得了第三方支付牌照,通过支付展开消费金融、理财、保险等金融服务或许是企业新的盈利点。抢滩支付的巨头不只有国内企业,借助中国金融市场开放的东风,PayPal 直接全资拿下国付宝第三方支付牌照,自此中国首家外资全资控股的第三方支付机构正式诞生。PayPal 是全球使用最广泛的第三方支付工具之一,尤其是在跨国交易中,全球有超过一半的用户在使用它。不过,支付新军要想撼动既有格局，挑战极大。我国第三方移动支付市场依然保持头部两家遥遥领先的局面，对于其他巨头和 PayPal 来说是不小的压力。

资料来源：北京日报. 巨头再战支付赛场，能否撼动支付宝微信"宝座"？［EB/OL］.（2021-01-21）［2021-08-24］. https://baijiahao.baidu.com/s?id=1689450363122091277&wfr=spider&for=pc.

■ 本章知识框架图

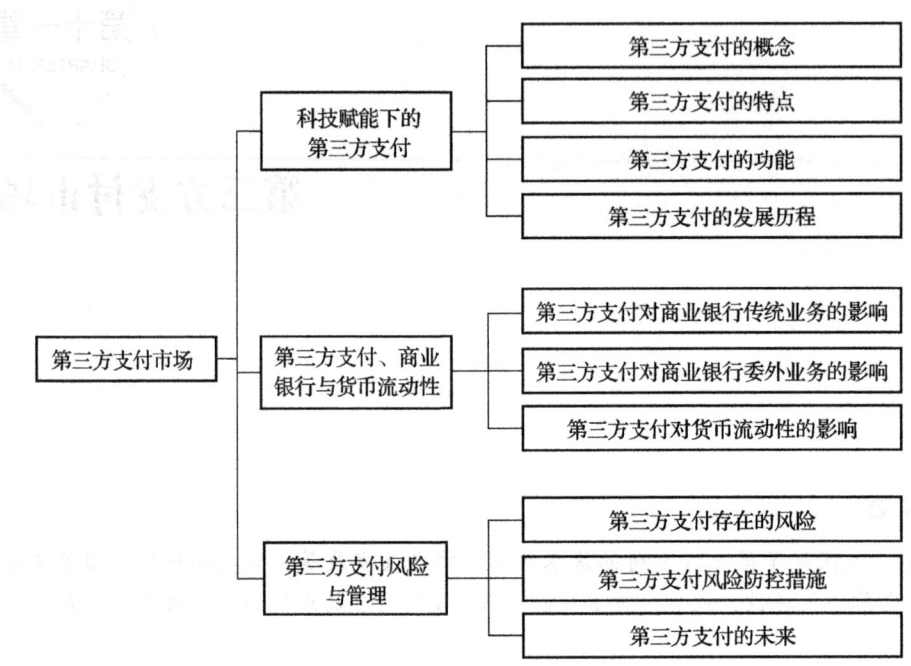

第一节　科技赋能下的第三方支付

一、第三方支付的概念

第三方支付最早始于美国，当时美国的独立销售组织基于特定的收单机构与交易处理商的委托，为中小商户提供服务并进行管理，在商户和收单机构之间充当了中介的角色。有学者认为，第三方支付是指有一定实力和有信用保障的公司机构作为第三方介入交易的支付方式。也有学者认为，第三方支付是在传统的电子支付模式上引入第三方机构建立的第三方支付平台，由该第三方机构承担资金的保管和清算费用的电子模式。还有学者认为，所谓的第三方支付是由非银行的第三方机构经营的网上支付平台，在消费者、商家和银行之间建立链接，起到信用保障的作用，实现消费者与商家以及金融机构之间的货币支付、现金流转、资金结算等功能，第三方支付平台不涉及资金的所有权，而只起到资金的中转作用。

中国人民银行出台的《非金融机构支付服务管理办法》（以下简称《办法》）意味着第三方支付在我国法律上有了明确的概念。《办法》中对第三方支付的定义为：非金融机构在收付款人之间作为中介机构提供部分或全部货币资金转移服务，包括网络支付、预付卡的发行与受理、银行卡收单以及中国人民银行规定的其他支付服务。

二、第三方支付的特点

（一）安全性、匿名性、跨地域性

以一次支付为例，当消费者在网上选定一件商品后，只要点击支付宝付款就能够将物品所需货款转移到支付宝平台，暂由支付宝保管，之后由支付宝通知商家按消费者的订单发货，买家收到货物进行确认无误后在合理的时间内通知支付宝向商家的账号付款，整个交易完成。在整个交易过程中，第三方实时应对双方的交易，如有问题出现，交易的双方都能通过第三方支付平台实现对自己利益的保护，提高了交易的安全性。而作为中间体的第三方支付平台，始终起着交易的"中介"作用，扮演着不可或缺的重要角色。

（二）快捷性、方便性

在传统的电子支付方式中，如果交易双方持有不同的银行卡，在支付过程中就要通过跨银行转账的方式实现支付，其中不仅涉及高额的跨行转账成本，而且涉及时效性。利用第三方支付方式，只要持有第三方支付平台合作的任何一家银行卡，交易双方就能快捷、方便地进行支付结算，不仅操作简单，还可以节约成本。

（三）服务范围广

传统支付模式的服务范围单一，服务范围仅局限在交易的完成。而第三方支付不仅能保障支付交易完成，还可以拓展其他服务项目，如可以通过记录消费者的消费数据，方便消费者随时查看，也可以根据消费者的需求，推荐相关商品或服务等。第三方支付关系着消费者、互联网商户、第三方支付机构等多方的利益。

三、第三方支付的功能

（一）资金清算

第三方支付机构最基础的功能就是资金清算。资金清算主要包括三个步骤：首先，第三方支付机构需要在商业银行开立账户，存放一定数量的备付金，用于后续结算过程当中的需要；其次，第三方支付机构在预先设立的商业银行的账户中存入买家支付的该笔资金，同时通知卖家发货；最后，卖家发货之后，买家收到货物并核对无误后确认收货，第三方支付机构会将该笔资金转入卖家账户。在完整的资金清算流程中，买卖双方没有直接进行款项的往来，而是由第三方支付机构提供专业化的资金清算服务。

（二）信息服务

在现代社会中，信息至关重要，市场主体产生的信息汇聚在第三方支付机构中，第三方支付机构可以对这些信息进行处理并出售获利。此外，消费者、商家、金融机构等市场主体的需求在不断地变化和升级，第三方支付机构需要不断更新服务，提供更加全面的信息处理服务。

（三）信用担保

第三方支付机构存在的根本原因是具有信用担保的作用，买卖双方选择在网络上进行交易，主要依赖于第三方支付机构的信用担保服务。以往在商家与消费者直接接触的交易模式中，经常会出现"钱货两空"的现象。在第三方支付机构参与的交易中，买卖双方没有直接交易，却能通过第三方支付机构的信用担保功能充分沟通。

（四）资金增值

第三方支付机构在发挥支付功能的过程中，留存的大额沉淀资金可以用于投资，甚至用来储蓄，这些都可以产生大量的收益，这些投资是在保证用户的利益不被侵害的前提下进行的合理的收益与资本增值服务。消费者也可以根据自己的需求将资金投入其中，达到增值的目的和效果。

四、第三方支付的发展历程

第三方支付是伴随着网络经济的发展产生的。世界上最早的第三方支付公司最初主要是为了解决电子商务中的支付问题。我国第三方支付行业的发展经历了与美国相似的进程，可以分为三个阶段。

（一）起步阶段（1998～2004年）

1998年，由北京市政府与中国人民银行、原信息产业部、原国家内贸局等共同发起的首都电子商务工程启动，确定首都电子商城○为网上交易与支付中介的示范平台。1999年3月，首信易支付开始运行，国内第一家第三方支付公司由此诞生。随后，ChinaPay、支付宝、联动优势等相继出现，第三方支付市场迅速起步并发展壮大。这一阶段，第三方支付以网关模式为主，支付的技术含量不高，进入门槛低，产品同质化问题比较严重。

（二）快速成长阶段（2005～2009年）

2005年被业界认为是"中国电子支付元年"。一方面，就行业本身来看，信用担保型第三方支付平台迅速成长。与此密切相关的就是，网络购物市场主流的B2C电子商务模式被后来居上的C2C电子商务模式赶超，C2C电子商务模式成为这一阶段网购市场的绝对主流模式；另一方面，从行业发展的外部环境来看，2005年国务院《国务院办公厅关于加快发展中国电子商务市场的若干意见》文件下发，《中华人民共和国电子签名法》正式实施，《电子支付指引（征求意见稿）》《支付清算组织管理办法（征求意见稿）》相继公布，为促进和提高国内电子支付顺利发展提供了政策依据和保障。这一时期，第三方支付行业市场规模迅速扩张，交易额的年增长率基本上都在100%以上。同时，企业蜂拥而至，"跑马圈地"现象严重，竞争激烈。不少企业开始在产品创新、增值服务等方面加大投入。

（三）规范发展阶段（2010年至今）

2010年是第三方支付发展的分水岭。一方面恶性的价格战成为行业发展的障碍；另一方面混乱的行业秩序亟待规范。对此，央行出台了《非金融机构支付服务管理办法》（以下简称《办法》），设置了行业准入门槛，行业面临重新洗牌。但是《办法》较好地为第三方支付企业"正名"，使它们摆脱了多年来一直处在政策"灰色地带"的状况。同时，经过十多年的发展，我国第三方支付的市场环境也发生了许多变化：一是第三方支付长期盘踞的C2C市场已经被长期开发，而B2C、B2B市场发展如火如荼；二是"超级网银"的正式上线使第三方支付依赖的金融基础设施进一步完善；三是支付技术进一步提升，移动支付成为新兴领域；等等。

○ 首信易支付的前身。

这些变化给现有企业进行战略调整转型带来了压力,很多企业纷纷转向差异化运营,进行行业深挖,并积极开拓新兴领域。

> **专栏**
>
> **第三方支付市场发展现状**
>
> 在非现金支付中,以前 POS 机刷卡是常用的支付手段,银行卡的收单规模占比较高。随着电商、O2O 等领域的发展,2013 年,第三方支付主要以互联网支付为主。智能手机、4G 网络的快速普及大大推动了移动支付市场的发展,一方面,部分互联网端的支付规模转移至移动端;另一方面,线下扫码支付、近场支付推动了移动支付规模的大幅增长。自 2016 年起,互联网支付的占比逐年缩小,而移动支付的占比逐年提升,并进入稳步增长阶段。

第二节 第三方支付、商业银行与货币流动性

一、第三方支付对商业银行传统业务的影响

(一)对存款业务的影响

1. 分流活期存款

第三方支付对于商业银行传统业务影响最为明显的是分流银行的活期存款。消费者习惯在银行的活期存款账户留下足够的流动性,以备不时之需。但是现在,随着互联网消费比例的提高、第三方平台的发展,人们的消费留存逐渐转入第三方机构,同时,第三方机构推出随时可存取的类银行活期存款业务,受到了市场的追捧。

目前,第三方支付的资金还需要托管银行。第三方支付渠道融入的大部分资金成为银行的企业存款,这些存款以协议存款的方式存入银行,可以为客户提供更高的存款利率,导致银行的活期存款金额大大降低。比如,支付宝推出的"余额宝",投资货币市场,随存随取,安全性高,利率大大高于银行同期活期存款。此外,第三方支付无论是安全性还是方便性,均高于银行同类业务,自然导致人们的存款向第三方支付机构转移。

2. 挑战定期存款和理财基金

第三方支付机构的货币基金冲击了商业银行的活期存款业务,长期将会对银行的定期存款和理财基金形成巨大压力。银行对于理财产品和基金的销售,主要是客户主动到营业厅办理,销售效率显然低于互联网渠道的销售效率,造成了大量理财基金类业务的分流。

(二)对于贷款业务的影响

1. 抢占中小企业贷款

银行的主要客户是大型企业,回报率稳定,单笔数量大,成本较低。中小企业抗风险能力低,未来的经营不确定性高,更重要的是,银行对中小企业信息搜寻成本高,导致中小企业融资困难。第三方支付平台能够沿着产业链得到更多的信息。如阿里小贷对中小企业的收

入情况和行业风险非常清楚，比银行效率高，风险控制更容易。

2. 分流信用卡用户

第三方支付不仅影响存贷款业务领域，对银行信用卡的发行也产生了直接影响。银行希望消费者频繁使用信用卡，这样不仅可以增加客户黏性，同时为银行带来大量的客户信息和收入。随着第三方支付平台的发展，线下业务增长迅猛，2015年，财付通的移动第三方支付线下业务就占到了整个线下支付业务的三成以上，实际上冲击了银行的信用卡业务。支付宝和财付通还发行了虚拟电子信用卡，向客户提供短期贷款。京东推出了白条业务，也进入了信用卡的竞争领域。

（三）对中间业务的影响

1. 影响支付结算业务和代理收付业务

消费者的消费习惯已经从使用银行卡支付转为直接使用第三方网上支付和快捷支付，新的支付渠道会影响银行的支付结算和收付业务。第三方支付平台普遍对转账付款和支付结算不收取费用，即使在银行转账更为便捷的情况下，客户仍然会选择第三方支付平台转账，导致商业银行损失了一定的收入。

2. 影响银行代理销售业务

商业银行中间业务中最重要的是代理销售（简称代销）业务。一直以来代销基金和代销保险基本上被银行垄断，2011年，证监会放宽了基金销售条件，第三方支付平台获得了基金销售牌照，为无法前往银行网点购买基金的人群提供了更多的渠道，造成了银行基金代销业务流失。与银行相比，第三方支付平台的销售成本和手续费更低，用户还可以将网上的流动现金购买基金和保险。

二、第三方支付对商业银行委外业务的影响

（一）对同业业务的影响

银行同业业务实际上涉及两个部分，即同业负债和同业资产。同业负债主要表现为资金拆入和发行同业存单。由于第三方支付加强了社会闲余资金的归集，导致银行同业负债的需求增强，在数据上表现为同业存单业务规模不断扩大。同时，第三方支付虽然会导致银行活期存款下降，但银行更容易发行同业存单，商业银行负债扩张的速度更加明显。同业负债取代存款成为银行资金的增量来源会导致两种结果。

（1）银行负债成本提升，风险偏好上升。第三方支付提升了银行获取资金的容易程度，银行在满足短期流动性需求之后，依然会在负债端配置市场上风险极低的优质负债，以提高自己资产端的规模，增加盈利，这样将导致银行整体风险上升。

（2）导致银行"脱实向虚"，提高了整个社会的融资成本。高昂的负债成本和低流动性风险，势必导致银行的资产投向风险高、期限长的贷款行业，这类行业在我国表现为地方债务和房地产业。银行很可能通过多层嵌套与流转的方式，规避中央银行监管，进一步推高资金价格，形成恶性循环，提高其他行业的实际贷款成本，导致整个金融行业出现"脱实向虚"。

第三方支付对于同业资产也有明显影响。同业资产一般分为高流动性的经营性金融资产、持有到期资产和低流动性的非标投资类的股权投资。整个行业流动性的提高使同业资产的配

置成为部分银行的选择,部分大型银行发行同业存单的利率较低,中小银行的高流动性存款被第三方支付挤压后,开始具有投资价值,使大型银行逐渐成为资金的融出方,而中小银行成为资金的融入方。第三方支付开始改变商业银行的竞争格局,降低了中小银行的竞争优势,提高了大型银行的资金集中度。负债成本和流动性的上升使非标投资类的股权投资数额发展迅速。银行开始寻求高风险、高收益率资产的配置,非上市银行的股权投资正是这种模式驱动下的典型投资方式。银行股权投资占比的不断上升,实际上提高了银行的经营风险,降低了中央银行对于整个经济发展的控制能力。

(二)对于委托贷款、信托贷款的影响

委托贷款、信托贷款在银行的资产负债表中是一种特殊的贷款形式。作为委托方和信托方,银行理论上不附带这部分贷款的大部分营业风险,这类贷款产生的收入是作为信托收益权和委托贷款收入计入银行的中间收入。第三方支付提高了这两项资产在社会上的变现速度,加大了这部分贷款在银行的占比。但是实际情况更加复杂,银行的委托贷款和信托贷款本身就是银行的贷款,只是受限于银行本身贷款额度、国家要求的资金投向、高昂的投资风险和过长的投资期限,导致这部分资金需求无法转变为实际的贷款。但是随着第三方支付改善了社会资金的流动性,提高了此类资产的变现能力,使银行开始有动力通过层层嵌套的方式,将这部分贷款打包为委托贷款和信托贷款,变相放贷。这部分委托贷款和信托贷款含有隐藏的银行承兑风险,但却没有反映在贷款计提准备和拨备贷款比上,提高了商业银行的风险,不利于金融体系的稳定。

(三)对表外理财业务的影响

第三方支付对于银行表外理财的影响与对同业业务的影响类似,都存在着负债端和资产端两个方面的影响,影响的原理和结果也大致相同。不同的是,表外理财完全是由表外理财负债规模来确定表外理财资产规模。由于第三方支付加强了社会闲余资金的归集,提高了客户短期收益预期,为了争取更高的期望收益率,银行理财会提高对高收益资金的偏好,不断调高理财收益率。而理财收益率的上升,又反过来导致理财资金追逐高风险资产,导致银行风险资产临时变现的可能性提升,更加强化了商业银行对风险资产的偏好。

三、第三方支付对货币流动性的影响

(一)新的信用创造路径对货币流动性的影响

计算机底层数据的建设和大数据的运用,推动与自然人和经济实体有关的一系列信息开始爆炸式的高速发展,信息精度得到明显的提升。但是这样的信息并非掌握在传统银行手中,而是由第三方把握,难以融入央行数据体系范畴,在以银行为核心的传统金融体系大背景下,央行对经济走势和状况的判断将无法如同泛银行体系一般精准。外部的金融机构通过自身所占据的信息优势,实施套利,将对整个货币体系的良性发展产生重大影响。

信用创造主要在银行体系内进行,货币在银行体系中传导。在货币流通的情况下,央行能够利用货币储藏功能主动地调整处在流通阶段的货币规模,确保与货币需求相符合,保障币值平稳。伴随第三方支付的不断发展,开始了全新的信用生成道路,这些信用创造驱动并不处在央行管控范围之下,由此引发央行对货币的控制能力减弱。长期而言,央行的传统政策工具将会逐步失效,主要是因为去中心化货币的发行规模并非完全取决于央行。

(二)新渠道发行货币对央行的影响

1. 影响央行货币发行的地位

央行利用货币政策实现宏观经济调控，实现对于货币发行权的垄断，在支付结算体系享有主导地位。因此，垄断发行权是央行执行和实现货币政策的重点所在。

第三方支付使中央银行对法定货币缺乏有限的监控能力，按照不可能货币三角理论，一个国家的货币管理部门，一定要在独立政策、资本流动和汇率稳定三个方面进行取舍，至多仅可以满足两方面的目标，而另外一方面只得抛弃。如果在发行渠道的独占性方面遭到制约，即便是央行未来利用区块链技术实现了法币的发行，货币发行和流通的渠道也无法全面由央行所控制。

2. 立法空白带来的监管问题

不管是第三方支付、去中心化货币记账，还是网络借贷等一系列创新，均展现出了一个共同问题，即立法层面的空白。现阶段，不管是第三方支付还是众筹，都是以网络层面的信用创造创新为基础，此领域的监管立法已开始受到政府关注。

3. 非法交易和犯罪问题

第三方支付是由一系列的金融信用创造创新而来，互联网创新导致监管单位面临全新的难题。一些非法交易采用匿名记账和互联网藏匿的方式，监管单位有可能难以追踪资金的流向。

(三)对中央银行货币政策工具组合的影响

金融市场较为繁荣、实现利率市场化的国家更倾向于采取公开市场业务操作对基础货币供应量进行调节，而在法定准备金政策方面的运用较为有限。这主要是由于后者的效果过强，会对社会预期造成较大的影响。从我国的情况来看，第三方支付为取消法定准备金政策奠定了基础，在第三方支付逐步上升为社会重点支付方式的背景下，较高的法定存款准备金率不但发挥不了积极的效果，更有可能提升商业银行的资金成本，降低了商业银行对实体经济的支持力度。一方面，网络金融使央行在公开市场当中的操作更为便捷，面对的客户更加广泛，提高了对商业银行流动性的把控程度；另一方面，网络金融会导致基础货币结构和总量发生改变，并利用存款引发贷款的模式倒逼央行提升货币供应量，央行在公开市场中处于被动局面，无法有效地把控局势。在再贴现政策方面，在传统支付模式下，该政策的工具主动权本不由央行掌控，主要看商业银行有无意愿向央行请求贴现。若商业银行能够在金融市场中通过较低的融资成本得到资金，则不必再利用央行融资，央行的有关政策将失效，无法实现调节的效果。网络金融中信息流和资金流更为通畅，商业银行可以利用同业拆借的方法降低融资成本，而其余的选择性货币政策工具，均可能伴随第三方支付的成熟而呈现出弱化的态势。

(四)对货币供应量及货币政策运行机制的影响

央行通常会将货币供应量视作关键性的中介指标，然而在网络金融环境中，货币供应量的可控性、可测性和抗干扰性等均会受到较大的影响。首先，在第三方支付的情况下，流通的现金将会明显降低，导致基础货币结构出现变化，第三方支付通过货币乘数，对供应规模产生影响。央行将很难把控货币总量，同时各个层次的货币供应界限也不再清晰。其次，通货存款比、超额准备金率等方面的变动，会给货币供应总量带来一定的影响。最后，第三方支付会影响货币流速，致使等量货币供应带来差异性的效果。

央行货币在第三方支付环境下，调节货币供应量的最终效果将会显著降低，而对于利率指标来说，互联网技术更易于发展为央行实施调节的手段。受第三方支付的影响，货币政策传导机制利用利率和财富传导机制达成货币政策目标的概率更大，成效更为显著。

（五）对外汇储备的影响

第三方支付对外汇储备的影响主要取决于国内影响与国际影响。外汇储备是各国主要的基础货币投放途径之一，短期内，第三方支付对于外汇发展的直接影响很难实际观察到。但是长期来看，随着区块链技术的发展，主权中心货币将逐步退出历史舞台，中央银行有可能失去对货币政策和外汇政策的操控性。央行现在对于外汇政策的市场操作主要是调控外汇汇率，需要各银行间系统的配合。去中心化账本的应用将使银行间系统不能主导整个信用创造渠道，这将直接影响外汇储备。分布式记账货币广泛使用后，外汇储备受第三方支付影响的程度将取决于当时的货币强弱。

第三节　第三方支付风险与管理

一、第三方支付存在的风险

（一）机构平台存在的风险

1. 法律风险

所谓法律风险，即第三方支付平台在运营过程中很有可能会由于不符合国家的法律规定而产生的风险。比如，消费者之前使用的第三方平台中的借贷服务就存在此类风险。网贷套现一般是在网店进行，买家先和网店串通，由买家购买虚拟商品，利用第三方支付平台的网贷产品向卖家付款，此时，部分金额进入店主账户，然后店主按照事前的约定将应得的"手续费"扣除后，再把其余的资金通过其他途径转给买家，上述行为即为典型的利用第三方支付平台套取现金的不合法行为。

2. 操作风险

操作风险是指由于内部操作缺陷造成损失的风险。比如第三方支付平台会一直托管消费者提前支付的购货款项，直到消费者确认收货后，才将该笔货款支付给相应的商家。因此，第三方支付平台会在短期内产生大量的资金流动，尤其是碰到节假日等特殊时期，滞留平台的资金规模更加庞大。据了解，2016年"双十一"出现的第三方支付机构付款故障，便是由于对付款形势的错误预估和技术欠缺造成的，由此看来，技术不到位或操作失误将会给平台带来巨大的风险。

3. 市场风险

市场风险是指由于第三方支付机构激烈的竞争带来的风险。我国第三方支付市场机构数量巨大，投入成本高，竞争激烈，但市场总体规模有限，这样的形势对每个第三方支付机构来说都充满了空前的市场挑战。

(二)与消费者相关的风险

1. 信息安全风险

信息安全风险是指用户信息面临被泄露的风险。随着移动支付,用户使用基数增加,越来越多的信息进入第三方支付平台,第三方支付机构收集用户的消费记录及偏好,使用户怀疑自身的信息安全能否得到充分的保障。

2. 支付风险

支付风险是指在利用第三方支付平台支付时产生的风险,集中体现在扫码支付中存在的木马病毒。中国人民银行专门针对条码支付业务出台了一系列指导意见与规范标准,力图降低支付风险的发生。

3. 跨境支付风险

跨境支付风险主要体现在法律方面。有些第三方支付机构仅提供平台,交易在海外网站上进行。若消费者想要申请售后,必须与海外电商沟通,根据对方的售后规定解决问题。由于跨境支付涉及多个国家和地区,各国的法律往往倾向于保护本国本地区的产业,并且各个国家对于第三方支付均有不同的规定,可能会给国外消费者造成损失,也给第三方支付机构带来相应的风险。

(三)与商户相关的风险

1. 诈骗风险

商户作为交易的重要参与者,有可能遭受各种诈骗风险。随着扫码支付的普及,静态条码深受用户青睐,但静态条码存在着被不法分子调换的风险。为了减少此类非法诈骗风险,第三方支付到账开通了语音提示功能,并提出赔付保障措施。即便如此,诈骗行为的发生仍难以杜绝。

2. 信用风险

网络购物不同于钱货两清的交易方式,买方违约的风险大多来自无理由拒收和退换货环节的诈骗行为。按照网购中的商家对顾客所做出的"七天内无理由退换货"服务承诺,买家可以要求商家将购货的款项全部退回。而许多买家故意利用这一点,在因个人原因导致货物受损后,仍向商家提出退货申请。然而,网购的售后政策多倾向于消费者,卖家的维权难以完成。

二、第三方支付风险防控措施

(一)外部监管

第一,制定相关法律法规。第三方支付在交易过程中的法律缺失等问题逐渐暴露,目前,我国相关立法还不能完全满足第三方支付发展的需求。第二,强化合规操作。主要体现在落实反洗钱工作、加强反套现控制等方面。监管部门规定了第三方支付平台的反洗钱义务,严格要求第三方支付企业做好各项审查工作,建立大额交易和可疑交易报告制度等。

（二）内部控制

第三方支付平台逐步完善内控机制，主要体现在组织体系的建立，完善风险管理组织体系，明确风险管理部、业务部门与职能部门、审计监督部门的职责，并建立风险管理委员会。建立风险预警体系，建立针对特定事件、产品的风险预警与专项报送机制，在风险事件发生后对重大损失事件履行报告义务。建立风险处理体系，主要包括风险处置流程与反馈优化机制。

（三）行业自律

我国支付清算协会于 2011 年成立，该组织对第三方支付行业自律提供了有力支持。支付清算协会作为政府与企业之间的纽带，在强化政府沟通、协助制定和实施相关法律法规、提出政策建议等方面都做出了积极贡献。

三、第三方支付的未来

（一）商业模式变革，打造第三方支付生态圈

第三方支付行业的核心收入主要来自三个板块：支付手续费、备付金利息和增值服务（见图 11-1）。2018 年及以前，第三方支付行业的收入主要来自支付手续费和备付金利息，其中后者占比接近 20%；2019 年实行备付金全额缴存制度后，部分第三方支付服务商上调支付渠道费率，费率的市场化标志着市场走上理性健康发展的道路。

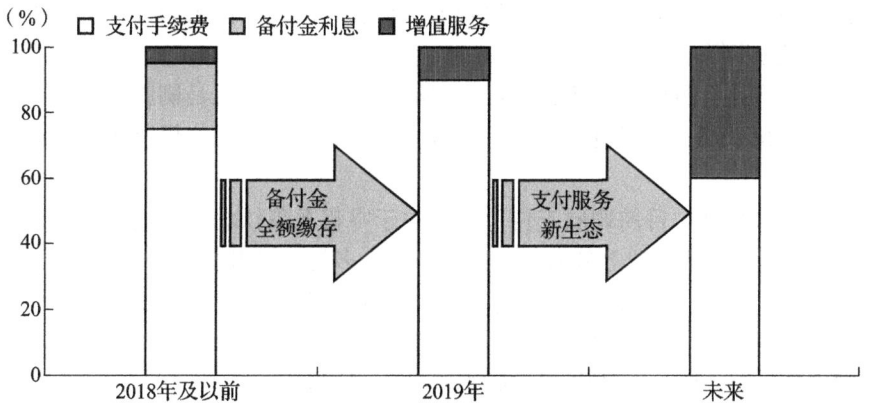

图 11-1 第三方支付商业模式变化

依托巨大交易量的数据积累，数字化经营逐步成为第三方支付行业发展的新方向。针对用户提供的精准营销、店铺管理、活动规划、金融服务等支付生态圈将成为第三方支付企业的核心竞争力。增值服务有望超越支付手续费成为行业的主要收入来源，尤其是金融服务、软件服务有望获得较大的增长空间。

（二）支付清算市场扩大开放，支付国际化将迎来新高潮

目前，具有跨境业务的支付机构正积极探索支付业务国际化的未来服务模式，以形成差异化的竞争力。面对国际市场日趋复杂多变的用户需求，产品能否及时更迭决定了未来的市场份额。但支付业务国际化的大前提是合规，在不同地域合规展业的前提是获得相对应的牌照或资质。

> **专栏**
>
> **银联的支付业务国际化**
>
> 在支付业务国际化方面,支付行业龙头争先发力。以银联为例,2019年7月,银联"云闪付"App开通数字化退税服务,覆盖境外27个国家和地区的超400个退税点,用户无须手填卡号信息,只需向工作人员展示退税码,扫码后税款即可以人民币的形式实时入账至用户绑定的银联卡。此外,"云闪付"App的跨境服务功能也日益完善,其7.0版本除支持跨境支付服务外,还为用户提供境外用卡指南、"优计划"优惠码领取、40个国家和地区的签证或通行证办理、跨境快递寄送等服务。2019年12月31日,银联国际宣布,境外受理银联卡的商户达2 850万家,境外支持"云闪付"App的商户达400万家,比2018年同期增加近100万家。

(三)刷脸支付更多场景化

随着人脸识别技术的不断完善,国内第三方支付机构开始进行刷脸支付技术的研发与商用探索。借助技术手段提升用户体验与保障支付安全是支付行业的必然出路,刷脸支付将呈现以下趋势。

一是人脸识别的精确性提升。尽管刷脸支付进入商用阶段,但在实际使用过程中仍会出现识别效率偏低的情形,降低用户体验。另外,长相相近的双胞胎以及整容带来的面部特征变化等也会影响刷脸支付的识别结果。随着人工智能算法及摄像头硬件技术的进步,人脸识别的准确性有望逐步提升。

二是产品标准化。虽然多家机构已经上线刷脸支付产品,但是刷脸支付的业务流程、性能及安全标准尚缺少统一的规范。未来,刷脸支付产品的标准化与规范化将是刷脸支付的发展趋势之一。

三是应用场景拓展。目前刷脸支付主要集中于零售及餐饮场景应用,未来应用场景必然会逐步拓展至出行、生活缴费等领域,以满足用户更多的场景需求。

四是聚合支付服务。目前刷脸支付服务提供商在人脸识别算法、摄像头模块组选择等方面存在一定的差异性,缺少能够同时支持多种第三方支付平台刷脸支付的终端。出于硬件成本及用户需求的考虑,聚合支付将成为未来刷脸支付的趋势。

■ 扩展阅读

我国第三方支付业务发展

目前我国第三方支付业务呈现阿里巴巴、腾讯与银联三足鼎立的态势。2017年9月,阿里巴巴支付宝在肯德基概念餐厅上线刷脸支付,实现刷脸支付在国内的首次商用试点。2018年12月,支付宝正式推出"蜻蜓"刷脸支付产品,用户可以在医院、商超、餐厅、品牌零售店等场所进行刷脸支付。2019年4月,"蜻蜓2.0"发布,不仅机身更轻巧、刷脸通过率与支付稳定性更高了,而且"蜻蜓2.0"还推出了刷脸即会员的功能。

作为阿里巴巴的商业竞争对手，腾讯同样布局了刷脸支付，2018 年开始线下推广使用微信刷脸支付系统。2019 年 3 月，微信刷脸支付设备"青蛙"正式上线并开始在全国进行商户拓展。2019 年 8 月，微信支付正式发布搭载扫码器、双面屏的"微信青蛙 Pro"。

除了上述两家机构，银联也开始开拓刷脸支付业务。2017 年 1 月，银联在新加坡金融科技节上展示了基于脸部识别的支付系统"FacePay"。2019 年 10 月，银联联合工商银行、邮政储蓄银行与中信银行等多家机构联合发布"刷脸付"支付产品，并于同月底发布了刷脸支付终端"蓝鲸"，实现了银联刷脸支付与微信刷脸支付的终端聚合，用户可以自行选择进入不同的刷脸支付操作环境。

■ 本章小结

1. 第三方支付是指非金融机构在收付款人之间作为中介机构提供部分或全部货币资金转移服务，包括网络支付、预付卡的发行与受理、银行卡收单以及中国人民银行规定的其他支付服务。
2. 第三方支付的特点：安全性、匿名性、跨地域性、快捷性、方便性、服务范围广。
3. 第三方支付的功能：资金清算、信息服务、信用担保、资金增值。
4. 第三方支付经历的发展阶段：起步阶段（1998～2004 年）、快速成长阶段（2005～2009 年）、规范发展阶段（2010 年至今）
5. 第三方支付存在的风险：①机构平台：法律风险、操作风险、市场风险；②消费者：信息安全风险、支付风险、跨境支付风险；③商户：诈骗风险、信用风险。
6. 我国第三方支付的未来：商业模式变革，打造第三方支付生态圈；支付清算市场扩大开放，支付国际化将迎来新高潮；刷脸支付更多场景化。

■ 关键概念

第三方支付	电子商务	移动支付	互联网支付
支付场景化	支付清算市场	聚合支付	

■ 复习思考题

1. 什么是第三方支付？有什么特点？
2. 简述我国第三方支付市场发展现状，并结合相关数据进行分析。
3. 简述第三方支付对商业银行产生了哪些影响。
4. 第三方支付面临哪些风险？可以采用哪些防控措施？它的未来发展趋势是怎样的？
5. 简述第三方支付对货币流动性的影响。

■ 本章实训

我国第三方支付产品市场规模统计分析

一、实训目的

1. 掌握我国第三方支付发展的现状及包含的主要支付工具。

2. 训练学生查阅资料、收集数据、阅读和整理文献的能力。
3. 第三方支付与生活紧密相关，锻炼学生理论联系实际的能力。

二、实训要求

1. 通过数据资料查询近十年我国第三方支付工具（包括但不限于支付宝、微信支付、云闪付、拉卡拉、财付通、盛付通等）总的市场规模数据，提取相关数据，并绘制表格。
2. 通过收集到的相关数据，分析我国第三方支付产品的发展变化情况，并结合我国宏观经济状况以及第三方支付监管政策的变化，预测我国第三方支付产品的未来发展趋势。

三、实训组织

1. 指导教师布置实训项目，讲解具体实训要求，学生就实训内容以 **PPT** 的形式进行课堂展示。
2. 将班级学生划分为若干小组，并指定组长，组长负责对实训项目进行详细的任务分解和责任落实。

第十二章

网络存贷市场

■ 本章提要

本章首先介绍了网络存款的具体内涵、特点,其次指出了网络存款的影响因素及其存在的风险。之后介绍了网络贷款的内涵、运行模式及特点,最后分析了我国网络贷款市场的风险、监管及发展方向。

■ 学习目标

掌握网络存款和网络贷款的具体内涵及其特点,了解网络贷款市场的影响因素,认识网络贷款的运营模式及特点,了解网络贷款市场的风险、监管及发展方向。

■ 引导案例

监管出手,全面整顿互联网存贷款产品

2021年1月,银保监会、央行发布了《关于规范商业银行通过互联网开展个人存款业务有关事项的通知》,规定商业银行不得通过非自营网络平台开展定期存款和定活两便存款业务,存量存款业务到期自然结清。这意味着,包括支付宝、腾讯理财通、度小满金融等9大头部互联网平台不得再售卖互联网存款产品。各大平台相关产品几乎全部下架。蚂蚁平台上的互联网存款产品均已下架,只对已购买产品的用户可见,持有产品的用户不受影响。

2020年P2P平台也已全部清零,各类高风险金融机构得到有序处置。金融资产盲目扩张得到扭转,影子银行风险持续收敛,互联网金融风险得到大幅压降。

资料来源:银保监会.中国银保监会 中国人民银行发布《关于规范商业银行通过互联网开展个人存款业务有关事项的通知》[EB/OL].(2021-01-15)[2021-08-15].http://www.gov.cn/xinwen/2021-01-15/content_5580273.htm.

张一帆.2020年P2P平台已全部"清零"各类高风险金融机构得到有序处置[N].证券时报,2021-01-15.

■ 本章知识框架图

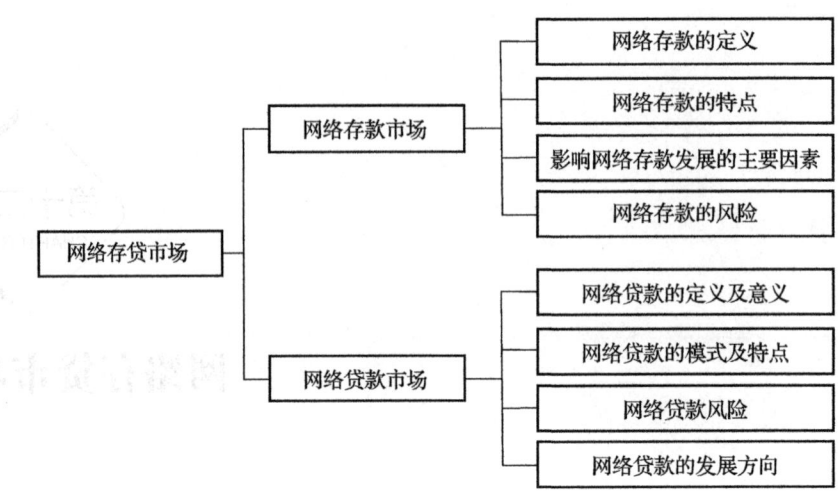

第一节 网络存款市场

一、网络存款的定义

网络存款是"网络＋银行存款"的金融创新模式，主要指传统的商业银行，借助网络金融平台推出的存款产品，商业银行需要向网络金融平台支付相应的手续费用。2018年上线的各类线上存款产品，普遍被认为是网络存款的开端。近些年，银行理财产品收益持续下滑，中小型银行成为推出网络存款产品的主力军，存款产品具有利率高、购买门槛低的特征，利率接近或达到自律定价机制的上限。

二、网络存款的特点

（1）开放性。网络平台为储蓄客户提供了存款业务的接口，实际上是商业银行等金融机构借助网络平台进行存款业务的营销和吸储。

（2）异地性。网络平台存款业务本身没有地域的限制，传统的商业银行，特别是地方性商业银行，利用网络营销获得存款，可以突破地域限制的规定。

（3）收益敏感性。部分网络存款产品突出高收益的广告营销内容，目的是以高利率吸收存款。

（4）便捷性。网络存款除了具有开放性、异地性、收益敏感性等特点，还具有较强的存款便捷性，但网络存款的稳定性较低。

> ✎ 专栏
>
> ### 涉及网络存款的银行情况
>
> 11家头部平台涉及网络存款的银行50多家，绝大部分为中小银行。单户存款金额大

都在 50 万元（含）以下。

（1）部分银行互联网平台存款增长迅速，规模较高。有的中小银行开通了互联网平台存款业务，短短几个月时间已吸收存款 200 多亿元，占其各项存款比例的 25%。某银行通过互联网平台吸收存款总额甚至占到其各项存款的 70%。

（2）部分银行依靠互联网平台吸储，存款结构变化较大。某家银行的储蓄存款基础相对薄弱，储蓄存款占各项存款的比例在 2019 年末时仅为 36%，而通过互联网平台吸收存款后，这一比例已经飙升到 85%，平台存款占各项存款的比例达 83%，主要是异地个人储蓄存款，互联网平台存款已成为存款的主要来源。

（3）部分高风险机构通过互联网平台吸收存款，有的占存款比例已达 70%。这些高风险机构自身抵御风险能力较弱，互联网平台存款占比过高进一步增加了其负债资金的不稳定性，饮鸩止渴，流动性隐患突出。

（4）部分银行依靠平台存款弥补流动性缺口，一定程度上替代了同业融资。部分问题中小银行资产流动性和负债流动性同时受到挤压，依靠互联网平台存款，银行得以维持存量负债周转或支撑资产扩张。从更深层次看，这种模式一定程度上是对同业融资的替代，实质上银行与银行间的同业关系，变成了异地储户与银行的直接关系。但是，在现实中，同业风险比储户风险更容易被识别。这样做显然加剧了银行的风险。

三、影响网络存款发展的主要因素

（一）盈利性的需要

银行的经营追求盈利性，银行资金来源绝大部分是客户的存款，只有吸收足够多的、稳定的客户存款才有足够的资金来发放贷款，维持日常经营活动。对于中小型银行，往往没有国有银行的社会信誉以及客户黏度，加上各种监管政策的约束，中小银行吸收存款的能力远远比不过大型商业银行。出于盈利性的需要，中小银行会存在与科技平台合作的意愿，将创新型存款产品在科技平台上出售，追求利润最大化。

（二）网络技术

科技与不同行业的边界进一步模糊，有了网络技术，特别是大数据、云计算、人工智能、区块链等新型金融科技技术的支持，网络金融服务与产品将有更多的创新空间，网络存款产品不断丰富。

四、网络存款的风险

（一）流动性风险

一方面，网络存款的特征决定了其稳定性远低于线下，声誉风险突出，一旦银行或平台出现负面舆情，极易导致"存款搬家"；另一方面，高息揽储必然追求高收益资产，匹配高风险项目，导致资产端风险增加，中小银行更加脆弱。一些中小银行以高利率在平台揽储，并支付"导流费"，进一步推升负债端资金成本。从长期看，中小银行资产质量和经营管理能力面临考验。

(二)技术风险

尽管金融科技提高了金融服务的效率,但客户信息泄露、网络骗局等事件的频发说明监管技术存在不足之处。

(三)市场风险

一些平台对存款产品"集中比价",以利率高低进行集中展示,导致流量的差异,加剧了银行间竞价揽储的行为,推升中小银行资金成本。现行社会宏观环境不足以支持网络存款的快速发展。网络存款产品产生的原因之一是众多中小银行规避监管,实现盈利的需要。第三方网络平台存款的流动性特点有别于传统储蓄存款,给监管部门和金融机构带来挑战。

(四)法律合规风险

首先,网络存款平台不仅集中展示存款产品信息,还为客户提供了购买接口,部分强势网络平台可能会存在未经相关部门批准的违法违规代办业务。

其次,网络存款使地方银行借助大平台的品牌和流量优势,突破经营的区域限制吸收存款,异化为全国性银行,偏离了立足当地、服务小微的经营定位。

最后,中小银行以网络平台为依托与异地存款人开展远程交易,存款人的实名认证、尽职调查等均不同于线下。中小银行自身的技术能力又不足以支持业务的持续监测,在账户管理、资金出入等方面存在合规风险,并可能违反反洗钱等有关规定。此外,第三方支付机构在参与存款资金支付的过程中,存在未取得客户协议授权或违规代收等问题。

(五)道德风险

存款保险制度为网络平台与银行合作"销售存款"提供了可能,由此加剧了存款市场上的恶意竞争。例如,平台销售的存款会在显要位置强调受到存款保险制度的全额保障。在这种"零风险"宣传下,消费者倾向于简单根据利率高低选择产品,使本应根据机构区位、类型、规模、风险等因素形成的利率溢价机制受到歪曲。

第二节 网络贷款市场

一、网络贷款的定义及意义

(一)网络贷款的定义

网络贷款是指借助电子商务网络平台实现借贷双方的信息对接并完成交易的借贷模式。它是民间借贷的网络版,网站作为中介平台为资金提供方和需求方提供信息匹配,并对其身份及交易信息的真实性进行审查。

(二)网络贷款业务的意义

1. 通过网络获取客户

贷款产品及传递的信息在网络上能够获得大量的受众群体,最大限度地定位目标客户,进行产品销售。

2.降低经营成本

网络贷款利用信息系统处理贷前调查、贷款审查和贷后管理,将大量的产品业务流程线上化和自动化,可以大大减少重复性的人工处理工作,节省人力成本,同时也缩短了业务办理时间,降低了经营成本,让利客户。

3.积累业务数据

通过网络办理的贷款业务,所有的客户信息和贷款信息将以电子数据的形式存储在信息系统中,贷款机构利用这些数据可以进行客户偏好分析、利率敏感性分析、评级模型调整等工作,提高贷款机构的信贷工作水平。

二、网络贷款的模式及特点

网络贷款按照投资主体背景性质不同可分为银行系、风投系、上市公司系、民营系和国资系网贷平台。按照产品端、投资端、借款端的运营情况可分为纯中介、债权转让、O2O等7种模式(见表12-1)。其中纯中介模式风险最高;债权转让模式平台往往利用理财、债权打包转让、虚假项目融资以建立资金池,再向借款人借款,易于引发诈骗、非法集资、挪用资金等违法犯罪行为;担保抵押模式主要引入第三方担保或采用借款人抵押降低风险,利率相对较低,平台对整个融资影响比较强;O2O模式是由小贷公司或担保公司审核推荐客户;P2B模式是企业向众多个人融资,有担保和反担保,但单笔金额大,一旦借款企业出问题,担保公司往往无力代偿;混合模式兼有前5种模式的特点;P2F模式本质上为传统银行、保险等金融机构产品的网络化,属于传统金融机构通过网络理财开展融资活动,风险管控能力优于一般的融资平台。

表12-1 我国网络借贷平台模式分类情况

序号	类型	主要特点	主要问题	典型代表
1	纯中介模式	平台为信息中介,承担运营管理职能,投资方自主决策,自担风险	金额小,高风险	拍拍贷
2	债权转让模式	平台放贷,债权转让给投资者,平台具有债务人和债权人双重身份,资金汇集能力强	易以理财、债权转让等方式掩盖恶性诈骗、非法集资	凤凰金融、宜信理财
3	担保抵押模式	引入第三方担保,或借款人提供抵押,风险低	利息低、吸引力不足,强势平台影响利率定价	陆金所
4	O2O模式	平台接受小贷公司或担保公司审核推荐的客户,双方均承担风险	风控流程人为割裂,存在为业务扩张放松风险管控等问题	互利网
5	P2B模式	个人向企业发放贷款,担保公司担保或企业反担保,平台负责风控管理,专业能力强	单笔金额高,出问题时,担保公司也可能无力代偿	积木盒子
6	混合模式	产品端、投资端、借款端具有多种模式的特点	兼有前5种模式的特点	人人贷
7	P2F模式	个人对银行、证券、保险等金融机构融资,具有信用高、风险低、收益稳定、流动性高等特点	传统金融的手段创新,收益稳定,竞争力相对不足	(暂无)

> **专栏**
>
> **我国网络借贷行业发展历程**
>
> 　　2007年网络借贷正式进入中国，网络借贷在中国已经发展了十多年，无论是交易规模还是网贷平台数量、参与人数等均大幅提升，但从目前整体情况来看，我国网贷行业依然问题重重，行业的发展历程划分为三个小阶段。
> 　　第一阶段是2007年至2011年的初始探索阶段。2007年网络借贷正式进入中国，由于是新生事物，网贷行业市场认可度较低，网贷平台数量和交易规模都处于较低水平。此外，此阶段的网络借贷多仿照国外的信用借款，但是我国的个人征信体系尚不健全，网贷平台对借款人的风控主要集中在线上审核，一旦出现借款人违约就会对投资者的利益造成损害，网贷平台很容易出现挤兑、跑路现象。
> 　　第二阶段是2011年至2014年的高速扩张阶段。2012年3月平安系网贷平台陆金所上线，给网贷市场注入了信心与活力，随之而来的是2013年网贷市场爆发式增长，网贷平台遍地开花，交易规模成倍增长。2014年3月政府工作报告鼓励网络金融健康发展，在政策上给予网贷平台大力支持，随后各路资本纷纷进军网贷市场，网贷平台不乏国有企业、银行、上市公司、风投公司等背景，市场竞争更加激烈。该阶段网贷平台和交易规模都经历了高速的扩张，但是行业问题日渐凸显。
> 　　第三阶段是2014年至今的政策频发、监管力度加大以及行业加速洗牌阶段。2014年底美国的网贷平台Lending Club在纽约交易所上市，表明国际资本市场对网贷行业的认可。2015年7月央行等十部门下发《关于促进网络金融健康发展的指导意见》，明确网贷平台由银监会①监管，并且确定网贷平台的定位为信息中介。2015年9月国务院印发《关于加快构建大众创业万众创新支撑平台的指导意见》，鼓励网络企业设立网贷平台。宜人贷赴美上市以及PPmoney借壳挂牌新三板，为我国网贷平台登陆资本市场开启了先河。2015年12月28日，《网络借贷信息中介机构业务活动管理暂行办法（征求意见稿）》正式出台，监管政策落地，网贷行业进入规范化发展的道路。在该阶段，一方面国家政策频发，鼓励积极发展网络金融，导致网贷平台的数量进一步激增，网贷行业的交易规模也大幅上升，市场规模达到万亿；另一方面监管力度加大，同时行业竞争更加激烈，行业正在面临洗牌。

　　按照网贷平台交易方式，网络借贷模式可以分为五种：
　　（1）线下交易型：平台只提供相关信息。网贷平台与借款人签订合同，然后以债权转让的方式全部转让给贷款人。因此，网贷平台实际上将贷款转化为债券，作为第三方联系借贷当事人。网贷平台还会根据借款人的收支情况评定信用等级，并根据每一个信用等级确定相应的贷款范围与贷款利率。网贷平台的风险控制措施由信用等级审查与风险控制措施组成，借款人需要每月定期还本付息，具体数额由网贷平台结合实际情况确定。网贷平台还专门设置了催收部门，专门负责追踪借款人的还款能力。此类网络借贷平台交易费用有管理费、服务费、其他费用。
　　（2）线上交易型：平台是单纯中介。借款人发布贷款需求信息，确定贷款利率范围。贷款人根据本人的实际情况，可选择一个或多个贷款需求信息进行投标。每个借款人的借款基本上都由数个贷款人的出借资金组成。网贷平台实时跟踪每个借款需求的完成程度。借款到

---

① 银监会与保监会于2018年合并为银保监会。

期后，如果出借金额超过借款人预期的借款数额，系统会自动选择贷款利息最低的贷款人作为中标者。网贷平台对借款人的个人信息与信用状况进行审查，要求借款人必须定期每月还本付息，恶意借款人将被拉入"黑名单"。贷款人的同一笔资金会被分散为多个投资，以降低投资风险。平台从借款人的借款中抽取1%～5%作为服务费。

（3）线下到线上型：平台是复合中介。网贷平台根据借款人的财务状况确定信用等级，并同时采用线上线下双轨审查的方式，确保评审结果的真实性。后由借款人放标，贷款人竞标，系统以一定的规则自动匹配信息，并成立借贷合同。网贷平台必须线下进一步审查借款人的财务状况后方可放贷。当借贷合同生效时，网贷平台旗下的担保公司作为连带责任人保障贷款人的合法权益。平台根据借款人的资质收取8%～10%的借款利息作为出借人费用。

（4）线上到线下型：平台是复合中介。借款人在注册后，网贷平台根据借款人的信息确定信用等级。借款人可生成借款列表，等待贷款人投标。贷款人同样将自己的资金划分为数量不等的若干份，出借给数个借款人以减少可能产生的损失。网贷平台有个人的担保公司，如果贷款人在约定的期限内没有收到本金与利息，担保公司垫付本金后代为追偿。因此，网贷平台实际上以个人担保的方式保障了贷款人的权益，借款审核更为谨慎，以降低未知风险。平台按月收取借款人的资金管理费、现场考察费用，收取贷款人担保费和投标管理费，此外还收取部分VIP会员费。

（5）公益型：借款人首先在网贷平台申请贷款，网贷平台向贷款人提供借款需求，贷款人以一定金额作为单位出借资金，借款人获得借款。网贷平台匹配借贷需求信息，并将贷款人的资金划分为多份出借给多个借款人，以降低贷款人逾期不能收回本金利息的风险。平台同时向借款人与贷款人收取服务费。

三、网络贷款风险

（一）风险种类

1. 合规风险

网络贷款行业的发展差异较大，发展初期的行业准入门槛较低，诸多公司涉足网络借贷行业，一些公司通过引入风险准备金制度、第三方担保等风控机制，实现了健康平稳的发展；而另一些公司成立之初就以欺诈为目的，最后以"跑路"结束，还有部分平台为了吸引投资者，在宣传过程中夸大收益，弱化风险提示，以此诱导消费者盲目投资。

2. 信用风险

网贷行业的健康发展离不开基础措施的支持，比如法律基础、征信体系等。目前我国仍缺乏这些基础措施。直到2015年底，银监会连同多部门研究起草了《网络借贷信息中介机构业务活动管理暂行办法（征求意见稿）》，我国才有了正式的监管法律。此外，我国征信体系的不完善也使行业面临较高的信用风险。我国商业银行的支付清算体系基本上不支持网贷企业的运作模式，平台无法在商业银行开设托管账户，普遍使用第三方支付账户进行资金清算，银行和监管体系难以形成有效监督，使客户资金风险进一步增加。

3. 市场风险

前期监管的缺失使网贷行业出现同质化的增长，一些不法平台打着网络金融的旗号进行欺诈，大量问题平台的曝光引起消费者对于行业的恐慌并出现挤兑现象，行业里的正规经营平台也受到冲击，由此引发整体性市场风险。

(二) 风险产生的原因

1. 全社会数据应用不成熟

网络贷款业务的发展与贷款机构自身掌握的数据以及外部可利用的数据密切相关，贷款机构可以利用的数据越充分，网络贷款业务的发展将越成熟。其中目前已成熟应用的数据主要包括：① 贷款机构自身掌握的客户数据，包括客户的身份信息、金融资产情况等；② 数据收集机构提供的外部数据源，如征信机构；③ 贷款人及其行业相关主体向贷款机构提供的业务数据，包括供应链核心企业提供的订单数据、电子商务平台提供的交易数据等。

暂时无法成熟应用的数据主要包括：贷款人的个人婚姻及家庭状况、贷款人的整体财务状况、贷款人的个人健康情况等。

2. 风险控制技术不成熟

网络贷款业务与传统贷款业务有较大差别，两者的不同点包括身份识别的方式不同、可收集到的贷款人的资料不同等。在传统贷款业务中，贷款机构主要通过收集贷款人的财务资料，办理固定资产抵押等方式控制贷款风险，而网络贷款业务的风险控制方式与传统贷款业务截然不同。

第一，网络贷款业务与传统贷款业务收集数据的内容不同。网络贷款业务是通过对贷款机构容易迅速获得的数据进行加工和处理从而实现风险控制，而这些数据与传统贷款业务的可收集的资料并不相同，这就需要贷款机构建立更加适合网络贷款的授信评审模型，以指导网络贷款的风险评估、定价等工作。

第二，网络贷款业务与传统贷款业务的担保模式不同。传统贷款业务常常采用实物资产抵押的担保手段，而网络贷款业务暂时很难利用实物资产办理抵押登记，常常采用虚拟商户资产或客户信用的担保方式。

因此，贷款机构需要根据行业发展情况和自身发展特点逐步完善网络贷款的风险控制技术，但现阶段各网络贷款平台并没有足够的技术支持网络贷款的发展。

四、网络贷款的发展方向

(一) 线上线下相结合模式向纯线上模式发展

目前大部分的贷款业务无法完全实现线上化，主要原因在于可利用的客户数据较少，且贷款风险的控制依然需要利用抵质押物、担保等方式进行，贷款机构无法在线上完成所有贷款业务的流程。而随着网络以及社会开放程度的提高，贷款机构可以利用的数据逐步增加，贷款环节将会逐步向完全线上化和自动化的模式发展。

(二) 简单产品向复杂产品发展

贷款机构现有的客户评级体系主要基于客户的全方位信息，包括婚姻状况、财务状况等，而要充分了解客户的全方位信息需要客户经理进行深入的调查。在贷款产品从线下转移到线上的过程中，初始阶段可利用的信息较少，贷款机构只能从简单的、处理流程较短的贷款产品入手。随着可利用数据的逐步丰富，贷款技术的成熟，可以推出更加多样化的、较为复杂的贷款产品。

(三) 小额、高利率贷款向大额、低利率贷款发展

在网络贷款发展的初始阶段,由于贷款技术并不成熟,贷款机构倾向于以发放小额的、高利率的贷款产品以分散贷款风险,而随着网络贷款技术和社会经济环境的逐步完善,将会有越来越多的风险敞口可以被覆盖,贷款的金额将会逐步上升,利率也将逐渐下降。

■ 扩展阅读

网贷平台的借贷流程

网贷市场的发展为中国个人和中小企业的融资需求提供了一个新选择。网络借贷成为解决中国部分个人和小微企业融资难的一个有益探索。

在中国网贷市场中,绝大部分网贷平台的交易过程比较类似。不同平台受到利率定价机制、投资流程等因素的干扰相对较小。网贷交易主要分为以下三个阶段。

一是借款申请和审核阶段。借款人向网贷平台提交借款申请。网贷平台对借款申请进行审核后,选择合格的借款申请,并设定支付给投资者的利率。在此之后,网贷平台会将关于借款的相关信息(例如,利率、期限、金额以及借款人的信息)发布到平台的网站上供投资者选择。这种可供选择的借款申请通常被称为借款标。

二是投资阶段。投资者在网贷平台上注册为会员,并向网贷平台开设的存管账户中存入资金后,可以向网站上所有开放投资的借款标投资。如果在一定期限内,借款标获得的投资金额始终没有达到申请金额,网贷平台将取消借款标,并且将资金返还给投资者。如果获得的投资金额达到借款金额,在借款标通过平台终审后,网贷平台将把投资者的资金转到借款人的账户。

三是还款阶段。当借款人还款时,网贷平台将收集借款人偿还的本息,并支付给投资者。在中国,绝大多数网贷平台会对平台的借款提供担保。只要网贷平台仍然正常营业,网贷平台制定的利率基本接近投资者实际获得的收益率,单个借款人的违约对投资收益的影响程度相对较小。可以说,平台风险是网贷投资者面临的主要风险,那么,识别平台风险就是避免网贷投资风险的必需功课。然而,在中国的网贷市场上,网贷平台和投资者之间存在着严重的信息不对称,很长一段时间内网贷平台的信息披露没有受到相应监管。即使平台进行一定的信息披露(比如运营模式、风控手段、借款人的个人信息等),这些信息通常也难以验证。此外,中国网贷投资者绝大部分为个人投资者,未必能够理解网贷平台披露的各种信息,事后也没有有效的手段监督网贷平台。

资料来源:向虹宇,王正位,江静琳,等. 网贷平台的利率究竟代表了什么?[J]. 经济研究,2019(5):47-62.

■ 本章小结

1. 网络存款是"网络+银行存款"的金融创新模式,主要指传统的商业银行,借助网络金融平台推出的存款产品,商业银行需要向网络金融平台支付相应的手续费用。
2. 网络存款具有开放性、异地性、收益敏感性、便捷性的特点。

3. 网络存款存在的风险：流动性风险、技术风险、市场风险、法律合规风险、道德风险。
4. 网络贷款是指借助电子商务网络平台实现借贷双方的信息对接并完成交易的借贷模式。
5. 按照网贷平台交易方式，网络借贷模式可以分为：线下交易型、线上交易型、线下到线上型、线上到线下型、公益型。
6. 网络贷款风险的种类：合规风险、信用风险、市场风险。

■ 关键概念

网络存款　　　　存款保险制度　　　　高息揽储　　　　网络借贷

■ 复习思考题

1. 网络存款、网络贷款的具体内涵是指什么？
2. 网络存款的特点及主要风险有哪些？
3. 网络贷款市场与传统贷款市场的区别有哪些？
4. 不同网络借贷模式的特点以及区别有哪些？
5. 网络贷款市场的未来发展趋势是什么？
6. 简述网络贷款的风险及原因。
7. 监管部门的严监管对网络存贷市场有哪些影响？

■ 本章实训

网络存贷市场环境分析

一、实训目的

1. 掌握网络存贷市场的相关概念及其特征。
2. 训练学生收集资料、阅读和整理文献的能力。
3. 结合相关资料说明现阶段我国网络存贷市场环境。
4. 训练学生理论联系实际解决问题的能力。

二、实训要求

通过专业数据库查找资料，了解我国网络存款产品以及网络贷款平台的特点。结合监管部门对网络存贷市场展开的一系列监管措施，思考我国网络存贷市场的突出问题以及今后的发展方向。

三、实训组织

1. 指导教师布置实训项目，要求学生认真查阅并收集我国网络存款市场发展历史、面临的问题、产生问题的原因并提出相应的对策。
2. 将学生划分为若干小组，并指定组长负责对实训项目进行详细的任务分解和责任落实。

区块链供应链金融

■ **本章提要**

本章首先探讨了供应链金融的相关概念与理论基础,其次介绍了区块链与供应链金融融合发展的必要性与融合原理等,区块链技术在供应链金融发展平台技术、主要模式、优势、障碍及遇到的风险,最后介绍了区块链技术供应链金融的解决方案。

■ **学习目标**

掌握供应链金融的基本概念及理论基础;了解区块链供应链金融的技术与主要模式、特点;了解区块链技术在供应链金融方面应用的相关知识。

■ **引导案例**

钱香金融和布比供应链金融的战略合作

2016年,互联网金融平台钱香金融与区块链技术服务商布比(北京)网络科技有限公司(以下简称布比)在上海举行签约仪式,就双方采用布比区块链共同打造黄金珠宝终端供应链金融平台达成战略合作。

钱香金融是一家由上市公司、产业资本和创投基金联袂投资的,重度垂直于黄金珠宝终端资产的互联网理财平台。平台打通供应链企业进销存环节,以真实贸易为基础,把控供应链物流、资金流和信息流,通过集采实现借钱给货,帮助产业链终端企业降低成本,提高效率,从而为广大互联网理财用户提供安全优质的金融资产。钱香和布比结成战略伙伴关系引入区块链技术,根据区块链的方式由单点变为多点记账来取代中央式的管理机制,极大便利了理财者直接核实标的物的真实性,同时也方便了监管。除了在信息披露方面的作用之外,区块链还为理财平台提供了银行存托管之外的可以增信的选项。此次钱香金融和布比区块链的战略合作成为国内首个区块链供应链金融的应用案例，为行业打造普惠金融和供应链金融提供了范例。

■ 本章知识框架图

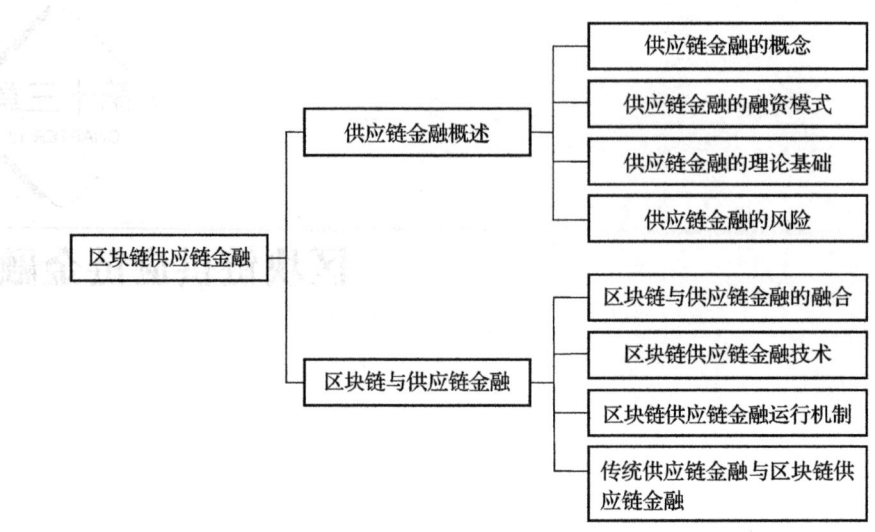

第一节　供应链金融概述

区块链技术加速赋能金融创新，并在供应链金融领域得到广泛应用。供应链金融长期面临"虚假抵押""一货多押"等恶意骗贷的困扰。由于货物抵押品在供应链上动态流转的过程中涉及环节众多，银行核验交易背景真实性、货物计量的准确性均面临着信息不对称的挑战，难以防范企业骗贷的道德风险。

金融机构依托基于区块链（联盟链）技术的金融监管仓，可以有效解决货物监管不力的问题。供应链上的企业、运营方、金融机构等参与方将各自的业务系统统一接入区块链技术平台，企业将运单、存货等数据加密后写入区块。区块链的共识机制、智能合约等技术手段，可以确保上链信息不可窜改，为银行核验供应链交易背景的真实性提供可靠溯源。同时确保了抵押品所有权的唯一，避免一家企业将一笔货物重复抵押，套取银行资金。

一、供应链金融的概念

供应链金融是银行等金融机构为企业提供金融服务的一种模式，该模式以真实贸易背景为前提，以核心企业与上下游企业的合作关系为依托，通过企业之间形成的存货质押、应收账款等封闭资金流或控制物权，为企业提供融资等金融服务。供应链金融的参与主体众多，涉及核心企业、上下游企业、第三方物流公司等。银行正是基于参与主体众多的特点，通过核心企业为其上下游企业提供贷款、资金管理等服务，打造了银行与链上企业合作发展、互利共赢的生态格局。供应链金融的优势在于，多方参与主体建立的生态格局，解决了供应链金融中资金流、信息流、商流、物流"四流合一"难的问题，如图 13-1 所示，银行通过该模式将单个企业的违约风险内部化，为整个供应链进行风险防控。

与传统信贷业务不同，供应链金融业务开展授信的依据主要是融资企业的非现金流动资产。这种封闭式的自偿性融资方式，通过借助核心企业的供销渠道、信用担保等，为供应链中处于弱势的中小企业提供发展所需的资金，盘活了中小企业的非现金流动资产，提高了整条供应链的运作效率。

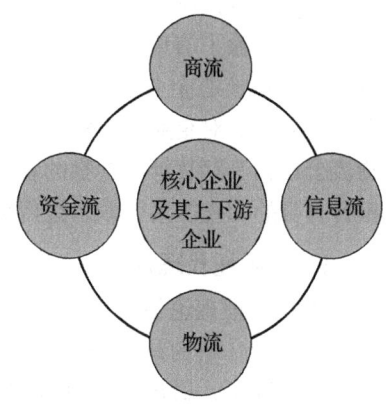

图 13-1 供应链金融的"四流合一"

二、供应链金融的融资模式

以企业的生产经营过程为主线，企业资金缺口的来源主要有采购、生产、销售三个阶段。由于非现金资产在不同阶段的表现形式各有差异，可以划分为预付账款、存货、应收账款三种，并延伸出供应链金融的三种融资模式。

（一）预付账款融资模式

采购阶段形成预付账款。在这种模式中，卖方企业往往比较强势，对买方企业提出尽早支付货款的要求。银行将买方企业未来收到存货的销售收入作为还款来源，通过仓单质押的方式为买方企业提供贷款融资。由于银行可以控制买方企业的提货权，从而可以在一定程度上对违约风险加以防控。在这一过程中，买方企业并未受在供应链中弱势地位的影响，仍然可以获得融资便利，灵活地进行付款与提货，缓解了全额付款的压力。

（二）存货融资模式

生产阶段形成存货。企业在销售过程中由于各种原因造成库存积压，而又急需资金，往往将现有存货质押给银行，从而较易通过银行的审批获得授信。银行为方便集中管理，将存货的监管权交给第三方物流公司，该公司代为储存与看管存货等质押物。在这一过程中，融资企业可以有效降低资金的占用成本和使用成本，提高了库存商品的流动性。

（三）应收账款融资模式

销售阶段形成应收账款。由于较强实力的买方企业延长货款支付的时间，卖方企业在急需资金的情况下，以买卖双方签订合同中的应收账款为基础，将应收账款单据转让给银行获得融资等服务，同时买方企业对银行做出付款承诺，到期由买方企业将款项支付给银行。在这一过程中，卖方企业通过债权的转移提前获得销售回款，缩短了生产周期。

三、供应链金融的理论基础

（一）信息不对称理论

信息不对称是指参与某项交易的各方主体对所有相关信息的掌握程度不同，从而导致各方主体在交易中的地位产生优劣势之分。在交易发生前后都存在信息不对称的情况，分为事前信息不对称和事后信息不对称两种，与其对应的研究模型分别为逆向选择与道德风险。

传统供应链上中小企业融资难的原因之一在于信号传递不通畅而导致的信息不对称，尽管银行在开展供应链金融业务时凭借核心企业的信用为其上下游企业提供资金，但并不意味着已经完全消除了信息不对称问题。在贷前调查环节，除融资企业的生产经营及财务情况外，银行还需要对核心企业、整条供应链的运营情况等调查与核实。在银行与融资企业达成协议以后，一方面要对企业关于资金的用途是否符合要求进行实时跟踪与监控；另一方面要对第三方物流公司关于存货等质押物的管理是否尽职进行监管。在整个过程中，大部分交易信息来源于银行自身的调查搜集获取，银行仍然处于信息劣势一方，这使供应链金融业务的发展受限。

（二）委托代理理论

委托代理理论最初由伯利和米恩斯针对公司治理中的问题提出，该理论以非对称信息博弈论为基础，指的是在委托代理关系中，由于双方的利益存在差别，代理人可能在不受完全监督的情况下，做出符合自身利益最大化而非委托人利益最大化的决策，从而给委托人带来利益损失的风险。

由于供应链金融具有主体多元的特点，在供应链金融业务中存在多重委托代理关系。以银行为研究主体，一是银行与核心企业之间。银行以核心企业对融资企业的担保为基础确定授信，也就是银行通过核心企业提供的数据、交易记录等，建立信任关系，但核心企业可能会隐瞒融资企业交易的稳定性；二是银行与第三方物流公司之间，由于第三方物流公司在物流、运输仓储等方面占有先天优势，银行为实现对存货等质押物的控制以及降低管理成本，通常委托第三方物流公司负责存货等质押物的监管。但第三方物流公司不尽职监管或与融资企业合谋，将给银行带来信贷损失的风险。引入区块链技术后所有信息由各方确认后公开可视，历史信息可被追溯，这对核心企业、第三方物流公司等形成了无形监管。

（三）交易成本理论

交易成本是指用以度量为实现某一交易所付出的信息搜寻、谈判与实施监督等方面的成本总和。现在交易成本可细分为搜寻成本、谈判成本、签约成本、信息成本、监督成本和违约成本六类。

供应链金融的交易过程主要涉及四种成本：一是搜寻成本。银行在对供应链上的企业提供融资前，需要对融资企业、核心企业及其所在的整条供应链的运行状况、真实性进行调研，花费的人力成本和时间成本相对较高，而"区块链+供应链金融"模式通过上链时的各种信息认证，免去了银行对于部分信息的调查，降低了搜寻成本；二是谈判成本。在供应链金融业务中，银行出于风控的考虑，对于需要融资的上下游企业，往往要求核心企业做出信用担保，增加贷款企业通过审核的概率，"区块链+供应链金融"模式下的程序相对以往简单，谈判成本降低；三是签约成本。利用区块链技术搭建的线上供应链金融平台，融资企业线上提出申请，银行线上审核，电子化交易缩短了业务办理时间，效率提高，签约成本降低；四是监督成本，基于区块链技术的线上供应链金融模式，通过共享共识机制，可以有效解决信息不对称问题，银行可以线上实时了解企业之间的交易以及第三方物流信息，免去了传统风险控制中的人工监督成本。

（四）自偿性贸易融资理论

自偿性贸易融资理论以自偿性为主要特征，指的是企业以未来的现金流为保证向银行申请贷款的行为。在这种模式下，银行为企业提供的短期融资或封闭贷款均通过物流、资金流或是第三方的连带责任控制风险，原本不符合借款资质的企业可以因此获得融资，融资效率提升。自偿性贸易融资的主体包括银行、核心企业及其上下游企业等。

自偿性贸易融资具有以下特点：一是注重交易背景的真实性。与传统信贷业务不同，银行依据每笔业务授信。由于融资企业的还款来源是未来特定交易产生的现金流，如果贸易信息虚假，容易产生企业骗贷事件，因此自偿性贸易融资更注重交易背景的真实性；二是融资企业信用得以提高。通过将上下游企业与核心企业看作一个整体并实行连带责任，或者通过控制存货等质押物对中小企业增信，都可以提高融资企业的信用资质；三是资金的专款专用。银行可以对单据流向进行控制或者对贷款流程进行封闭式管理，进而达到融资企业的资金封闭式运作，避免了融资企业挪作他用带来的道德风险和无法按时还款的违约风险。

专栏

供应链金融的发展历程

供应链金融是随着经济的发展，特别是产业链的发展而形成的一种具有很强创新性的金融模式。现代意义上的供应链金融产业链出现于19世纪，之后，经过上百年的发展，供应链金融在西方发达国家走向成熟。2001年美国出现了物流公司收购银行的情况，供应链金融服务的规模可见一斑。

在我国，由于市场经济、产业链不发达，供应链金融出现得非常晚，直到2005年我国银行系统才开展了供应链融资业务。

深圳发展银行从供应链中的大型物流企业切入，与国内三大物流企业签署战略合作协议，实施国内首个商业银行供应链金融项目。在具体的业务开展中，深圳发展银行直接与各大物流公司对接，各大物流公司协助供应链上的企业进行贷款。短短一年多时间，深圳发展银行开出了2 500亿元的授信额度，数百家企业获得了贷款，不良贷款率仅有0.57%。供应链金融业务为深圳发展银行贡献了25%的利润总额。

中国银行作为面向进出口金融服务的商业银行，基于国际供应链的视野，推出了"供应商融资项目"以及面向所有进出口企业的供应链金融服务。

2016年2月，中国人民银行公开发文，支持大力发展应收账款融资，探索推进实体产业与金融机构通过供应链金融对接融合。供应链金融的规模不断扩大，2017年工商银行供应链金融贷款总额达到8 000亿元。从涉及的行业来看，供应链金融已经扩展到船舶、化工、煤炭、农业、电力设备等行业。

现阶段供应链金融发展呈现出以下特点：

（1）供应链金融服务的相对规模不大，金融机构供应链金融放贷参与多。

（2）供应链金融发展不平衡，包括地域不平衡和行业不平衡。经济发达的沿海地区供应链金融发展较好，中西部地区供应链金融发展滞后。供应链运行机制良好的行业供应链金融发展较好，供应链运行机制不畅的行业供应链金融发展滞后。

（3）供应链金融互联网化的趋势明显。供应链金融的运作效率更高，同时供应链金融也需要区块链等技术的植入。

四、供应链金融的风险

（一）信用风险

信用风险，即违约风险，指的是债务人不能按时还款而给债权人带来损失的风险。供应链中各个环节的企业都存在违约偿付的可能,但由于核心企业实力较强,违约风险多来源于上下游企业。尽管三种融资模式中均有相应的单据或存货做抵押,甚至有第三方物流公司对质押物进行监管,但这并未改善企业的经营管理能力和财务状况,借款企业的偿付能力和履约信用水平并不能得到保证。

信用风险的来源主要分为两类,一类属于外生原因,比如自然灾害、市场的不确定性等,这些都不可避免;另一类属于内生原因,是银行控制信用风险的关键点。一是由于企业综合实力不强,管理水平、财务状况、经营稳定性欠佳,因而抗风险能力差,发生意外时不能及时做出调整,导致偿债能力减弱;二是由于信息不对称造成的,银行在给企业发放贷款时,要考虑其所在的整条供应链的运营状况以及各企业之间的关系,但是这不能排除供应链建立时有信用不达标、实力不足的企业加入。另外,供应链上信息流传递到银行可能会发生延迟或改变,导致银行对企业的情况不能及时掌握,信用风险发生的概率增加。在某些情况下,需要从合规性、预付及应收账款项对应交易背景的完备性角度考虑。

(二) 道德风险

道德风险发生在交易之后,通常指的是交易主体在未受其他交易主体或系统完全监督的情况下,做出符合自身利益最大化的决策,而可能给其他交易主体带来利益损失的风险,这主要是由于交易过程中的信息不对称造成的。由于涉及多个参与主体,供应链金融业务在开展过程中的各个环节,涉及的各企业和个人可能存在为自身牟取不正当利益进行单证造假、多个环节串通骗贷、与银行内部工作人员勾结等道德风险。

(三) 操作风险

操作风险来源于业务开展流程中存在漏洞、工作人员的故意或无意过失以及外部事件的发生等。银行开展供应链金融业务的过程主要涉及五个环节,每个环节都有可能存在风险。在信用调查环节,银行工作人员依据自身的专业能力对交易对手、核心企业的信用、应收及预付账款的真实性与完备性等相关资料进行审查,其结果是否全面与正确、质量是否达标都有待考量;在贷款审批环节,审批人员可能存在参与的透明度问题,即可能存在内部欺诈或人员舞弊的问题,审批流程可能存在不合理之处;在贷款发放环节,操作人员处理工作是否及时、贷款数额是否正确等都需要关注;在贷后管理阶段,由于三种融资模式都是抵押或质押贷款,为方便集中管理,银行往往与第三方物流公司合作将监管权外包,这样做的缺陷在于银行很难及时掌握质押物的交易信息。另外,第三方物流公司监管不当导致质押物价值损失、与供应链企业串通伪造入库凭证、擅自提取质押物等都会给银行造成损失;在贷款回收环节,主要风险来自银行工作人员催收是否及时,款项是否全额入账。

第二节 区块链与供应链金融

一、区块链与供应链金融的融合

(一) 供应链金融本身发展的需要

供应链金融本质是建立在核心企业隐形背书和客户信息真实性基础上的贷款"批发",能够降低金融机构的风险。对企业来说则是对供应链上企业资源的整体优化,以低成本、高效率获得企业融资。目前我国供应链金融的相对额度不大，还有广阔的发展前景。未来，供应链金融的发展一方面表现为金融业务的发展，另一方面表现为产业端的融合。但是供应链金融的发展也会面临很多问题，困扰着供应链金融的各参与方，影响其发展质量。

第一，供应链金融跨度较大，面临诸多的信息不对称。一般的供应链金融都会涉及几十个、几百个企业。金融机构很难做到准确掌握产业供应链中的物流、信息流和资金流。对于金融机构来说，信息不对称是"致命杀手"，并且存在的范围非常广。

第二，我国供应链金融的有关法律还不完善。比如，库存商品等流动资产质押还存在出现法律纠纷的可能性，供应链金融业务中的多种委托代理关系也需要法律加以规范。我国社会信用体系建设不完善，增加了供应链金融业务的运作风险。对运作风险的把控是银行和供应链上核心企业需要共同面对的棘手问题，这些问题的集中反映就是不良贷款的发生。区块链技术参与到供应链金融后，由于其系统性和储存数据的不可更改性，可以在很大程度上实现银企之间的信息对称。

（二）提升企业融资效能的需要

在传统的产业供应链中，供应链上的企业向金融机构申请贷款，虽然时间相对较短，但一般也需要1～3个月，主要原因是金融机构要多方面核实企业信息。引入区块链以后，金融机构可以很容易地从区块链上调取贷款企业的各种真实信息，加速贷款的发放。区块链率先在供应链金融领域取得成功应用的主要原因在于供应链金融天然具有网络属性，一条供应链通常涵盖众多企业，且各个企业之间具有交易关联性，区块链有助于信息的交叉验证，解决了传统供应链金融在信息验证方面不易执行的问题。

> **专栏**
>
> ### 区块链技术在供应链金融中的应用案例
>
> 供应链金融是区块链最早涉足的领域，发起方包括核心企业（大型央企平台）、金融机构、初创型区块链企业等，主要是对原有金融系统的改良和升级。目前其发展还面临许多问题，如在技术上存在跨链的问题；在生态上存在对外开放度的问题；在普惠金融上，非核心的中小型企业面临话语权丧失的问题，具体如表13-1所示。
>
> **表13-1　金融服务典型案例汇总**
>
> | 企业名称 | 项目名称 | 项目简述 |
> | --- | --- | --- |
> | 中企云链 | 产业互联网+供应链金融服务平台 | 整合企业资源、金融资源、供应商资源，打造"N+N+N"的供应链金融模式。在平台上企业可以实现营销端、金融服务、综合资源、研发技术、后台支持等全方位的共享共通 |
> | 纸贵科技 | 京西信汇通 | 围绕京西保理产业生态的创新型支付结算与供应链融资平台。该平台以核心企业的应付账款为依托，以产业链各方之间的真实贸易为背景，基于区块链网络技术，实现了1至N级供应商的应收账款的灵活拆分、跨级流转和便捷融资 |
> | 度小满 | 教育消费贷 | 度小满创新地提出"区块链+安心计划"的场景贷模式，主要用在教育贷业务线 |
> | 壹账通 | eTradeConnect 国际贸易融资网络 | 在eTradeConnect网络中，企业可将相关业务凭证如订单、发票等信息加密后上传到网络，系统对来自不同参与方的采购订单及发票自动对账，不仅可降低人为出错的可能，更可防范贸易欺诈风险 |
>
> 资料来源：何美章，尤美虹. 区块链技术在我国供应链金融领域的应用研究评述［J］. 物流工程与管理，2020，42（12）：3.

二、区块链供应链金融技术

（一）技术本质

供应链金融中区块链的工作，需要借助哈希值（Hash），哈希值可以把任意长度的输入字符串映射成一个固定长度输出，即它可以经过压缩映射将任意长度的数据信息转换成某个固定长度数据的函数。用公式表示为 Hash $(x) = y$，此函数是单向函数，只能由 x 确定 y 的数值，反过来试图通过 y 找到对应的 x 却很难。假如我们用"||"表示拼接，用 A、B、C 表示三个顺序排列的数据块，则用哈希链函数可以表示成以下形式：

$$h_0 = \text{Hash}(A)$$
$$h_1 = \text{Hash}(B \| h_0)$$
$$h_2 = \text{Hash}(C \| h_1)$$

h_1 和 h_2 是分别计算各自哈希值的首部，h_1 的哈希值以 h_0 为基础，再加上自身部分的数据块，h_2 的值又依赖于 h_1 的结果，也就是说，每一个哈希值的计算都依赖前一个系列的数据内容，由前者的值加上新的部分，按顺序一个接一个，得到最终结果形成哈希链。

区块链就相当于是由数据块串成的链条。在运用到供应链金融对信息数据进行处理时，函数添加额外要求，用变量 m_0、m_1、m_2 表示，就变形为：

$$h_0 = \text{Hash}(A \| m_0)$$
$$h_1 = \text{Hash}(B \| h_0 \| m_1)$$
$$h_2 = \text{Hash}(C \| h_1 \| m_2)$$

有了这些附加条件后，每一步的哈希值的计算变得更为复杂。因为此函数是单向函数，不能根据输出反推输入是什么内容。公式中的 A、B、C 给定，穷举各个 m 值使 h_0、h_1、h_2 包括后面一系列的哈希值均符合要求，依靠目前的技术难以实现。在应用到供应链金融业务中时，区块链技术就是通过这一原理来实现数据的不可逆转性。业务中的所有信息，后者以前者为依托，新信息在录入平台系统后，按照时间顺序记录在数据链的末端，区块链以特定形式对供应链金融中的信息予以储存与保护。

区块链是一条逻辑链，一个区块紧接下一个区块，每个区块包含了上一个区块的内容，假如有人对供应链金融平台系统任意一个区块的信息进行恶意窜改，该区块的哈希值就会发生变化，而下个区块包含了这个区块的内容，为了能让它依旧连上本区块，该区块也得修改。同理，紧接"下一个"区块后的诸多"下下个"区块都必须修改，这几乎是不可能完成的。

（二）非对称加密技术：公钥与私钥

在供应链金融业务的应用中，区块链技术采用非对称加密算法进一步保障数据安全。非对称加密就是供应链用户在"加密"和"解密"两个过程中分别使用两个密码钥匙，一个是公钥，另一个是私钥。公钥即加密用的密码，是所有用户在各自加密时用的密码，对链中所有交易者公开可见，所有人均可用自己的公钥加密信息。而私钥是解密用的密码，只有拥有相应信息的用户才知道这一密码，也唯有他才能解密并获取所需信息。除了在加密、解密时发挥作用，供应链用户可以用私钥对信息签名，即私钥签名；公钥验证签名，即公钥验证。

三、区块链供应链金融运行机制

区块链技术的供应链金融具体流程（以应收账款为例）如图 13-2 所示。首先，核心企业与供应商签订合同，核心企业确认收货后供应商向其开具发票，两者交易完成，核心企业对供应商产生应付账款。之后，一级供应商根据融资需求，向区块链供应链金融平台上传贸易交易合同、发票等信息，核心企业在平台上确认该供应商的应收账款。然后，供应商授权银行查看相关文件存证，银行审核无误后根据贸易合同的应收账款金额，向核心企业发放应收账款形成的数字凭证（token，即代币）。核心企业收到该数字资产（代币）后，将代币结算给一级供应商。一级供应商将数字资产向银行申请融资或者拆分用于结算对二级供应商的应收债务。由于该数字资产对应的应收账款还未到期，一级供应商或者二至 N 级供应商向银行融资时，类似于票据贴现，银行扣掉相应的手续费后给供应商发放现金贷款。最后，应收账款到期时，核心企业还款，区块链供应链金融平台利用智能合约技术自动执行，核心企业根据一级供应商、二至 N 级供应商以及银行账上的数字凭证对应的金额进行还款。由于是到期给付，供应商和银行在平台上将数字凭证兑换成现金时并不需要类似票据贴现扣除手续费。

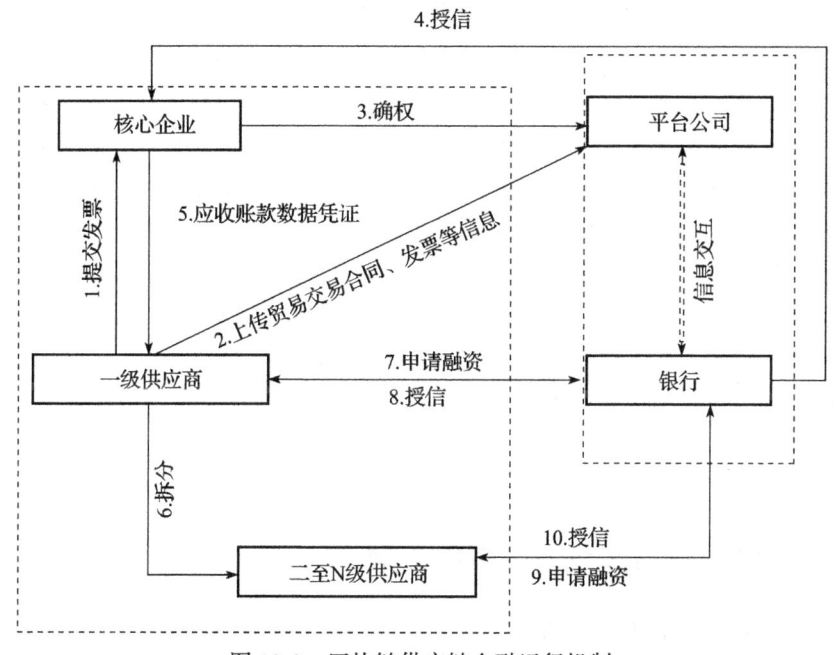

图 13-2 区块链供应链金融运行机制

> **专栏**
>
> ### 区块链供应链金融存货模式
>
> 仓单常用于大宗商品的交易，受到国家严格监管，因此仓单的登记和流转过程非常复杂，需要仓库、金融、监管等多家平台协作完成，其安全性和透明性至关重要。区块链技术应用于仓单业务，建立安全的运行模式，可有效解决票据造假问题，同时提高仓单流通效率。具体如图 13-3 所示。

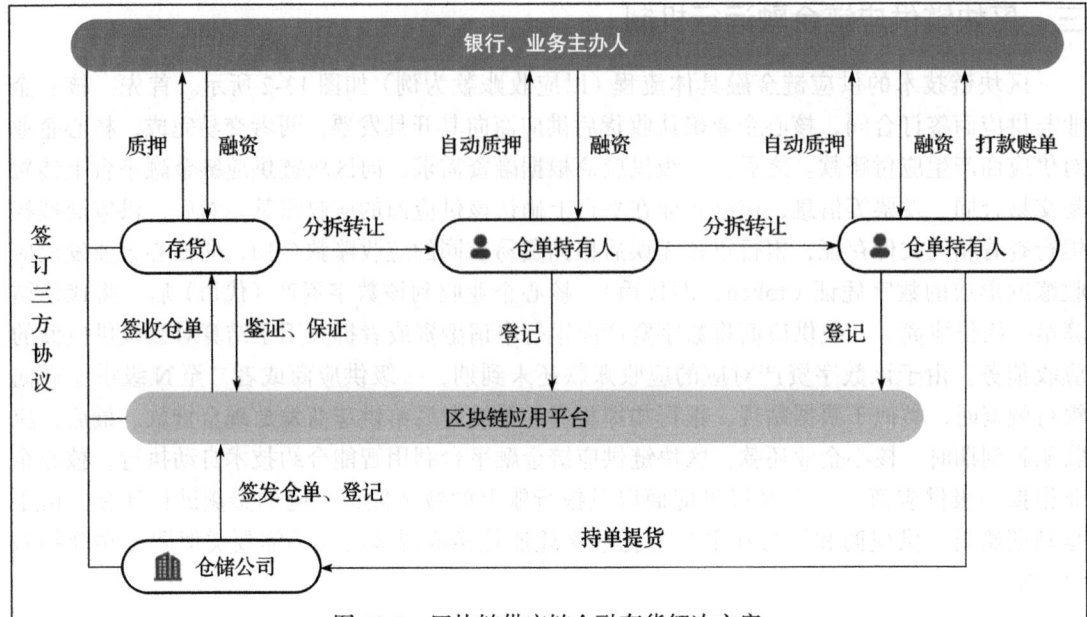

图 13-3　区块链供应链金融存货解决方案

银行推出基于区块链技术的仓单平台，在区块链仓单模式下，核心企业（仓储公司）与银行合作，为存货人和经销商提供货权质押融资服务，存货人基于入库货物签发区块链仓单，可在区块链应用平台上办理流通转让或质押融资等业务，也可以向仓储公司提取仓储货物。银行在此过程中提供资金监管、仓单质押、打款提货通知、融资等服务。平台帮助存货人盘活货权，解决融资难、融资贵问题，为不易变质的大宗商品、季节性商品提供高效安全的质押融资、交易流通服务，帮助核心企业形成稳定的销售体系和客户群体。区块链仓单平台方案在仓储监管方、银行和存货人的三方模式基础上增加了电子交易平台方，成为四方模式。仓单签发、融资、提款功能均在区块链应用平台完成。平台实行全生命周期管控，运用区块链技术记录仓单签发、转让、支付、融资、提货等各节点和状态，并同步至中心系统。

四、传统供应链金融与区块链供应链金融

（一）与传统供应链金融的区别

区块链供应链金融和传统供应链金融各有优势，究竟应当使用何种融资方式，取决于供应链上的上链企业数量和上链信息质量。当供应链的上链企业数量足够多，且上链信息质量较高时，区块链通过共识机制所揭示的企业相关信息才能更逼近于真实信息，此时区块链供应链金融优于传统供应链金融。反之，当上链企业数量较少或者上链信息的质量无法得到保证时，银行更适合通过传统的线下尽职调查方式防范风险。考虑到信息上链过程中无法确保源头信息的真实准确性，企业在信息上链前仍有可能通过策略性信息操纵手段对欺诈行为加以掩饰。在区块链供应链金融下，即使企业有欺诈意愿，欺诈后也很难掩饰。

区块链技术为供应链金融的应用发展提供了思路，分为四个方面：

（1）数据共享。区块链技术可通过分布式账本技术形成数据共享。供应链金融中的各级

供应商和经销商可以从传统的一对一业务模式转变为团队协同参与的模式,供应链更加透明化,最终实现快速共享应付账款数据和相关交易数据的目的。

(2)数据存证。区块链技术可以通过加密形成不可篡改的文档,通过协商机制和对参与者的联合确认避免对参与者的欺诈。同时,不可篡改的文档能够大大降低管理成本,通过区块链处理的账单和文档无须层层审查。在数据的多维交叉验证下,还可以进一步提高数据的可信度和企业信用评级。

(3)智能合约。智能合约是将所有参与方同意的债权关系写入区块链。当达成约定的条件后,智能合约条款将自动执行,具有自动性和强制性。根据智能合约的处理方式,资金可以在不受人为干预的情况下快速完成多个供应商之间的清算,取代了供应链中大量的人工审计和操作,有效避免了人为造成的错误和欺诈。

(4)价值转移。在目前区块链的应用场景中,一级供应商的应收账款需要逐一进行登记和确权,并以区块链作为支付凭证进行分割,这可以直接确保各级供应商均可得到信用背书,盘活资金池,提高全局供应链的融资效率。

(二)区块链供应链金融的优势

信用是金融的核心,供应链金融的关键在于信用在多个参与者之间的有效转移。

(1)对于企业的优势。对于企业来说,由于区块链分布式账本和加密存储的特点,多个参与方可以在保护数据隐私的前提下实现信息共享。通过将供应链上的平台、企业和物流仓库作为节点同步数据链,所有参与者利用分散的核算系统共享业务流、物流、资金流和信息流,并进行多次核对,打破数据孤岛。上下游企业、核心企业和金融机构可以在保护数据隐私的前提下打破信息壁垒,实现真正的交易渗透。同时,数据篡改难度大大增加,数据足够真实并实现了无纸化,区块链通过可移动电源的电子数据进行自动识别,减少了业务流程,提高了融资效率。区块链利用分布式总账和共识算法机制,推进建立供应链联盟,真实地记录所有交易信息。交易信息和数据在完整地上链保存之前,企业必须首先完成每个节点的验证和确认,最大化确保数据的真实性和完整性,避免后续产生不必要的争端。每个人在记录交易信息数据之前需要下载和阅读已有的账本记录,保证历史信息是单独存储在每个参与者的区块中的,这减少了数据被篡改的可能性,最终提高了信息共享的程度。

(2)对于供应商的优势。银行可以快速向供应商提供融资,应收账款的期限大大缩短。目前中小供应商的正常融资成本大约保持在12%~18%的水平甚至更高,区块链可以让其融资成本控制在10%以内,而且企业在平台上可以进行无限期拆分、控股和融资,提高业务效率和产业链业务黏性。核心企业打破原有的信息不对称,充分了解供应链网络,同时还释放了企业信用,盘活了应付账款,延长了付款日期,增加了现金流。

(3)对于金融机构的优势。金融机构可以解决核心企业、供应商和金融机构之间的信息不对称问题。所有的合同和账单都通过电子方式转移和存储,业务更加高效。数字签名使用区块链技术,可以有效控制道德风险。

◆ 专栏

区块链供应链金融房产物业模式

物业应收账款区块链业务,通过"应收账款+贷款"优化物业投放,该业务模式既能够有效降低风险资产消耗，提高综合收益，也能降低客户的融资成本和资产负债率，提升客户的资金周转效率。区块链物业模式下，经营性物业所有人（业主）及其交易对手基于真实租赁和贸易合同，在授信额度内通过应收账款区块链平台签发、承兑区块链应收账款。下游承租人、租赁公司可以基于租赁合同签发物业应收账款，缓解现金压力。业主收到物业应收账款后可用于向上游公司支付，提前盘活未来应收账款，还可转让给银行进行融资变现，有效缓解企业融资难、融资贵问题。上游公司、供应商等也可以签发物业应收账款，由业主进行保兑，在需要时，业主企业可以用经营性物业作抵押，向银行申请保兑，以未来经营性现金流偿还借款本息，有效盘活企业资产，解决融资与担保问题。具体如图13-4所示。

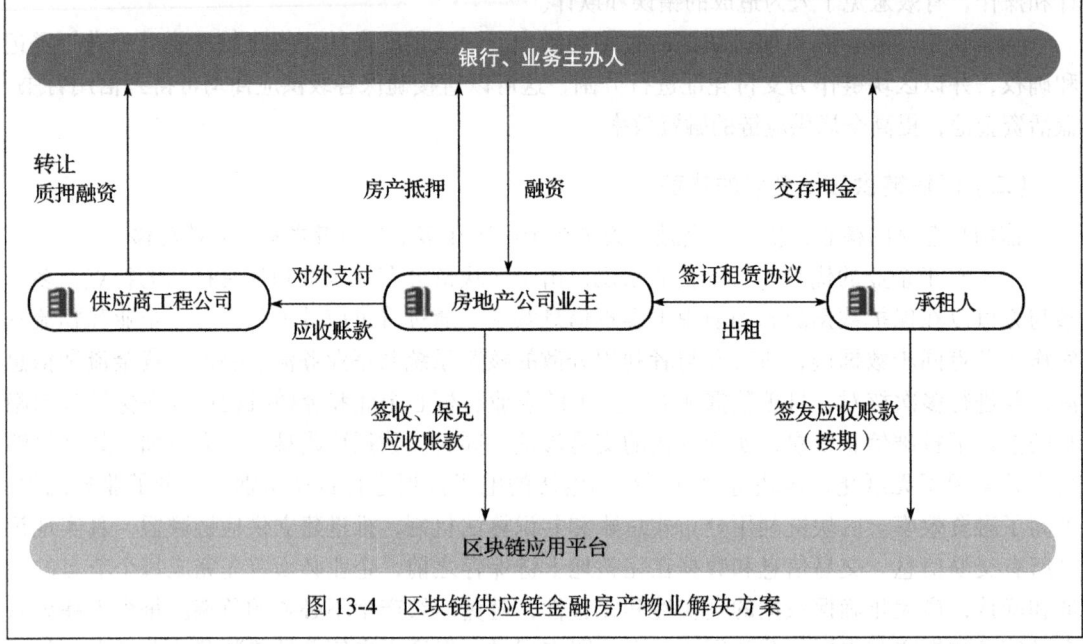

图 13-4　区块链供应链金融房产物业解决方案

（三）区块链供应链金融的应用局限

从企业角度看，区块链供应链金融缺乏投资公司对技术公司的资金支持，阻碍了该应用的发展与推广。现在很多投资公司没有将注意力转向区块链技术在供应链金融应用方面，对技术推进的关注度有限。

从交易用户角度看，传统供应链金融模式占有先入为主的优势，交易者已经习惯使用以往模式，缺乏对区块链技术的了解，对新技术在供应链金融上的应用不适应。在熟悉度上，用户对区块链供应链金融的操作比较陌生，不清楚具体步骤，体验效果不佳。由于区块链模式下的供应链金融在实际操作中免去了传统的登记、盖章等烦琐手续，签订交易合同的内容也会有所变化，这些变化让习惯了以往操作的老用户无法适应，使用户更倾向于之前的供应链金融模式。

从金融机构角度看，推出的区块链供应链金融平台数量少，区块链系统的宣传较少，平台使用频率不高。目前，包括银行在内的金融机构为供应链金融交易者提供的服务大多局限在应收账款融资模式，研发出结合区块链技术的供应链金融平台并不多，提供给交易者使用的供应链金融业务较少，这从源头上不利于该应用的推广。

■ 扩展阅读

建设银行区块链国际银团资产转让平台

区块链国际银团资产转让平台是建设银行在区块链与数字资产交易金融场景应用上的创新尝试，旨在打造国际银团数字化经营新模式。平台具备信息发布、数据传递、撮合报价、贷款承诺、份额分割、合约签署、线上交割等全流程交易功能，运用了区块链前沿技术，借助区块链公开性、共享性、保密性的特点，实现智能合约的生成，是建设银行在数字化经营道路上的又一成果。

该平台适用于建设银行集团境内外交易、集团内跨境交易、与第三方同业机构跨系统境外交易、跨系统跨境交易等多种应用场景。除银团资产转让外，该平台也适用于其他类型海外项目资产转让。在满足跨境资金监管的前提下，平台丰富了境内外、行内外不同机构的合作方式，最大限度满足用户不同场景的交易需求。平台建设历经八个月的开发、测试及优化，已实现区块链公有云与新一代系统私有云的同步上线，并且完成了首笔7 000万美元的资产转让业务。

资料来源：今日建行. 建设银行区块链国际银团资产转让平台正式上线［EB/OL］.（2020-07-14）［2021-08-25］. https://www.CEBNET.com.cn/20200714/102675128.html.

■ 本章小结

1. 供应链金融是银行等金融机构为企业提供金融服务的一种模式，该模式以真实贸易背景为前提，以核心企业与上下游企业的合作关系为依托，通过企业之间形成的存货质押、应收账款等封闭资金流或控制物权，为企业提供融资等金融服务。
2. 供应链金融的业务种类：预付账款融资模式、存货融资模式、应收账款融资模式。
3. 供应链金融的风险：信用风险、道德风险、操作风险。
4. 区块链供应链金融的优势：① 对于企业的优势。对于企业来说，由于区块链分布式账本和加密存储的特点，多个参与方可以在保护数据隐私的前提下实现信息共享。② 对于供应商的优势。银行可以快速向供应商提供融资，应收账款的期限大大缩短。③ 对于金融机构的优势。金融机构可以解决核心企业、供应商和金融机构之间的信息不对称问题。

■ 关键概念

供应链金融　　区块链供应链金融　　自偿性贸易融资理论　　公钥
私钥

■ 复习思考题

1. 供应链金融的定义以及功能是什么？
2. 简述区块链供应链金融与传统供应链金融的区别。
3. 概括说明区块链与供应链金融融合发展的必要性。

4. 区块链供应链金融在发展中面临的问题与风险有哪些？

■ 本章实训

供应链金融发展历程及使用程度分析

一、实训目的

1. 训练学生查阅历史资料、收集数据、阅读和梳理文献的能力。
2. 运用相关数据资料说明我国区块链供应链金融的发展历程以及使用程度。
3. 训练学生理论联系实际解决问题的能力。

二、实训要求

1. 根据相关统计年鉴、专业数据库，查询2015～2020年我国供应链金融的综合统计情况，提取相关数据，并绘制图表。
2. 通过收集我国供应链金融历史的年度总量性指标，试分析我国供应链金融的发展变化情况，并结合当前实际应用，描述区块链技术对供应链金融的改进。

三、实训组织

1. 指导教师布置实训项目，要求学生认真查阅并收集我国供应链金融发展历史，计算相关指标增量变化等细节资料，学生就实训问题以PPT的形式进行课堂汇报。
2. 将班级学生划分为若干小组，并指定组长，组长负责对实训项目进行详细的任务分解和责任落实。

■ 案例分析

产业互联网下的供应链金融服务

企业的融资关键点在于如何达成"四流合一"，四流即资金流、信息流、物流、商流。以往"四流"难以合一的主要问题在于，法律规定企业间部分商务信息需要以纸质票据的形式传递，信息互联网技术在企业间搭建信息系统会出现数据安全性不可信、数据准确性不可信等问题。

绿智汇供应链平台将传统纸质单据上传到平台，将企业间的数据流一一打通，完全覆盖物流信息。该平台通过全线上数据流，从最原始的凭证单据开始将数据全部上传至系统，通过物流轨迹的跟踪，确保建筑建材从出库到进入工地全流程监控。平台通过工厂生产管理系统的接入，确保每一个建筑建材符合国家标准。平台通过与金融机构的对接，确保数据可以进行风险控制，并附带金融属性。金融机构无法直接完成对供应商的放款，因此需要通过平台的数据确保货权物流的可跟踪性，同时也需要供应链上下游贸易进行受托支付，确保资金流的控制，这种模式具有以下特性：

一是具有真实性。不同于传统征信模式，金融机构不完全依靠企业基本面经营情况来判断是否提供金融服务，而是以真实贸易背景出发，通过判断整体运作情况来提供相关服务。

二是具有自偿性。基于真实贸易场景下所产生的确定性未来现金流，金融机构给予借款企业短期融资，借款企业将销售收入作为短期融资的还款来源，并将借款企业的销售收入自动划入银行的特定账户，进而归还借款。

三是具有闭环性。注入的融通资金使用限制在可控范围之内，金融机构根据申请业务具体情况进行逐笔审核，资金链、物流运作需按照合同预定的模式流转。

四是具有灵活性。供应链金融可获得流程及系统内部多个主体信息，可提供个性化服务方案，帮助供应链上成长中的中小企业在优化资金流的同时提高经营管理能力。

风险控制成为大数据在供应链金融中最重要的应用，风控的本质就是通过对信息的不断筛选来评估信用主体的风险水平，从而有针对性地采取不同的授信策略；企业通过多层次、多维度的数据可以有效实现对融资主体的交叉验证，信息数据越广，对融资主体的风险画像也就越清晰。金融机构在有效拓展业务空间的同时，实时评估投资项目的价值，实时监控借贷风险。通过对重要数据的采集和分析输出风险评估模型，金融机构可以起到帮助中小企业融资主体增信的作用。

绿智汇供应链平台通过技术手段完善真实贸易背景的每一个环节，确保每一单货物最终都运送到实际项目工地；平台通过产业与科技的融合，整合资源体系，打造了一个安全的采购体系，展现了一个优质的服务体系；平台凸显了集中采购的价格优势，完善了资金管理的价格差距。不仅如此，绿智汇平台的兼容性和覆盖面更为广泛，可以应对不同的分包商，可以面对不同区域，也可以为不同层级及规模的客户提供全方位的服务。

无独有偶，今年上海票据交易所供应链票据平台的成功上线，预示着供应链金融服务可以拓展其服务范围的广度与深度。产业互联网与供应链票据的完美结合，不仅可以让票据流转等业务执行线上化，周期短、效率高，同时票据可多级拆分、转移、融资，平台解决了多层级供应商的融资难、资金短缺问题，从而全方位地提高了中小企业应收账款的周转率和融资可得性。新型产业生态化供应链金融服务的形式得以运用和推广。

资料来源：谢斌. 产业互联网下的供应链金融服务建设科技［J］. 建设科技，2020（18）：4.

问题1：产业互联网下供应链金融服务的特性有哪些？
问题2：供应链金融给国家带来了什么变革？

第三篇

金融科技风险与伦理

第十四章　金融科技风险防控与监管

第十五章　金融科技伦理

该部分讨论了金融科技的风险特征、监管理念与方法、金融科技伦理，并介绍了国内外金融科技监管的概况。主要内容包括：金融科技的风险类型、风险管理、监管体系、监管沙盒、金融科技伦理的现实问题、金融科技伦理监管政策法规等。

第十四章 金融科技风险防控与监管

■ 本章提要

本章首先探讨了金融科技风险的类型、特征以及金融科技风险管理的基本方法;其次探讨了金融科技监管的基本概念、监管体系以及我国金融科技监管的发展历程,介绍了金融科技监管的国际经验及新思路;最后重点介绍了金融科技监管的监管沙盒运作模式等内容。

■ 学习目标

明确金融科技对传统金融风险的改变、金融科技产生的新型技术风险以及金融科技的风险特征;认识金融科技风险管理的基本方法,了解金融科技监管的基本内涵、理论基础以及监管体系;明确学习金融科技监管的国际经验,认识监管沙盒运作模式的内涵以及各国监管沙盒运作模式的区别。

■ 引导案例

大数据围剿"老鼠仓"

股票投资者,很多都听过各种各样的小道消息,可能大多都不太靠谱。但有些证券从业人员却能依靠职业的优势得到未公开的信息,并通过某些操作预判某只股票的涨跌,借此牟利,但这是法律所不允许的。其中一种违法操作称为"老鼠仓"行为,"老鼠仓"是一种营私舞弊、损公肥私的腐败行径。具体指庄家在用公有资金拉升股价之前,先用自己个人(机构负责人、操盘手及其亲属或关系户)的资金在低位建仓,待用公有资金拉升到高位后个人仓位率先卖出获利。2013 年以来,上交所开展了旨在打击"利用非公开信息进行交易"的"捕鼠行动",市场监察部依托数据仓库,创造性地开展大数据应用,建立多种数据分析模型,深度挖掘,寻找案件线索。通过锁定基准日、筛查高频账户,结合账户开户、历史交易情况等,确定嫌疑账户，将一只只"老鼠"抓出来。帮助监管部门锁定涉案账户的，正是大数据监测和分析。

■ **本章知识框架图**

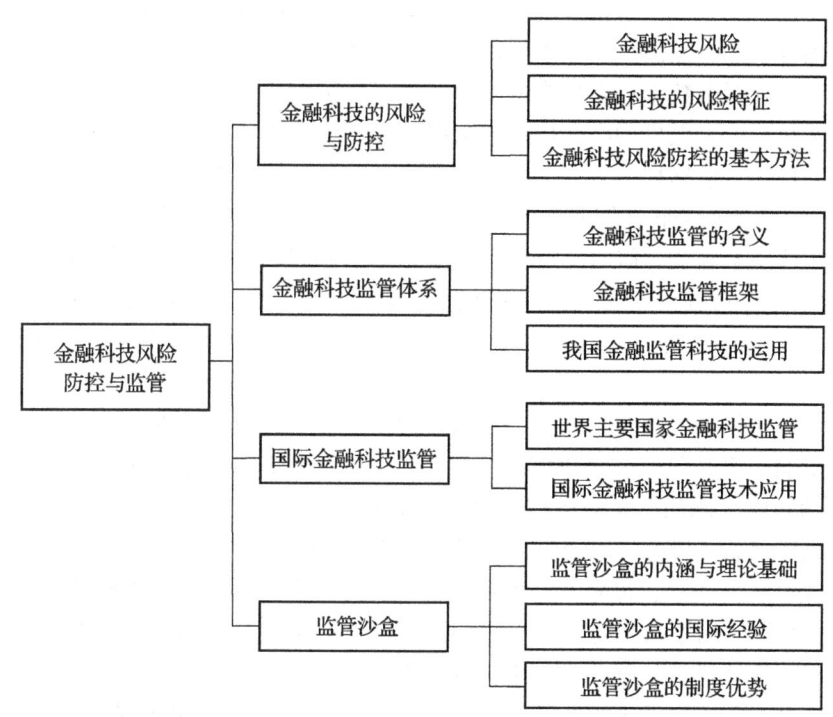

第一节 金融科技的风险与防控

金融科技是一种金融创新，它可以用来提升金融服务水平和效率，金融风险的属性与类型并未因金融科技的应用而发生实质性的变化。在金融科技背景下，信用风险、流动性风险、市场风险、操作风险、法律合规风险、声誉风险、监管失效风险等传统金融风险不但仍存在于金融系统中，而且还发生了一些变化。传统金融风险出现了新的特征，金融业务经过复杂程序编码后，各类传统金融风险在信息科技环境下以更加隐蔽与复杂的形式存在。

一、金融科技风险

（一）传统金融风险

1. 信用风险

信用风险，又被称为履约风险或交易对手风险。它是传统金融风险中不可缺少的组成部分。金融科技的广泛运用降低了客户的准入门槛，引入了大量资质水平参差不齐的高风险客户，加之我国征信体系数据的局限性，我国金融机构信用风险发生的可能性增大。

（1）信用数据不完整。大数据风险控制模型需要长时间、跨周期地反复验证和核对。金融科技业务通常需要使用数据进行驱动，但是由于成立时间较短，数据资源库容量有限，风险控制模型没有经过长周期、系统地检验，因而模型的可信度与有效性还有待进一步完善。一方面，模型是基于用户过去的行为习惯和信用水平来对未来的还款能力进行预测的，预测的有效性还需进一步验证，而且控制风险和扩大贷款用户数量之间存在矛盾，因而设置合理的参数较为困难；另一方面，模型中使用的数据的真实性难以保证。由于网络言论的自由和匿名评论的存在，网络数据存在较多的噪声，数据真实性的偏失极易出现，甚至有的数据与真实情况截然相反。金融机构在使用这些数据对客户的信用状况进行分析时，可能会影响授信的有效性。例如，依据社交数据成立的征信体系，由于数据更多地具备社交性质而非经济性质，数据与经济活动关联性较弱，金融属性不强，信用评级的结果还需要验证。

（2）信用体制不健全。信用体制不健全使贷后管理难度加大。在运用金融科技贷款之后，贷后资金用途管理不到位、追偿难等情况依然普遍存在。当出现风险事件，贷款追偿困难时，责任难以追溯到具体行为人，金融科技背景下的贷款管理与传统银行业务的贷款业务明显不同。

为防止贷款追偿困难情况的发生，金融机构要对贷款进行贷后管理。一是建立重大风险监测和预警机制，实时跟踪客户的信用变化情况，对重大信用变化情况予以及时反馈，以便调整客户授信策略。例如，金融机构可以通过采取提高或者降低贷款利率、追加担保措施、增加抵押品或质押品、提前收回贷款、信用折扣等方式来减少贷款损失。二是采取电话催收、委托上门催收、线上催收、智能人工语音催收以及提起法律诉讼等方式来达到催促客户还款的目的。三是采取"网络信用公告""网络封杀""信用恢复"等特殊的风险管理措施来督促客户偿还借款。这些措施虽然存在一定的约束力，但是当力度不够时还是难以有效维护自身债权利益，甚至有些措施存在暴力催收的现象，这会对金融机构的声誉造成严重的负面影响。而且由于法院案件的承接能力有限，难以有效处理金融科技企业的大量违约案件，加之借款人遍布全国，法院在寻找借款人、处理财产时也存在困难。

2. 流动性风险

流动性风险，是指企业由于自身经营状况不善或其他自身原因而产生的资金营运缺口，导致无法偿付到期的债务和利息，或者资金无法满足该企业下一步生产经营需要的风险。金融科技的运用，加速了信息传导和产品交付频率，提升了金融市场反馈的速度，金融产品随时兑付要求明显提高，这对金融科技平台的流动性风险管理提出了新的高要求。新型流动性风险主要源于资金错配、网络故障、金融科技企业不自律以及投资者的非理性投资。

流动性风险是需要重点关注的风险之一，首先，金融机构尤其是互联网银行业务的负债端对流动性有着很强的依赖性和高标准。资产负债波动较大，流动性管理困难。同时，金融机构由于同业负债相对占比较高，流动性风险较大，缺乏品牌效应，与公众接触渠道有限，远程开户受限等，当面临突发事件或者经济下行压力时，其较低的不良贷款率将难以维持，从而面临流动性风险。

其次，由于金融科技企业具有实时传播的特征，当其本身资产负债结构不稳定，出现负面信息的时候，在"蝴蝶效应"下极易发生资金挤兑现象。同时，由于金融机构合作者众多，涉及各行各业，风险极易通过这些合作机构迅速传递，造成金融体系的连锁反应，给金融行业带来重大的冲击，甚至还会引发系统性风险。

最后，金融科技企业的流动性风险在监测时存在困难。全网络、全天候的运营模式虽然为客户带来了便利性和良好的用户体验，增加了客户黏性。但是资金的高流动性导致预测难度上升，在流动性风险的识别、监测、计算和控制上也出现了困难，这都给流动性的管理增加了难度。

3. 市场风险

市场风险，是指由于市场未来的利率水平、汇率水平、股票价格以及商品价格具有不确定性，企业目标的实现容易受到负面影响。其中，金融科技企业要面临的主要市场风险是利率风险。金融科技企业的高收益率会引发传统金融机构为提升自身竞争力而降低贷款利率，但大部分成立时间较短的金融科技企业没有足够完善的应对机制与应对能力，容易受到利率波动的冲击。

4. 操作风险

操作风险，是指由于不健全的内部组织结构体系、人员操作的失误、系统的故障和缺陷或者其他影响操作的外部因素，企业出现意外损失的风险。操作失误与系统缺陷是金融科技企业产生操作风险的主要原因。金融科技创新产品的专业性与技术性要求极高，如果无成熟的内部控制体系与员工培训系统，员工容易发生操作失误的现象。此外，尚处于起步阶段的金融科技系统仍处于研发或者试用阶段，系统缺陷出现的可能性较大。

例如，在非现场验证的业务中，远程账户风险是新增的操作风险之一。账户是银行开展业务的前提，也是有效防控反洗钱、反恐融资的措施之一。远程开户主要是指通过人脸识别技术，采取非面对面的方式进行客户身份信息和交易信息的认证。但是这些高科技手段并没有进行系统的检验，可能存在较大的风险漏洞，从而可能带来较大的金融风险。一是由于目前整容、3D打印技术发展迅速，采取非现场方式确认客户的身份信息难以达到百分之百的准确率，因而客户信息可能存在身份造假、账号被盗用、恶意骗贷、伪造信用评级记录等风险；二是在远程开户方式下，信息技术难以确认开户人的意愿程度，客户被威胁开户的情况可能发生。

5. 法律合规风险

法律合规风险，是指金融科技企业因违反法律法规而给企业自身、消费者乃至整个社会带来损失的可能性。金融机构在与众筹平台、第三方支付等金融科技机构进行深入合作时，容易因违规行为或者法律不完善而导致连锁反应。此外，金融机构在对合作机构资质进行审核时，可能因信息的不对称而出现失误，就可能导致金融机构选择与不合格的机构进行合作，所开展的业务存在违法违规的情况。

目前由于互联网银行领域缺乏专门、系统的监管文件，监管仍处于灰色地带。互联网银行的一些业务缺乏细则性的指导建议和监管法规，部分业务甚至处于合规经营的边缘地带。主要表现为：一是在联合贷款业务模式下，当合作行的风险控制管理能力与互联网银行之间存在差距时，为了提高互联网贷款的效率，互联网银行可能会存在风险控制管理外包的现象。二是在联合贷款业务模式下，虽然互联网银行与贷款客户签订了《个人征信授权书》，但由于合作的金融机构是由系统随机撮合的，因而客户在签署征信查询授权时，会出现不知道具体金融机构名称的情况，从而出现查询授权不规范的问题。同时如果引流助贷业务中存在信息披露不充分、不完整的现象，征信业务可能被投诉。三是通过平台办理助贷业务在实施保证金风险控制措施时，可能存在合作平台未取得融资担保资质等问题。

6. 声誉风险

声誉风险，是指由于银行出现负面新闻，引起公众对该银行整体形象的下降而影响银行业务开展的风险。例如，银行违规经营导致出现的巨额罚款，银行某款理财产品存在虚假投资等。引起声誉风险一个重要的原因是操作的违规和失误，银行可能产生巨额损失或赔偿。金融科技的创新使银行业务具有全天候、全网络、大客户群的特征，因此当出现维权行为或者负面新闻时，由于银行与客户之间缺少面对面沟通的渠道和机会，在客户安抚、宣传引导等方面有所欠缺，声誉风险难以有效控制和消除。主要表现为四个方面：

第一，风险来源广。金融科技的应用使银行业务突破了地域和时空的限制，声誉风险可能来自任何时间和任何地方。同时由于目前银行大量开展助贷业务，多元化的合作机构、多层级的委托代理关系、多维度的信息传播渠道，助贷平台的风险极易向银行传播。

第二，传播速度极快。由于银行的很多业务都是通过网络平台与客户联系的，而且这种业务的办理是随时性的，一旦发生负面信息或者风险，信息将会迅速在网络上传播。

第三，风险冲击程度较大。由于成立时间较短，整体实力水平较弱，客户感知少，因而在出现网络谣言或者恶意诽谤等事件时，银行发生声誉风险的可能性较大。同时由于声誉风险和流动性风险相关性较强，一旦出现影响声誉风险的事件，银行资金挤兑现象极易发生。一方面，会对银行的信息系统处理能力造成冲击，严重时还会导致银行网络服务系统中断，进一步扩大现有风险；另一方面，这可能会瞬间冲垮金融机构的流动性，引发流动性风险，而流动性风险的快速蔓延，严重时会导致金融风险的全面爆发。

第四，风险处理困难。一方面，互联网银行与客户的交流场所具有虚拟化的特点，客户对互联网银行的了解缺乏实体存在感，这在一定程度上降低了银行的信誉度；另一方面，互联网信息传播速度快，这增加了网络辟谣和处理网络舆情的难度，从而给银行的声誉风险管理控制带来了较大的挑战。

7. 监管失效风险

首先，由于金融科技的发展突破了传统地域、市场和产品的分布界限，金融科技风险呈现出蛛网式的网状发散式特征，风险转化渠道更加多样化，传统金融的监管方法失效。当评估金融市场的风险时，由于技术上的经验不足和选择度量的方法不合适，金融科技风险比传统金融风险可能更具有影响力和破坏性。其次，监管部门的专业化程度、资源配置的效率以及监管知识结构的更新速度等，都会影响监管机构识别风险的准确性和监管行为的有效性。再次，金融交易的分散化和金融脱媒让更多杠杆率较高或者处于监管灰色地带的科技企业进入金融市场，这无疑会增加交易双方的风险敞口，给风险监管带来难度。最后，由于金融科技业务的门槛目前相对较低，整个金融体系的风险偏好在一定程度上增加。特别是在金融科技法律体系不完善的背景下，风险不确定性的增加，会造成"监管套利"的出现。

（二）新型技术风险

金融科技风险的特殊性在于，既有传统金融风险，也有底层信息技术等非金融因素引致的新型技术风险。金融科技创新极大地推动了金融业务的开放化、线上化、虚拟化、客户交易远程化与资金流转实时化，这增加了金融市场对互联网网络和信息技术的依赖程度。如果在互联网业务运营过程中，技术管理维护出现技术漏洞，极易引起数据窃取、数据窜改、信息泄露、网络攻击等技术风险。这不仅会使客户的隐私泄露,而且会引起严重的经济损失。金融科技不仅改变了传统金融风险形态,还改变了金融机构风险的分布和权重,因金融科技的技术漏洞而产生的技术风险日益严峻,具体表现在以下四个方面。

1. 技术不完备

信息技术风险是需要突出防范的风险,金融科技依托于大数据、云计算、人工智能、区块链、物联网和互联网等新型技术,金融机构主要以这些新型技术为依托,以信息技术系统为载体,这都会让信息技术安全在金融机构的地位和重要程度不断上升。而金融科技很可能存在技术不成熟、算法缺陷与技术失控等风险,导致提供金融服务过程中的风险无法预测与不可控制。

首先,在现代信息技术的大时代下,信息技术体系是金融机构(尤其是互联网银行)开展业务的重要基础。网络线上业务的不断发展壮大,线上交易量的爆炸式增长,给金融机构体系带来极大的冲击。原有的信息技术系统不能满足现有数据处理方面的要求,或者信息技术系统没有及时更新换代导致系统出现不稳定的现象,这些隐患的存在可能会导致整个金融机构业务系统的瘫痪。

其次,金融科技技术不成熟意味着技术本身还有提升的空间,高新技术处于不断更新发展的阶段,原来高效的风险控制和抵御外部攻击的技术可能在新技术面前失效。

再次,基于大数据、云计算、人工智能和区块链的金融科技技术一旦存在算法缺陷,将会导致金融业务出现大范围差错,又因为金融业务交易的实时性特征,这将进一步造成无法修复的损失。

最后,金融科技的广泛应用可能导致技术失控,当前,金融市场已走向大数据化、智能化与移动化,数据与应用环境脱离可控范围,将造成无法挽回的损失,甚至会对整个经济社会体系产生严重的危害。

2. 数据安全隐患

金融与科技的融合渗透发展也引发了更深层次的数据安全问题。数据安全风险主要包括信息完整性被破坏、信息泄露、拒绝服务、非法使用、木马、窃听、窃取、授权侵犯、旁路控制、计算机病毒、物理侵入、人员不慎、业务欺骗等。金融服务提供商能够通过大数据进行消费者分析,深入挖掘消费者的不同需求,以制定特色化、个性化的金融服务。这使客户的私人信息成为一种具有巨大潜在商业价值的资产,高度集中的用户信息可能被恶意窃取和利用。置身于金融科技生态中的用户并没有安全感与主导权,各类钓鱼、欺诈和恶意程序快速增长,大规模的私人数据泄露和黑客恶意攻击事件频发。用户数据是金融科技生态中最核心的资源,它驱动着金融科技的蓬勃发展,但目前数据安全问题已经成为金融科技生态中的一大风险隐患。

3. 网络安全风险

网络安全风险是在互联网的环境中遭受网络攻击、渗透、数据窃听和拦截、病毒侵袭等威胁而产生的风险。一旦网络安全风险发生在金融科技中,系统性风险可能会发生。

网络安全风险主要包含网络通信安全风险、网站平台安全风险与客户端安全风险等。首先,用户登录、查询与交易都是在互联网环境中进行,客户的账号、密码与交易信息在网络传输过程中有可能被泄露或者窜改;其次,交易安全风险。在信息存储、传递、交易处理过程中，可能因技术原因出现信息丢失或被恶意破坏、窃取甚至窜改数据的情形；再次，为客户提供网上支付、交易等金融服务的交易平台可能面临黑客攻击、计算机病毒、XSS 攻击等网站安全风险；最后，在移动化的金融服务时代下，客户终端成为被入侵与攻击的对象，个人用户安全意识不足、客户终端系统的脆弱性也会加剧网络安全风险。

4. 外部风险

首先，金融机构极易受到网络的攻击，它掌握着巨量的资金和各种客户的海量数据，金融科技具有开放性，金融业务的开展大多依托于互联网平台，导致犯罪分子可以不受地域和时间的限制攻击网络平台。

其次，一些金融机构没有直接掌握核心技术，通常会选择与互联网公司合作，相互之间数据交流频繁且大量。合作机构的信息技术系统服务能力、可靠性、安全性、数据保护能力等方面存在差异，犯罪分子可能会通过攻击部分合作机构，达到间接攻击金融机构的目的。

最后，金融机构对互联网公司的信息技术依赖程度高，安全保护管理投入大，技术漏洞管理难度大，技术专业化要求高，这都迫使银行普遍借助信息技术外包的形式来达到提高金融服务效率、降低成本的目的。但是采取服务外包的方式存在信息被泄露、自主性较弱、科技技术与核心业务不能完全匹配等安全隐患，金融机构业务的连续性和信息安全受到了威胁。

二、金融科技的风险特征

金融科技在技术、业务、模式等方面具有较多的创新属性，相比于传统金融风险，金融科技风险具有复杂性、内生性、独特性、不平衡性、难控性等特征。

1. 复杂性

首先，金融科技可能会突破传统金融风险的上限边界，金融风险的爆发原因和风险扩散途径更多，金融风险交叉传染概率和外溢效应也更大，风险识别更加困难。其次，金融科技应用到金融市场当中，使市场主体更加多元化，部分新业务的保密性和隐蔽性提高，被科技包装的金融产品潜在的风险因子更加不容易被正确认知，进一步增加了市场中系统性金融风险的识别与监管难度。最后，金融科技使服务模式的虚拟化、参与者的复杂性和业务内容的混合性不断加深，业务关联性持续增强，及时有效地识别风险的复杂度提升。

2. 内生性

风险是金融市场与生俱来的特征，金融科技只是改变了风险的传导路径和扩散速度，并没有改变金融风险的本质。金融科技在传统金融机构中的应用，降低了金融机构的交易成本，但市场风险、信用风险、流动性风险等传统金融风险仍然存在，金融市场中各类风险主体并没有改变。

3. 独特性

金融科技的应用能够帮助金融机构从多渠道获取信息，数据成为金融机构新的核心竞争力。然而数据滥用、无障碍共享以及因系统缺陷导致的数据泄露时有发生。金融科技相关业务模式更加注重"网络效应"和"尾部效应"，风险传播更加复杂、快速和广泛。这都导致一旦出现风险，风险会跨区域、跨市场甚至跨行业地迅速传播，使最终的风险波及面极广。潜在的系统性风险更为突出，而这一特征在经济低迷时更加凸显。

4. 不平衡性

科技创新与金融创新步调不一致，监管滞后。在此背景下，不同市场参与者的差异，加剧了市场的竞争，导致了行业发展的两极分化，形成了垄断性的金融科技寡头，影响了金融市场的效率与公平。

5. 难控性

科技创新凸显了传统监管模式的缺陷。金融科技的发展速度远远快于监管措施的改革，金融市场中各类主体的边界不断模糊，各类产品的关联度不断提高，滞后的金融监管难以对数据流进行准确检测，难以准确识别风险实质，传统监管模式面临着严峻考验。

三、金融科技风险防控的基本方法

金融科技改变了传统金融业态，形成了高创新、高科技的现行金融业态，传统金融的相关规则已不能完全适用于现行金融业态。因此，原有的风险体系必须融入新型的金融科技风险，金融企业必须针对新型风险寻找特定的风险防范方法。

（一）安全风险层面

1. 建立完善防范安全风险的相关制度和基础设施

防范金融科技安全风险，企业不仅要做好技术工作，更重要的是搞好相关制度设计。在应用互联网、大数据模型、人工智能、区块链等新兴技术的金融业务领域，政府相关部门及企业应联合起来，完善相关法律规范并严格实施，从根本上加大金融科技安全保障强度。

2. 加强防范安全风险的技术创新

防范网络金融数据安全风险，企业应该加快相关安全技术创新，建立全方位的信息系统安全管理机制和监管手段，如利用防火墙、虚拟专用网络、入侵检测等技术，提升信息管理系统应对虚拟环境下信息攻击的能力和高效监管的水平，切实降低数据丢失或被盗取、窜改的概率。

3. 具体用户具体分析

防范业务安全风险，企业不能脱离金融市场需求去搞技术创新，应该紧密联系用户的业务需求，查漏补缺，根据市场选择契合度相对较高的金融科技，根据用户的风险承受能力推出相应金融产品，增强企业与用户的相互适应性，提高业务安全性。

4. 加大金融科技安全审查力度

防范技术安全风险，企业应树立强烈的风险管理意识，不能为盲目追求技术突破而减少审查环节，对一些新兴金融技术要进行严格的试验和把关再加以利用，才能真正地提高金融领域的资源利用效率。

（二）信用风险层面

1. 完善金融科技信用体系

防范金融科技信用风险，第一步是要建立、完善我国的金融科技信用体系，加强企业信誉保障，增加投融资者的信心，这是根本的制度保障。

2. 建立信用事件通报机制

企业应提高信息披露的速度和质量，建立健全金融科技领域的信用事件通报机制，能够及时发现在应用金融科技时遇到的问题并加以解决，避免造成信用风险或者风险迅速传播。

3. 加大研究开发力度

防范金融科技信用风险，企业应多做试验和研究，丰富应对金融科技风险的经验。制订合适的方案和规则保持信用声誉，如利用资产组合的五级分类方法降低信用风险等。

（三）法律风险层面

1. 更新相关法律法规

预防金融科技法律风险，要更新传统金融行业的法律法规以适应现行金融科技应用发展的现状，加强法律保障。如建立金融科技风险预警制度，及时发现利用金融科技进行诈骗、洗钱、非法集资等违法活动并进行处理，严重时能立即开启司法保护，降低风险发生的可能性。

2. 利用科技完善信息系统

防范金融科技法律风险，传统金融机构在利用金融科技的同时，能反过来利用科技完善信息系统，避免形成新的违规点，如运用大数据模型、区块链、人工智能等技术，构建风险预估和信用评价体系，降低因信息泄露产生法律风险的可能性。

（四）操作风险层面

1. 进行技术升级

防范金融科技操作风险，企业可以进行技术升级，优化金融科技网络平台，使其能够减少操作流程和内部控制出现的问题，减少派生的操作风险。

2. 进行知识普及

防范金融科技操作风险，政府和各类机构可以向公众进行投融资知识普及或金融科技网络平台的教学指导，以丰富新用户金融投融资经验和网络平台的操作应用经验，从根本上降低操作风险，维护投资者的合法权益。

3. 公开交易流程

金融科技风险具有极速传播性和隐藏潜伏性，因此各类机构及相关监管者应丰富监管经验，采用更公开、更严谨的方式开展金融工作，重点监管交易平台不透明、虚拟化的交易和货币信息，使其较容易在工作过程中及时发现数据不实、流程错误等问题并加以解决，在一定程度上抑制金融风险的扩散。

4. 加强监管合作

金融科技风险具有极广的传播性和监管困难性，各类机构应加强内部各部门的监管合作，保持金融科技风险的独立性，防止金融科技风险在各业务间交叉传染。同时，政府和各类机构还要加强跨地区、跨国家的监管合作，共同研究、共同监管，增强各国相关法律的相互适应性，避免金融科技风险无休止扩散蔓延。

第二节 金融科技监管体系

随着金融科技的高速发展，金融市场产生了极大的变革，金融创新愈发积极与活跃，以前无法预见或者从未发生的事件不断出现。全新的事件往往容易招致不可预测的风险，这对监管当局而言是一项重大而严峻的挑战。金融监管模式和技术的突出变化使金融监管理念、监管规则、监管界限都需要进一步地调整、转变和加强。

一、金融科技监管的含义

金融科技监管是指基于大数据、区块链、云计算、人工智能等科学技术，监管部门对在金融科技大背景下形成的新的业务模式、新的应用以及新的金融产品的监管。监管部门应当采用全面的、深层次的手段，积极地运用新技术、新方法实施监管，以提高监管效率。

目前，金融科技监管主要存在以下几方面的特征：新技术的广泛采用和跨界金融发展加剧了风险传递的复杂性；传统监管手段成本的不断提高促使科技与监管的进一步融合；金融科技生态下的监管部门本身需要技术进步。

二、金融科技监管框架

在建立监管体系之前，金融科技监管需要转变监管的思维方式，重新制定监管策略，在思维方式上以原则监管替代规则监管，在监管策略上以行为监管策略替代审慎监管策略。监管体系切忌脱离传统金融监管模式，传统金融监管是金融科技监管的基础，金融科技监管是传统金融监管的再创新，二者相辅相成，缺一不可。

金融科技监管主要是通过政府部门制定的宏观政策对金融科技的运行进行规范，采取开放性监管的原则。我国金融科技监管体系主要表现在两个方面：一方面是对行业规范的监管，主要依据相关政策对金融科技的落地进行规范；另一方面是对金融市场上各种行为的监管，由监管机构采用大数据、云计算等技术手段来进行。

在我国，分业监管模式是金融科技监管部门目前采取的主要的监管模式。针对金融科技监管出台的各类政策也根据不同行业来划分。但是，对于金融科技的监管并不能完全通过宏观政策来实施，尽管现阶段政府部门针对金融科技出台了一系列的政策，但是我国不同部门的金融科技运行仍存在许多不足之处。

在金融科技监管的运行上，我国金融监管部门根据科学技术的发展调整监管手段和方法，以提高金融科技监管的规范和效率。第一，大数据技术通过映射的方式，从不同维度、不同渠道获取金融机构的数据，协助金融监管部门对金融服务提供机构的资产质量、不良贷款率等直接影响金融机构正常经营的指标进行监管，提高金融监管的精度。第二，云计算通过对数据进行标准化、结构化处理，提供不同维度、不同层次的数据分析方法，实现金融数据的共享，提高信息的生产效率及使用效率。对于金融监管部门来说，具备弹性收缩特征的云计算技术有助于提高其 IT 资源的分配效率，从而进一步优化金融监管系统的承载力。此外，云计算可以满足地域因素导致的不同地区对金融科技监管的不同需求，以达到因地制宜地合理配置金融资源的效果。第三，人工智能进一步降低了金融监管的实施难度，人工智能将需要监管的对象转化为集中统一的标准化文件,将更加清晰易懂的结果发送给监管部门。第四,区块链技术在一定程度上提高了金融数据的真实性及可靠性。运用区块链技术的信息不易被随意修改,区块链技术使金融数据被格式化永久保存,充分保证了金融数据的真实性。另外,点对点的传输功能便利了动态金融监管的过程。

金融科技监管的推行,需要实现传统"一行两会"协同监管模式与金融科技企业自行监管的深度融合。金融从业人员对科学技术了解的局限性导致了现阶段金融科技监管的各种问题,因此,金融科技监管的推行势必要提高监管部门运用科学信息技术的水平,从而保障金融科技监管的高效运行,如图14-1所示。

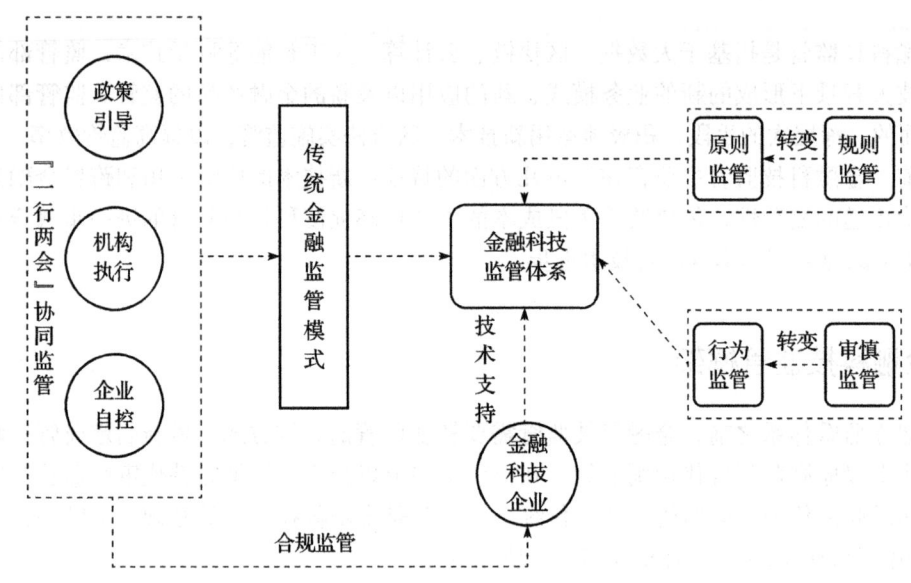

图14-1 金融科技监管体系构建示意图

除此以外,金融科技监管主体之间可加强协同力度。协同监管的理念是扩大监管主体范围,调动社会资源,形成多元主体共同发挥作用的监管体系。简言之,协同监管的主体包含政府之外的其他非政府主体,更加注重企业、市场、社会、国家多主体之间形成均衡监管。基本原则是,保持政府监管的核心地位,加强政府主体监管机构的内部协调,充分发挥社会、企业、行业协会等非政府主体的互动合作,以多元主体合作的协同式监管推进金融科技监管体系框架建设。

在以政府为核心的监管框架下,社会监督、行业协会监管、企业自我监管等一同形成协同治理格局。首先,金融科技的应用与发展加快了传统监管制度的变革进程,也为创造社会监督提供了可能性。例如,消费者能够在网络平台上对服务和产品进行自由评价,这为企业信誉系统的建立提供了契机。其次,金融科技监管的推行需要行业协会的有力支持。最后,金融科技企业自我约束也是监管的重要协助力量。金融科技专业性较强,企业主体自身具有信息优势,金融科技企业体量小、行业分散、创新速度快,政府监管滞后明显,金融科技企业自治能够有效降低政府主体监管成本。只有多元监管主体共同协作,互动学习,加强社会、行业协会、企业与政府之间的数据互通与共享,才能有效缓解监管时滞。

> 专栏

我国金融科技监管发展历程

在我国，金融科技总体上主要分为三个发展阶段（见图14-2），由于所处的时代背景不同，金融科技的监管主体、监管目标以及监管方式在各个阶段也不尽相同。随着"互联网＋"的不断推广实施，我国金融科技监管主体实现了由传统金融机构向互联网金融企业，再由互联网金融企业向非金融机构及个体的转变。除此之外，金融科技监管的力度与监管目标也因为金融科技的广泛应用而发生改变，由主要对金融产品、金融服务等金融信息的监管，转向对金融机构业务开展和客户保护的监管，直到现在的整体合规管理。详细来讲：在金融科技监管的起步阶段，传统金融机构主要对商业银行开展的网络及信用卡支付进行监管，旨在保证金融数据信息安全；在互联网金融企业的发展初期，由于金融风险事件较少，金融科技监管比较放松，主要是监管网络贷款、众筹和第三方支付，其中监管重点是对网络诈骗以及非法集资等行为的监管；在当下的合规监管阶段，由于国家政策法规的进一步推行，我国金融科技监管将进一步正规化、法治化，此阶段主要是对小额借贷、数字货币、智能理财进行监管。

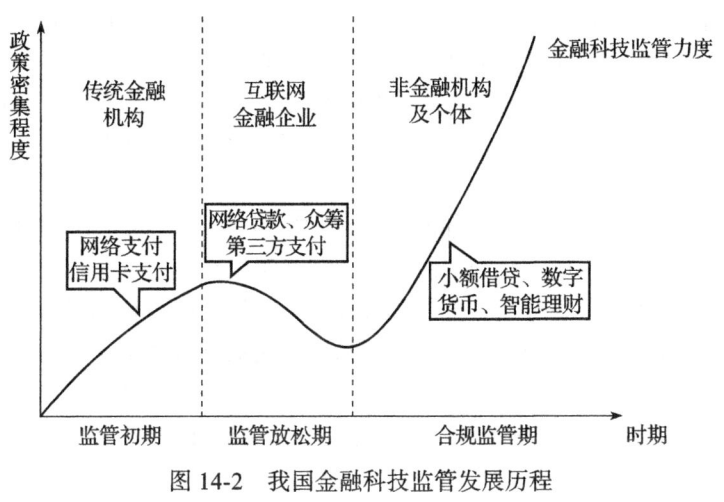

图 14-2　我国金融科技监管发展历程

三、我国金融监管科技的运用

我国政府部门和金融监管部门在监管科技方面的探索主要有：2016年，政府部门将区块链技术列入"十三五"国家信息化规划；2017年5月，金融科技委员会成立并提出加强对金融科技工作的研究规划以及统筹协调，中国人民银行反洗钱中心，将金融科技应用到数据处理以及数据分析等业务操作之中，将原始数据转换为结构化数据运用，提高了金融监管的效率；银保监会建立EAST数据仓库，采用分布式架构，结合现场检查与大数据建立模型，旨在评估银行业金融机构在资产负债匹配度、贷款质量等方面的营运能力。证监会出台《证券公司全面风险管理规范》，旨在建立标准化的数据管理以及监管平台，规范数据运用过程。

金融科技也被广泛应用于地方政府金融平台，不少地方政府已经将金融科技运用于民间融资等风险较高的资产负债项目的评价之中。2016年，北京市金融工作局将区块链技术应用于网络贷款的风险监控之中，对网络贷款的不良记录等数据指标进行监控和整合，以快速识别出交易过程当中的违约风险，保障交易的正常运行。在行政事务处理方面，监管科技的主要应用包括：一是政府部门的数据信息共享，通过金融科技建立私有链，加强对政务数据共享的监管，减少金融风险的关联性；二是"数据铁笼"监管；三是将互联网技术融入金融监管体系，例如运用区块链技术维护客户信息，保护客户隐私，运用大数据算法进行投资的评估与风险的监督管理。

国内一些互联网金融巨头与网络银行在客户信用评价模型与客户关系管理领域同样运用监管科技，并以此作为获客渠道。如蚂蚁金服，实现了与阿里巴巴、淘宝网以及支付宝信息数据完全联结，通过大规模数据云计算，将入场小微企业的现金流、信用状况、交易规模、销售增长、存货周转等百项指标数据归入评估系统中，通过计算各项指标，再结合相关财务数据，引入海关、税务等方面的数据信息加以评价，从而建立起定量化的个人和企业信用评价模型。再如京东金融，对客户信息进行收集校验，利用人脸识别与指纹匹配等技术，基于完备的客户管理流程进行客户身份识别与风险管理。

2018年12月，中国人民银行、国家发展和改革委员会、科技部等六部委联合发文，决定在北京市、上海市、广东省等十个省市组织开展金融科技应用试点（监管沙盒试点），为期1年（自试点工作方案批复之日起算）。2019年12月，中国人民银行宣布支持北京启动金融科技创新监管试点工作，计划将应用试点的部分项目纳入监管沙盒。2020年4月，试点城市（区）扩大至上海市、重庆市、深圳市、河北省雄安新区、杭州市、苏州市等6市（区）；7月，试点城市进一步扩大至成都市、广州市。上海、深圳在北京之后还相继公布了第一批"监管沙盒"应用名单。

目前，全国尚未建立统一的、详细的沙盒测试指引。北京、上海、杭州、重庆、深圳已经开始实行监管沙盒项目申请审批制，由当地中国人民银行发布征集创新应用项目的公告和金融科技创新应用声明书，联合地方金融监管部门，引导金融机构和科技公司深入开展创新测试。申报应用类型可分为金融服务和科技产品，示例关键技术为大数据、分布式账本、区块链等技术；金融机构需要设立风险防控机制、投诉响应机制。其中风险防控机制包括风险补偿机制、应急预案机制、退出机制等，需要进行合法合规性评估、技术安全性评估。

金融科技在我国金融监管部门得到了广泛应用，但应用渠道单一，仅停留在金融机构与客户的交往上，提供金融产品、金融服务，以及业务推广等前台业务，而在金融机构的风险管理、客户的反洗钱管理、监管部门对金融机构资本充足率以及合规性操作等的监管中，金融科技却很少得到运用。可以预期，随着利率市场化的进一步推进，金融产品日趋多样化，市场参与者也更加多元化，金融风险势必更加多样化、复杂化，金融风险的发生也势必引起金融市场的巨幅震荡，因此，数字技术在金融风险管理中的进一步应用将成为未来金融监管的大趋势。

第三节 国际金融科技监管

一、世界主要国家金融科技监管

（一）英国金融科技监管

（1）开展了"项目创新"计划。2014年，英国金融行为监管局（FCA）正式推出了"项目创新"计划，旨在保障企业创新的规范性。该计划利用孵化器提供了政策咨询服务，使企业获得 FCA 的认可。为了确保和企业间进行良好交流，该计划设立了创新中心，发动企业金融创新，并鼓励企业参与到监管沙盒中来。借助于项目创新计划，FCA 能够实现对企业创新模式的提前掌握，从而提前制定有效的监管措施。

（2）推出了监管沙盒机制。英国金融行业当前主要的发展方向就是金融科技，并由金融行为监管局展开全面监管。2016 年 5 月英国正式推出"监管沙盒"，而其最为显著的特点就是集中适度监管。在现行监管制度中无法确定是否安全的金融创新服务或产品，均是监管沙盒主要的监管对象。

（3）发布"金融科技创新加速器"计划。"金融科技加速器"是英国央行 2016 年所发布的一项计划，这一计划要求监管部门要与企业建立起合作的关系，对央行怎样高效运用金融科技创新进行了探讨。通过合作的形式，金融科技企业能够就英国央行所列出的某个重要领域进行概念验证，并展示自身提出的解决方案，从而与英国央行建立起合作。另外，英国央行采用和金融科技企业合作、互动的方式，也能够更进一步了解金融科技的趋势。

（二）美国金融科技监管

当前美国所实行的金融体系为混业经营模式，基于这一模式，美国通常采取功能性监管，即不论金融科技涉及哪种金融业，都可以根据其功能特征，纳入到美国现有的金融体系中。如美国证券业协会监管有关资产证券化的业务，国税局负责虚拟货币方面的监管。同时，由于美国的政策法律体系较为完善，因而能够根据金融科技展开及时的调整，如《CFPB 创新细则》就将确保金融科技消费者的权益作为首要目标。美国货币监理署为了对金融科技行业的创新做进一步规范，授予了金融科技企业银行牌照。《美国金融科技框架》具体描述了美国政府机构对金融科技的展望等。

（三）澳大利亚金融科技监管

（1）不断完善监管法规。澳大利亚证券和投资委员会（ASIC）根据监管沙盒测试的相关情况，以及企业和监管方长期的沟通，适当调整了监管规则，制定了一系列文件，并对区块链应用、监管沙盒测试、数字金融产品咨询等提出了具体的创新要求，以能够更好地监管金融科技企业。

（2）合理采用监管科技。为了提高监管的效率，2016 年 ASIC 对监管科技提出了若干运用指导原则，具体而言包括：接触监管科技团体，了解业务模式，了解监管科技的发展现状；通过创新中心为企业提供非正式的援助；进行技术试验，开发出社交媒体监测工具、识别实体间联系的市场与图分析工具、借助机器学习从文件集中找寻证据的程序。

（四）新加坡金融科技监管

（1）建立了金融创新中心。2015 年，新加坡金融管理局提出了建立智慧金融中心的计划，目的是在新加坡普遍地使用新技术，进而为更好地管理风险，显著提高金融服务的效率做准备。之后，新加坡建立了金融科技署，以对相关业务进行专门管理，稳步推动金融科技生态建设工程。新加坡还投资了超 2 亿元新加坡币，传播金融新兴创新技术与扶持企业加速发展。

（2）建立沙盒机制。《金融科技监管沙箱指引》于 2016 年 11 月正式发布，鼓励并支持广大金融科技企业参与到沙盒中来，以测试自身的产品，从而实现自身产品质量、优势的不断优化和提升。为了保证有效控制沙盒环境，监管机构适当限制了沙盒的准入、退出。如准入方面，应用申请上一定要是技术创新，主要有两种：一种为对现有技术采用创新方式，另一种为新技术。监管机构要求相关企业在进行测试之前，要对测试场景和预期结果进行明确。在退出方面，监管机构要求企业在到了预定测试时间后退出沙盒，若要在退出时间上延迟，企业须提前一个月申请。

二、国际金融科技监管技术应用

（一）区块链、生物识别技术在反洗钱调查和用户调查中的应用

区块链的三大特征是去中心化、去中介化和分布式账本，这有助于创建一个更安全可靠而成本更低的系统。区块链可以提高监管透明度，基于区块链技术的基础设施本身就具有监管功能，并可以实时访问[①]。因此，区块链技术应用于金融监管可以在防范系统性金融风险中起到重要作用。

目前，欧盟的行政机构将提高欧盟监管技术知识和意识作为重点，正在筹划建立一个侧重于监管区块链的机构试点。德勤 2016 年与爱尔兰银行合作，已完成区块链技术和银行系统相关技术融合的验模、验证，这是区块链在银行系统中实际应用的一次突破，其经验可以为全球银行业提供借鉴。2017 年 3 月，德勤与爱尔兰基金（Irish Funds）合作开发的区块链监管项目成功完成，该项目以居民投资基金回报的监管为研究重点，设计开发区块链概念证明，并利用区块链及智能合约技术创建了一个监管报告平台。区块链技术在加密数字货币监管上的应用取得显著进展，在反洗钱调查和用户调查领域都有了较成熟的案例。例如，波兰的项目团队 Coinfirm 已开发出应用场景，可以对客户的一个或多个加密数字货币地址进行分析并生成报告，不仅可以判断该账户是否参与犯罪，而且可以自动生成金融风险评价报告。比利时的项目团队 BlockPass 通过区块链技术为个人建立了一个不可篡改的虚拟身份，并进行一次性验证，之后不同的金融机构可以近乎零成本迅速获取客户的真实信息和验证结果，大大降低了用户调查的时间和成本。

（二）大数据和云计算在监管加速和监管新工具开发中的应用

大数据、云平台和云技术的广泛使用可以再造监管业务流程，降低监管成本，有助于提高金融服务企业的运营效率与效益。将合规或风险评估工具嵌入系统，采用大数据技术和软件集成工具，建立数据仓库，进行数据挖掘，不仅可简化数据搜集整理过程，降低数据成本，还能提炼获得常规统计手段难以获取的数据，对金融犯罪风险、反洗钱、客户行为风险进行监测分析，提高监管报告的准确性和及时性。可视化工具对多维度数据的图表化处理极大地改善了人机交互，使分析变得更加清晰直观，金融机构可以获得更有效、更快捷的监管建议和指导，企业能更好地了解监管法规和合规责任。

（三）人工智能在金融机构认知方案中的运用

人工智能主要依靠规则推理和案例推理进行自我学习，全局计算的优势更强，可以更好地识别与应对系统性金融风险。目前，一些主要国家已经开始尝试将人工智能应用于金融监管。如美国证券交易委员会以市场风险评估为重点，通过机器学习的方法预测未来投资者行

---

① 例如，内置结算与顺从性功能，实时监控终端到终端的交易流程。

为，期望发现潜在的欺诈和监管部门渎职行为。一些金融科技公司也在研发基于人工智能的监管科技。如 IBM 收购 Promontory 金融集团，将科技与金融业务相结合，推出了首套旨在帮助金融机构专业人员应对监管和信托责任的认知解决方案，协助金融专业人士理解监管要求，提高对潜在金融犯罪的洞察力，利用全新数据架构方法来管理财务风险。其核心的 Watson 系统已经掌握 60 000 条监管条文，并开始审查与潜在金融犯罪相关的交易与案例，帮助专业人员更好、更快地做出风险和合规方面的决策。随着更多数据集不断产生，Watson 系统的机器学习和分析功能进一步提升，IBM Watson 金融犯罪洞察解决方案汇集了认知计算、智能机器人过程自动化、身份解析、网络分析、机器学习和其他高级分析功能，能够加快尽职调查，帮助企业更有效地理解和管理现有交易监控系统产生的大批反洗钱警报。此外，IBM 的行为监控解决方案正进一步扩展，以应对更广泛的行为风险，如销售惯例、客户适用性和信托责任等。

第四节 监管沙盒

未来金融科技监管的大方向是风险防控与鼓励创新"双管齐下"，以实现风险与创新之间的动态平衡。为了实现这个大目标，2015 年，英国金融行为监管局创造性地提出了监管沙盒（regulatory sandbox）这一全新概念的监管模式。

一、监管沙盒的内涵与理论基础

（一）基本内涵与技术

金融科技创新与金融监管之间存在"过严监管可能扼杀创新发展，宽松监管可能加大金融风险"的博弈。为探索风险与创新之间的平衡，沙盒被引入金融监管之中。沙盒（sandbox）为计算机术语，指为一些来源不可信、具有破坏力或无法判定程序意图的程序提供一个与外界隔绝的环境运行测试。监管沙盒，也称"监管沙箱""沙盒监管"，是金融监管部门为从事科技创新的企业提供的一个"试点空间"，金融科技企业可以将其获得许可的创新性金融科技产品在该空间内实行试点，以此来评估此项产品的适用性。监管沙盒本质是一种具有弹性的监管机制，它平衡了规则监管的刚性和原则监管的不确定性，是规则监管和原则监管之间的柔性地带。监管沙盒不仅有利于监管部门适时调整监管政策来适应创新，科学评估创新的实际效果，引导金融科技的发展方向，同时也有助于强化金融机构和金融科技公司对监管政策的理解，缩短了创新周期，避免了金融风险，节省了合规成本。监管沙盒对金融消费者权益的保护同样表现突出，能够确保消费者及时了解金融创新产品的测试情况，提高市场上金融产品的多样化程度。

（二）监管沙盒的特点

一是试验性。与其他产业相比，金融业更容易发生系统性的不稳定现象，除了内在的不稳定性之外，金融机构之间愈发紧密和复杂的财务往来所产生的金融风险传染性，也是一个重要原因。监管沙盒可以营造一个真实且安全的试验性空间，对风险尚不明晰的金融创新产品进行测试，一方面将未获上市资格的金融创新产品投入真实的市场环境当中；另一方面则通过金额、人数的限制将风险控制在可控范围之内，并且能够保证尚不明晰的金融创新产品的风险与整个金融体系的及时阻断。

二是特定性。监管沙盒更加侧重于事前对金融创新产品的个性化监测，在监管沙盒的框架下，每一个金融创新产品均会有特定的联络官与创新主体进行测试参数、消费者保护措施等方面的具体协商。在特定的时间、人数、金额或者相关应用的范围之内，对特定的金融创新产品运用协商一致的特定监管方式，并参照数据来开展测试，具有常规监管方法所不具备的特定性。

三是参与性。传统上，监管机构往往关注偿付能力、流动性比率等金融风险指标，关注的焦点主要是回溯过往。监管沙盒的设计建立在各方主体的共同参与和良好沟通之上，一方面，监管部门和创新主体的信息交流贯穿于监管沙盒事前、事中、事后的整个流程；另一方面，监管部门与获得测试资格的创新主体在测试开始前，就具体参数、结果测量、实施范围、消费者保护措施等内容进行协商或者核验，事实上也参与到金融机构对金融创新产品后期的市场适应性的开发阶段。同时，金融机构提供的与金融创新产品相关的信息和动向，也促成了新监管规则的出现。消费者在既定的保护措施之下成为试验主体，为金融创新产品和监管规则的形成提供了数据来源。简单来说，就是监管部门、金融机构和消费者借助监管沙盒，通过平等的沟通与协商，共同参与金融创新产品的开发和监管规则的完善。

四是平衡性。金融市场的稳健发展需要实现金融安全、金融效率、金融公平的良性互动，而规范金融市场的金融法制，也需要在一次次的变革中寻求三者的最佳均衡点。监管沙盒具有平衡的作用，作为一种在真实但受限的环境中对金融创新进行测试，并以此判定是否可以大规模商用的制度，能够在防范各类风险的前提下最大限度地促进金融创新。监管沙盒可以做到在金融安全、金融效率和金融公平三者当中寻求最佳平衡点，满足监管部门、金融机构和消费者三方的不同诉求。对监管部门来说，监管沙盒能够在风险可控的前提下实现对金融创新的甄别，在运作过程中与金融机构进行大量沟通，实现两者之间的良性互动。对金融机构而言，这种非完全市场化的测试环境，不仅大大降低了上市运行的各项成本，更增强了风险的可控性，极大地刺激了创新欲望。从消费者角度来看，相对封闭的测试环境可以很好地隔绝一个暂时无法明晰和量化的风险，监管沙盒所体现的"权益保护"的理念，以及针对性安排，更好地实现了对消费者的全方位保护。

（三）监管沙盒技术

1. 分布式账本技术

分布式账本技术可以应用于多种金融服务，比如在身份管理、汇款、银行间支付和结算等方面。目前该技术在英国、新加坡、中国香港等国家和地区的监管沙盒测试中占据着重要地位。

分布式账本技术的潜力表现在三个方面：一是分布式账本技术在降低金融服务成本，提高参与者之间的安全性、信任度以及提升服务效率方面具有天然优势；二是分布式账本技术可以显著提升透明度和可见度，有望支持对账和审计；三是分布式账本技术可以改革传统的支付方式和方法。尽管分布式账本技术值得期待，但是目前由于交互操作性、安全性、可扩展性、成本效益和监管等因素，一些分布式账本技术创新主要限于研究实验或概念验证阶段。此外，受限于不确定的监管环境，以及大多数国家相应法律框架的缺乏，分布式账本技术面临法律风险，目前还不能完全契合投资者和用户对金融市场基础设施的高要求。

2. 在线平台技术

相比传统流程，在线平台技术（online platforms）能够更高效、更透明地向相关交易参与者传达信息。在监管沙盒中，有公司专门测试在线平台能否简化首次公开募股（IPO）发行流程，也有公司专门测试在线平台能否通过提供技术框架方便参与者更加便捷、安全地互动，收集更有价值的信息；还有公司测试在线平台能否帮助中小型公司以低于现有产品的数量与成本访问外汇期权，简化货币对冲的过程，方便用户购买符合需要的产品。

3. 应用程序接口技术

应用程序接口技术（APIS）可以帮助初创公司与金融服务机构联通，更加安全便捷地向消费者提供相关财务信息。比如在监管沙盒中，有公司开发在线平台对用户的常用账户、信用卡以及养老金余额进行汇总，该平台在使用应用程序接口技术连接相关金融服务机构之后，消费者可以通过一个平台直接访问一系列相关的金融服务产品，深入了解自身的财务状况。有助于公司扩大市场产品的认知度，带来更佳的用户体验。

4. 生物识别技术

生物识别技术（biometrics）是计算机、互联网、安全、监控、管理系统等各部分的系统整合，可以智能化进行身份验证，具有高度快捷性与准确性的特点。比如在监管沙盒中有公司测试该技术在分布式账本技术平台上的应用，消费者通过生物识别技术进行支付，登录并验证身份，此外面部识别技术还可以应用于由财务顾问开展的风险分析评估。

5. 智能投顾技术

智能投顾技术是近年来咨询市场上的一个新兴领域，产生的建议依赖人工预先设定的程序或者人工复核结果，更智能化的应用还在实验阶段。对于智能投顾技术可能产生的风险，可以在事前采取附加的安全措施，比如邀请有经验的财务顾问列席，在提交建议给客户之前，财务顾问可以对基于底层算法得出的智能投顾进行审查，必要时可做修改。国际上一般把智能投顾纳入原投资顾问监管框架而采取注册制，但是一些国家，如英国、澳大利亚、新加坡等将其纳入了监管沙盒的范围，允许未获得相应牌照的公司测试其产品或服务。

（四）理论基础

作为一种监管尝试和创新，监管沙盒的理论基础有破坏性创新与适应性监管，二者一体两面。破坏性创新是指以次要市场或潜在用户为目标群体，所提供的产品或服务相比主流市场更加简单、便利和廉价，具有"低端性"和初期回报不确定性等特点，因而是易于被主流企业所忽视的创新活动。破坏性创新者在获得足够的市场发展空间后，会进一步改变企业原有架构，逐步侵蚀高端市场，占据更大市场份额并获取更多利润，最终占据市场主导地位。破坏性创新不仅包括技术创新，还包括商业模式创新，只要符合从非主流市场切入并最终成功颠覆主流市场、改变竞争规则的创新均可称为破坏性创新。对照之下不难发现，金融科技从本质上说，几乎符合"破坏性创新"的所有特征。金融科技的破坏性创新特质决定了对其的监管须兼顾"破坏"和"创新"这两个维度：一方面，常规的监管要求，易于扼杀金融科技初创企业的活力，阻碍其创新；另一方面，自由放任的监管立场又容易导致金融科技初创企业野蛮生长，放大和传染破坏性，乃至酿成系统性风险。

金融科技需要某种形式的适应性监管和"监管试验主义"。以资本市场为例，21世纪的技术发展已经深刻改变了资本市场的微观结构,进而正在重塑整个监管生态系统。信息传播的模式和手段倍增,实施欺诈和操纵市场的机会同样倍增。这些都对监管机构、监管理念和监管方式提出了全新要求。

适应性监管的基本理念是,监管者不仅可以对市场规则的内容进行创新,还可以对监管策略进行创新,即在自由裁量权范围内调整决策,在信息更加充分的基础上迅速而又渐进地做出决策,使之适应微观结构变动不定的金融市场。与综合性的一揽子监管方案不同,适应性监管是一个多步骤的反复决策过程,通常包括以下步骤:①界定问题;②确定监管目的和目标;③确定底线;④开发概念模型;⑤选定未来行动;⑥实施并管理行动;⑦监控;⑧评估。

事实上,无论是单个的监管试点项目还是系统化的创新中心⊖,均属"监管试验主义"的实践应用。英国金融行为监管局于2014年开设"创新中心"(innovation hub),启动"项目创新"(project innovate)计划正是"监管试验主义"的实现途径,监管沙盒则是这一思路的延续和强化。

(五)监管沙盒的运作模式

监管沙盒兼顾了金融监管的效率与安全原则,为金融创新起到了平滑风险的作用。监管沙盒的基本宗旨是支持初创企业的创新活动,促进金融科技发展,运作模式如图14-3所示。

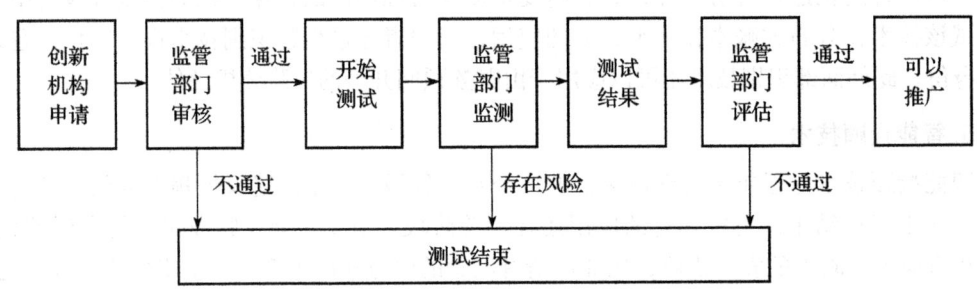

图14-3 "监管沙盒"运作模式

监管沙盒运作的各子项的具体内容如表14-1所示。

表14-1 监管沙盒运作中的各子项内容

母项	子项	具体内容
启动	对申测主体的要求	致力于提供新技术支撑和产品、服务创新的企业均可申请,且对其规模、类型及组织结构等限制较少
	对申测项目的要求	申测项目需具有实践意义的创新突破,有益于提升金融消费者的服务体验和权益,且难以通过监管沙盒以外的途径进行测试
运作	申请测试	申测机构按照监管沙盒的准则和要求提出申请,监管机构对申报材料进行尽职调查和全面审核。审核通过后,监管机构与申测机构共同协商确定项目的测试方案
	正式测试	监管部门全程监测,并提供合规性评估和指导。在损害金融消费者权益或影响金融稳定情形出现时(违反参数),测试终止
	评估反馈	测试结束后,监管部门对申请项目进行评估,向申测机构反馈评估结果。对于正式通过的评估项目,监管机构与申测主体共同协商确定是否推广以及在多大范围内推广
退出	时间限制	在测试周期截止时,沙盒实体必须退出沙盒。因特殊原因需要延期的,申测主体可在测试期结束前提出申请并说明情况(比如,新加坡规定至少在沙盒到期前1个月提出申请)

⊖ 如服务于金融市场合规与监管调试的企业园区。

首先，申请阶段，在满足监管机构目标及要求的情况下，金融科技企业提交书面申请，审核成功后，监管部门与创新企业共同商讨可实施的测试方案。然后，在测试过程中，监管部门全程跟踪审查，一旦发现影响宏观金融稳定等的重大风险事件，监管部门有权随时叫停。最后，监管部门对测试的结果进行全方位的评估，最终将通过测试的金融科技产品在市场上广泛推广。

监管沙盒为金融科技监管开辟了一条新的道路。目前，已建立监管沙盒计划的国家和地区包括新加坡、美国、澳大利亚、中国香港和中国台湾等。监管沙盒能够有效地弥补现阶段金融监管系统存在的不足，为降低金融风险、鼓励金融创新提供了有效的保障平台。我国内地前期的分业监管框架区域分割问题明显，在处理跨区域、跨行业的监管行为上沟通周期长，效果较差，金融与科技的交叉、跨界管理难以实现。但2017年国务院稳定发展委员会的设立为实施沙盒监管提供了契机。中国内地的沙盒监管计划由金融发展稳定委员会下设立的创新中心负责规划实施。2020年1月，央行营管部向社会公示首批6个被称为中国版的监管沙盒的金融科技沙盒创新监管试点项目，意味着中国内地金融科技监管实践方面有了新的突破。值得关注的是，相比于英国，中国版监管沙盒具备国际与中国双重特色。

目前开展金融科技监管沙盒的国家和地区如表14-2所示。

表14-2 截至目前开展金融科技沙盒监管的国家或地区

国家或地区	沙盒监管的实施机构	沙盒监管的开始时间
英国	英国金融行为监管局	2016年6月
澳大利亚	澳大利亚证券和投资委员会	2016年6月
阿布扎比	阿布扎比国际金融中心	2016年6月
中国香港	香港金融管理局	2016年9月
	香港证监会和保监会	2017年9月
马来西亚	马来西亚国家银行	2016年10月
新加坡	新加坡金融管理局	2016年11月
毛里求斯	毛里求斯投资委员会	2016年11月
印度尼西亚	印度尼西亚金融服务管理局	2016年12月
泰国	泰国中央银行	2016年12月
	泰国保险委员会办公室	2017年6月
荷兰	荷兰金融市场管理局	2017年1月
	荷兰中央银行	
加拿大	加拿大证券管理局	2017年2月
巴林	巴林中央银行	2017年6月
中国台湾	台湾金融监督管理委员会	2017年12月
美国亚利桑那州	亚利桑那州总检察长办公室	2018年3月

资料来源：根据相关资料整理。

二、监管沙盒的国内外经验

（一）英国监管沙盒的运作模式

1. 对申请测试主体的要求

英国金融行为监管局仅规定申请进入监管沙盒测试的机构不能存在违反相关监管法律法

规的行为，并没有限定企业的类型和规模，故传统金融机构以及包括金融科技创新机构在内的非金融机构等企业均可以成为申请主体。

2. 对测试产品或服务的要求

一是测试的产品或服务必须是真实的突破性创新，或者与现有产品或服务相比有显著改善；二是测试的产品或服务应该能明显使消费者受益，包括创新产品使客户获得更好的消费体验，价格更低或者降低面临的风险；三是产品或服务有通过监管沙盒进行测试的必要性，包括企业无法通过其他途径对新产品或服务进行有效测试，或者通过其他途径测试将使企业付出很高的资金成本和时间成本等；四是企业须接受英国金融行为监管局的监管，即拟开展创新的业务或者开展创新的公司，必须由英国金融行为监管局监管，以保证创新能促使英国金融市场和消费者获益；五是申请的企业对测试应有充分准备，包括了解测试时适用的法律法规，并能采取措施降低测试风险。

3. 测试的流程

第一步，申请机构应填报《监管沙盒申请表》寄至英国金融行为监管局提出测试申请。申请表主要包含申请测试的内容及其符合申请要求的情况。第二步，英国金融行为监管局对测试申请进行审核。如果通过审核，将派专人和企业联系，并共同确定项目的测试方案，包括测试要求、适用范围、审核方式和定期汇报频度等。第三步，完成以上准备工作后，项目将正式开始测试。在测试过程中英国金融行为监管局将进行全程监测。第四步，在测试结束后，申请公司向英国金融行为监管局提交总结报告，英国金融行为监管局根据测试结果予以正式评估。通过正式评估的项目，申请企业可以决定是否在更大范围内推广。

（二）新加坡监管沙盒的运作模式

1. 对申请测试主体及测试的要求

新加坡金融管理局（Monetary Authority of Singapore，MAS）对申请主体类型的限制较少，希望利用现有或新技术以创新的方式提供金融产品和服务，或优化业务流程的金融机构、科技公司和专业为这些企业提供技术支持或相关服务的企业都可申请。新加坡金融管理局强调，推出监管沙盒的目的是通过鼓励采用创新和安全的金融技术，使新加坡成为一个智能金融中心，因此，新加坡金融管理局禁止一切借助监管沙盒名义规避法律、法规监管的行为。

2. 对测试产品或服务的要求

一是申请的金融科技项目和新加坡现行的产品或服务不同，有助于填补相关领域的空白。二是申请机构在实验室环境下或通过外部机构对申请项目的可行性进行过尽职调查。三是申请项目无法在实验室或其他测试环境下验证有效性，必须通过监管沙盒来验证。四是申请机构在成功通过监管沙盒测试后，有意在新加坡进一步推广该项目。

3. 测试的流程

第一步，申请阶段。申请机构应填报申请表，并据此向新加坡金融管理局提出测试申请；新加坡金融管理局对申请机构提交的申请表和相关资料进行审核，并在收到申请后的 21 个工作日内通知项目是否符合进入监管沙盒的原则和要求。第二步，测试阶段。通过审核的项目将开始正式测试，具体测试时间的长短根据申请机构和项目的差异而有所不同。测试期间，申请机构必须告知参与客户该项目为监管沙盒测试项目。此外，由于目前监管沙盒仍在探索阶段，新加坡金融管理局允许进入测试阶段的申请机构在与其沟通后修改测试的某些内容和项目。第三步，评估阶段。测试结束后，新加坡金融管理局将对测试结果进行评估并向申请机构进行反馈。测试合格的项目可以在更大范围内推广。

（三）中国香港监管沙盒的运作模式

1. 对申请测试主体及测试的要求

香港金融管理局（Hong Kong Monetary Authority，HKMA）推出监管沙盒的主要目的是促进金融机构的金融科技创新，因此申请机构必须为中国香港地区的本地银行，创业企业和科技公司不在申请范围之内。同时，HKMA 没有制定任何明确的申请条件，而是针对意向项目逐一讨论分析，再确定是否允许进入测试。

2. 对测试产品或服务的要求

HKMA 规定可以进行监管沙盒测试的业务是银行业相关金融科技及创新科技，并对测试业务提出以下要求：一是金融机构应明确测试的对象、范围及业务类型。在申请时，金融机构应申报测试的人数和客户类型，将新技术手段运用于哪项银行业务，以及测试的起止时间。二是金融机构应制定保障消费者权益的措施，以保障消费者的知情权、自由选择权、财产安全权和依法求偿权。三是金融机构应实施额外的风险管理措施，以降低因不能完全符合监管规定而引起的风险，包括应对测试对本机构的其他业务和未参加测试的客户所构成的隐性风险。四是测试准备及持续监测。在测试项目的系统和程序准备就绪进入测试后，申请机构应密切监测测试情况，以便能迅速识别和处理任何可能发生的重大问题和事故，并及时向公众和客户发布测试情况及相关事项。

3. 测试的流程

HKMA 并未对进入监管沙盒测试设定具体流程，而是建议有意向的金融机构及早联系。HKMA 将根据具体情况与金融机构共同探讨测试时间以及测试期间哪些监管规定可以适当放宽，并对各个申请项目制订不同的测试方案。

三、监管沙盒的制度优势

（一）监管沙盒的发展有助于缓和法律滞后性与创新超前性的矛盾

随着金融与大数据、区块链、人工智能等技术的进一步交融和大量资本的疯狂涌入，金融科技呈现出日新月异的状态，这也加剧了与法律"一经颁布便落后于时代"这一特性的矛盾。现行法律所使用的法律概念总是会给企业的金融创新带来巨额的时间成本、资金成本和人力成本乃至直接扼杀金融创新，而金融创新产生的巨大效用却又极易促使人们对法律产生"恶法非法"的思考。监管沙盒可以较好地缓和这一矛盾，一方面使创新主体在较低成本的前提下对产品进行验证，另一方面也在不修法的情形下帮助监管部门很好地把握创新风险。

就整体来看，各国和地区的监管沙盒均十分注重在不与现有法律框架冲突和自身权限范围内实现监管沙盒的运作。例如，英国创设了限制性授权、无强制执行函、个别指导、豁免四种沙盒工具来对持牌和未持牌公司进行豁免，并在文件中明确"限制性授权不能适用于开展《金融服务和市场法案》授权范围之外的活动""无强制执行函无法限制受测企业应当对消费者承担的责任""英国金融行为监管局在使用豁免工具时会受到欧盟立法的限制"等要求来划定英国金融行为监管局的豁免范围。澳大利亚区分了法律豁免、许可证豁免和个别豁免三种豁免模式，同时对各类豁免方式的范围进行了严格限定。例如，许可证豁免罗列了证券的上市或报价、简单投资管理计划、支付产品等 ASIC 权限范围内的金融或信贷服务，个别豁免应当基于 2001 年《公司法》和 2009 年《国家信贷法》开展，等等。这些极具创新性的沙盒工具，无疑值得我国在设立缓和法律滞后性与创新超前性矛盾的监管机制的过程中借鉴。

对政府而言，模式的创新和边界的拓展无疑容易造成对现有法律的突破。金融与科技深入融合后的叠加风险，无疑对我国目前的被动式监管和滞后的监管规则产生了巨大的压力。监管沙盒的提出则提供了解决这一问题的思路：一方面，监管部门通过在权限范围内豁免权的利用，对受测主体在现有监管框架下的正常要求进行一定的豁免，降低金融创新的合规与风险成本从而达到鼓励创新的目的；另一方面，基于现实条件下的范围限定性测试能够很好地防止风险外溢，促成监管部门对创新风险的深度把握，同时为变革现有阻碍创新的法律法规提供实践基础和改进方向，使规则更具前瞻性。

（二）监管沙盒的发展有助于协调监管部门与创新主体的关系

监管沙盒为监管部门和创新主体提供了一个平等交流和博弈的平台：一方面，两者的信息交流贯穿于监管沙盒的事前、事中、事后整个流程；另一方面，监管部门将与获得测试资格的创新主体在测试开始前就具体参数、结果测量、实施范围等进行协商或核验。对监管部门而言，这一制度使其更加了解创新主体的需求、具体产品的实质以及当前监管规则的限制与不足，从而更好地把控风险和鼓励创新；对创新主体而言，监管沙盒不仅降低了其成本，也更好地表达了自身诉求，有利于持续创新。例如，马来西亚不仅与英国一样明确了受测企业和监管部门之间贯穿整个沙盒测试的信息交流机制，而且对事中、事后的信息交流进行了更加严密的规定，其要求"受测企业应当定期向国家银行发送包括关键绩效指标和事件统计、关键问题及其解决方案等信息在内的中期报告，报告频率和具体细节由两者共同商定""受测企业要在测试结束后 30 天内向国家银行提交最终报告，内容应当包括成果和绩效指标、事故和客户投诉的解决、经验教训等"。此类信息交流和沟通机制，无疑使监管部门和创新主体之间的信息取得实现了从被动到主动、从堵塞到畅通、从强制到自愿的转变，进而达到缓解信息不对称、平衡风险与创新的良好效果。

■ 扩展阅读

上海银行：金融科技助推风险管理转型升级

传统的商业银行风险管理依赖专家经验判断，信息获取渠道单一，对于客户的集群风险、行业风险和市场竞争能力较难识别。随着金融科技的应用发展，银行扩大了信息数据收集范围，提高了源数据采集的周期长度，丰富了数据分析的维度和颗粒度，使得风险特征画像更具客观性，对于未来风险预测更具前瞻性。

上海银行以风险经营的思维，聚焦风险价值的创造，推动全行的风险管理由"控制风险"向"主动经营与管理风险"转变升级。上海银行依托内外部大数据，把"线上＋线下"的风控方式运用到信贷业务事前、事中、事后的全过程管理中，对客户风险状况实现全方位、立体化的防控。

在金融科技的具体应用上，上海银行的大数据风控新工具——"魔镜"项目于2017年启动建设，2018年推出，目前在该行对公领域广泛使用，逐渐成为经营层的决策工具。据悉，"魔镜"通过大数据分析客户风险特征，采集了全网海量的风控信息，深度挖掘行内数据，针对单一客户的工商、司法、涉税和舆情四大维度进行了分项评分，并叠加财务健康智能分析、负面信息等各维度重要变量，形成企业当期风险评分，为授信决策提供辅助支撑。目前该项目还在不断优化当中，在目标客户的准入流程和既有客户的贷后监控中，该系统将会被全面应用。

探索向数字化银行转型是上海银行战略转型的重点之一。上海银行结合新兴技术，提升数字化风控思维，实现"三个转变"：一是风险管理从定性判断向定量分析转变；二是风险监测从单一评价向多维分析转变；三是风险数据从统计报告向价值创造转变。另外，上海银行还积极探索并构建金融科技体系支撑下的风险管理模式，通过黑名单、设备信息、关联关系三位一体的欺诈识别体系，甄别良币和劣币。

资料来源：郑馨悦.金融科技助推风险管理转型升级［EB/OL］.（2019-07-19）［2021-08-15］.https://finance.sina.com.cn/roll/2019-07-19/doc-ihytcitm3031280.shtml.

■ 本章小结

1. 金融科技风险的特殊性在于，既有传统金融风险，也有底层信息技术等非金融因素引致的新型技术风险。
2. 金融科技新型技术风险：① 技术不完备；② 数据安全隐患；③ 网络安全风险；④ 外部风险。
3. 金融科技的风险特征：① 复杂性；② 内生性；③ 独特性；④ 不平衡性；⑤ 难控性。
4. 金融科技风险的防控应当从安全风险层面、信用风险层面、法律风险层面以及操作风险层面考量。
5. 金融科技监管是指基于大数据、区块链、云计算、人工智能等科学技术，监管部门对在金融科技大背景下形成的新的业务模式、新的应用以及新的金融产品的监管。
6. 监管沙盒，也称"监管沙箱""沙盒监管"，是金融监管部门为从事科技创新的企业提供的一个"试点空间"，金融科技企业可以将其获得许可的创新性金融科技产品在该空间内实行试点，以此来评估此项产品的适用性。监管沙盒本质是一种具有弹性的监管机制，它平衡了规则监管的刚性和原则监管的不确定性，是规则监管和原则监管之间的柔性地带。
7. 监管沙盒兼顾了金融监管的效率与安全原则，为金融创新起到了平滑风险的作用。监管沙盒的基本宗旨是支持初创企业的创新活动，促进金融科技发展。
8. 监管沙盒技术：分布式账本技术、在线平台技术、应用程序接口技术、生物识别技术、智能投顾技术。

■ 关键概念

| 信用风险 | 流动性风险 | 市场风险 | 操作风险 |
| 法律合规风险 | 声誉风险 | 新型技术风险 | 网络安全风险 |

外部风险	金融科技监管	监管沙盒	分布式账本技术
在线平台技术	应用程序接口技术	生物识别技术	智能投顾技术
破坏性创新	适应性监管		

■ 复习思考题

1. 科技与金融的融合给传统金融风险带来了哪些新的风险？
2. 金融科技的风险和特征是什么？
3. 金融科技风险防控的基本方法有哪些？
4. 简述金融科技监管框架的主要内容。
5. 简述不同国家之间监管沙盒运作模式的异同点。
6. 简述监管沙盒的制度优势。

■ 本章实训

金融科技风险及防控分析

一、实训目的

1. 掌握金融科技监管的基本内涵、特点以及主要模式。
2. 了解金融科技风险的相关概念及其特征。
3. 结合相关资料识别我国现阶段实际金融科技业务中的各种风险。
4. 训练学生收集资料、阅读和梳理文献的能力。
5. 训练学生理论联系实际解决问题的能力。

二、实训要求

1. 通过专业数据库查找资料，对比我国金融机构开展金融科技业务前后的营业收入、风险事件发生率以及客户稳定性等影响业务经营的指标，分析开展金融科技业务的潜在价值与风险。
2. 利用数据库相关材料，查询我国金融科技监管的发展并预测其趋势，对比不同国家之间金融科技监管的异同点，结合我国的政策制度及宏观经济环境走势探索最适合我国国情的金融科技监管模式。

三、实训组织

1. 指导教师布置实训项目，要求学生深入理解金融科技的风险类别、特点，并分析各类风险的来源及防控要点、手段及流程等。
2. 将班级学生划分为若干小组，并指定组长负责对实训项目进行详细的任务分解和责任落实。

■ 案例分析

蚂蚁的监管之夜

微贷业务是近年来蚂蚁集团的业绩突出板块，其业务模式如图 14-4 所示，其原本申请于 2020 年 11 月 5 日在上交所科创板上市的蚂蚁金服突然被叫停。

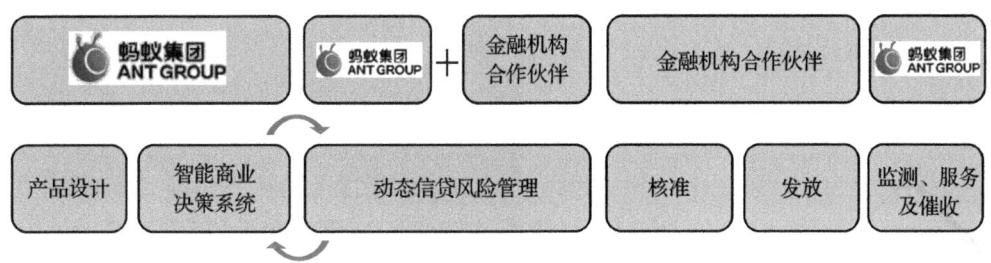

图 14-4　蚂蚁集团微贷业务模式

一家刚拿到 IPO 门票的企业，在敲钟前夕被四个金融监管部门同步约谈，《金融时报》发文指出，针对大型互联网企业开展金融业务，应加快建设和完善大型互联网企业监管框架，严格市场准入并加强消费者权益保护，防止数据垄断。

<small>资料来源：张威，唐郡，张颖馨. 蚂蚁的监管之夜"强监管"何来？[EB/OL].（2020-11-03）[2021-02-13］. https://finance.sina.com.cn/stock/kechuangban/2020-11-03/doc-iiznctkc9314597.shtml.</small>

问题：阅读资料，了解蚂蚁集团的微贷运作模式，思考对蚂蚁金服等金融科技企业实行严格监管的意义。

第十五章 CHAPTER 15

金融科技伦理

■ **本章提要**

本章首先介绍了金融伦理和金融科技伦理的内涵及作用,其次指出了现阶段我国金融科技发展的伦理性挑战及其根源,最后给出了我国金融科技伦理重建的具体措施。

■ **学习目标**

掌握金融伦理和金融科技伦理的具体含义、表现及作用,了解我国现阶段开展金融科技业务的现实挑战,思考重建金融科技伦理的具体方法。

■ **引导案例**

深圳市成立金融科技伦理委员会

中国(深圳)金融科技全球峰会于2020年12月在深圳召开,深圳市成立金融科技伦理委员会。该委员会是在深圳市地方金融监督管理局的推动和指导下,由深圳市金融科技协会组建,旨在探索建立金融科技道德标准、金融科技创新与监管机制,增强金融服务实体经济与防范化解金融风险能力,助力深圳金融科技在"双区驱动"大背景下的合规创新建设,推动建设健康完整的金融科技生态系统。

与此同时,《深圳市金融科技伦理宣言》首次正式发布,通过"九条倡议"呼吁每一个金融科技企业、每一位金融科技从业者维护金融科技伦理建设,共同努力促进金融科技领域中个人、组织和社会之间关系的改进,使深圳市金融科技发展朝着有利于促进技术、商业和道德共同繁荣的方向进步。此次成立的委员会起点高、覆盖面广,涵盖了金融科技相关的产业、技术、法律、安全、学术等各类企业和机构。

资料来源:新华网.深圳市成立金融科技伦理委员会 [EB/OL].(2020-12-14) [2021-08-25]. http://news.hexun.com/2020-12-14/202621733.html.

■ 本章知识框架图

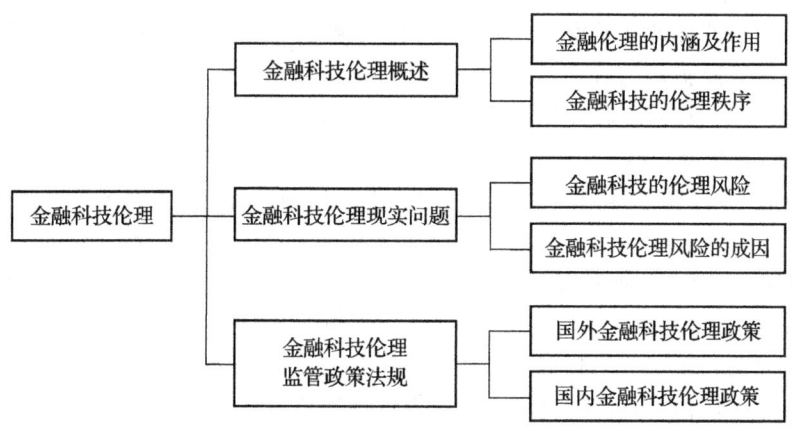

第一节　金融科技伦理概述

在新一轮科技革命背景下，"无科技不金融"已成为行业共识，但金融科技对数据价值的挖掘和使用并不是百利而无一害的。近年来，金融科技创新所引发的客户敏感信息泄露、身份证件冒用，以及出于精准营销或大数据风控等目的的信息过度采集、数据未授权处理，甚至是出于金融欺诈或恶意营销目的的数据资料盗取、倒卖等违法违规事件时有发生。这些事件不但影响了金融机构和金融科技服务商的声誉，而且降低了社会公众和金融消费者对金融科技的信任和信心。

一、金融伦理的内涵及作用

（一）金融伦理的内涵

金融伦理是一门涉及金融学与伦理学的交叉学科，是保证金融市场正常运行的基石。广义的金融伦理是指金融活动参与各方在金融交易中应遵循的道德准则与行为规范。狭义的金融伦理指的是金融机构、金融从业人员以及金融市场必须遵循的道德准则与行为规范，或者说是金融服务的供给方所体现出来的善恶行为与准则。金融伦理解释的是在金融组织和金融活动中"应该是什么"和"应该怎么做"的问题。金融是一个基于预期与未来的活动，存在很大的不确定性，如何让金融消费者相信金融机构与金融从业人员，这需要金融法律法规规范金融机构的行为，也需要金融伦理约束金融机构与金融从业人员的行为。

（二）金融伦理的作用

（1）金融伦理有利于金融体系的稳定。金融伦理促使金融服务者与金融消费者之间形成信任的金融环境。金融市场有一定的门槛，存在信息不对称，也存在很强的风险性，这些都极容易造成金融市场的不稳定。良好的金融伦理秩序能够减少金融服务者与金融消费者之间的不信任感，有利于树立市场信心。

（2）金融伦理能够实现资源的优化配置。金融市场的信息不对称极容易导致资源的错配。如在美国次贷危机过程中，中国香港的大量市民用养老的钱购买迷你债券，最后血本无归。究其原因，是因为迷你产品是次贷产品的一种，而购买者却不了解实际情况，金融产品销售者也未做必要的风险提示与解读。因此，金融机构与从业人员向消费者提供金融产品时，应充分了解金融产品的风险、收益以及流动性，让合适的投资者购买适合的金融产品，才能实现金融的资源优化配置功能。

（3）金融伦理有利于提高整个社会的福利。金融市场财富分配存在部分不合理，导致社会的财富差距进一步被拉大。银行等金融机构在资金供给上存在"嫌贫爱富"，一些不需要资金或存在大量融资渠道的机构反而越容易获得资金，中小企业与个人创业者需要资金，但银行提供的资金有限，很难短时间发展壮大与实现脱贫致富。这些行为都与公平、合理的金融伦理相违背。

（4）好的金融伦理更容易提高金融机构的声誉与价值。遵循良好的金融伦理文化的金融机构，强调公平、诚信，这样的金融机构更被市场所认可。金融机构有较高的知名度但缺乏美誉度，互联网金融的出现，银行存款急剧下降，银行竞争更为激烈，也充分说明了公平、诚信的金融伦理更能实现金融机构的价值。

二、金融科技的伦理秩序

当前金融业务积极拥抱科技，人工智能、大数据、云计算等与金融紧密结合，金融科技产品快速更新，极大地改变了人们的生活方式，金融科技伦理失范而引起的社会矛盾将更加尖锐。由于监管规则存在滞后，无法完全适应金融创新的发展，因此道德伦理将在保持金融科技业态稳定上发挥更重要的作用。金融科技伦理可理解为在金融科技活动中处理各主体间、各主体与行业间关系时应遵循的道德和准则。道德伦理和监管规则是制约金融科技活动最重要的手段，能在金融科技活动中起到调节各主体行为活动和相互关系的作用。监管规则和道德伦理的首要原则是保证金融科技行业的健康稳定。监管规则在于通过框定和明确金融科技主体的行为边界起到约束各主体行为的作用，而道德伦理在于明确各主体在金融科技活动中的伦理责任，协调各主体在金融科技活动中的伦理关系，实现金融科技发展中平台、产品与个体的内在稳定。监管规则依靠的是各类监管政策及法律条文，道德伦理的约束作用主要来自各主体的自我道德约束以及社会舆论的压力。区别于监管规则的硬性规定，道德伦理更多的是对金融科技主体与金融科技活动的柔性规定。虽然不具备监管规则因国家强制力保证实施而带来的威慑力，但是金融市场参与者的内心伦理要求和社会道德调节是经济发展中超越政府和市场的重要力量，更能形成一种对金融科技行业发展进程进行校正与平衡的人文精神。

金融科技业态主要由平台、产品和个体三者组成，维持金融科技业态的稳定，即在道德伦理和监管规则的作用下，保持三者间的稳定。

（1）平台。作为金融科技体系中研发金融产品和提供金融服务的上游主体，伦理责任主要体现在产品的研发过程和金融服务的提供上。首先，在开发金融产品时，金融产品符合国家的监管政策是前提。其次，在对金融产品进行创新时要杜绝游离于监管边缘的伪创新，产品应符合社会普遍的道德伦理要求，不能出现有害社会大众利益的情况。金融创新可能会带来原有的金融模式、产品和业务的变化，给金融监管和政策法规带来挑战，但金融创新不能偏离金融的本源，成为资本套利和规避监管的工具。在提供金融服务时，平台充当卖家的角色，在交易时应符合买卖双方普遍的伦理责任，如公平交易权、知情权等。

（2）产品。金融科技产品本身不具有伦理责任，其伦理责任完全取决于金融科技企业在研发和使用时的社会责任，但它应具有金融科技的属性，即开放性、包容性和共享性。

（3）个体。个体的伦理责任主要体现在获取金融服务时应履行的责任和义务。投资人在投资过程中应根据自身情况选择适当的投资理财产品，同时应合理考虑自身投资诉求，平衡好风险与收益间的关系。同时，要小心谨慎各类投资陷阱，预防上当受骗。借款人应明白自身的责任与义务，如诚实可信，及时还清借款，防止出现逾期等情况。对于获取其他金融服务的群体而言，也应遵循普遍存在的社会伦理要求。

第二节 金融科技伦理现实问题

一、金融科技的伦理风险

金融科技伦理风险是传统金融道德风险的延伸，也有广义与狭义两个层次。狭义的金融科技伦理风险是指金融机构及其相关从业人员利用自身信息优势，违背道德伦理，导致客户受到损失的可能性。广义的金融科技伦理风险是指一切金融科技参与者因科技伦理而遭到损失的可能性。

基因技术、3D 打印、人工智能、大数据、纳米技术等新兴科技在为人类社会带来巨大便利的同时，也可能带来巨大的风险和挑战。新兴科技所带来的伦理影响纷繁复杂，且彼此之间相互影响、相互作用，加之相关经验和知识积累不够充分，导致目前对新兴科技可能引发的伦理挑战还难以精准预测和把握，加剧了新兴科技使用中的不确定性。

（一）去价值化问题

金融科技平台及其资金运作理念往往建立在数据统计与效用计算的基础之上，在一定程度上割裂了价值判断与金融发展的关系。而金融科技体系中"理性人假设"的特质更为显著，资金周转过程金融科技平台采用非结构性数据，通过深入挖掘客户的消费习惯与交易信息引导投资。这种理念看似精准，却存在两方面的风险：一方面，虽然大数据掌握了海量的消费者个人信息，但每个个体的认知能力不同，而且也会因时因势发生变化，这种预测方式未必完善，据此预测而生成的一些金融科技契约并非没有漏洞；另一方面，金融科技平台在逐利过程中以追求自身利益最大化为目标，利用网络平台的隐匿性对于闲散资金按照最大收益的配对方式进行，将风险转嫁于消费者，而且对消费者的信息安全也没有给予应有的保障。

（二）诚信问题

金融科技在目前诸多金融模式中处于起步阶段，英国、美国等起步较早的国家也尚未形成成熟的监管体系，网络贷款、众筹、第三方支付等的监管政策及法律法规只能在发展的过程中进一步完善。在金融科技外部环境有待调整、行为准则尚未完善的间隙，部分金融科技平台以追逐利益最大化为目的，向投资者提供虚假信息，以高收益为诱饵吸收资金，缺乏诚信，造成了恶劣的社会影响。在瞬息万变的信息社会中，如果投资者不能多渠道、多层面地获取必要的信息，对代理人的言行进行有效监控，将难以预见风险、防范风险。

（三）恶意欺诈

在第三方支付领域，由于交易双方并不是面对面的接触，身份欺诈现象时有发生。信用卡欺诈也是支付领域的一种欺诈形式，即通过虚构交易，套取信用卡里的信用额度，从而达到逃避支付银行费用的目的。在融资领域的欺诈以网贷平台和众筹为代表，如网贷或众筹项目管理者发起项目的初始目的就是欺诈投资者，在美国某些网站上就曾经发生过复制其他项目进行欺诈的案例。还有一些不法分子通过建立假冒的金融机构或电商网站、发送带有病毒链接的诈骗短信进行"互联网钓鱼"和金融诈骗等。

（四）资金挪用

第三方支付机构在运营过程中存在巨大的资金沉淀，由于缺乏相关的法律与监管制度，这些沉淀资金很容易被挪用于投资或经营其他项目以获取额外收益，甚至还存在卷款潜逃的风险。一些网贷平台，大部分运营资金都是由借贷资金组成的，资本比率低，财务杠杆率高，随着贷放资金规模的扩张，加上中间账户及关联账户缺乏监管，很容易发生资金挪用，也使得平台自融和非法集资的可能性增大。

（五）信息造假

信息造假现象在支付、融资和理财三个领域均广泛存在。第三方支付机构为了拓展特约商户，对商户身份信息管理不到位，造成大量虚假商户信息，为洗钱行为提供便利。网贷领域的信息造假尤为严重，虚假宣传和过度承诺的现象泛滥。此外，不少网贷平台宣称坏账率小于2%，但在信息不透明的情况下，投资者难以判断真实性。平台本身也很少披露自己的财务信息，因此虚报坏账率成为网贷平台的常见现象。还有些互联网投资理财产品对期望收益率做虚高的宣传，而对于亏损等风险提示不足。

（六）网络洗钱

金融科技由于其便捷性和匿名性，为洗钱行为提供了绝佳的通道。互联网支付可以实现匿名账户划转资金，而且转账成本极低，不法分子只需要通过在第三方平台上进行虚假交易，既当买家又当卖家，就能使非法所得披上合法的"外衣"。众筹融资平台和网贷平台也是网络洗钱高发领域，由于交易双方的信息不对称，加上地域和时间限制，虽然平台会对借款人或筹资人的身份及信用进行审查，但对资金来源的合法性疏于考察，这就为网络洗钱提供了便利。此外，网络金融的洗钱行为还包括网上银行洗钱、网络保险洗钱、网络赌博洗钱、网络传销洗钱、电子货币（如比特币）洗钱等多种形式。

（七）数据滥用

数据滥用是金融科技绕不开的话题。与欧盟出台《一般数据保护条例》（GDPR）相比，当前国内并没有关于个人数据信息采集、使用的明确监管细则。诸多所谓大数据风控公司以数据买卖为生意，大数据营销背后乱象丛生，如大数据杀熟、过度营销、数据倒卖事件频发。

大数据在互联网上对个人信息的过度采集，正在带来另一个更严重的问题——深度滥用。个人信息在黑市买卖，用于信贷审核、精准营销、电信诈骗等。更值得警惕的是，掌握大数据的金融科技巨头们，可能利用相对于用户的强势地位，扭曲两者之间的关系。

二、金融科技伦理风险的成因

（一）金融科技市场主体的过度逐利

金融科技领域的各种失德甚至违法行为，与金融科技市场主体的过度逐利有着直接的关系。

在金融活动中,以最小的风险实现最大的利润,被当作"所有金融领域从业者和公司经理人的一种不可替代的信念"。在合理合规的基础上逐利本无可厚非,正如马克思曾经指出,人们奋斗所争取的一切,都同他们的利益有关。思想一旦离开利益,就一定会使自己出丑。但是,对利益过度追求会使个体产生为了自我利益最大化而损害或牺牲他人或社会利益的冲动。马克思在《资本论》中,曾引用英国经济评论家托·约·登宁的观点:"一旦有适当的利润,资本就胆大起来。如果有 10% 的利润,它就保证到处被使用;有 20% 的利润,它就活跃起来;有 50% 的利润,它就铤而走险;为了 100% 的利润,它就敢践踏一切人间法律;有 300% 的利润,它就敢犯任何罪行,甚至冒绞首的危险。"⊖因此,在金融科技领域,一旦相关机构和从业者的"经济人"属性过度泛化、唯利是图,就容易产生种种道德机会主义行为,尤其在缺乏有效的道德约束以及法律规范的情况下,就不可避免地出现种种钻制度的空子、投机倒把、欺诈蒙骗、背信弃义、损人利己的行为。而对于普通的金融科技投资者,如果一味追逐个人利益最大化,只在乎投资的收益率,而不管平台经营是否合法合规,也必然会为自身带来极大的风险。

(二)相关政策法律法规不够健全及监管缺位

任何具有"经济人"属性的金融主体总是在社会现有约束条件下来谋取自身利益的最大化。金融科技的监管政策和法律法规作为规范引导市场的外部强制性力量,严格限定了主体行为的边界,是维护金融秩序的"防火墙"。但是,由于金融科技属于新生事物,监管有一个适应期,相应的法律法规滞后,导致现有的监管和法律约束机制存在监管主体模糊,监管专业性较低,法律法规不健全等问题,从而使各种疯狂投机行为有了可乘之机。就监管而言,分业监管的原则和金融科技混业经营的现状之间存在矛盾,造就了各种监管真空地带,导致监管部门无法对金融科技平台的资金来源和流向进行实时动态监管,无法及时发现风险并快速进行风险预警和风险处置。另外,"监管手段落后单一",很难适应金融科技中的问题,无法实现有效监管。近两年,国家和地方的相关机构和部门针对金融科技乱象,密集性地出台了一系列法律法规,加大对网络支付和网络借贷的规范和引导,但是在金融科技搜索、金融科技超市、互联网理财服务等领域仍然存在监管空白。在征信制度方面,金融科技平台的征信系统标准不统一,未与央行征信系统实现互联互通。国家的征信监管不到位等情况,使失信行为不能及时得到严惩,导致市场面临严重的信用风险。

(三)金融科技参与主体的诚信意识缺乏

从伦理文化的角度反思,金融科技领域里出现的伦理乱象,折射出市场的诚信意识严重缺乏。诚信是市场的基石,也是金融的灵魂。第三方支付、网络信贷、股权众筹等各种金融科技产品实际上也是信用产品。没有高度发达的信用制度,就没有金融市场的繁荣和稳定。但是当信用仅仅作为一种外在要求,还没有内化为金融参与各方的内在伦理精神时,在信息不对称的情况下,各种欺诈和投机等失信的行为必然会发生。金融科技在快速发展过程中出现平台暴雷、平台负责人跑路等失信和背德行为,极大地打击了消费者的信心,伤害了投资的热情,引发公众对整个金融科技行业的不信任,使行业内秉持诚信经营原则的平台也因此受到牵连,出现劣币驱逐良币的恶果,进而威胁金融稳定与健康发展。

⊖ 马克思,恩格斯.马克思恩格斯全集:第二十三卷[M].中共中央马克思恩格斯列宁斯大林著作编译局,编译.北京:人民出版社,1972.

第三节 金融科技伦理监管政策法规

随着金融科技的快速发展和广泛应用，人工智能引发的伦理问题越发得到各界重视。各国政府、国际组织、学术机构和企业界都积极参与相关伦理标准的讨论和制定。近年来，各国政府监管机构发布了多项相关的规范和指引。

一、国外金融科技伦理政策

（一）欧盟

欧盟委员会人工智能高级专家组（AI HLEG）编制的《人工智能道德准则》（AI Ethics Guidelines）认为 AI 发展方向应以人为中心，时刻铭记 AI 的发展并不是为了发展本身，最终目标应该是为人类谋福祉。与其他有关 AI 伦理道德的文件相比，这份准则不只讲核心价值观和原则，更为 AI 系统的具体实施和操作提供了指导。

（二）美国

美国公共政策委员会的《关于算法透明性和可问责性的声明》（Statement on Algorithmic Transparency and Accountability）指出：首先，算法分析系统的所有者、设计者、制造者、使用者和其他利益相关者，应当充分认识到算法歧视的可能性；算法歧视可能出现在算法的设计、运行和适用阶段。同时，他们也应当充分认识到算法歧视对个人和社会可能造成的危害。某些个人和群体可能受到算法决策的不利影响。其次，监管者应当建立健全救济机制，允许个人和群体对算法决策结果提出质疑、获得救济。即使无法解释算法产生的结果，利用算法进行决策的部门也应当对其决策负责。最后，鼓励利用算法进行决策的组织和机构，对算法决策遵循的程序和具体决策结果做出解释。

（三）日本

日本人工智能学会伦理准则（The Japanese Society for Artificial Intelligence Ethical Guidelines）认为：首先，人工智能专家在设计、研发和使用人工智能的过程中，应当消除人工智能对人类安全的威胁。其次，日本人工智能学会会员应当遵守有关研发和知识产权的法律法规和契约性协议。会员不得侵犯他人所有的信息与财产，不论直接或间接，会员不得以伤害他人为目的使用人工智能。另外，在研发人工智能的过程中，日本人工智能学会会员应当尊重他人隐私，最后，日本人工智能学会会员应当永远保持公正。会员应当承认，人工智能可能会导致不平等与歧视现象。会员在研发人工智能时应避免歧视，尽最大努力保证研发的人工智能可被人类公平地使用。

二、国内金融科技伦理政策

（一）中央全面深化改革委员会第九次会议通过的《国家科技伦理委员会组建方案》

（1）核心观点：我国将加快建立健全科技伦理审查和风险评估制度，并制定更为严格的法律法规。

（2）主要内容：该方案指出，通过体制机制建设杜绝违背科技伦理的行为，主要体现在三个方面：首先，建立体系化的法律法规制度，使科技伦理工作有法可依；其次，建立体系内的自纠机制和体系外的监督机制，使金融科技受到行政、司法和社会舆论的广泛监督；最后，建立科学严谨的审查制度，切实做到事前审批、事中监督和事后跟踪。

（二）全国信息安全标准化技术委员会发布《网络安全标准实践指南——人工智能伦理安全风险防范指引》

（1）核心观点：该指引为组织或个人开展人工智能研究开发、设计制造、部署应用等相关活动中可能产生的伦理安全风险问题提供了规范。该指引指出，部署应用者应以清楚明确且便于操作的方式向用户提供拒绝、干预及停止使用人工智能的机制，并尽可能提供非人工智能的替代选择方案。

（2）主要内容：该指引介绍了人工智能伦理安全风险防范的六个基本要求，其中要求应尊重并保护个人人身、隐私、财产等基本权利，特别关注保护弱势群体。此外，该指引对于研究开发者、设计制造者、部署应用者、用户等利益相关方给出了具体规范。

（三）国家人工智能标准化总体组发布《人工智能伦理风险分析报告》

（1）核心观点：社会各界应尽可能参与到人工智能伦理风险防范进程中，共同探索人工智能风险规制的可行对策。监管机构应权衡政府机构、社会公众、社会团体、产业界等可能受人工智能影响的群体的利益，坚持监管的专业性、谦抑性，把监管重心聚焦于技术发展导致的具体问题。监管机构在审慎推进人工智能技术创新的同时，确保技术不危及社会安全，避免公权力过早介入人工智能领域而对技术及产业发展造成阻碍，以开放、宽容的态度应对伦理风险，着力创造促进人工智能发展和创新的有利环境。公平、透明与合理的系统将促进人工智能技术及其应用的健康、良性发展。

（2）主要内容：此研究从行业与国家的角度分析了人工智能伦理的现状，探究了国内外人工智能伦理的问题、挑战与发展趋势，剖析了人工智能技术及其应用产生的安全、公平、隐私保护及问责等问题。此外，此研究提议通过设计相应的伦理原则与风险指标体系，对人工智能的进展进行常态化的持续监控，为人工智能的风险规避与应对提供灵活的监管框架、机制和措施保障，为人工智能伦理的行业实践提供初步应用指南与建议。

（四）深圳人工智能行业协会发布的《新一代人工智能行业自律公约》

核心观点和主要内容：人工智能的发展决策和行为一定要符合人类的价值观及规范，确保人工智能按照人类预想并服务于人类福祉的目标发展。在算法理论、编码设计以及商业应用等不同阶段中，人工智能需提升算法决策的透明度，确保算法设定公平、合理、无歧视。此外，人工智能的发展应推动建立技术安全相关的标准制定工作，明确相关安全评估指标、方法和要求，建立安全测评流程和管理规范，确保人工智能技术安全、可靠、可控发展。另外，人工智能的发展应加强隐私保护，加强个人对数据的控制，防止数据滥用。最后，人工智能发展应当建立完善的责任体系，加强法律法规和伦理规范的建设，明确人工智能主体责任，划清权责范围。

■ 扩展阅读

构建金融科技伦理的向度

金融科技"数字化""虚拟化""线上运作"的特征使其在交易过程中很容易出现网络系统安全、信息不对称、违约成本低等问题，再加上金融逐利的特性，金融科技也容易产生道德风险。比如，在支付、理财和融资三大领域发生的资金挪用、个人信息泄露等现象就是道德失范的表现。金融科技的道德风险威胁金融市场的正常秩序，但很难通过正规的法律途径来消除，金融伦理作为调整和规范金融科技秩序的一种方式，其基础性作用理应得到重视。所以，要防范系统性金融风险的发生，维护金融市场的正常秩序，就需要构建公平、诚信、互惠的金融科技伦理。

公平是金融科技发展的保障。金融科技的发展促进了金融资源的公平配置，但自身的发展也要有公平的环境。只有在一个公平的金融市场中，人们才会遵守市场秩序；只有在一个众人遵守的市场秩序中，那些伦理缺失和沦丧的金融科技平台和企业才会被市场淘汰。公平的金融科技伦理不仅能够保障个人利益的实现，也能有效防范损害他人利益等问题的发生，保障金融科技的健康发展。

诚信是金融科技发展的基础。在金融科技业务中，所有交易行为都依托于特定的金融科技平台，而平台和数据只掌握在金融科技企业手中，投资方与融资方之间信息不对称，投资方很难了解自己投入资金的去向，投资决策完全基于对金融科技企业的信任。因此，要获得投资方的信任，金融科技企业必须具备良好的信誉。融资方要想从平台融得资金，除了经济实力之外，还必须依靠诚信。只有诚信，金融科技企业才能获得投资资金，融资方才能取得融资资金，资金通过循环不断流动创造利润。如此，金融科技企业才能够持续生存发展。

互惠是金融科技发展的原则。金融的本质是资金的逐利，金融科技亦如此。人人皆为"利"来，金融科技企业在追求自己利益最大化的过程中，如果使用不正当或不合理的手段，损害了投资方的利益，不仅投资方会因不信任而收回投资，金融科技企业还要接受法律的制裁和社会的谴责，违约成本急剧上升。所以，企业必须建立互惠的金融科技伦理，在追求自己利益的时候顾及他人利益，做到互惠互利，共同发展。

建立"公平、诚信、互惠"的金融科技伦理，必须做到"自律"和"他律"并举，通过"他律"促进"自律"；通过"法律创造伦理"。

"自律"是不受强制力控制，仅靠伦理道德规范这种软性手段自觉约束自己的行为。需要教育和引导，通过舆论宣传和伦理道德教育，使人们发自内心地接受道德约束。伦理道德教育不能只靠宣讲，一方面要通过各种形式的道德教育，使人们明白只有遵守伦理道德，企业才会生存发展；另一方面要让人们清楚了解违约、违规的利害关系，明确违约的责任和成本。

"他律"是指通过法律、法规、规章制度等硬性手段来约束行为，进而培养守规矩、讲诚信、讲道德的习惯。道德习惯的养成要靠"自律"，靠内心的自制力。但在面对利益的诱惑时，"自律"难免会受到环境的影响，需要通过"他律"促进"自律"，即以法律、法规、规章制度的形式强制性保证"自律"的实现。

资料来源：孙丽. 构建互联网金融伦理的向度［EB/OL］.（2017-11-30）［2021-08-12］. http://www.cssn.cn/jjx/xk/jjx_lljjx/201711/t20171130_3759807.shtml.

■ 本章小结

1. 广义的金融伦理是指金融活动参与各方在金融交易中应遵循的道德准则与行为规范。狭义的金融伦理指的是金融机构、金融从业人员以及金融市场必须遵循的道德准则与行为规范，或者说是金融服务的供给方所体现出来的善恶行为与准则。
2. 金融伦理的作用表现在：① 有利于金融体系的稳定；② 实现资源的优化配置；③ 提高整个社会的福利；④ 提高金融机构的声誉与价值。
3. 金融科技业态主要由平台、产品和个体三者组成，维持金融科技业态的稳定，即在道德伦理和监管规则的作用下，保持三者间的稳定。
4. 现阶段我国金融科技行业的主要伦理性挑战包括：① 去价值化问题；② 诚信问题；③ 恶意欺诈；④ 资金挪用；⑤ 信息造假；⑥ 网络洗钱；⑦ 数据滥用。
5. 金融科技伦理性风险的成因有：① 金融科技市场主体的过度逐利；② 相关政策法律法规不够健全及监管缺位；③ 金融科技参与主体的诚信意识缺乏。

■ 关键概念

金融伦理　　　　金融科技伦理　　　　网络洗钱　　　　数据滥用
信用卡欺诈

■ 复习思考题

1. 金融伦理的含义及作用有哪些？
2. 简述金融科技伦理秩序的构建主要在于哪些主体。
3. 简述金融科技业务开展过程中出现的伦理性问题。
4. 简述金融科技伦理性问题产生的原因。

■ 本章实训

现实中的金融科技伦理问题分析

一、实训目的

1. 掌握金融科技伦理的相关概念及其特征。
2. 训练学生收集资料、阅读和整理文献的能力。
3. 结合相关资料思考金融科技伦理性问题产生的原因。
4. 训练学生理论联系实际解决问题的能力。

二、实训要求

通过专业数据库查找资料，了解我国金融科技业务的开展进程以及出现的伦理性事件。对比不同事件的成因、影响以及解决措施，思考今后我国金融科技伦理建设的具体建议。

三、实训组织

1. 指导教师布置实训项目，要求学生认真分析现实中金融科技伦理问题，并说明如何减少金融科技伦理问题的出现。
2. 将班级学生划分为若干小组，并指定组长负责对实训项目进行详细的任务分解和责任落实。

参考文献

[1] FAN W, GEERTS F. Foundations of data quality management [J]. Synthesis lectures on data management, 2012, 4 (5): 1-217.

[2] ANTONOPOULOS A M. Mastering bitcoin [M]. Cambridge: O'Reilly Media, Inc., 2014.

[3] SASSON E B, CHIESA A, GARMAN C, et al. Zerocash: decentralized anonymous payments from bitcoin [C] // Proceedings of the IEEE Symposium on Security and Privacy. New York: IEEE 2014: 459-474.

[4] HUCKLE S, BHATTACHARYA R, WHITE M, et al. Internet of things, blockchain and shared economy applications [J]. Procedia Computer Science, 2016, 98 (9): 461-466.

[5] GOMBER P, KOCH J A, SIERING M. Digital finance and FinTech: current research and future research directions [J]. Journal of business economics, 2017, 87 (5): 537-580.

[6] MELL P, GRANCE T. The NIST definition of cloud computing [R]. Gaithersburg: National Institute of Standards and Technology, 2011.

[7] KAHNEMAN D, TVERSKY A. Judgment under uncertainty: heuristics and biases [J]. Science, 1974, 185 (4157): 1124-1131.

[8] KAHNEMAN D, TVERSKY A. Prospect theory: an analysis of decision under risk [J]. Econometrica, 1979, 47 (2): 263-291.

[9] 黄海. 基于本体的语义搜索引擎的概念体系结构研究 [J]. 现代电子技术, 2011, 34 (24): 90-92; 98.

[10] 胡杰, 梅姝娥. 基于大数据技术的节能减排管控系统研究 [J]. 青海社会科学, 2014 (6): 75-79; 177.

[11] 吴海茹. 智慧图书馆的构建与服务路径探析 [J]. 农业图书情报学刊, 2014, 26 (9): 169-171.

[12] 代亮, 陈婷, 许宏科, 等. 大数据测试技术研究 [J]. 计算机应用研究, 2014, 31 (6): 1606-1611.

[13] 周玉晶, 沈嘉荟, 邱海韬, 等. 基于复杂网络的社交媒体内容安全可视化分析系统 [J]. 信息网络安全, 2016, 16 (9): 158-162.

[14] 杨刚, 杨凯. 大数据关键处理技术综述 [J]. 计算机与数字工程, 2016, 44 (4): 694-699.

[15] 倪万. "云计算" 的媒体应用及核心价值 [J]. 编辑之友, 2011 (9): 50-53.

[16] 张应福, 黄鹏, 陈超. 云计算技术及其在下一代数据中心建设中的应用 [J]. 通信与信息技术, 2011 (1): 39-42.

［17］李胜. 浅谈云计算［J］. 电脑知识与技术（学术版），2010，6（9）：2140-2141.

［18］沈荣明，杨照生. 基于阿里云的"我家菜单"系统研究［J］. 电子技术与软件工程，2015（22）：71-91.

［19］沈奎林，杜瑾. 云计算在图书馆的应用初探［J］. 图书情报工作，2010（s2）：272-275.

［20］钟伟彬，周梁月，潘军彪，等. 云计算终端的现状和发展趋势［J］. 电信科学，2010（3）：22-26.

［21］贾凡. 彩信中心系统云计算解决方案［J］. 电信工程技术与标准化，2009（11）：23-25.

［22］朱进. 云计算终端技术发展分析［J］. 数字技术与应用，2011（7）：207.

［23］彭海深. 云计算技术浅析［J］. 微计算机信息，2010，26（10-3）：176-178.

［24］唐川. 浅谈云计算的概念问题［J］. 科技情报开发与经济，2010，20（10）：90-92.

［25］霍学文. 关于云金融的思考［J］. 经济学动态，2013（6）：33-38.

［26］钱峰. 云计算对我国商业银行的发展启示［J］. 上海金融，2011（4）：38-40.

［27］倪万. "云计算"的媒体应用及核心价值［J］. 编辑之友，2011（9）：50-53.

［28］陈静. 中国金融科技发展概览：2016［M］. 北京：电子工业出版社，2017.

［29］吕芙蓉. 5G应用对银行业务发展的影响分析［J］. 农村金融研究，2019（7）：4-5.

［30］陆岷峰，汪祖刚. 关于"物联网+银行"发展战略的研究［J］. 当代经济管理，2017，39（12）：76-82.

［31］戴安琪. 夜光复工地图来了！巧借卫星、物联网、大数据等黑科技，金融机构花式监测复工率［EB/OL］.（2020-02-29）［2021-08-21］. https://www.cebnet.com.cn/20200229/102642610.html.

［32］宋向东. 智能手机应用向医疗健康领域拓展［J］. 通信世界，2013（17）：30.

［33］王冠. 哈希算法在电子数据取证中的应用研究［J］. 网络安全技术与应用，2020（11）：175-176.

［34］王斌. 网络数据智能提取［J］. 计算机仿真，2004，21（1）：84-86.

［35］王亚中. 胶粘剂应用技术发展趋势［J］. 中国科技纵横，2013（24）：102-120.

［36］深创链企鹅号. 从1.0的比特币到2.0的以太坊，区块链都经历了什么［EB/OL］.（2018-04-27）［2021-08-14］. https://cloud.tencent.com/developer/news/194520.

［37］张宇. 区块链智联世界：去中心化的信用中介2.0［J］. 经贸实践，2017（22）：155.

［38］袁勇，王飞跃. 区块链技术发展现状与展望［J］. 自动化学报，2016，42（4）：481-494.

［39］王硕. 区块链技术在金融领域的研究现状及创新趋势分析［J］. 上海金融，2016（2）：26-29.

［40］林晓轩. 区块链技术在金融业的应用［J］. 中国金融，2016（8）：17-18.

［41］黄国平. 区块链发展及其在金融领域的应用［N］. 金融时报，2019-12-23.

［42］李东卫. 国际金融机构薪酬改革的最新进展及启示［J］. 中国农村金融，2012（8）：76-79.

［43］吴健，高力，朱静宁. 基于区块链技术的数字版权保护［J］. 广播电视信息，2016（7）：60-62.

［44］傅昌銮，王玉龙. 数字金融的涵义、特征及发展趋势探析［J］. 产业创新研究，2020（3）：51-54.

［45］陈希凤，毛泽强. 数字金融产品与服务的风险特征、监管挑战及目标工具［J］. 西南金融，2020（9）：14-26.

［46］粟麟，杨伟明. 数字金融：发展现状、未来趋势与监管启示［J］. 北方金融，2021（6）：8-12.

［47］宋玉山，赵连发，崔贵兴. 数字货币对基础货币的影响探究［J］. 吉林金融研究，2017（3）：15-19.

［48］郭笑春，汪寿阳. 数字货币发展的是与非：脸书Libra案例［J］. 管理评论，2020，32（8）：314-324.

［49］王婧橦，周生彬，王玉文. 基于沪深300指数股票的多因子模型研究［J］. 哈尔滨师范大学自然

科学学报, 2019, 35 (2): 19-22.
[50] 何伟. 激发数据要素价值的机制、问题和对策 [J]. 信息通信技术与政策, 2020 (6): 4-7.
[51] 谭明军. 论数据资产的概念发展与理论框架 [J]. 财会月刊, 2020 (10): 87-93.
[52] 龚强, 班铭媛, 张一林. 区块链、企业数字化与供应链金融创新 [J]. 管理世界, 2021, 37 (2): 22-34.
[53] 清华大学互联网产业研究院. 中国区块链产业生态地图报告 [R]. 北京: 清华大学互联网产业研究院, 2020.
[54] 陈鎏芳. 区块链技术在供应链金融业务中的应用 [D]. 保定: 河北金融学院, 2019.
[55] 李佳佳, 王正位. 基于区块链技术的供应链金融应用模式、风险挑战与政策建议 [J]. 新金融, 2021 (1): 48-55.
[56] 中国电子银行网. 建设银行区块链国际银团资产转让平台正式上线 [EB/OL]. (2020-07-14) [2020-08-15]. https://www.cebnet.com.cn/20200714/102675128.html.
[57] 刘孟飞. 金融科技的潜在风险与监管应对 [J]. 南方金融, 2020 (6): 45-55.
[58] 姜增明, 陈剑锋, 张超. 金融科技赋能商业银行风险管理转型 [J]. 当代经济管理, 2019, 41 (1): 85-90.
[59] 尹艺臻. 数字时代下网络银行的现状与风险控制研究 [J]. 现代商业, 2020 (17): 137-138.
[60] 中国人民银行海口中心支行青年课题组. 金融科技监管的国际经验借鉴及政策建议 [J]. 金融发展研究, 2019 (11): 46-52.
[61] 郑馨悦. 金融科技助推风险管理转型升级 [N]. 证券日报, 2019-07-19.
[62] 赵昌文, 陈春发, 唐英凯. 科技金融 [M]. 北京: 科学出版社, 2009.
[63] 向虹宇, 王正位, 江静琳, 等. 网贷平台的利率究竟代表了什么? [J]. 经济研究, 2019, 54 (5): 47-62.
[64] 黄宜华. 深入理解大数据: 大数据处理与编程实践 [M]. 北京: 机械工业出版社, 2014.
[65] 刘智慧, 张泉灵. 大数据技术研究综述 [J]. 浙江大学学报 (工学版), 2014, 48 (6): 957-972.
[66] 胡秀. 数据挖掘中数据预处理的研究 [J]. 赤峰学院学报 (自然科学版), 2015 (5): 5-6.
[67] 赵丽, 李杰. 大数据资产定价研究: 基于讨价还价模型的分析 [J]. 价格理论与实践, 2020 (8): 124-127.

推荐阅读

	中文书名	原作者	中文书号	定价
1	经济学（微观）（原书第7版）	R.格·哈伯 哥伦比亚大学	978-7-111-71012-7	99.00
2	经济学（宏观）（原书第7版）	R.格·哈伯 哥伦比亚大学	978-7-111-71758-4	99.00
3	计量经济学（原书第4版）	詹姆斯·斯托克 哈佛大学	978-7-111-70760-8	109.00
4	经济计量学精要（原书第4版）	达莫达尔·古扎拉蒂 西点军校	978-7-111-30817-1	49.00
5	经济计量学精要（英文版·原书第4版）	达莫达尔·古扎拉蒂 西点军校	978-7-111-31336-6	65.00
6	经济计量学精要（第4版）习题集	达莫达尔·古扎拉蒂 西点军校	978-7-111-31370-1	29.00
7	应用计量经济学（原书第7版）	A.H.施图德蒙德	978-7-111-56546-1	65.00
8	应用计量经济学：时间序列分析（原书第4版）	沃尔特·恩德斯 哥伦比亚大学	978-7-111-57847-5	79.00
9	商务与经济统计（原书第14版）	戴维·R.安德森	978-7-111-71998-4	129.00
10	博弈论：策略分析入门（原书第3版）	罗杰·A麦凯恩	978-7-111-70091-3	89.00
11	时间序列分析：预测与控制（原书第5版）	乔治·E.P.博克斯	978-7-111-71240-4	129.00
12	管理经济学（原书第12版）	克里斯托弗R.托马斯 南佛罗里达大学	978-7-111-58696-8	89.00
13	发展经济学（原书第12版）	迈克尔·P.托达罗 纽约大学	978-7-111-66024-8	109.00
14	货币联盟经济学（原书第12版）	保罗·德·格劳威 伦敦政治经济学院	978-7-111-61472-2	79.00

推荐阅读

	中文书名	原作者	中文书号	定价
1	货币金融学(美国商学院版，原书第5版)	弗雷德里克 S. 米什金 哥伦比亚大学	978-7-111-65608-1	119.00
2	货币金融学(英文版·美国商学院版，原书第5版)	弗雷德里克 S. 米什金 哥伦比亚大学	978-7-111-69244-7	119.00
3	《货币金融学》学习指导及习题集	弗雷德里克 S. 米什金 哥伦比亚大学	978-7-111-44311-7	45.00
4	投资学（原书第10版）	滋维·博迪 波士顿大学	978-7-111-56823-0	129.00
5	投资学（英文版·原书第10版）	滋维·博迪 波士顿大学	978-7-111-58160-4	149.00
6	投资学（原书第10版）习题集	滋维·博迪 波士顿大学	978-7-111-60620-8	69.00
7	投资学（原书第9版·精要版）	滋维·博迪 波士顿大学	978-7-111-48772-2	55.00
8	投资学（原书第9版·精要版·英文版）	滋维·博迪 波士顿大学	978-7-111-48760-9	75.00
9	公司金融(原书第12版·基础篇)	理查德 A. 布雷利 伦敦商学院	978-7-111-57059-2	79.00
10	公司金融(原书第12版·基础篇·英文版)	理查德 A. 布雷利 伦敦商学院	978-7-111-58124-6	79.00
11	公司金融(原书第12版·进阶篇)	理查德 A. 布雷利 伦敦商学院	978-7-111-57058-5	79.00
12	公司金融(原书第12版·进阶篇·英文版)	理查德 A. 布雷利 伦敦商学院	978-7-111-58053-9	79.00
13	《公司金融（原书第12版）》学习指导及习题解析	理查德 A. 布雷利 伦敦商学院	978-7-111-62558-2	79.00
14	国际金融（原书第5版）	迈克尔 H.莫菲特 雷鸟国际管理商学院	978-7-111-66424-6	89.00
15	国际金融（英文版·原书第5版）	迈克尔 H.莫菲特 雷鸟国际管理商学院	978-7-111-67041-4	89.00
16	期权、期货及其他衍生产品（原书第11版）	约翰·赫尔 多伦多大学	978-7-111-71644-0	199.00
17	期权、期货及其他衍生产品（英文版·原书第10版）	约翰·赫尔 多伦多大学	978-7-111-70875-9	169.00
18	金融市场与金融机构（原书第9版）	弗雷德里克 S. 米什金 哥伦比亚大学	978-7-111-66713-1	119.00